LA ILÍADA

The Iliad (Spanish Edition)

HOMERO

COMPASS CIRCLE

Title/ Título:
The Iliad (Spanish Edition): La Ilíada.
Current edition published by Compass Circle in 2020.
Primera edición publicada por Compass Circle, 2020.

Note:
All efforts have been made to preserve original spellings and punctuation of the original edition which may include old-fashioned English spellings of words and archaic variants.
This book is a product of its time and does not reflect the same views on race, gender, sexuality, ethnicity, and interpersonal relations as it would if it were written today.
For information contact :
information@compass-circle.com

Nota:
Este libro es un producto de su tiempo y no refleja los mismos puntos de vista sobre la raza, el género, la sexualidad, etnia y/o relaciones interpersonales que si se escribiera hoy.
Para información contactar:
information@compass-circle.com

Odioso para mí como las puertas del Hades es ese hombre que esconde una cosa en su corazón y habla otra.

HOMERO

SERIE "SABIDURÍA SECRETA DE LOS TIEMPOS"

La vida se presenta, avanza rápidamente. La vida, en efecto, nunca se detiene. Nunca se detiene sino hasta el final. Las preguntas más diversas se asoman y se desvanecen en nuestras mentes. A veces buscamos respuestas. A veces dejamos que el tiempo pase.

El libro que tienes ahora en tus manos ha estado esperando ser descubierto por ti. Este libro podría revelarle las respuestas a algunas de sus interrogantes.

Los libros son amigos. Amigos que siempre están a tu lado y que pueden darte grandes ideas, consejos o simplemente reconfortar tu alma.

Un gran libro puede hacerte ver cosas en tu alma que aún no has descubierto, hacer que veas cosas en tu alma de las que no eras consciente. Grandes libros pueden cambiar tu vida para mejor. Pueden hacerte comprender teorías fascinantes, darte nuevas ideas, inspirarte a emprender nuevos retos o a caminar por nuevos caminos.

Las filosofías de la vida como la de Homero son, en efecto, un secreto para muchos, pero para aquellos de nosotros que tenemos la suerte de haberlas descubierto, de una manera u otra, estos libros pueden iluminarnos. Pueden abrirnos una amplia gama de posibilidades. Porque alcanzar la grandeza requiere conocimiento.

La serie "SABIDURÍA SECRETA DE LOS TIEMPOS" presentada por Compass Circle intenta ofrecerte las grandes obras maestras del desarrollo personal, el pensamiento positivo y la ley de la atracción.

Le invitamos a descubrir con nosotros fascinantes obras de Sócrates, Platón, Henry Thoreau, entre otros.

Índice general

AL LECTOR

NO sin temor pongo en tus manos esta versión en prosa del inmortal poema homérico compuesto hace *treinta siglos*[1] y no superado aún por otro alguno; epopeya sin par y cuadro fiel de los orígenes históricos de aquella cultura helénica que tanto influyó en la romana, y más tarde, ya directamente, ya por medio de esta última, en la de casi todos los pueblos civilizados.

Sabido es que la *Ilíada* tiene por asunto un episodio de la guerra de Troya, ocurrido en el noveno año de la misma[2]; y que se atribuye á Homero, el padre de la poesía, el célebre aedo que recorría la Grecia cantando al son de la cítara sus propias composiciones. No es posible hablar en estas pocas líneas de la llamada *cuestión homérica*[3], ni resumir lo que han dicho los críticos sobre la existencia[4] y la patria de Homero[5], las obras que compuso[6] y el es- tado en que han llegado hasta nosotros[7]. Por tanto, sólo manifestaré las razones que me impulsaron á hacer esta versión literal del más famoso de sus poemas.

De la *Ilíada* se han publicado en España tres traducciones: las de D. Ignacio García Malo, D. José Gómez Hermosilla[8] y D. Conrado Roure[9]; pues la notabilísima que preparaba D. Juan Montserrat y Archs no llegó á ver la luz pública[10]. Las dos primeras son dignas de elogio por el conocimiento que de la obra original revelan en sus autores, y la de Hermosilla también por su valor literario, mucho mayor de lo que generalmente se cree, como ha demostrado mi insigne maestro D. Marcelino Menéndez y Pelayo; pero ambas están en verso y no pueden ser tan fieles, que no amplifiquen, mutilen ó alteren el texto para acomodarlo á la forma métrica. De aquí que no satisfagan completamente á quien, sin estar impuesto en la lengua griega, necesite conocer la Ilíada en sus menores detalles, le convenga alegar textualmente algunos de sus versos ó quiera verificar las citas que se hagan de dicho poema. En cuanto á la traducción de D. Conrado Roure, muy estimable en algunos pasajes por su fidelidad, como está escrita en catalán, sólo pueden utilizarla los que conocen esta lengua.

Para salvar tales inconvenientes se publica la presente versión literal en prosa castellana; y puedo asegurarte que si el buen deseo, el entusiasmo por la obra y la diligencia en el trabajo bastaran para tener acierto, no habría otra que fuese más perfecta y acabada.

Dice Fr. Luis de León que «el que traslada ha de ser fiel y cabal, y si fuere posible, contar las palabras, para dar otras tantas, y no más, de la misma manera, cualidad, y condición y variedad de significaciones que las originales tienen, sin limitallas á su propio sonido y parecer, para que los que leyeren la traducción puedan entender la variedad toda de sentidos á que da ocasión el original si se leyese, y queden libres para escoger de ellos el que mejor les pareciere[11].» Tomando por regla tan autorizada opinión y poniendo en práctica los consejos que el malogrado helenista Dr. D. José Balari, eximio catedrático que fué de esta Universidad, nos daba á los que tuvimos la suerte de ser sus discípulos, he traducido el poema literalmente, sin quitar nada, ni siquiera un epíteto, y sin añadir más que lo necesario para la recta inteligencia de la frase, dada la distinta índole de la lengua castellana con respecto á la griega. No he vacilado en emplear una palabra anticuada cuando con ella se expresaba bien la idea del vocablo original: por ejemplo, la voz *escudado*, que tiene el mismo valor de la griega ἀσπιστής. Como no conozco ninguna dicción española que equivalga á εὐρύοπα[12], epíteto de Jove, en su acepción más probable de *el de amplia mirada*, me atreví á formar el compuesto longivídente, cuya segunda parte se usa en las voces omnividente y providente, y la primera fué empleada por el clásico Jarque en la palabra longispicio[13]. Algo perplejo me tuvo el substantivo ἀριστεία (ΔΙΟΜΗΔΟΥΣ ΑΡΙΣΤΕΙΑ, ΑΓΑΜΕΜΝΟΝΟΣ ΑΡΙΣΤΕΙΑ, ΜΕΝΕΛΑΟΥ ΑΡΙΣΤΕΙΑ), que significa la acción de descollar en algo, es decir, de excederse un guerrero á sí mismo, sobresaliendo entre los combatientes y ejecutando sus mayores hazañas[14]; y por fin adopté el vocablo *principalía*, cuyo valor etimológico es casi igual al de la voz latina, *principatus*, con que suele traducirse. Mayor indecisión sentí al verter el epíteto εἰλίπους, que Homero da á los bueyes, y significa, según el *Lexicon* de Ebeling, *qui pedes oblique et in orbem fere tortos profert*, y según el *Thesaurus* lo explica, *flexipes, vertens et curvans pedes inter eundum*: confieso que no he sabido hallar una palabra castellana que equivalga á la griega; pero he prefe- ido interpretarla imperfectamente con los vocablos de *tornátiles pies*, á seguir el ejemplo de muchos traductores que la han suprimido por completo.

Ha servido de base para la traducción el texto griego de Dindorf-Hentze, publicado en la *Bibliotheca scriptorum Graecorum et Romanorum Teubneriana*[15]; que es, en mi humilde juicio, el más depurado de todos. Para precisar el significado de las voces griegas se han consultado varios diccionarios y especialmente el *Thesaurus*[16], el notable *Lexicon Homericum*, que editó Ebeling[17] y el importantísimo *Dictionnaire des antiquités grecques et romaines d'après les textes et les monuments*, que empezó á publicarse en 1877 bajo la dirección de MM. Ch. Daremberg y Edm. Saglio, y alcanza actualmente hasta la letra S. Para la interpretación de algunos pasajes se han tenido á la vista las traducciones latinas de C. G. Heyne y de la edición de Firmin Didot; las españolas de Lebrija[18], García Malo, Gómez Hermosilla y Roure; la portuguesa de Manoel Odorico Mendes; las italianas de Monti y Cesarotti; las francesas de Mme. Dacier, Bitaubé, Giguet y Leprévost; la alemana de Voss; las inglesas de Lord Derby y del célebre Pope, y la que en griego moderno ha publicado Pal-le[19]. Finalmente, para la fijación de regímenes dudosos, para determinar la acepción y uso de algunas palabras y frases, y para evitar, en lo posible, los barbarismos, hase acudido á la primera edición del *Diccionario de la Real Academia Española*, conocida con el nombre de *Diccionario de Autoridades*, y á las excelentes obras de Baralt, Cuervo, P. Mir, P. Nonell y Cortejón.

Y ahora, lector benévolo, que ya sabes por qué y cómo se ha hecho la presente versión, perdona sus faltas, parando mientes en lo difícil que es trasladar al romance una obra antiquísima de tanto valor literario é histórico, compuesta en la más hermosa de las lenguas y nacida en un medio ambiente muy distinto del actual. Si se podía decir en la época de Virgilio: *Facilius esse Herculi clavam, quam Homero versum subripere*, con más razón podríamos repetirlo nosotros que nos hallamos á mayor distancia de aquellos tiempos y hablamos idiomas de carácter analítico, muy diferentes de las inmortales lenguas clásicas.

LUIS SEGALÁ Y ESTALELLA.

1

NOTAS

1. Recientemente, Mr. Bréal ha pretendido demostrar que la *Ilíada* fué compuesta en el siglo VII a. de J. C. (y no en el X ó XI, como suele creerse) y que su carácter de obra primitiva es efecto del arte. Véase: Michel Bréal, *Pour mieux connaître Homère*. París, Hachette, 1906.

2. Las dos escenas capitales en que se basa la unidad de la obra son las siguientes: 1.ª Aquiles disputa con Agamenón, que le arrebata la esclava Briseida, decide no volver á pelear en favor de los griegos, y obtiene, por mediación de su madre Tetis, que Júpiter proteja á los troyanos. 2.ª Habiendo muerto Patroclo, el compañero de Aquiles, á quien éste permitió que vistiese su propia armadura y echase del campamento griego á los enemigos, el héroe quiere vengarle, se reconcilia con Agamenón, interviene en el combate y mata á Héctor, el principal defensor de la ciudad sitiada. Innumerables son las bellezas que presenta el desarrollo de la acción, y todo lector se acordará de la disputa de Aquiles y Agamenón, del tierno coloquio conocido con el nombre de *Despedida de Héctor y Andrómaca*, del admirable discurso que Ulises dirige á Aquiles para que deponga la cólera y vuelva á combatir, de los prudentes consejos de Néstor, del engaño de Júpiter por su esposa Juno, de la descripción del escudo que Vulcano fabricó para Aquiles, de la persecución de Aquiles por el río Escamandro, de la muerte de Héctor, de la patética súplica de Príamo postrado á los pies de Aquiles, de las muchas comparaciones tomadas casi siempre de la naturalcza, de las descripciones de batallas, del carácter perfectamente delineado de cada uno de los personajes, y de tantos y tantos primores como podrían citarse de este incomparable poema.

3. Léase lo que han escrito acerca de la misma los historiadores de la literatura griega (Fabricius, Schoell, Ficker, Mure, Christ, Müller, Bergk, Murray, A. et M. Croiset, etc.) y la monografía: *Homère, étude historique et critique*, par Victor Terret. París, A. Fontemoing, 1899.

4. Hasta fines del siglo XVII fué unánime la opinión de que Homero había existido real y efectivamente. Á principios del XVIII, Juan B. Vico, en sus *Principi di scienza nuova* (Nápoles, 1725), lo consideró como una abstracción, y dijo que el cantor de la *Ilíada* era la voz de la Grecia, el eco de los tiempos heroicos. Federico Augusto Wolf, creyendo que la *Ilíada* y la *Odisea* revelan un arte muy adelantado y que en aquellos remotos tiempos la escritura no era de uso general, intentó probar en sus *Prolegomena* (publicados en 1795), que ambos poemas nacieron de la unión de varios fragmentos, recogidos y ordenados, en el siglo VI antes de J. C., por Pisístrato; y que Homero habría sido el autor de algunas rapsodias, un aedo cuya fama hizo que se perdiera la memoria de otros poetas contemporáneos suyos. Las ideas de Wolf causaron gran impresión en los eruditos, que desde entonces están discordes y pueden ser clasificados en cuatro grupos: 1.º Los que, aceptando la existencia de Homero, defienden la unidad primitiva de la *Ilíada*: tales son Nitzsch, Müller y Terret. 2.º Los que, como Dugas-Montbel y Lachmann, creen que dicha obra es el resultado de la unión de varias poesías ó cantos aislados. 3.º Los partidarios de una teoría intermedia, es á saber: que la *Ilíada* fué desde el principio un poema completo, pero mucho menos extenso que el actual; así opinan Hermann, Bergk, Christ, Grote, Guigniaut, Koechly y M. Croiset. 4.º Mr. Bréal, el cual sostiene que la epopeya homérica fué compuesta por un grupo ó corporación de poetas con el fin de que fuera recitada en los juegos y fiestas que se celebraban en la Lidia. Véase: *Histoire de la Littérature grecque*, par A. et M. Croiset. París, A. Fontemoing.

5. Las ciudades más famosas de Grecia (Esmirna, Quíos, Colofón, Pilos, Argos, Atenas, Cumas, Mileto, Micenas y otras) se disputan el honor de haber sido la patria de Homero. Algunos autores han llegado á suponer que el poeta no era griego, sino romano, sirio, egipcio, etc. Lo probable es que fuera jonio y hubiese nacido en Esmirna, ciudad del Asia Menor.

6. En las colecciones de autores griegos figuran con el nombre de Homero: la *Ilíada*, la *Odisea*, los *Himnos*, los *Epigramas* y la *Batracomiomaquia*. También se han considerado como suyos el *Margites* y otros poemas. Todas estas obras, á excepción del *Margites*, que desgraciadamente se ha perdido, están escritas en hexámetros y la que más constantemente se ha atribuído á Homero es la Ilíada; pues ya Xenón, Helánico y otros críticos de la escuela de Alejandría creyeron que la *Odisea* era de otro autor, llamándoseles por esta razón χωρίζοντες (separadores), y en cuanto á las demás poesías está probado que no son auténticas.

7. La *Ilíada* era cantada por los rapsodas. Pisístrato reunió en Atenas á los más célebres, mandó escribir lo que recitaban, y de esta manera se formó el texto. Los gramáticos alejandrinos dividieron el mencionado poema en XXIV cantos y empezaron á publicar ediciones críticas.—Augusto Fick supone que la Ilíada fué escrita en el dialecto eólico y luego traducida al jónico, habiéndose conservado la forma original allí donde no fué posible hallar otra forma jónica equivalente, é intenta hacer la reconstrucción del texto primitivo. (Véase: August Fick, *Die Homerische Ilias*, Göttingen, Vandenhoeck und Ruprecht's Verlag, 1886.)

8. La *Ilíada* de Homero, traducida del griego en verso endecasílabo castellano por don Ignacio García Malo. En Madrid por Pantaleón Aznar, año 1788.—*La Ilíada* de Homero, traducida del griego al castellano por D. José Gómez Hermosilla. Madrid. En la imprenta Real, año de 1831.—Tradujeron también la *Ilíada* en verso castellano Juan de Lebrija Cano, el maestro Francisco Sánchez de las Brozas, Cristóbal de Mesa, el P. Manuel Aponte, D. Miguel José Moreno, D. Francisco Estrada y Campos y un anónimo. Existe en el Museo Británico una traducción en prosa castellana de los cinco primeros cantos de la *Ilíada*, pero no es directa, sino de la versión latina de Pedro Cándido Decimbre. Véase la noticia sobre Hermosilla y sus obras, por D. Marcelino Menéndez y Pelayo, de donde están tomados estos datos.

9. *Ilíada*, poema en XXIV cants, d'Homero, traduhit en prosa catalana per Conrat Roure. Barcelona. Estampa de Leopoldo Doménech. 1879. (Publicada en la «*Biblioteca del Diari Catalá*.»)

10. *L'Ilíada* d'Homer, directament trasllladada de la llengua grega, per J. Montserrat y Archs. Para apreciar la fidelidad, el sabor verdaderamente homérico y el valor estético de esta traducción, así como la riqueza de notas que la

2

justifican, basta leer el fragmento (Canto XVIII, versos 356 al 617) que se imprimió en el Anuari catalá, 1875, col·leccionat y publicat per Francesch Matheu y Fornells.—Barcelona. Estampa de L. Obradors y P. Sulé. 1874.

11. Fr. Luis de León.—*Prólogo á la traducción literal y declaración del Libro de los Cantares de Salomón.*

12. Εὐρύοπα. Late patentem vocem habens. Alii: late patentem visum habens, vel magnos oculos habens, vel late patens ingenium habens, i. e. mundi administrator.—Ebeling. *Lexicon Homericum.*

13. P. Juan Mir. *Rebusco de voces castizas*, pág. 471.

14. Ἀριστεία, ἡ, Egregia strenuitas, Egregiae fortitudinis specimen. Exponitur etiam Praeclarum militiae facinus. Et simpliciter Fortitudo, Strenuitas.—Thesaurus Graecae linguae.

15. Homeri Ilias, edidit Guilielmus Dindorf. Editio quinta correctior quam curavit C. Hentze. Lipsiae. In aedibus B. G. Teubneri. 1904 et 1907.

16. Θησαυρὸς τῆς Ἑλληνικῆς γλώσσης. Thesaurus Graecae linguae ab Henrico Stephano constructus, ediderunt Carolus Benedictus Hase, Guilielmus Dindorfius et Ludovicus Dindorfius.—Parisiis, excudebat Ambrosius Firmin Didot. 1865.

17. Lexicon Homericum composuerunt F. Albracht, C. Capelle, A. Eberhard, E. Eberhard, B. Giseke, V. H. Koch, C. Mutzbaver, Fr. Schnorr de Carolsfeld, edidit H. Ebeling.—Lipsiae. In aedibus B. G. Teubneri. 1885.

18. Se conserva en la Biblioteca Colombina de Sevilla. El Dr. D. Francisco Murillo, ilustrado catedrático de la Universidad hispalense, ha tenido la atención de enviarme una copia del canto VI y de varios fragmentos de los restantes.

19. ΗΙΛΙΑΔΑ μεταφρασμένη ἀπὸ τὸν Ἀλεξ. Πάλλη.—Παρίσι. Τυπογραφεῖο Chaponet. 1904.

LA ILÍADA

CANTO I
PESTE.—CÓLERA

1 Canta, oh diosa, la cólera del Pelida Aquiles; cólera funesta que causó infinitos males á los aqueos y precipitó al Orco muchas almas valerosas de héroes, á quienes hizo presa de perros y pasto de aves—cumplíase la voluntad de Júpiter—desde que se separaron disputando el Atrida, rey de hombres, y el divino Aquiles.

8 ¿Cuál de los dioses promovió entre ellos la contienda para que pelearan? El hijo de Júpiter y de Latona. Airado con el rey, suscitó en el ejército maligna peste, y los hombres perecían por el ultraje que el Atrida infiriera al sacerdote Crises. Éste, deseando redimir á su hija, habíase presentado en las veleras naves aqueas con un inmenso rescate y las ínfulas del flechador Apolo, que pendían de áureo cetro, en la mano; y á todos los aqueos, y particularmente á los dos Atridas, caudillos de pueblos, así les suplicaba:

17 «¡Atridas y demás aqueos de hermosas grebas! Los dioses, que poseen olímpicos palacios, os permitan destruir la ciudad de Príamo y regresar felizmente á la patria. Poned en libertad á mi hija y recibid el rescate, venerando al hijo de Júpiter, al flechador Apolo.»

22 Todos los aqueos aprobaron á voces que se respetase al sacerdote y se admitiera el espléndido rescate; mas el Atrida Agamenón, á quien no plugo el acuerdo, le mandó enhoramala con amenazador lenguaje:

26 «Que yo no te encuentre, anciano, cerca de las cóncavas naves, ya porque demores tu partida, ya porque vuelvas luego; pues quizás no te valgan el cetro y las ínfulas del dios. Á aquélla no la soltaré; antes le sobrevendrá la vejez en mi casa, en Argos, lejos de su patria, trabajando en el telar y compartiendo mi lecho. Pero vete; no me irrites, para que puedas irte sano y salvo.»

33 Así dijo. El anciano sintió temor y obedeció el mandato. Sin desplegar los labios, fuése por la orilla del estruendoso mar; y en tanto se alejaba, dirigía muchos ruegos al soberano Apolo, hijo de Latona, la de hermosa cabellera:

37 «¡Óyeme, tú que llevas arco de plata, proteges á Crisa y á la divina Cila, é imperas en Ténedos poderosamente! ¡Oh Esmintio! Si alguna vez adorné tu gracioso templo ó quemé en tu honor pingües muslos de toros ó de cabras, cúmpleme este voto: ¡Paguen los dánaos mis lágrimas con tus flechas!»

43 Tal fué su plegaria. Oyóla Febo Apolo, é irritado en su corazón, descendió de las cumbres del Olimpo con el arco y el cerrado carcaj en los hombros; las saetas resonaron sobre la espalda del enojado dios, cuando comenzó á moverse. Iba parecido á la noche. Sentóse lejos de las naves, tiró una flecha, y el arco de plata dió un terrible chasquido. Al principio el dios disparaba contra los mulos y los ágiles perros; mas luego dirigió sus mortíferas saetas á los hombres, y continuamente ardían muchas piras de cadáveres.

53 Durante nueve días volaron por el ejército las flechas del dios. En el décimo, Aquiles convocó al pueblo á junta: se lo puso en el corazón Juno, la diosa de los níveos brazos, que se interesaba por los dánaos, á quienes veía morir. Acudieron éstos y, una vez reunidos, Aquiles, el de los pies ligeros, se levantó y dijo:

59 «¡Atrida! Creo que tendremos que volver atrás, yendo otra vez errantes, si escapamos de la muerte; pues si no, la guerra y la peste unidas acabarán con los aqueos. Mas, ea, consultemos á un adivino, sacerdote ó intérprete de sueños—también el sueño procede de Júpiter,—para que nos diga por qué se irritó tanto Febo Apolo: si está quejoso con motivo de algún voto ó hecatombe, y si quemando en su obsequio grasa de corderos y de cabras escogidas, querrá apartar de nosotros la peste.»

68 Cuando así hubo hablado, se sentó. Levantóse Calcas Testórida, el mejor de los augures—conocía lo presente, lo futuro y lo pasado, y había guiado las naves aqueas hasta Ilión por medio del arte adivinatoria que le diera Febo Apolo,—y benévolo les arengó diciendo:

74 «¡Oh Aquiles, caro á Júpiter! Mándasme explicar la cólera del dios, del flechador Apolo. Pues bien, hablaré; pero antes declara y jura que estás pronto á defenderme de palabra y de obra, pues temo irritar á un varón que goza de gran poder entre los argivos todos y es obedecido por los aqueos. Un rey es más poderoso que el inferior contra quien se enoja; y si en el mismo día refrena su ira, guarda luego rencor hasta que logra ejecutarlo en el pecho de aquél. Di tú si me salvarás.»

84 Respondióle Aquiles, el de los pies ligeros: «Manifiesta, deponiendo todo temor, el vaticinio que sabes; pues, ¡por Apolo, caro á Júpiter, á quien tú, oh Calcas, invocas siempre que revelas los oráculos á los dánaos!, ninguno de ellos pondrá en ti sus pesadas manos, junto á las cóncavas naves, mientras yo viva y vea la luz acá en la tierra, aunque hablares de Agamenón que al presente blasona de ser el más poderoso de los aqueos todos.»

92 Entonces cobró ánimo y dijo el eximio vate: «No está el dios quejoso con motivo de algún voto ó hecatombe, sino á causa del ultraje que Agamenón ha inferido al sacerdote, á quien no devolvió la hija ni admitió el rescate. Por esto el Flechador nos causó males y todavía nos causará otros. Y no librará á los dánaos de la odiosa peste, hasta que sea restituída á su padre, sin premio ni rescate, la moza de ojos vivos, é inmolemos en Crisa una sacra hecatombe. Cuando así le hayamos aplacado, renacerá nuestra esperanza.»

101 Dichas estas palabras, se sentó. Levantóse al punto el poderoso héroe Agamenón Atrida, afligido, con las negras entrañas llenas de cólera y los ojos parecidos al relumbrante fuego; y encarando á Calcas la torva vista, exclamó:

106 «¡Adivino de males! Jamás me has anunciado nada grato. Siempre te complaces en profetizar desgracias y nunca dijiste ni ejecutaste cosa buena. Y ahora, vaticinando ante los dánaos, afirmas que el Flechador les envía calamidades, porque no quise admitir el espléndido rescate de la joven Criseida, á quien deseaba tener en mi casa. La prefiero,

ciertamente, á Clitemnestra, mi legítima esposa, porque no le es inferior ni en el talle, ni en el natural, ni en inteligencia, ni en destreza. Pero, aun así y todo, consiento en devolverla, si esto es lo mejor; quiero que el pueblo se salve, no que perezca. Pero preparadme pronto otra recompensa, para que no sea yo el único argivo que se quede sin tenerla; lo cual no parecería decoroso. Ved todos que se me va de las manos la que me había correspondido.»

121 Replicóle el divino Aquiles, el de los pies ligeros: «¡Atrida gloriosísimo, el más codicioso de todos! ¿Cómo pueden darte otra recompensa los magnánimos aqueos? No sé que existan en parte alguna cosas de la comunidad, pues las del saqueo de las ciudades están repartidas, y no es conveniente obligar á los hombres á que nuevamente las junten. Entrega ahora esa joven al dios, y los aqueos te pagaremos el triple ó el cuádruple, si Júpiter nos permite tomar la bien murada ciudad de Troya.»

130 Díjole en respuesta el rey Agamenón: «Aunque seas valiente, deiforme Aquiles, no ocultes tu pensamiento, pues ni podrás burlarme ni persuadirme. ¿Acaso quieres, para conservar tu recompensa, que me quede sin la mía, y por esto me aconsejas que la devuelva? Pues, si los magnánimos aqueos me dan otra conforme á mi deseo para que sea equivalente... Y si no me la dieren, yo mismo me apoderaré de la tuya ó de la de Ayax, ó me llevaré la de Ulises, y montará en cólera aquel á quien me llegue. Mas sobre esto deliberaremos otro día. Ahora, ea, botemos una negra nave al mar divino, reunamos los convenientes remeros, embarquemos víctimas para una hecatombe y á la misma Criseida, la de hermosas mejillas, y sea capitán cualquiera de los jefes: Ayax, Idomeneo, el divino Ulises ó tú, Pelida, el más portentoso de los hombres, para que aplaques al Flechador con sacrificios.»

148 Mirándole con torva faz, exclamó Aquiles, el de los pies ligeros: «¡Ah, impudente y codicioso! ¿Cómo puede estar dispuesto á obedecer tus órdenes ni un aqueo siquiera, para emprender la marcha ó para combatir valerosamente con otros hombres? No he venido á pelear obligado por los belicosos teucros, pues en nada se me hicieron culpables—no se llevaron nunca mis vacas ni mis caballos, ni destruyeron jamás la cosecha en la fértil Ptía, criadora de hombres, porque muchas umbrías montañas y el ruidoso mar nos separan,—sino que te seguimos á ti, grandísimo insolente, para darte el gusto de vengaros de los troyanos á Menelao y á ti, cara de perro. No fijas en esto la atención, ni por ello te preocupas, y aun me amenazas con quitarme la recompensa que por mis grandes fatigas me dieron los aqueos. Jamás el botín que obtengo iguala al tuyo cuando éstos entran á saco una populosa ciudad: aunque la parte más pesada de la impetuosa guerra la sostienen mis manos, tu recompensa, al hacerse el reparto, es mucho mayor; y yo vuelvo á mis naves, teniéndola pequeña, pero grata, después de haberme cansado en el combate. Ahora me iré á Ptía, pues lo mejor es regresar á la patria en las cóncavas naves: no pienso permanecer aquí sin honra para proporcionarte ganancia y riqueza.»

172 Contestó el rey de hombres Agamenón: «Huye, pues, si tu ánimo á ello te incita; no te ruego que por mí te quedes; otros hay á mi lado que me honrarán, y especialmente el próvido Júpiter. Me eres más odioso que ningún otro de los reyes, alumnos de Jove, porque siempre te han gustado las riñas, luchas y peleas. Si es grande tu fuerza, un dios te la dió. Vete á la patria, llevándote las naves y los compañeros, y reina sobre los mirmidones; no me cuido de que estés irritado, ni por ello me preocupo, pero te haré una amenaza: Puesto que Febo Apolo me quita á Criseida, la mandaré en mi nave con mis amigos; y encaminándome yo mismo á tu tienda, me llevaré á Briseida, la de hermosas mejillas, tu recompensa, para que sepas cuánto más poderoso soy y otro tema decir que es mi igual y compararse conmigo.»

188 Tal dijo. Acongojóse el Pelida, y dentro del velludo pecho su corazón discurrió dos cosas: ó, desnudando la aguda espada que llevaba junto al muslo, abrirse paso y matar al Atrida, ó calmar su cólera y reprimir su furor. Mientras tales pensamientos revolvía en su mente y en su corazón y sacaba de la vaina la gran espada, vino Minerva del cielo: envióla Juno, la diosa de los níveos brazos, que amaba cordialmente á entrambos y por ellos se preocupaba. Púsose detrás del Pelida y le tiró de la blonda cabellera, apareciéndose á él tan sólo; de los demás, ninguno la veía. Aquiles, sorprendido, volvióse y al instante conoció á Palas Minerva, cuyos ojos centelleaban de un modo terrible. Y hablando con ella, pronunció estas aladas palabras:

202 «¿Por qué, hija de Júpiter, que lleva la égida, has venido nuevamente? ¿Acaso para presenciar el ultraje que me infiere Agamenón, hijo de Atreo? Pues te diré lo que me figuro que va á ocurrir: Por su insolencia perderá pronto la vida.»

206 Díjole Minerva, la diosa de los brillantes ojos: «Vengo del cielo para apaciguar tu cólera, si obedecieres; y me envía Juno, la diosa de los níveos brazos, que os ama cordialmente á entrambos y por vosotros se preocupa. Ea, cesa de disputar, no desenvaines la espada é injúriale de palabra como te parezca. Lo que voy á decir se cumplirá: Por este ultraje se te ofrecerán un día triples y espléndidos presentes. Domínate y obedécenos.»

215 Contestó Aquiles, el de los pies ligeros: «Preciso es, oh diosa, hacer lo que mandáis, aunque el corazón esté muy irritado. Obrar así es lo mejor. Quien á los dioses obedece, es por ellos muy atendido.»

219 Dijo; y puesta la robusta mano en el argénteo puño, envainó la enorme espada y no desobedeció la orden de Minerva. La diosa regresó al Olimpo, al palacio en que mora Júpiter, que lleva la égida, entre las demás deidades.

223 El hijo de Peleo, no amainando en su ira, denostó nuevamente al Atrida con injuriosas voces: «¡Borracho, que tienes cara de perro y corazón de ciervo! Jamás te atreviste á tomar las armas con la gente del pueblo para combatir, ni á ponerte en emboscada con los más valientes aqueos: ambas cosas te parecen la muerte. Es, sin duda, mucho mejor arrebatar los dones, en el vasto campamento de los aqueos, á quien te contradiga. Rey devorador de tu pueblo, porque mandas á hombres abyectos...; en otro caso, Atrida, éste fuera tu último ultraje. Otra cosa voy á decirte y sobre ella prestaré un gran juramento: Sí, por este cetro que ya no producirá hojas ni ramos, pues dejó el tronco en la montaña; ni reverdecerá, porque el bronce lo despojó de las hojas y de la corteza, y ahora lo empuñan los aqueos que administran justicia y guardan las leyes de Júpiter (grande será para ti este juramento). Algún día los aquivos todos echarán de menos á Aquiles, y tú, aunque te aflijas, no podrás socorrerles cuando sucumban y perezcan á manos de Héctor, matador de hombres. Entonces desgarrarás tu corazón, pesaroso por no haber honrado al mejor de los aqueos.»

245 Así se expresó el Pelida; y tirando á tierra el cetro tachonado con clavos de oro, tomó asiento. El Atrida, en el

opuesto lado, iba enfureciéndose. Pero levantóse Néstor, suave en el hablar, elocuente orador de los pilios, de cuya boca las palabras fluían más dulces que la miel—había visto perecer dos generaciones de hombres de voz articulada que nacieron y se criaron con él en la divina Pilos y reinaba sobre la tercera,—y benévolo les arengó diciendo:

254 «¡Oh dioses! ¡Qué motivo de pesar tan grande para la tierra aquea! Alegraríanse Príamo y sus hijos, y regocijaríanse los demás troyanos en su corazón, si oyeran las palabras con que disputáis vosotros, los primeros de los dánaos lo mismo en el consejo que en el combate. Pero dejaos convencer, ya que ambos sois más jóvenes que yo. En otro tiempo traté con hombres aún más esforzados que vosotros, y jamás me desdeñaron. No he visto todavía ni veré hombres como Pirítoo, Driante pastor de pueblos, Ceneo, Exadio, Polifemo, igual á un dios, y Teseo Egida, que parecía un inmortal. Criáronse éstos los más fuertes de los hombres; muy fuertes eran y con otros muy fuertes combatieron: con los montaraces Centauros, á quienes exterminaron de un modo estupendo. Y yo estuve en su compañía—habiendo acudido desde Pilos, desde lejos, desde esa apartada tierra, porque ellos mismos me llamaron—y combatí según mis fuerzas. Con tales hombres no pelearía ninguno de los mortales que hoy pueblan la tierra; no obstante lo cual, seguían mis consejos y escuchaban mis palabras. Prestadme también vosotros obediencia, que es lo mejor que podéis hacer. Ni tú, aunque seas valiente, le quites la moza, sino déjasela, puesto que se la dieron en recompensa los magnánimos aqueos; ni tú, Pelida, quieras altercar de igual á igual con el rey, pues jamás obtuvo honra como la suya ningún otro soberano que usara cetro y á quien Júpiter diera gloria. Si tú eres más esforzado, es porque una diosa te dió á luz; pero éste es más poderoso, porque reina sobre mayor número de hombres. Atrida, apacigua tu cólera; yo te suplico que depongas la ira contra Aquiles, que es para todos los aqueos un fuerte antemural en el pernicioso combate.»

285 Respondióle el rey Agamenón: «Sí, anciano, oportuno es cuanto acabas de decir. Pero este hombre quiere sobreponerse á todos los demás; á todos quiere dominar, á todos gobernar, á todos dar órdenes que alguien, creo, se negará á obedecer. Si los sempiternos dioses le hicieron belicoso, ¿le permiten por esto proferir injurias?»

292 Interrumpiéndole, exclamó el divino Aquiles: «Cobarde y vil podría llamárseme si cediera en todo lo que dices; manda á otros, no me des órdenes, pues yo no pienso obedecerte. Otra cosa te diré que fijarás en la memoria: No he de combatir con estas manos por la moza, ni contigo, ni con otro alguno, pues al fin me quitáis lo que me disteis; pero de lo demás que tengo cabe á la veloz nave negra, nada podrías llevarte tomándolo contra mi voluntad. Y si no, ea, inténtalo, para que éstos se enteren también; presto tu negruzca sangre correría en torno de mi lanza.»

304 Después de altercar así con encontradas razones, se levantaron y disolvieron la junta que cerca de las naves aqueas se celebraba. El hijo de Peleo fuése hacia sus tiendas y sus bien proporcionados bajeles con Patroclo y otros amigos. El Atrida botó al mar una velera nave, escogió veinte remeros, cargó las víctimas de la hecatombe para el dios, y conduciendo á Criseida, la de hermosas mejillas, la embarcó también; fué capitán el ingenioso Ulises.

312 Así que se hubieron embarcado, empezaron á navegar por la líquida llanura. El Atrida mandó que los hombres se purificaran, y ellos hicieron lustraciones, echando al mar las impurezas, y sacrificaron en la playa hecatombes perfectas de toros y de cabras en honor de Apolo. El vapor de la grasa llegaba al cielo, enroscándose alrededor del humo.

318 En tales cosas ocupábase el ejército. Agamenón no olvidó la amenaza que en la contienda hiciera á Aquiles, y dijo á Taltibio y Euríbates, sus heraldos y diligentes servidores: «Id á la tienda del Pelida Aquiles, y asiendo de la mano á Briseida, la de hermosas mejillas, traedla acá; y si no os la diere, iré yo con otros á quitársela y todavía le será más duro.»

326 Hablándoles de tal suerte y con altaneras voces, los despidió. Contra su voluntad fuéronse los heraldos por la orilla del estéril mar, llegaron á las tiendas y naves de los mirmidones, y hallaron al rey cerca de su tienda y de su negra nave. Aquiles, al verlos, no se alegró. Ellos se turbaron, y haciendo una reverencia, paráronse sin decir ni preguntar nada. Pero el héroe lo comprendió todo y dijo:

334 «¡Salud, heraldos, mensajeros de Júpiter y de los hombres! Acercaos; pues para mí no sois vosotros los culpables, sino Agamenón que os envía por la joven Briseida. ¡Ea, Patroclo de jovial linaje! Saca la moza y entrégala para que se la lleven. Sed ambos testigos ante los bienaventurados dioses, ante los mortales hombres y ante ese rey cruel, si alguna vez tienen los demás necesidad de mí para librarse de funestas calamidades; porque él tiene el corazón poseído de furor y no sabe pensar á la vez en lo futuro y en lo pasado, á fin de que los aqueos se salven combatiendo junto á las naves.»

345 De tal modo habló. Patroclo, obedeciendo á su amigo, sacó de la tienda á Briseida, la de hermosas mejillas, y la entregó para que se la llevaran. Partieron los heraldos hacia las naves aqueas, y la mujer iba con ellos de mala gana. Aquiles rompió en llanto, alejóse de los compañeros, y sentándose á orillas del espumoso mar con los ojos clavados en el ponto inmenso y las manos extendidas, dirigió á su madre muchos ruegos: «¡Madre! Ya que me pariste de corta vida, el olímpico Júpiter altitonante debía honrarme y no lo hace en modo alguno. El poderoso Agamenón Atrida me ha ultrajado, pues tiene mi recompensa que él mismo me arrebató.»

357 Así dijo llorando. Oyóle la veneranda madre desde el fondo del mar, donde se hallaba á la vera del padre anciano, é inmediatamente emergió, como niebla, de las espumosas ondas, sentóse al lado de aquél, que lloraba, acaricióle con la mano y le habló de esta manera:

362 «¡Hijo! ¿Por qué lloras? ¿Qué pesar te ha llegado al alma? Habla; no me ocultes lo que piensas, para que ambos lo sepamos.»

364 Dando profundos suspiros, contestó Aquiles, el de los pies ligeros: «Lo sabes. ¿Á qué referirte lo que ya conoces? Fuimos á Tebas, la sagrada ciudad de Eetión; la saqueamos, y el botín que trajimos se lo distribuyeron equitativamente los aqueos, separando para el Atrida á Criseida, la de hermosas mejillas. Luego Crises, sacerdote del flechador Apolo, queriendo redimir á su hija, se presentó en las veleras naves aqueas con inmenso rescate y las ínfulas del flechador Apolo, que pendían de áureo cetro, en la mano; y suplicó á todos los aqueos, y particularmente á los dos Atridas, caudillos de pueblos. Todos los aqueos aprobaron á voces que se respetase al sacerdote y se admitiera el espléndido rescate; mas el Atrida Agamenón, á quien no plugo el acuerdo, le mandó enhoramala con amenazador lenguaje. El anciano se fué irritado; y Apolo, accediendo á sus ruegos, pues le era muy querido, tiró á los argivos funesta saeta:

morían los hombres unos en pos de otros, y las flechas del dios volaban por todas partes en el vasto campamento de los aqueos. Un sabio adivino nos explicó el vaticinio del Flechador, y yo fuí el primero en aconsejar que se aplacara al dios. El Atrida encendióse en ira; y levantándose, me dirigió una amenaza que ya se ha cumplido. Á aquélla, los aqueos de ojos vivos la conducen á Crisa en velera nave con presentes para el dios; y á la hija de Brises, que los aqueos me dieron, unos heraldos se la han llevado ahora mismo de mi tienda. Tú, si puedes, socorre á tu buen hijo; ve al Olimpo y ruega á Júpiter, si alguna vez llevaste consuelo á su corazón con palabras ó con obras. Muchas veces, hallándonos en el palacio de mi padre, oí que te gloriabas de haber evitado, tú sola entre los inmortales, una afrentosa desgracia al Saturnio, que amontona las sombrías nubes, cuando quisieron atarle otros dioses olímpicos, Juno, Neptuno y Palas Minerva. Tú, oh diosa, acudiste y le libraste de las ataduras, llamando al espacioso Olimpo al centímano á quien los dioses nombran Briáreo y todos los hombres Egeón, el cual es superior en fuerza á su mismo padre, y se sentó entonces al lado de Júpiter, ufano de su gloria; temiéronle los bienaventurados dioses y desistieron de su propósito. Recuérdaselo, siéntate junto á él y abraza sus rodillas: quizás decida favorecer á los teucros y acorralar á los aqueos que serán muertos entre las popas, cerca del mar; para que todos disfruten de su rey y comprenda el poderoso Agamenón Atrida la falta que ha cometido no honrando al mejor de los aqueos.»

413 Respondióle Tetis, derramando lágrimas: «¡Ay, hijo mío! ¿Por qué te he criado, si en hora aciaga te dí á luz? ¡Ojalá estuvieras en las naves sin llanto ni pena, ya que tu vida ha de ser corta, de no larga duración! Ahora eres juntamente de breve vida y el más infortunado de todos. Con hado funesto te parí en el palacio. Yo misma iré al nevado Olimpo y hablaré á Júpiter, que se complace en lanzar rayos, por si se deja convencer. Tú quédate en las naves de ligero andar, conserva la cólera contra los aqueos y abstente por completo de combatir. Ayer fuése Júpiter al Océano, al país de los probos etíopes, para asistir á un banquete, y todos los dioses le siguieron. De aquí á doce días volverá al Olimpo. Entonces acudiré á la morada de Júpiter, sustentada en bronce; le abrazaré las rodillas, y espero que lograré persuadirle.»

428 Dichas estas palabras partió, dejando á Aquiles con el corazón irritado á causa de la mujer de bella cintura que violentamente y contra su voluntad le habían arrebatado.

430 En tanto, Ulises llegaba á Crisa con las víctimas para la sacra hecatombe. Cuando arribaron al profundo puerto, amainaron las velas, guardándolas en la negra nave; abatieron por medio de cuerdas el mástil hasta la crujía; y llevaron el buque, á fuerza de remos, al fondeadero. Echaron anclas y ataron las amarras, saltaron á la playa, desembarcaron las víctimas de la hecatombe para el flechador Apolo, y Criseida salió de la nave que atraviesa el ponto. El ingenioso Ulises llevó la moza al altar y, poniéndola en manos de su padre, dijo:

442 «¡Oh Crises! Envíame el rey de hombres Agamenón á traerte la hija y ofrecer en favor de los dánaos una sagrada hecatombe á Apolo, para que aplaquemos á este dios que tan deplorables males ha causado á los aqueos.»

446 Dijo, y puso en sus manos la hija amada, que aquél recibió con alegría. Acto continuo, ordenaron la sacra hecatombe en torno del bien construído altar, laváronse las manos y tomaron harina con sal. Y Crises oró en alta voz y con las manos levantadas:

451 «¡Óyeme, tú que llevas arco de plata, proteges á Crisa y á la divina Cila é imperas en Ténedos poderosamente! Me escuchaste cuando te supliqué, y para honrarme, oprimiste duramente al ejército aqueo; pues ahora cúmpleme este voto: ¡Aleja ya de los dánaos la abominable peste!»

457 Tal fué su plegaria, y Febo Apolo le oyó. Hecha la rogativa y esparcida la harina con sal, cogieron las víctimas por la cabeza, que tiraron hacia atrás, y las degollaron y desollaron; en seguida cortaron los muslos, y después de cubrirlos con doble capa de grasa y de carne cruda en pedacitos, el anciano los puso sobre leña encendida y los roció de negro vino. Cerca de él, unos jóvenes tenían en las manos asadores de cinco puntas. Quemados los muslos, probaron las entrañas; y descuartizando lo demás, atraveśaronlo con pinchos, lo asaron cuidadosamente y lo retiraron del fuego. Terminada la faena y dispuesto el banquete, comieron, y nadie careció de su respectiva porción. Cuando hubieron satisfecho el deseo de comer y de beber, los mancebos llenaron las crateras y distribuyeron el vino á todos los presentes después de haber ofrecido en copas las primicias. Y durante el día los aqueos aplacaron al dios con el canto, entonando un hermoso peán al flechador Apolo, que les oía con el corazón complacido.

475 Cuando el sol se puso y sobrevino la noche, durmieron cabe á las amarras del buque. Mas, así que apareció la hija de la mañana, la Aurora de rosados dedos, hiciéronse á la mar para volver al espacioso campamento aqueo, y el flechador Apolo les envió próspero viento. Izaron el mástil, descogieron las velas, que hinchó el viento, y las purpúreas ondas resonaban en torno de la quilla mientras la nave corría siguiendo su rumbo. Una vez llegados al vasto campamento de los aquivos, sacaron la negra nave á tierra firme y la pusieron en alto sobre la arena, sosteniéndola con grandes maderos. Y luego se dispersaron por las tiendas y los bajeles.

488 El hijo de Peleo y descendiente de Jove, Aquiles, el de los pies ligeros, seguía irritado en las veleras naves, y ni frecuentaba las juntas donde los varones cobran fama, ni cooperaba á la guerra; sino que consumía su corazón, permaneciendo en los bajeles, y echaba de menos la gritería y el combate.

493 Cuando, después de aquel día, apareció la duodécima aurora, los sempiternos dioses volvieron al Olimpo con Júpiter á la cabeza. Tetis no olvidó entonces el encargo de su hijo: saliendo de entre las olas del mar, subió muy de mañana al gran cielo y al Olimpo, y halló al longivídente Saturnio sentado aparte de los demás dioses en la más alta de las muchas cumbres del monte. Acomodóse junto á él, abrazó sus rodillas con la mano izquierda, tocóle la barba con la diestra y dirigió esta súplica al soberano Jove Saturnio:

503 «¡Padre Júpiter! Si alguna vez te fuí útil entre los inmortales con palabras ú obras, cúmpleme este voto: Honra á mi hijo, el héroe de más breve vida, pues el rey de hombres Agamenón le ha ultrajado, arrebatándole la recompensa que todavía retiene. Véngale tú, próvido Júpiter Olímpico, concediendo la victoria á los teucros hasta que los aqueos den satisfacción á mi hijo y le colmen de honores.»

511 De tal suerte habló. Júpiter, que amontona las nubes, nada contestó, guardando silencio un buen rato. Pero Tetis, que seguía como cuando abrazó sus rodillas, le suplicó de nuevo:

514 «Prométemelo claramente, asintiendo, ó niégamelo—pues en ti no cabe el temor—para que sepa cuán despreciada soy entre todas las deidades.»

517 Júpiter, que amontona las nubes, respondió afligidísimo: «¡Funestas acciones! Pues harás que me malquiste con Juno cuando me zahiera con injuriosas palabras. Sin motivo me riñe siempre ante los inmortales dioses, porque dice que en las batallas favorezco á los teucros. Pero ahora vete, no sea que Juno advierta algo; yo me cuidaré de que esto se cumpla. Y si lo deseas, te haré con la cabeza la señal de asentimiento para que tengas confianza. Éste es el signo más seguro, irrevocable y veraz para los inmortales; y no deja de efectuarse aquello á que asiento con la cabeza.»

528 Dijo el Saturnio, y bajó las negras cejas en señal de asentimiento; los divinos cabellos se agitaron en la cabeza del soberano inmortal, y á su influjo estremecióse el dilatado Olimpo.

531 Después de deliberar así, se separaron: ella saltó al profundo mar desde el resplandeciente Olimpo, y Jove volvió á su palacio. Los dioses se levantaron al ver á su padre, y ninguno aguardó que llegase, sino que todos salieron á su encuentro. Sentóse Júpiter en el trono; y Juno, que, por haberlo visto, no ignoraba que Tetis, la de argentados pies, hija del anciano del mar, con él departiera, dirigió en seguida injuriosas palabras á Jove Saturnio:

540 «¿Cuál de las deidades, oh doloso, ha conversado contigo? Siempre te es grato, cuando estás lejos de mí, pensar y resolver algo clandestinamente, y jamás te has dignado decirme una sola palabra de lo que acuerdas.»

544 Respondió el padre de los hombres y de los dioses: «¡Juno! No esperes conocer todas mis decisiones, pues te resultará difícil aun siendo mi esposa. Lo que pueda decirse, ningún dios ni hombre lo sabrá antes que tú; pero lo que quiera resolver sin contar con los dioses, no lo preguntes ni procures averiguarlo.»

551 Replicó Juno veneranda, la de los grandes ojos: «¡Terribilísimo Saturnio, qué palabras proferiste! No será mucho lo que te haya preguntado ó querido averiguar, puesto que muy tranquilo meditas cuanto te place. Mas ahora mucho recela mi corazón que te haya seducido Tetis, la de los argentados pies, hija del anciano del mar. Al amanecer el día sentóse cerca de ti y abrazó tus rodillas; y pienso que le habrás prometido, asintiendo, honrar á Aquiles y causar gran matanza junto á las naves aqueas.»

560 Contestó Júpiter, que amontona las nubes: «¡Ah, desdichada! Siempre sospechas y de ti no me oculto. Nada, empero, podrás conseguir sino alejarte de mi corazón; lo cual todavía te será más duro. Si es cierto lo que sospechas, así debe de serme grato. Pero, siéntate en silencio; obedece mis palabras. No sea que no te valgan cuantos dioses hay en el Olimpo, si acercándome te pongo encima las invictas manos.»

568 Tal dijo. Juno veneranda, la de los grandes ojos, temió; y refrenando el coraje, sentóse en silencio. Indignáronse en el palacio de Jove los dioses celestiales. Y Vulcano, el ilustre artífice, comenzó á arengarles para consolar á su madre Juno, la de los níveos brazos:

573 «Funesto é insoportable será lo que ocurra, si vosotros disputáis así por los mortales y promovéis alborotos entre los dioses; ni siquiera en el banquete se hallará placer alguno, porque prevalece lo peor. Yo aconsejo á mi madre, aunque ya ella tiene juicio, que obsequie al padre querido, para que éste no vuelva á reñirla y á turbarnos el festín. Pues si el Olímpico fulminador quiere echarnos del asiento... nos aventaja mucho en poder. Pero halágale con palabras cariñosas y pronto el Olímpico nos será propicio.»

584 De este modo habló, y tomando una copa doble, ofrecióla á su madre, diciendo: «Sufre, madre mía, y sopórtalo todo aunque estés afligida; que á ti, tan querida, no te vean mis ojos apaleada, sin que pueda socorrerte, porque es difícil contrarrestar al Olímpico. Ya otra vez que te quise defender, me asió por el pie y me arrojó de los divinos umbrales. Todo el día fuí rodando y á la puesta del sol caí en Lemnos. Un poco de vida me quedaba y los sinties me recogieron tan pronto como hube caído.»

595 Así dijo. Sonrióse Juno, la diosa de los níveos brazos; y sonriente aún, tomó la copa doble que su hijo le presentaba. Vulcano se puso á escanciar dulce néctar para las otras deidades, sacándolo de la cratera; y una risa inextinguible se alzó entre los bienaventurados dioses al ver con qué afán les servía en el palacio.

601 Todo el día, hasta la puesta del sol, celebraron el festín; y nadie careció de su respectiva porción, ni faltó la hermosa cítara que tañía Apolo, ni las Musas que con linda voz cantaban alternando.

605 Mas, cuando la fúlgida luz del sol llegó al ocaso, los dioses fueron á recogerse á sus respectivos palacios que había construído Vulcano, el ilustre cojo de ambos pies, con sabia inteligencia. Júpiter olímpico, fulminador, se encaminó al lecho donde acostumbraba dormir cuando el dulce sueño le vencía. Subió y acostóse; y á su lado descansó Juno, la de áureo trono.

CANTO II
SUEÑO.—PRUEBA.—BEOCIA Ó CATÁLOGO DE LAS NAVES

1 Las demás deidades y los hombres que en carros combaten, durmieron toda la noche; pero Júpiter no probó las dulzuras del sueño, porque su mente buscaba el medio de honrar á Aquiles y causar gran matanza junto á las naves aqueas. Al fin, creyendo que lo mejor sería enviar un pernicioso sueño al Atrida Agamenón, pronunció estas aladas palabras:

8 «Anda, pernicioso Sueño, encamínate á las veleras naves aqueas, introdúcete en la tienda de Agamenón Atrida, y dile cuidadosamente lo que voy á encargarte. Ordénale que arme á los aqueos de larga cabellera y saque toda la hueste: ahora podría tomar á Troya, la ciudad de anchas calles, pues los inmortales que poseen olímpicos palacios ya no están discordes, por haberlos persuadido Juno con sus ruegos, y una serie de infortunios amenaza á los troyanos.»

16 Tal dijo. Partió el Sueño al oir el mandato, llegó en un instante á las veleras naves aqueas, y hallando dormido en su tienda al Atrida Agamenón—alrededor del héroe habíase difundido el sueño inmortal—púsose sobre la cabeza del mismo, y tomó la figura de Néstor, hijo de Neleo, que era el anciano á quien aquél más honraba. Así transfigurado, dijo el divino Sueño: «¿Duermes, hijo del belicoso Atreo domador de caballos? No debe dormir toda la noche el príncipe á quien se han confiado los guerreros y á cuyo cargo se hallan tantas cosas. Préstame atención, pues vengo como mensajero de Júpiter; el cual, aun estando lejos, se interesa mucho por ti y te compadece. Armar te ordena á los aqueos

de larga cabellera y sacar toda la hueste: ahora podrías tomar á Troya, la ciudad de anchas calles, pues los inmortales que poseen olímpicos palacios ya no están discordes, por haberlos persuadido Juno con sus ruegos, y una serie de infortunios amenaza á los troyanos por la voluntad de Júpiter. Graba mis palabras en tu memoria, para que no las olvides cuando el dulce sueño te abandone.»

35 Dijo, se fué y dejó á Agamenón revolviendo en su espíritu lo que no debía cumplirse. Figurábase que iba á tomar la ciudad de Troya aquel mismo día. ¡Insensato! No sabía lo que tramaba Júpiter, quien había de causar nuevos males y llanto á los troyanos y á los dánaos por medio de terribles peleas. Cuando despertó, la voz divina resonaba aún en torno suyo. Incorporóse, y, habiéndose sentado, vistió la túnica fina, hermosa, nueva; se echó el gran manto, calzó sus pies con bellas sandalias y colgó del hombro la espada tachonada con argénteos clavos. Tomó el imperecedero cetro de su padre y se encaminó hacia las naves de los aqueos, de broncíneas lorigas.

48 Subía la divinal Aurora al vasto Olimpo para anunciar el día á Júpiter y á los demás dioses, cuando Agamenón ordenó que los heraldos de voz sonora convocaran á junta á los aqueos de larga cabellera. Convocáronlos aquéllos, y éstos se reunieron en seguida.

53 Pero celebróse antes un consejo de magnánimos próceres junto á la nave del rey Néstor, natural de Pilos. Agamenón los llamó para hacerles una discreta consulta:

56 «¡Oíd, amigos! Dormía durante la noche inmortal, cuando se me acercó un Sueño divino muy semejante al ilustre Néstor en la forma, estatura y natural. Púsose sobre mi cabeza y profirió estas palabras: «¿Duermes, hijo del belicoso Atreo domador de caballos? No debe dormir toda la noche el príncipe á quien se han confiado los guerreros y á cuyo cargo se hallan tantas cosas. Préstame atención, pues vengo como mensajero de Júpiter; el cual, aun estando lejos, se interesa mucho por ti y te compadece. Armar te ordena á los aqueos de larga cabellera y sacar toda la hueste: ahora podrías tomar á Troya, la ciudad de anchas calles, pues los inmortales que poseen olímpicos palacios ya no están discordes, por haberlos persuadido Juno con sus ruegos, y una serie de infortunios amenaza á los troyanos por la voluntad de Júpiter. Graba mis palabras en tu memoria.» Dijo, fuése volando, y el dulce sueño me abandonó. Ea, veamos cómo podremos conseguir que los aqueos tomen las armas. Para probarlos como es debido, les aconsejaré que huyan en las naves de muchos bancos; y vosotros, hablándoles unos por un lado y otros por el opuesto, procurad detenerlos.»

76 Habiéndose expresado en estos términos, se sentó. Seguidamente levantóse Néstor, que era rey de la arenosa Pilos, y benévolo les arengó diciendo:

79 «¡Amigos, capitanes y príncipes de los argivos! Si algún otro aqueo nos refiriese el sueño, lo creeríamos falso y desconfiaríamos aún más; pero lo ha tenido quien se gloría de ser el más poderoso de los aqueos. Ea, veamos cómo podremos conseguir que los aqueos tomen las armas.»

84 Dichas estas palabras, salió del consejo. Los reyes que llevan cetro se levantaron, obedeciendo al pastor de hombres, y la gente del pueblo acudió presurosa. Como de la hendedura de un peñasco salen sin cesar enjambres copiosos de abejas que vuelan arracimadas sobre las flores primaverales y unas revolotean á este lado y otras á aquel, así las numerosas familias de guerreros marchaban en grupos, por la baja ribera, desde las naves y tiendas á la junta. En medio, la Fama, mensajera de Júpiter, enardecida, les instigaba á que acudieran, y ellos se iban reuniendo. Agitóse la junta, gimió la tierra y se produjo tumulto, mientras los hombres tomaron sitio. Nueve heraldos daban voces para que callaran y oyeran á los reyes, alumnos de Júpiter. Sentáronse al fin, aunque con dificultad, y enmudecieron tan pronto como ocuparon los asientos. Entonces se levantó el rey Agamenón, empuñando el cetro que Vulcano hiciera para el soberano Jove Saturnio—éste lo dió al mensajero Argicida; Mercurio lo regaló al excelente jinete Pélope, quien, á su vez, lo entregó á Atreo, pastor de hombres; Atreo al morir lo legó á Tiestes, rico en ganado, y Tiestes lo dejó á Agamenón para que reinara en muchas islas y en todo el país de Argos,—y descansando el rey sobre el arrimo del cetro, habló así á los argivos:

110 «¡Amigos, héroes dánaos, ministros de Marte! En grave infortunio envolvióme Júpiter. ¡Cruel! Me prometió y aseguró que no me iría sin destruir la bien murada Ilión, y todo ha sido funesto engaño; pues ahora me ordena regresar á Argos, sin gloria, después de haber perdido tantos hombres. Así debe de ser grato al prepotente Júpiter, que ha destruído las fortalezas de muchas ciudades y aún destruirá otras porque su poder es inmenso. Vergonzoso será para nosotros que lleguen á saberlo los hombres de mañana. ¡Un ejército aqueo tal y tan grande hacer una guerra vana é ineficaz! ¡Combatir contra un número menor de hombres y no saberse aún cuándo la contienda tendrá fin! Pues si aqueos y troyanos, jurando la paz, quisiéramos contarnos, y reunidos cuantos troyanos hay en sus hogares y agrupados nosotros en décadas, cada una de éstas eligiera un troyano para que escanciara el vino, muchas décadas se quedarían sin escanciador. ¡En tanto superan los aqueos á los troyanos que en Ilión moran! Pero han venido en su ayuda hombres de muchas ciudades, que saben blandir la lanza, me apartan de mi propósito y no me permiten, como quisiera, tomar la populosa ciudad de Troya. Nueve años del gran Jove transcurrieron ya; los maderos de las naves se han podrido y las cuerdas están deshechas; nuestras esposas é hijitos nos aguardan en los palacios; y aún no hemos dado cima á la empresa para la cual vinimos. Ea, obremos todos como voy á decir: Huyamos en las naves á nuestra patria, pues ya no tomaremos á Troya, la de anchas calles.»

142 Así dijo; y á todos los que no habían asistido al consejo se les conmovió el corazón en el pecho. Agitóse la junta como las grandes olas que en el mar Icario levantan el Euro y el Noto cayendo impetuosos de las nubes amontonadas por el padre Júpiter. Como el Céfiro mueve con violento soplo un campo de trigo y se cierne sobre las espigas, de igual manera se movió toda la junta. Con gran gritería y levantando nubes de polvo, corren hacia los bajeles; exhórtanse á tirar de ellos para botarlos al mar divino; limpian los canales; quitan los soportes, y el vocerío de los que se disponen á volver á la patria llega hasta el cielo.

155 Y efectuárase entonces, antes de lo dispuesto por el destino, el regreso de los argivos, si Juno no hubiese dicho á Minerva:

157 «¡Oh dioses! ¡Hija de Júpiter, que lleva la égida! ¡Indómita deidad! ¿Huirán los argivos á sus casas, á su tierra por el ancho dorso del mar, y dejarán como trofeo á Príamo y á los troyanos la argiva Helena, por la cual tantos aqueos

perecieron en Troya, lejos de su patria? Ve en seguida al ejército de los aqueos, de broncíneas lorigas, detén con suaves palabras á cada guerrero y no permitas que boten al mar los corvos bajeles.»

166 De este modo habló. Minerva, la diosa de los brillantes ojos, no fué desobediente. Bajando en raudo vuelo de las cumbres del Olimpo, llegó presto á las naves aqueas y halló á Ulises, igual á Júpiter en prudencia, que permanecía inmóvil y sin tocar la negra nave de muchos bancos porque el pesar le llegaba al corazón y al alma. Y poniéndose á su lado, díjole Minerva, la de los brillantes ojos:

173 «¡Hijo de Laertes, de jovial linaje! ¡Ulises, fecundo en recursos! ¿Huiréis á vuestras casas, á la patria tierra, embarcados en las naves de muchos bancos, y dejaréis como trofeo á Príamo y á los troyanos la argiva Helena, por la cual tantos aqueos perecieron en Troya, lejos de su patria? Ve en seguida al ejército de los aqueos y no cejes: detén con suaves palabras á cada guerrero y no permitas que boten al mar los corvos bajeles.»

182 Dijo. Ulises conoció la voz de la diosa; tiró el manto, que recogió el heraldo Euríbates de Ítaca, que le acompañaba; corrió hacia el Atrida Agamenón, para que le diera el imperecedero cetro paterno; y con éste en la mano, enderezó á las naves de los aqueos, de broncíneas lorigas.

188 Cuando encontraba á un rey ó á un capitán eximio, parábase y le detenía con suaves palabras:

190 «¡Illustre! No es digno de ti temblar como un cobarde. Deténte y haz que los otros se detengan también. Aún no conoces claramente la intención del Atrida: ahora nos prueba, y pronto castigará á los aqueos. En el consejo no todos comprendimos lo que dijo. No sea que, irritándose, maltrate á los aqueos; la cólera de los reyes, alumnos de Jove, es terrible, porque su dignidad procede del próvido Júpiter y éste los ama.»

198 Cuando encontraba á un hombre del pueblo gritando, dábale con el cetro y le increpaba de esta manera:

200 «¡Desdichado! Estáte quieto y escucha á los que te aventajan en bravura; tú, débil é inepto para la guerra, no eres estimado ni en el combate ni en el consejo. Aquí no todos los aqueos podemos ser reyes; no es un bien la soberanía de muchos; uno solo sea príncipe, uno solo rey: aquel á quien el hijo del artero Saturno dió cetro y leyes para que reine sobre nosotros.»

207 Así Ulises, obrando como supremo jefe, se imponía al ejército; y ellos se apresuraban á volver de las tiendas y naves á la junta, con gran vocerío, como cuando el olaje del estruendoso mar brama en la anchurosa playa y el ponto resuena.

211 Todos se sentaron y permanecieron quietos en su sitio, á excepción de Tersites, que, sin poner freno á la lengua, alborotaba. Ése sabía muchas palabras groseras para disputar temerariamente, no de un modo decoroso, con los reyes; y lo que á él le pareciera, hacerlo ridículo para los argivos. Fué el hombre más feo que llegó á Troya, pues era bizco y cojo de un pie; sus hombros corcovados se contraían sobre el pecho, y tenía la cabeza puntiaguda y cubierta por rala cabellera. Aborrecíanle de un modo especial Aquiles y Ulises, á quienes zahería; y entonces, dando estridentes voces, insultaba al divino Agamenón. Y por más que los aqueos se indignaban é irritaban mucho contra él, seguía increpándole á voz en grito:

225 «¡Atrida! ¿De qué te quejas ó de qué careces? Tus tiendas están repletas de bronce y tienes muchas y escogidas mujeres que los aqueos te ofrecemos antes que á nadie cuando tomamos alguna ciudad. ¿Necesitas, acaso, el oro que un troyano te traiga de Ilión para redimir al hijo que yo ú otro aqueo haya hecho prisionero? ¿Ó, por ventura, una joven con quien goces del amor y que tú solo poseas? No es justo que, siendo el jefe, ocasiones tantos males á los aqueos. ¡Oh cobardes, hombres sin dignidad, aqueas más bien que aqueos! Volvamos en las naves á la patria y dejémosle aquí, en Troya, para que devore el botín y sepa si le sirve ó no nuestra ayuda; ya que ha ofendido á Aquiles, varón muy superior, arrebatándole la recompensa que todavía retiene. Poca cólera siente Aquiles en su pecho y es grande su indolencia; si no fuera así, Atrida, éste sería tu último ultraje.»

243 Tales palabras dijo Tersites, zahiriendo á Agamenón, pastor de hombres. El divino Ulises se detuvo á su lado; y mirándole con torva faz, le increpó duramente:

246 «¡Tersites parlero! Aunque seas orador fecundo, calla y no quieras disputar con los reyes. No creo que haya un hombre peor que tú entre cuantos han venido á Ilión con los Atridas. Por tanto, no tomes en boca á los reyes, ni los injuries, ni pienses en el regreso. No sabemos aún con certeza cómo esto acabará y si la vuelta de los aqueos será feliz ó desgraciada. Mas tú denuestas al Atrida Agamenón, porque los héroes dánaos le dan muchas cosas; por esto le zahieres. Lo que voy á decir se cumplirá: Si vuelvo á encontrarte delirando como ahora, que Ulises no conserve la cabeza sobre los hombros ni sea llamado padre de Telémaco si, echándote mano, no te despojo del vestido (el manto y la túnica que cubren tus vergüenzas) y no te envío lloroso de la junta á las veleras naves después de castigarte con afrentosos azotes.»

265 Tal dijo, y con el cetro dióle un golpe en la espalda y los hombros. Tersites se encorvó, mientras una gruesa lágrima caía de sus ojos y un cruento cardenal aparecía en su espalda por bajo del áureo cetro. Sentóse, turbado y dolorido; miró á todos con aire de simple, y se enjugó las lágrimas. Ellos, aunque afligidos, rieron con gusto y no faltó quien dijera á su vecino:

272 «¡Oh dioses! Muchas cosas buenas hizo Ulises, ya dando consejos saludables, ya preparando la guerra; pero esto es lo mejor que ha realizado entre los argivos: hacer callar al insolente charlatán, cuyo ánimo osado no le impulsará en lo sucesivo á zaherir con injuriosas palabras á los reyes.»

278 De tal modo hablaba la multitud. Levantóse Ulises, asolador de ciudades, con el cetro en la mano (Minerva, la de los brillantes ojos, que, transfigurada en heraldo, junto á él estaba, impuso silencio para que todos los aqueos, desde los primeros hasta los últimos, oyeran el discurso y meditaran los consejos), y benévolo les arengó diciendo:

284 «¡Atrida! Los aqueos, oh rey, quieren cubrirte de baldón ante todos los mortales de voz articulada y no cumplen lo que te prometieron al venir de la Argólide, criadora de caballos: que no te irías sin destruir la bien murada Ilión. Cual si fuesen niños ó viudas, se lamentan unos con otros y desean regresar á su casa. Y es, en verdad, penoso que hayamos de volver afligidos. Cierto que cualquiera se impacienta al mes de estar separado de su mujer, cuando ve detenida su nave de muchos bancos por las borrascas invernales y el mar alborotado; y nosotros hace ya nueve años, con el presente, que aquí permanecemos. No me enfado, pues, porque los aqueos se impacienten junto á las cóncavas naves; pero sería bochornoso haber estado aquí tanto tiempo y volvernos sin conseguir nuestro propósito. Tened

paciencia, amigos, y aguardad un poco más, para que sepamos si fué verídica la predicción de Calcas. Bien grabada la tenemos en la memoria, y todos vosotros, los que no habéis sido arrebatados por las Parcas, sois testigos de lo que ocurrió en Áulide cuando se reunieron las naves aqueas que tantos males habían de traer á Príamo y á los troyanos. En sacros altares inmolábamos hecatombes perfectas á los inmortales, junto á una fuente y á la sombra de un hermoso plátano á cuyo pie manaba el agua cristalina. Allí se nos ofreció un gran portento. Un horrible dragón de roja espalda, que el mismo Olímpico sacara á la luz, saltó de debajo del altar al plátano. En la rama cimera de éste hallábanse los hijuelos recién nacidos de un ave, que medrosos se acurrucaban debajo de las hojas; eran ocho, y con la madre que los parió, nueve. El dragón devoró á los pajarillos, que piaban lastimeramente; la madre revoleaba quejándose, y aquél volvióse y la cogió por el ala, mientras ella chillaba. Después que el dragón se hubo comido al ave y á los polluelos, el dios que lo hiciera aparecer obró en él un prodigio: el hijo del artero Saturno transformólo en piedra, y nosotros, inmóviles, admirábamos lo que ocurría. De este modo, las grandes y portentosas acciones de los dioses interrumpieron las hecatombes. Y en seguida Calcas, vaticinando, exclamó: «¿Por qué enmudecéis, aqueos de larga cabellera? El próvido Júpiter es quien nos muestra ese prodigio grande, tardío, de lejano cumplimiento, pero cuya gloria jamás perecerá. Como el dragón devoró á los polluelos del ave y al ave misma, los cuales eran ocho, y con la madre que los dió á luz, nueve, así nosotros combatiremos allí igual número de años, y al décimo tomaremos la ciudad de anchas calles.» Tal fué lo que dijo y todo se va cumpliendo. ¡Ea, aqueos de hermosas grebas, quedaos todos hasta que tomemos la gran ciudad de Príamo!»

333 De tal suerte habló. Los argivos, con agudos gritos que hacían retumbar horriblemente las naves, aplaudieron el discurso del divino Ulises. Y Néstor, caballero gerenio, les arengó diciendo:

337 «¡Oh dioses! Habláis como niños chiquitos que no están ejercitados en los bélicos trabajos. ¿Qué son de nuestros convenios y juramentos? ¿Se fueron, pues, en humo los consejos, los afanes de los guerreros, los pactos consagrados con libaciones de vino puro y los apretones de manos en que confiábamos? Nos entretenemos en contender con palabras y sin motivo, y en tan largo espacio no hemos podido encontrar un medio eficaz para conseguir nuestro objeto. ¡Atrida! Tú, como siempre, manda con firme decisión á los argivos en el duro combate y deja que se consuman uno ó dos que en discordancia con los demás aqueos desean, aunque no realizarán su propósito, regresar á Argos antes de saber si fué ó no falsa la promesa de Júpiter, que lleva la égida. Pues yo os aseguro que el prepotente Saturnio se nos mostró propicio, relampagueando por el diestro lado y haciéndonos favorables señales, el día en que los argivos se embarcaron en las naves de ligero andar para traer á los troyanos la muerte y el destino. Nadie, pues, se dé prisa por volver á su casa, hasta haber dormido con la esposa de un troyano y haber vengado la huída y los gemidos de Helena. Y si alguno tanto anhelare el regreso, toque la negra nave de muchos bancos para que delante de todos sea muerto y cumpla su destino. ¡Oh rey! No dejes de pensar tú mismo y sigue también los consejos que nosotros te damos. No es despreciable lo que voy á decirte: Agrupa á los hombres, oh Agamenón, por tribus y familias, para que una tribu ayude á otra tribu y una familia á otra familia. Si así obrares y te obedecieren los aqueos, sabrás pronto cuáles jefes y soldados son cobardes y cuáles valerosos, pues pelearán distintamente; y conocerás si no puedes tomar la ciudad por la voluntad de los dioses ó por la cobardía de tus hombres y su impericia en la guerra.»

369 Respondió el rey Agamenón: «De nuevo, oh anciano, superas en la junta á los aqueos todos. Ojalá, ¡padre Júpiter, Minerva, Apolo!, tuviera entre los argivos diez consejeros semejantes; entonces la ciudad del rey Príamo sería pronto tomada y destruída por nuestras manos. Pero Júpiter, que lleva la égida, me envía penas, enredándome en inútiles disputas y riñas. Aquiles y yo peleamos con encontradas razones por una muchacha, y fuí el primero en irritarme; si ambos procediéramos de acuerdo, no se diferiría un solo momento la ruina de los troyanos. Ahora, id á comer para que luego trabemos el combate; cada uno afile la lanza, prepare el escudo, dé el pasto á los corceles de pies ligeros é inspeccione el carro, apercibiéndose para la lucha; pues durante todo el día nos pondrá á prueba el horrendo Marte. Ni un breve descanso ha de haber siquiera, hasta que la noche obligue á los valientes guerreros á separarse. La correa del escudo que al combatiente cubre, se impregnará de sudor en torno del pecho; el brazo se fatigará con el manejo de la lanza, y sudarán los corceles arrastrando los pulimentados carros. Y aquel que se quede voluntariamente en las corvas naves, lejos de la batalla, como yo le vea, no se librará de los perros y de las aves de rapiña.»

394 Así habló. Los argivos promovían gran clamoreo, como cuando las olas, movidas por el Noto, baten un elevado risco que se adelanta sobre el mar y no lo dejan mientras soplan los vientos en contrarias direcciones. Luego, levantándose, se dispersaron por las naves, encendieron lumbre en las tiendas, tomaron la comida y ofrecieron sacrificios, quiénes á uno, quiénes á otro de los sempiternos dioses, para que los librasen de morir en la batalla. Agamenón, rey de hombres, inmoló un pingüe buey de cinco años al prepotente Saturnio, habiendo llamado á su tienda á los principales caudillos de los aqueos todos: á Néstor y al rey Idomeneo, luego á entrambos Ayaces y al hijo de Tideo, y en sexto lugar á Ulises, igual en prudencia á Júpiter. Espontáneamente se presentó Menelao, valiente en la pelea, porque sabía lo que su hermano estaba preparando. Colocáronse todos alrededor del buey y tomaron harina con sal. Y puesto en medio, el poderoso Agamenón oró diciendo:

412 «¡Júpiter gloriosísimo, máximo, que amontonas las sombrías nubes y vives en el éter! ¡Que no se ponga el sol ni sobrevenga la obscura noche, antes que yo destruya el palacio de Príamo, entregándolo á las llamas; pegue voraz fuego á las puertas; rompa con mi lanza la coraza de Héctor en su mismo pecho, y vea á muchos de sus compañeros caídos de bruces en el polvo y mordiendo la tierra!»

419 Dijo; pero el Saturnio no accedió y, aceptando los sacrificios, preparóles no envidiable labor. Hecha la rogativa y esparcida la harina con sal, cogieron las víctimas por la cabeza, que tiraron hacia atrás, y las degollaron y desollaron; cortaron los muslos, cubriéronlos con doble capa de grasa y de carne cruda en pedacitos, y los quemaron con leña sin hojas; y atravesando las entrañas con los asadores, las pusieron al fuego. Quemados los muslos, probaron las entrañas; y descuartizando lo restante, lo cogieron con pinchos, lo asaron cuidadosamente y lo retiraron del fuego. Terminada la faena y dispuesto el festín, comieron y nadie careció de su respectiva porción. Y cuando hubieron satisfecho el deseo de comer y de beber, Néstor, caballero gerenio, comenzó á decirles:

434 «¡Atrida gloriosísimo, rey de hombres Agamenón! No nos entretengamos en hablar, ni difiramos por más

tiempo la empresa que un dios pone en nuestras manos. ¡Ea! Los heraldos de los aqueos, de broncíneas lorigas, pregonen que el ejército se reuna cerca de los bajeles, y nosotros recorramos juntos el espacioso campamento para promover cuanto antes un vivo combate.»

441 Tales fueron sus palabras; y Agamenón, rey de hombres, no desobedeció. Al momento dispuso que los heraldos de voz sonora llamaran á la batalla á los aqueos de larga cabellera; hízose el pregón, y ellos se reunieron prontamente. El Atrida y los reyes, alumnos de Júpiter, hacían formar á los guerreros, y los acompañaba Minerva, la de los brillantes ojos, llevando la preciosa inmortal égida que no envejece y de la cual cuelgan cien áureos borlones, bien labrados y del valor de cien bueyes cada uno. Con ella en la mano, movíase la diosa entre los aqueos, instigábales á salir al campo y ponía fortaleza en sus corazones para que pelearan y combatieran sin descanso. Pronto les fué más agradable batallar, que volver á la patria tierra en las cóncavas naves.

455 Cual se columbra desde lejos el resplandor de un incendio, cuando el voraz fuego se propaga por vasta selva en la cumbre de un monte, así el brillo de las broncíneas armaduras de los que se ponían en marcha llegaba al cielo á través del éter.

459 De la suerte que las alígeras aves—gansos, grullas ó cisnes cuellilargos—se posan en numerosas bandadas y chillando en la pradera Asio, cerca del río Caístro, vuelan acá y allá ufanas de sus alas, y el campo resuena, de esta manera las numerosas huestes afluían de las naves y tiendas á la llanura escamandria y la tierra retumbaba horriblemente bajo los pies de los guerreros y de los caballos. Y los que en el florido prado del Escamandro llegaron á juntarse fueron innumerables; tantos, cuantas son las hojas y flores que en la primavera nacen.

469 Como enjambres copiosos de moscas que en la primaveral estación vuelan agrupadas por el establo del pastor, cuando la leche llena los tarros; en tan gran número reuniéronse en la llanura los aqueos de larga cabellera, deseosos de acabar con los teucros.

474 Poníanlos los caudillos en orden de batalla fácilmente, como los pastores separan las cabras de grandes rebaños cuando se mezclan en el pasto; y en medio aparecía el poderoso Agamenón, semejante en la cabeza y en los ojos á Júpiter, que se goza en lanzar rayos, en el cinturón á Marte y en el pecho á Neptuno. Como en la vacada el buey más excelente es el toro, que sobresale entre las vacas, de igual manera hizo Jove que Agamenón fuera aquel día insigne y eximio entre muchos héroes.

484 Decidme ahora, Musas que poseéis olímpicos palacios y como diosas lo presenciáis y conocéis todo, mientras que nosotros oímos tan sólo la fama y nada cierto sabemos, cuáles eran los caudillos y príncipes de los dánaos. Á la muchedumbre no podría enumerarla ni nombrarla, aunque tuviera diez lenguas, diez bocas, voz infatigable y corazón de bronce: sólo las Musas olímpicas, hijas de Júpiter, que lleva la égida, podrían decir cuántos á Ilión fueron. Pero mencionaré los caudillos y las naves todas.

494 Mandaban á los beocios Penéleo, Leito, Arcesilao, Protoenor y Clonio. Los que cultivaban los campos de Hiria, Áulide pétrea, Esqueno, Escolo, Eteono fragosa, Tespia, Grea y la vasta Micaleso; los que moraban en Harma, Ilesio y Eritras; los que residían en Eleón, Hila, Peteón, Ocalea, Medeón, ciudad bien construída, Copas, Eutresis y Tisba, en palomas abundante; los que habitaban en Coronea, Haliarto herbosa, Platea y Glisante; los que poseían la bien edificada ciudad de Hipotebas, la sacra Onquesto, delicioso bosque de Neptuno; y las ciudades de Arna en uvas abundosa, Midea, Nisa divina y Antedón fronteriza: todos estos llegaron en cincuenta naves. En cada una se habían embarcado ciento veinte beocios.

511 De los que habitaban en Aspledón y Orcómeno Minieo eran caudillos Ascálafo y Yálmeno, hijos de Marte y de Astíoque, que los había dado á luz en el palacio de Áctor Azida. Astíoque, que era virgen ruborosa, subió al piso superior, y el terrible dios se unió con ella clandestinamente. Treinta cóncavas naves en orden les seguían.

517 Mandaban á los focenses Esquedio y Epístrofo, hijos del magnánimo Ifito Naubólida. Los de Cipariso, Pitón pedregosa, Crisa divina, Dáulide y Panopeo; los que habitan en Anemoría, Hiámpolis y la ribera del divino Cefiso; los que poseían la ciudad de Lilea en las fuentes del mencionado río: todos estos habían llegado en cuarenta negras naves. Los caudillos ordenaban entonces las filas de los focenses, que en las batallas combatían á la izquierda de los beocios.

527 Acaudillaba á los locrenses, que vivían en Cino, Opunte, Calíaro, Besa, Escarfa, Augías amena, Tarfa y Tronio, á orillas del Boagrio, el ligero Ayax de Oileo, menor, mucho menor que Ayax Telamonio: era bajo de cuerpo, llevaba coraza de lino y en el manejo de la lanza superaba á todos los helenos y aqueos. Seguíanle cuarenta negras naves, en las cuales habían venido los locrenses que viven más allá de la sagrada Eubea.

536 Los abantes de Eubea, que residían en Calcis, Eretria, Histiea en uvas abundosa, Cerinto marítima, Dío, ciudad excelsa, Caristo y Estira, eran capitaneados por el magnánimo Elefenor Calcodontíada, vástago de Marte. Con tal caudillo llegaron los ligeros abantes, que dejaban crecer la cabellera en la parte posterior de la cabeza: eran belicosos y deseaban siempre romper con sus lanzas de fresno las corazas en los pechos de los enemigos. Seguíanle cuarenta negras naves.

546 Los que habitaban en la bien edificada ciudad de Atenas y constituían el pueblo del magnánimo Erecteo, á quien Minerva, hija de Júpiter, crió—habíale dado á luz la fértil tierra—y puso en su rico templo de Atenas, donde los jóvenes atenienses ofrecen todos los años sacrificios propiciatorios de toros y corderos á la diosa, tenían por jefe á Menesteo, hijo de Peteo. Ningún hombre de la tierra sabía como ése poner en orden de batalla, así á los que combatían en carros, como á los peones armados de escudos; sólo Néstor competía con él, porque era más anciano. Cincuenta negras naves le seguían.

557 Ayax había partido de Salamina con doce naves, que colocó cerca de las falanges atenienses.

559 Los habitantes de Argos, Tirinto amurallada, Hermíona y Ásina en profundo golfo situadas, Trecena, Eyonas y Epidauro en vides abundosa, y los jóvenes aqueos de Egina y Masete, eran acaudillados por Diomedes, valiente en la pelea; Esténelo, hijo del famoso Capaneo, y Euríalo, igual á un dios, que tenía por padre al rey Mecisteo Talayónida. Era jefe supremo Diomedes, valiente en la pelea. Ochenta negras naves les seguían.

569 Los que poseían la bien construída ciudad de Micenas, la opulenta Corinto y la bien edificada Cleonas; los que cultivaban la tierra en Ornías, Aretirea deleitosa y Sición, donde antiguamente reinó Adrasto; los que residían en

Hiperesia y Gonoesa excelsa, y los que habitaban en Pelene, Egio, el Egíalo todo y la espaciosa Hélice: todos estos habían llegado en cien naves á las órdenes del rey Agamenón Atrida. Muchos y valientes varones condujo este príncipe que entonces vestía el luciente bronce, ufano de sobresalir entre los héroes por su valor y por mandar á mayor número de hombres.

581 Los de la honda y cavernosa Lacedemonia que residían en Faris, Esparta y Mesa, en palomas abundante; moraban en Brisías ó Augías amena; poseían las ciudades de Amiclas y Helos marítima, y habitaban en Laa y Etilo: todos estos llegaron en sesenta naves al mando del hermano de Agamenón, de Menelao, valiente en el combate, y se armaban formando unidad aparte. Menelao, impulsado por su propio ardor, los animaba á combatir y anhelaba en su corazón vengar la huída y los gemidos de Helena.

591 Los que cultivaban el campo en Pilos, Arena deliciosa, Trío, vado del Alfeo, y la bien edificada Epi, y los que habitaban en Ciparisa, Anfigenia, Pteleo, Helos y Dorio (donde las Musas, saliéndole al camino á Tamiris el tracio, le privaron del canto cuando volvía de la casa de Eurito el ecaleo; pues jactóse de que saldría vencedor, aunque cantaran las propias Musas, hijas de Júpiter, que lleva la égida, y ellas irritadas le cegaron, le privaron del divino canto y le hicieron olvidar el arte de pulsar la cítara), eran mandados por Néstor, caballero gerenio, y habían llegado en noventa cóncavas naves.

603 Los que habitaban en la Arcadia al pie del alto monte de Cilene y cerca de la tumba de Epitio, país de belicosos guerreros; los de Féneo, Orcómeno en ovejas abundante, Ripa, Estratia y Enispe ventosa; y los que poseían las ciudades de Tegea, Mantinea deliciosa, Estínfalo y Parrasia: todos estos llegaron al mando del rey Agapenor, hijo de Anceo, en sesenta naves. En cada una de éstas se embarcaron muchos arcadios ejercitados en la guerra. El mismo Agamenón les proporcionó las naves de muchos bancos, para que atravesaran el vinoso ponto; pues ellos no se cuidaban de las cosas del mar.

615 Los que habitaban en Buprasio y en el resto de la divina Élide, desde Hirmina y Mírsino la fronteriza por un lado y la roca Olenia y Alisio por el otro, tenían cuatro caudillos y cada uno de estos mandaba diez veleras naves tripuladas por muchos epeos. De dos divisiones eran respectivamente jefes Anfímaco y Talpio, hijo aquél de Ctéato y éste de Eurito y nietos de Áctor; de la tercera, el fuerte Diores Amarincida, y de la cuarta, el deiforme Polixeno, hijo del rey Agástenes Augeída.

625 Los de Duliquio y las sagradas islas Equinas, situadas al otro lado del mar frente á la Élide, eran mandados por Meges Filida, igual á Marte, á quien engendrara el jinete Fileo, caro á Júpiter, cuando por haberse enemistado con su padre emigró á Duliquio. Cuarenta negras naves le seguían.

631 Ulises acaudillaba á los magnánimos cefalenios. Los de Ítaca y su frondoso Nérito; los que cultivaban los campos de Crocilea y de la escarpada Egílipe; los que habitaban en Zacinto; los que vivían en Samos y sus alrededores; los que estaban en el continente y los que ocupaban la orilla opuesta: todos ellos obedecían á Ulises, igual á Júpiter en prudencia. Doce naves de rojas proas le seguían.

638 Toante, hijo de Andremón, regía á los etolos que habitaban en Pleurón, Óleno, Pilene, Calcis marítima y Calidón pedregosa. Ya no existían los hijos del magnánimo Eneo, ni éste; y muerto también el rubio Meleagro, diéronse á Toante todos los poderes para que reinara sobre los etolos. Cuarenta negras naves le seguían.

645 Mandaba á los cretenses Idomeneo, famoso por su lanza. Los que vivían en Cnoso, Gortina amurallada, Licto, Mileto, blanca Licasto, Festo y Ritio, ciudades populosas, y los que ocupaban la isla de Creta con sus cien ciudades: todos eran gobernados por Idomeneo, famoso por su lanza, que con Meriones, igual al homicida Marte, compartía el mando. Seguíanle ochenta negras naves.

653 Tlepólemo Heraclida, valiente y alto de cuerpo, condujo en nueve buques á los fieros rodios que vivían, divididos en tres pueblos, en Lindo, Yaliso y Camiro la blanca. De éstos era caudillo Tlepólemo, famoso por su lanza, á quien Astioquía concibió del fornido Hércules cuando el héroe se la llevó de Éfira, de la ribera del Seleente, después de haber asolado muchas ciudades defendidas por nobles mancebos. Cuando Tlepólemo, criado en el magnífico palacio, hubo llegado á la juventud, mató al anciano tío materno de su padre, á Licimnio, vástago de Marte; y como los demás hijos y nietos del fuerte Hércules le amenazaran, construyó naves, reunió mucha gente y huyó por mar. Errante y sufriendo penalidades pudo llegar á Rodas, y allí se estableció con los suyos, que formaron tres tribus. Se hicieron querer de Júpiter, que reina sobre los dioses y los hombres, y el Saturnio les dió abundante riqueza.

671 Nireo condujo desde Sima tres naves bien proporcionadas; Nireo, hijo de Aglaya y el rey Cáropo; Nireo, el más hermoso de los dánaos que fueron á Troya, si exceptuamos al eximio Pelida; pero era tímido y poca la gente que mandaba.

676 Los que habitaban en Nísiro, Crápato, Caso, Cos, ciudad de Eurípilo, y las islas Calidnas, tenían por jefes á Fidipo y Ántifo, hijos del rey Tésalo Heraclida. Treinta cóncavas naves en orden les seguían.

681 Cuantos ocupaban el Argos pelásgico, los que vivían en Alo, Álope y Traquina y los que poseían la Ptía y la Hélade de lindas mujeres, y se llamaban mirmidones, helenos y aqueos, tenían por capitán á Aquiles y habían llegado en cincuenta naves. Mas éstos no se curaban entonces del combate horrísono, por no tener quien los llevara á la pelea: el divino Aquiles, el de los pies ligeros, no salía de las naves, enojado á causa de la joven Briseida, de hermosa cabellera, á la cual hiciera cautiva en Lirneso, cuando después de grandes fatigas destruyó esta ciudad y las murallas de Tebas, dando muerte á los belicosos Mines y Epístrofo, hijos del rey Eveno Selepíada. Afligido por ello, se entregaba al ocio; pero pronto había de levantarse.

695 Los que habitaban en Fílace, Píraso florida, que es lugar consagrado á Ceres; Itón, criadora de ovejas; Antrón marítima y Pteleo herbosa, fueron acaudillados por el aguerrido Protesilao mientras vivió, pues ya entonces teníalo en su seno la negra tierra: matóle un dárdano cuando saltó de la nave mucho antes que los demás aqueos, y en Fílace quedaron su desolada esposa y la casa á medio acabar. Con todo, no carecían aquéllos de jefe, aunque echaban de menos al que antes tuvieron, pues los ordenaba para el combate Podarces, vástago de Marte, hijo del opulento Ificles Filácida y hermano menor del animoso Protesilao. Éste era mayor y más valiente. Sus hombres, pues, no estaban sin caudillo; pero sentían añoranza por él, que tan esforzado había sido. Cuarenta negras naves le seguían.

711 Los que moraban en Feras situada á orillas del lago Bebeis, Beba, Gláfiras y Yaolco bien edificada, habían llegado en once naves al mando de Eumelo, hijo querido de Admeto y de Alcestes, divina entre las mujeres, que era la más hermosa de las hijas de Pelias.

716 Los que cultivaban los campos de Metona y Taumacia y los que poseían las ciudades de Melibea y Olizón fragosa, tuvieron por capitán á Filoctetes, hábil arquero, y llegaron en siete naves: en cada una de éstas se embarcaron cincuenta remeros muy expertos en combatir valerosamente con el arco. Mas Filoctetes se hallaba, padeciendo terribles dolores, en la divina isla de Lemnos, donde lo dejaron los aqueos cuando fué mordido por ponzoñoso reptil. Allí permanecía afligido; pero pronto en las naves habían de acordarse los argivos del rey Filoctetes. No carecían aquéllos de jefe, aunque echaban de menos á su caudillo, pues los ordenaba para el combate Medonte, hijo bastardo de Oileo, asolador de ciudades, de quien lo tuvo Rena.

729 De los de Trica, Itoma de quebrado suelo, y Ecalia, ciudad de Eurito el ecaleo, eran capitanes dos hijos de Esculapio y excelentes médicos: Podalirio y Macaón. Treinta cóncavas naves en orden les seguían.

734 Los que poseían la ciudad de Ormenio, la fuente Hiperea, Asterio y las nevadas cimas del Títano, eran mandados por Eurípilo, hijo preclaro de Evemón. Cuarenta negras naves le seguían.

738 Á los de Argisa, Girtona, Orta, Elona y la blanca ciudad de Oloosón, los regía el intrépido Polipetes, hijo de Pirítoo y nieto de Júpiter inmortal (habíalo dado á luz la ínclita Hipodamia el mismo día en que Pirítoo, castigando á los hirsutos Centauros, los echó del Pelión y los obligó á retirarse hacia los etiquios). Con él compartía el mando Leonteo, vástago de Marte, hijo del animoso Corono Cenida. Cuarenta negras naves les seguían.

748 Guneo condujo desde Cifo en veintidós naves á los enienes é intrépidos perebos; aquéllos tenían su morada en la fría Dodona y éstos cultivaban los campos á orillas del hermoso Titaresio que vierte sus cristalinas aguas en el Peneo de argénteos vórtices; pero no se mezcla con él, sino que sobrenada como aceite, porque es un arroyo del agua de la Estigia que se invoca en los terribles juramentos.

756 Á los magnetes gobernábalos Protoo, hijo de Tentredón. Los que habitaban á orillas del Peneo y en el frondoso Pelión, tenían, pues, por jefe al ligero Protoo. Cuarenta negras naves le seguían.

760 Tales eran los caudillos y príncipes de los dánaos. Dime, Musa, cuál fué el mejor de los varones y cuáles los más excelentes caballos de cuantos con los Atridas llegaron. Entre los corceles sobresalían las yeguas del Feretíada, que guiaba Eumelo: eran ligeras como aves, apeladas, y de la misma edad y altura; crióhas Apolo, el del arco de plata, en Perea, y llevaban consigo el terror de Marte. De los guerreros el más valiente fué Ayax Telamonio mientras duró la cólera de Aquiles, pues éste le superaba mucho; y también eran los mejores caballos los que llevaban al eximio Pelida. Mas Aquiles permanecía entonces en las corvas naves que atraviesan el ponto, por estar irritado contra Agamenón Atrida, pastor de hombres; su gente se solazaba en la playa tirando discos, venablos ó flechas; los corceles comían loto y apio palustre cerca de los carros de los capitanes que permanecían enfundados en las tiendas, y los guerreros, echando de menos á su jefe, caro á Marte, discurrían por el campamento y no peleaban.

780 Ya los demás avanzaban á modo de incendio que se propagase por toda la comarca; y como la tierra gime cuando Júpiter, que se complace en lanzar rayos, airado, la azota en Arimos, donde dicen que está el lecho de Tifoeo; de igual manera gemía debajo de los que iban andando y atravesaban con ligero paso la llanura.

786 Dió á los teucros la triste noticia Iris, la de los pies ligeros como el viento, á quien Júpiter, que lleva la égida, enviara como mensajera. Todos ellos, jóvenes y viejos, se habían reunido en los pórticos del palacio de Príamo y deliberaban. Iris, la de los pies ligeros, se les presentó tomando la figura y voz de Polites, hijo de Príamo; el cual, confiando en su agilidad, se sentaba como atalaya de los teucros en la cima del túmulo del antiguo Esietes y observaba cuando los aqueos partían de las naves para combatir. Así transfigurada, dijo Iris, la de los pies ligeros:

796 «¡Oh anciano! Te placen los discursos interminables como cuando teníamos paz, y una obstinada guerra se ha promovido. Muchas batallas he presenciado, pero nunca vi un ejército tal y tan grande como el que viene á pelear contra la ciudad, formado por tantos hombres cuantas son las hojas ó las arenas. ¡Héctor! Te recomiendo encarecidamente que procedas de este modo: Como en la gran ciudad de Príamo hay muchos auxiliares y no hablan una misma lengua hombres de países tan diversos, cada cual mande á aquellos de quienes es príncipe y acaudille á sus conciudadanos, después de ponerlos en orden de batalla.»

807 Así se expresó; y Héctor, conociendo la voz de la diosa, disolvió la junta. Apresuráronse á tomar las armas, abriéronse todas las puertas, salió el ejército de infantes y de los que en carros combatían, y se produjo un gran tumulto.

811 Hay en la llanura, frente á la ciudad, una excelsa colina aislada de las demás y accesible por todas partes, á la cual los hombres llaman Batiea y los inmortales tumba de la ágil Mirina: allí fué donde los troyanos y sus auxiliares se pusieron en orden de batalla.

816 Á los troyanos mandábalos el gran Héctor Priámida, de tremolante casco. Con él se armaban las tropas más copiosas y valientes, que ardían en deseos de blandir las lanzas.

819 De los dardanios era caudillo Eneas, valiente hijo de Anquises de quien lo tuvo la divina Venus después que la diosa se unió con el mortal en un bosque del Ida. Con Eneas compartían el mando dos hijos de Antenor: Arquéloco y Acamante, diestros en toda suerte de pelea.

824 Los ricos teucros que habitaban en Zelea, al pie del Ida, y bebían el agua del caudaloso Esepo, eran gobernados por Pándaro, hijo ilustre de Licaón, á quien Apolo en persona diera el arco.

828 Los que poseían las ciudades de Adrastea, Apeso, Pitiea y el alto monte de Terea, estaban á las órdenes de Adrasto y Anfio, de coraza de lino: ambos eran hijos de Mérope percosio, el cual conocía como nadie el arte adivinatoria y no quería que sus hijos fuesen á la homicida guerra; pero ellos no le obedecieron, impelidos por el hado que á la negra muerte los arrastraba.

835 Los que moraban en Percote, á orillas del Practio, y los que habitaban en Sesto, Abido y la divina Arisbe eran mandados por Asio Hirtácida, príncipe de hombres, á quien fogosos y corpulentos corceles condujeron desde Arisbe, de la ribera del río Seleente.

840 Hipótoo acaudillaba las tribus de los valerosos pelasgos que habitaban en la fértil Larisa. Mandábanlos él y Pileo, vástago de Marte, hijos del pelasgo Leto Teutámida.

844 Á los tracios, que viven á orillas del alborotado Helesponto, los regían Acamante y el héroe Píroo.

846 Eufemo, hijo de Treceno Céada, alumno de Júpiter, era el capitán de los beligeros cicones.

848 Pirecmes condujo los peonios, de corvos arcos, desde la lejana Amidón, de la ribera del anchuroso Axio, cuyas límpidas aguas se esparcen por la tierra.

851 Á los paflagones, procedentes del país de los énetos, donde se crían las mulas cerriles, los mandaba Pilémenes, de corazón varonil: aquéllos poseían la ciudad de Citoro, cultivaban los campos de Sésamo y habitaban magníficas casas á orillas del Partenio, en Cromna, Egíalo y los altos montes Eritinos.

856 Los halizones eran gobernados por Odio y Epístrofo y procedían de lejos: de Álibe, donde hay yacimientos de plata.

858 Á los misios los regían Cromis y el augur Énomo, que no pudo librarse, á pesar de los agüeros, de la negra muerte; pues sucumbió á manos del Eácida, el de los pies ligeros, en el río donde éste mató también á otros teucros.

862 Forcis y el deiforme Ascanio acaudillaban á los frigios, que habían llegado de la remota Ascania y anhelaban entrar en batalla.

864 Á los meonios los gobernaban Mestles y Ántifo, hijos de Talémenes, á quienes dió á luz la laguna Gigea. Tales eran los jefes de los meonios, nacidos al pie del Tmolo.

867 Nastes estaba al frente de los carios de bárbaro lenguaje. Los que ocupaban la ciudad de Mileto, el frondoso Ptiro, las orillas del Meandro y las altas cumbres de Micale tenían por caudillos á Nastes y Anfímaco, preclaros hijos de Nomión; Nastes y Anfímaco, que iba al combate cubierto de oro como una doncella. ¡Insensato! No por ello se libró de la triste muerte, pues sucumbió en el río á manos del Eácida, del aguerrido Aquiles, el de los pies ligeros; y éste se apoderó del oro.

876 Sarpedón y el eximio Glauco mandaban á los que procedían de la remota Licia, de la ribera del voraginoso Janto.

CANTO III
JURAMENTOS.—DESDE LA MURALLA.—COMBATE SINGULAR DE ALEJANDRO Y MENELAO

1 Puestos en orden de batalla con sus respectivos jefes, los teucros avanzaban chillando y gritando como aves—así profieren sus voces las grullas en el cielo, cuando, para huir del frío y de las lluvias torrenciales, vuelan gruyendo sobre la corriente del Océano y llevan la ruina y la muerte á los pigmeos, moviéndoles desde el aire cruda guerra—y los aqueos marchaban silenciosos, respirando valor y dispuestos á ayudarse mutuamente.

10 Así como el Noto derrama en las cumbres de un monte la niebla tan poco grata al pastor y más favorable que la noche para el ladrón, y sólo se ve el espacio á que alcanza un tiro de piedra; así también, una densa polvareda se levantaba bajo los pies de los que se ponían en marcha y atravesaban con gran presteza la llanura.

15 Cuando ambos ejércitos se hubieron acercado el uno al otro, apareció en la primera fila de los teucros Alejandro, semejante á un dios, con una piel de leopardo en los hombros, el corvo arco y la espada; y blandiendo dos lanzas de broncínea punta, desafiaba á los más valientes argivos á que con él sostuvieran terrible combate.

21 Menelao, caro á Marte, vióle venir con arrogante paso al frente de la tropa, y como el león hambriento que ha encontrado un gran cuerpo de cornígero ciervo ó de cabra montés, se alegra y lo devora, aunque lo persigan ágiles perros y robustos mozos; así Menelao se holgó de ver con sus propios ojos al deiforme Alejandro—figuróse que podría castigar al culpable—y al momento saltó del carro al suelo sin dejar las armas.

30 Pero Alejandro, semejante á un dios, apenas distinguió á Menelao entre los combatientes delanteros, sintió que se le cubría el corazón, y para librarse de la muerte, retrocedió al grupo de sus amigos. Como el que descubre un dragón en la espesura de un monte, se echa con prontitud hacia atrás, tiémblanle las carnes y se aleja con la palidez pintada en sus mejillas; así el deiforme Alejandro, temiendo al hijo de Atreo, desapareció en la turba de los altivos teucros.

38 Advirtiólo Héctor y le reprendió con injuriosas palabras: «¡Miserable Paris, el de más hermosa figura, mujeriego, seductor! Ojalá no te contaras en el número de los nacidos ó hubieses muerto célibe. Yo así lo quisiera y te valdría más que no ser la vergüenza y el oprobio de los tuyos. Los aqueos de larga cabellera se ríen de haberte considerado como un bravo campeón por tu bella figura, cuando no hay en tu pecho ni fuerza ni valor. Y siendo cual eres, ¿reuniste á tus amigos, surcaste los mares en ligeros buques, visitaste á extranjeros, y trajiste de remota tierra una mujer linda, esposa y cuñada de hombres belicosos, que es una gran plaga para tu padre, la ciudad y el pueblo todo, causa de gozo para los enemigos y una vergüenza para ti mismo? ¿No esperas á Menelao, caro á Marte? Conocerías al varón de quien tienes la floreciente esposa, y no te valdrían la cítara, los dones de Venus, la cabellera y la hermosura, cuando rodaras por el polvo. Los troyanos son muy tímidos; pues si no, ya estarías revestido de una túnica de piedras por los males que les has causado.»

58 Respondióle el deiforme Alejandro: «¡Héctor! Con motivo me increpas y no más de lo justo; pero tu corazón es inflexible como el hacha que hiende un leño y multiplica la fuerza de quien la maneja hábilmente para cortar maderos de navío: tan intrépido es el ánimo que en tu pecho se encierra. No me reproches los amables dones de la dorada Venus, que no son despreciables los eximios presentes de los dioses y nadie puede escogerlos á su gusto. Y si ahora quieres que luche y combata, detén á los demás teucros y á los aqueos todos, y dejadnos en medio á Menelao, caro á Marte, y á mí para que peleemos por Helena y sus riquezas: el que venza, por ser más valiente, lleve á su casa mujer y riquezas; y después de jurar paz y amistad, seguid vosotros en la fértil Troya y vuelvan aquéllos á la Argólide, criadora de caballos, y á la Acaya, de lindas mujeres.»

15

76 Así habló. Oyóle Héctor con intenso placer, y corriendo al centro de ambos ejércitos con la lanza cogida por el medio, detuvo las falanges troyanas, que al momento se quedaron quietas. Los aqueos, de larga cabellera, le arrojaban flechas, dardos y piedras. Pero Agamenón, rey de hombres, gritóles con recias voces:

82 «Deteneos, argivos; no tiréis, jóvenes aqueos; pues Héctor, de tremolante casco, quiere decirnos algo.»

84 Así se expresó. Abstuviéronse de combatir y pronto quedaron silenciosos. Y Héctor, colocándose entre unos y otros, dijo:

86 «Oíd de mis labios, teucros y aqueos, de hermosas grebas, el ofrecimiento de Alejandro por quien se suscitó la contienda. Propone que teucros y aqueos dejemos las bellas armas en el fértil suelo, y él y Menelao, caro á Marte, peleen en medio por Helena y sus riquezas todas: el que venza, por ser más valiente, llevará á su casa mujer y riquezas, y los demás juraremos paz y amistad.»

95 Así dijo. Todos enmudecieron y quedaron silenciosos. Y Menelao, valiente en la pelea, les habló de este modo:

97 «Ahora, oídme también á mí. Tengo el corazón traspasado de dolor, y creo que ya, argivos y teucros, debéis separaros, pues padecisteis muchos males por mi contienda que Alejandro originó. Aquél de nosotros para quien se hallen aparejados el destino y la muerte, perezca; y los demás separaos cuanto antes. Traed un cordero blanco y una cordera negra para la Tierra y el Sol; nosotros traeremos otro para Júpiter. Conducid acá á Príamo para que en persona sancione los juramentos, pues sus hijos son soberbios y fementidos: no sea que alguien cometa una transgresión y quebrante los juramentos prestados invocando á Júpiter. El alma de los jóvenes es voluble, y el viejo, cuando interviene en algo, tiene en cuenta lo pasado y lo futuro á fin de que se haga lo más conveniente para ambas partes.»

111 Tal dijo. Gozáronse aqueos y teucros con la esperanza de que iba á terminar la calamitosa guerra. Detuvieron los corceles en las filas, bajaron de los carros y, dejando la armadura en el suelo, se pusieron muy cerca los unos de los otros. Un corto espacio mediaba entre ambos ejércitos.

116 Héctor despachó dos heraldos á la ciudad, para que en seguida le trajeran las víctimas y llamasen á Príamo. El rey Agamenón, por su parte, mandó á Taltibio que se llegara á las cóncavas naves por un cordero. El heraldo no desobedeció al divino Agamenón.

121 Entonces la mensajera Iris fué en busca de Helena, la de níveos brazos, tomando la figura de su cuñada Laódice, mujer del rey Helicaón Antenórida, que era la más hermosa de las hijas de Príamo. Hallóla en el palacio tejiendo una gran tela doble, purpúrea, en la cual entretejía muchos trabajos que los teucros, domadores de caballos, y los aqueos, de broncíneas lorigas, habían padecido por ella en la marcial contienda. Paróse Iris, la de los pies ligeros, junto á Helena, y así le dijo:

130 «Ven, ninfa querida, para que presencies los admirables hechos de los teucros, domadores de caballos, y de los aqueos, de broncíneas lorigas. Los que antes, ávidos del funesto combate, llevaban por la llanura al luctuoso Marte unos contra otros, se sentaron—pues la batalla se ha suspendido—y permanecen silenciosos, reclinados en los escudos, con las luengas picas clavadas en el suelo. Alejandro y Menelao, caro á Marte, lucharán por ti con ingentes lanzas, y el que venza te llamará su amada esposa.»

139 Cuando así hubo hablado, le infundió en el corazón dulce deseo de su anterior marido, de su ciudad y de sus padres. Y Helena salió al momento de la habitación, cubierta con blanco velo, derramando tiernas lágrimas; sin que fuera sola, pues la acompañaban dos doncellas, Etra, hija de Piteo, y Climene, la de los grandes ojos. Pronto llegaron á las puertas Esceas.

146 Allí estaban Príamo, Pántoo, Timetes, Lampo, Clitio, Hicetaón, vástago de Marte, y los prudentes Ucalegonte y Antenor, ancianos del pueblo; los cuales á causa de su vejez no combatían, pero eran buenos arengadores, semejantes á las cigarras que, posadas en los árboles de la selva, dejan oir su aguda voz. Tales próceres troyanos había en la torre. Cuando vieron á Helena, que hacia ellos se encaminaba, dijéronse unos á otros, hablando quedo, estas aladas palabras:

156 «No es reprensible que los troyanos y los aqueos, de hermosas grebas, sufran prolijos males por una mujer como ésta, cuyo rostro tanto se parece al de las diosas inmortales. Pero, aun siendo así, váyase en las naves, antes de que llegue á convertirse en una plaga para nosotros y para nuestros hijos.»

161 En tales términos hablaban. Príamo llamó á Helena y le dijo: «Ven acá, hija querida; siéntate á mi lado para que veas á tu anterior marido y á sus parientes y amigos—pues á ti no te considero culpable, sino á los dioses que promovieron contra nosotros la luctuosa guerra de los aqueos—y me digas cómo se llama ese ingente varón, quién es ese aqueo gallardo y alto de cuerpo. Otros hay de mayor estatura, pero jamás vieron mis ojos un hombre tan hermoso y venerable. Parece un rey.»

171 Contestó Helena, divina entre las mujeres: «Me inspiras, suegro amado, respeto y temor. ¡Ojalá la muerte me hubiese sido grata cuando vine con tu hijo, dejando á la vez que el tálamo, á mis hermanos, mi hija querida y mis amables compañeras! Pero no sucedió así, y ahora me consumo llorando. Voy á responder á tu pregunta: Ése es el poderosísimo Agamenón Atrida, buen rey y esforzado combatiente, que fué cuñado de esta desvergonzada, si todo no ha sido un sueño.»

181 Así dijo. El anciano contemplóle con admiración y exclamó: «¡Atrida feliz, nacido con suerte, afortunado! Muchos son los aqueos que te obedecen. En otro tiempo fuí á la Frigia, en viñas abundosa, y vi á muchos de sus naturales—los pueblos de Otreo y de Migdón, igual á un dios—que con los ágiles corceles acampaban á orillas del Sangario. Entre ellos me hallaba á fuer de aliado, el día en que llegaron las varoniles amazonas. Pero no eran tantos como los aqueos de ojos vivos.»

191 Fijando la vista en Ulises, el anciano volvió á preguntar: «Ea, dime también, hija querida, quién es aquél, menor en estatura que Agamenón Atrida, pero más espacioso de espaldas y de pecho. Ha dejado en el fértil suelo las armas y recorre las filas como un carnero. Parece un velloso carnero que atraviesa un gran rebaño de cándidas ovejas.»

199 Respondióle Helena, hija de Júpiter: «Aquél es el hijo de Laertes, el ingenioso Ulises, que se crió en la áspera Ítaca; tan hábil en urdir engaños de toda especie, como en dar prudentes consejos.»

203 El sensato Antenor replicó al momento: «Mujer, mucha verdad es lo que dices. Ulises vino por ti, como embajador, con Menelao, caro á Marte; yo los hospedé y agasajé en mi palacio y pude conocer el carácter y los

prudentes consejos de ambos. Entre los troyanos reunidos, de pie, sobresalía Menelao por sus anchas espaldas; sentados, era Ulises más majestuoso. Cuando hilvanaban razones y consejos para todos nosotros, Menelao hablaba de prisa, poco, pero muy claramente: pues no era verboso, ni, con ser el más joven, se apartaba del asunto; el ingenioso Ulises, después de levantarse, permanecía en pie con la vista baja y los ojos clavados en el suelo, no meneaba el cetro que tenía inmóvil en la mano, y parecía un ignorante: lo hubieras tomado por un iracundo ó por un estólido. Mas tan pronto como salían de su pecho las palabras pronunciadas con voz sonora, como caen en invierno los copos de nieve, ningún mortal hubiese disputado con Ulises. Y entonces ya no admirábamos tanto la figura del héroe.»

225 Reparando la tercera vez en Ayax, dijo el anciano: «¿Quién es esotro aqueo gallardo y alto, que descuella entre los argivos por su cabeza y anchas espaldas?»

228 Respondió Helena, la de largo peplo, divina entre las mujeres: «Ése es el ingente Ayax, antemural de los aqueos. Al otro lado está Idomeneo, como un dios, entre los cretenses; rodéanle los capitanes de sus tropas. Muchas veces Menelao, caro á Marte, le hospedó en nuestro palacio cuando venía de Creta. Distingo á los demás aqueos de ojos vivos, y me sería fácil reconocerlos y nombrarlos; mas no veo á dos caudillos de hombres, Cástor, domador de caballos, y Pólux, excelente púgil, hermanos carnales que me dió mi madre. ¿Acaso no han venido de la amena Lacedemonia? ¿Ó llegaron en las naves, que atraviesan el ponto, y no quieren entrar en combate para no hacerse partícipes de mi deshonra y múltiples oprobios?»

243 De este modo habló. Á ellos la fértil tierra los tenía ya en su seno, en Lacedemonia, en su misma patria.

245 Los heraldos atravesaban la ciudad con las víctimas para los divinos juramentos, los dos corderos, y el regocijador vino, fruto de la tierra, encerrado en un odre de piel de cabra. El heraldo Ideo llevaba además una reluciente cratera y copas de oro; y acercándose al anciano, invitóle diciendo:

250 «¡Levántate, hijo de Laomedonte! Los próceres de los teucros, domadores de caballos, y de los aqueos, de broncíneas lorigas, te piden que bajes á la llanura y sanciones los fieles juramentos; pues Alejandro y Menelao, caro á Marte, combatirán con luengas lanzas por la esposa: mujer y riquezas serán del que venza, y después de pactar amistad con fieles juramentos, nosotros seguiremos habitando la fértil Troya, y aquéllos volverán á Argos, criador de caballos, y á la Acaya de lindas mujeres.»

259 Así dijo. Estremecióse el anciano y mandó á los amigos que engancharan los caballos. Obedeciéronle solícitos. Subió Príamo y cogió las riendas; á su lado, en el magnífico carro, se puso Antenor. É inmediatamente guiaron los ligeros corceles hacia la llanura por las puertas Esceas.

264 Cuando hubieron llegado al campo, descendieron del carro al almo suelo y se encaminaron al espacio que mediaba entre los teucros y los aqueos. Levantóse al punto el rey de hombres Agamenón, levantóse también el ingenioso Ulises; y los heraldos conspicuos juntaron las víctimas que debían inmolarse para los sagrados juramentos, mezclaron vinos en la cratera y dieron aguamanos á los reyes. El Atrida, con la daga que llevaba junto á la espada, cortó pelo de la cabeza de los corderos, y los heraldos lo repartieron á los próceres teucros y aquivos. Y, colocándose el Atrida en medio de todos, oró en alta voz con las manos levantadas:

276 «¡Padre Júpiter, que reinas desde el Ida, gloriosísimo, máximo! ¡Sol, que todo lo ves y todo lo oyes! ¡Ríos! ¡Tierra! ¡Y vosotros que en lo profundo castigáis á los muertos que fueron perjuros! Sed todos testigos y guardad los fieles juramentos: Si Alejandro mata á Menelao, sea suya Helena con todas las riquezas y nosotros volvámonos en las naves, que atraviesan el ponto; mas si el rubio Menelao mata á Alejandro, devuélvannos los troyanos á Helena y las riquezas todas, y paguen la indemnización que sea justa para que llegue á conocimiento de los hombres venideros. Y si, vencido Alejandro, Príamo y sus hijos se negaren á pagar la indemnización, me quedaré á combatir por ella hasta que termine la guerra.»

292 Dijo, cortó el cuello á los corderos y los puso palpitantes, pero sin vida, en el suelo; el cruel bronce les había quitado el vigor. Llenaron las copas en la cratera, y derramando el vino oraban á los sempiternos dioses. Y algunos de los aqueos y de los teucros exclamaron:

298 «¡Júpiter gloriosísimo, máximo! ¡Dioses inmortales! Los primeros que obren contra lo jurado, vean derramárseles á tierra, como este vino, sus sesos y los de sus hijos, y sus esposas caigan en poder de extraños.»

302 De esta manera hablaban, pero el Saturnio no ratificó el voto. Y Príamo Dardánida les dijo:

304 «¡Oídme, teucros y aqueos, de hermosas grebas! Yo regresaré á la ventosa Ilión, pues no podría ver con estos ojos á mi hijo combatiendo con Menelao, caro á Marte. Júpiter y los demás dioses inmortales saben para cuál de ellos tiene el destino preparada la muerte.»

310 Dijo, y el varón igual á un dios colocó los corderos en el carro, subió al mismo y tomó las riendas; á su lado, en el magnífico carro, se puso Antenor. Y al instante volvieron á Ilión.

314 Héctor, hijo de Príamo, y el divino Ulises midieron el campo, y echando dos suertes en un casco de bronce, lo meneaban para decidir quién sería el primero en arrojar la broncínea lanza. Los hombres oraban y levantaban las manos á los dioses. Y algunos de los aqueos y de los teucros exclamaron:

320 «¡Padre Júpiter, que reinas desde el Ida, gloriosísimo, máximo! Concede que quien tantos males nos causó á unos y á otros, muera y descienda á la morada de Plutón, y nosotros disfrutemos de la jurada amistad.»

324 Así decían. El gran Héctor, de tremolante casco, agitaba las suertes volviendo el rostro atrás: pronto saltó la de Paris. Sentáronse los guerreros, sin romper las filas, donde cada uno tenía los briosos corceles y las labradas armas. El divino Alejandro, esposo de Helena, la de hermosa cabellera, vistió una magnífica armadura: púsose en las piernas elegantes grebas ajustadas con broches de plata; protegió el pecho con la coraza de su hermano Licaón, que se le acomodaba bien; colgó del hombro una espada de bronce guarnecida con clavos de plata; embrazó el grande y fuerte escudo; cubrió la robusta cabeza con un hermoso casco, cuyo terrible penacho de crines de caballo ondeaba en la cimera, y asió una fornida lanza que su mano pudiera manejar. De igual manera vistió las armas el aguerrido Menelao.

340 Cuando hubieron acabado de armarse separadamente de la muchedumbre, aparecieron en el lugar que mediaba entre ambos ejércitos, mirándose de un modo terrible; y así los teucros, domadores de caballos, como los aqueos, de hermosas grebas, se quedaron atónitos al contemplarlos. Encontráronse aquéllos en el medido campo, y se

detuvieron blandiendo las lanzas y mostrando el odio que recíprocamente se tenían. Alejandro arrojó el primero la luenga lanza y dió un bote en el escudo liso del Atrida, sin que el bronce lo rompiera: la punta se torció al chocar con el fuerte escudo. Y Menelao Atrida, disponiéndose á acometer con la suya, oró al padre Júpiter:

351 «¡Júpiter soberano! Permíteme castigar al divino Alejandro que me ofendió primero, y hazle sucumbir á mis manos, para que los hombres venideros teman ultrajar á quien los hospedare y les ofreciere su amistad.»

355 Dijo, y blandiendo la luenga lanza, acertó á dar en el escudo liso del Priámida. La ingente lanza atravesó el terso escudo, se clavó en la labrada coraza y rasgó la túnica sobre el ijar. Inclinóse el troyano y evitó la negra muerte. El Atrida desenvainó entonces la espada guarnecida de argénteos clavos; pero al herir al enemigo en la cimera del casco, se le cae de la mano, rota en tres ó cuatro pedazos. Suspira el héroe, y alzando los ojos al anchuroso cielo, exclama:

365 «¡Padre Júpiter, no hay dios más funesto que tú! Esperaba castigar la perfidia de Alejandro, y la espada se quiebra en mis manos, la lanza resulta inútil y no consigo vencerle.»

369 Dice, y arremetiendo á Paris, cógele por el casco adornado con espesas crines de caballo y le arrastra hacia los aqueos de hermosas grebas, medio ahogado por la bordada correa que, atada por debajo de la barba para asegurar el casco, le apretaba el delicado cuello. Y se lo hubiera llevado, consiguiendo inmensa gloria, si al punto no lo hubiese advertido Venus, hija de Júpiter, que rompió la correa hecha del cuero de un buey degollado: el casco vacío siguió á la robusta mano, el héroe lo volteó y arrojó á los aqueos, de hermosas grebas, y sus fieles compañeros lo recogieron. De nuevo asaltó Menelao á Paris para matarle con la broncínea lanza; pero Venus arrebató á su hijo con gran facilidad, por ser diosa, y llevóle, envuelto en densa niebla, al oloroso y perfumado tálamo. Luego fué á llamar á Helena, hallándola en la alta torre con muchas troyanas; tiró suavemente de su perfumado velo, y tomando la figura de una anciana cardadora que allá en Lacedemonia le preparaba á Helena hermosas lanas y era muy querida de ésta, dijo la diosa Venus:

390 «Ven. Te llama Alejandro para que vuelvas á tu casa. Hállase, esplendente por su belleza y sus vestidos, en el torneado lecho de la cámara nupcial. No dirías que viene de combatir, sino que va al baile ó que reposa de reciente danza.»

395 En tales términos habló. Helena sintió que en el pecho le palpitaba el corazón; pero al ver el hermosísimo cuello, los lindos pechos y los refulgentes ojos de la diosa, se asombró y dijo:

399 «¡Cruel! ¿Por qué quieres engañarme? ¿Me llevarás acaso más allá, á cualquier populosa ciudad de la Frigia ó de la Meonia amena donde algún hombre dotado de palabra te sea querido? ¿Vienes con engaños porque Menelao ha vencido á Alejandro, y quiere que yo, la odiosa, vuelva á su casa? Ve, siéntate al lado de Paris, deja el camino de las diosas, no te conduzcan tus pies al Olimpo; y llora, y vela por él, hasta que te haga su esposa ó su esclava. No iré allá, ¡vergonzoso fuera!, á compartir su lecho; todas las troyanas me lo vituperarían, y ya son muchos los pesares que conturban mi corazón.»

413 La diosa Venus le respondió colérica: «¡No me irrites, desgraciada! No sea que, enojándome, te abandone; te aborrezca de modo tan extraordinario como hasta aquí te amé; ponga funestos odios entre teucros y dánaos, y tú perezcas de mala muerte.»

418 Así habló. Helena, hija de Júpiter, tuvo miedo; y echándose el blanco y espléndido velo, salió en silencio tras de la diosa, sin que ninguna de las troyanas lo advirtiera.

421 Tan pronto como llegaron al magnífico palacio de Alejandro, las esclavas volvieron á sus labores, y la divina entre las mujeres se fué derecha á la cámara nupcial de elevado techo. La risueña Venus colocó una silla delante de Alejandro; sentóse Helena, hija de Júpiter, que lleva la égida, y apartando la vista de su esposo, le increpó con estas palabras:

428 «¡Vienes de la lucha... y hubieras debido perecer á manos del esforzado varón que fué mi anterior marido! Blasonabas de ser superior á Menelao, caro á Marte, en fuerza, en puños y en el manejo de la lanza; pues provócale de nuevo á singular combate. Pero no: te aconsejo que desistas, y no quieras pelear ni contender temerariamente con el rubio Menelao; no sea que en seguida sucumbas, herido por su lanza.»

437 Contestó Paris: «Mujer, no me zahieras con amargos reproches. Hoy ha vencido Menelao con el auxilio de Minerva; otro día le venceré yo, pues también tenemos dioses que nos protegen. Mas, ea, acostémonos y volvamos á ser amigos. Jamás la pasión se apoderó de mi espíritu como ahora; ni cuando, después de robarte, partimos de la amena Lacedemonia en las naves que atraviesan el ponto y llegamos á la isla de Cránae, donde me unió contigo amoroso consorcio: con tal ansia te amo en este momento y tan dulce es el deseo que de mí se apodera.»

447 Dijo, y se encaminó al tálamo; la esposa le siguió, y ambos se acostaron en el torneado lecho.

449 El Atrida se revolvía entre la muchedumbre, como una fiera, buscando al deiforme Alejandro. Pero ningún troyano ni aliado ilustre pudo mostrárselo á Menelao, caro á Marte; que no por amistad le hubiesen ocultado, pues á todos se les había hecho tan odioso como la negra muerte. Y Agamenón, rey de hombres, les dijo:

456 «¡Oíd, troyanos, dárdanos y aliados! Es evidente que la victoria quedó por Menelao, caro á Marte; entregadnos la argiva Helena con sus riquezas y pagad una indemnización, la que sea justa, para que llegue á conocimiento de los hombres venideros.»

461 Así dijo el Atrida, y los demás aqueos aplaudieron.

CANTO IV
VIOLACIÓN DE LOS JURAMENTOS.—AGAMENÓN REVISTA LAS TROPAS

1 Sentados en el áureo pavimento á la vera de Júpiter, los dioses celebraban consejo. La venerable Hebe escanciaba néctar, y ellos recibían sucesivamente la copa de oro y contemplaban la ciudad de Troya. Pronto el Saturnio intentó zaherir á Juno con mordaces palabras; y hablando fingidamente, dijo:

7 «Dos son las diosas que protegen á Menelao, Juno argiva y Minerva alalcomenia; pero sentadas á distancia, se contentan con mirarle; mientras que la risueña Venus acompaña constantemente al otro y le libra de las Parcas, y ahora le ha salvado cuando él mismo creía perecer. Pero como la victoria quedó por Menelao, caro á Marte, deliberemos sobre sus futuras consecuencias; si conviene promover nuevamente el funesto combate y la terrible pelea, ó reconciliar á entrambos pueblos. Si á todos pluguiera y agradara, la ciudad del rey Príamo continuaría poblada y Menelao se llevaría la argiva Helena.»

20 Así se expresó. Minerva y Juno, que tenían los asientos contiguos y pensaban en causar daño á los teucros, se mordieron los labios. Minerva, aunque airada contra su padre y poseída de feroz cólera, guardó silencio y nada dijo; pero á Juno no le cupo la ira en el pecho, y exclamó:

25 «¡Crudelísimo Saturnio! ¡Qué palabras proferiste! ¿Quieres que sea vano é ineficaz mi trabajo y el sudor que me costó? Mis corceles se fatigaron, cuando reunía el ejército contra Príamo y sus hijos. Haz lo que dices, pero no todos los dioses te lo aprobaremos.»

30 Respondióle muy indignado Júpiter, que amontona las nubes: «¡Desdichada! ¿Qué graves ofensas te infieren Príamo y sus hijos para que continuamente anheles destruir la bien edificada ciudad de Ilión? Si trasponiendo las puertas de los altos muros, te comieras crudo á Príamo, á sus hijos y á los demás troyanos, quizás tu cólera se apaciguara. Haz lo que te plazca; no sea que de esta disputa se origine una gran riña entre nosotros. Otra cosa voy á decirte que fijarás en la memoria: cuando yo tenga vehemente deseo de destruir alguna ciudad donde vivan amigos tuyos, no retardes mi cólera y déjame obrar; ya que ésta te la cedo espontáneamente, aunque contra los impulsos de mi alma. De las ciudades que los hombres terrestres habitan debajo del sol y del cielo estrellado, la sagrada Troya era la preferida de mi corazón, con Príamo y su pueblo armado con lanzas de fresno. Mi altar jamás careció en ella de libaciones y víctimas, que tales son los honores que se nos deben.»

50 Contestó Juno veneranda, la de los grandes ojos: «Tres son las ciudades que más quiero: Argos, Esparta y Micenas, la de anchas calles; destrúyelas cuando las aborrezca tu corazón, y no las defenderé, ni me opondré siquiera. Y si me opusiere y no te permitiere destruirlas, nada conseguiría, porque tu poder es muy superior. Pero es preciso que mi trabajo no resulte inútil. También yo soy una deidad, nuestro linaje es el mismo y el artero Saturno engendróme la más venerable, por mi abolengo y por llevar el nombre de esposa tuya, de ti que reinas sobre los inmortales todos. Transijamos, yo contigo y tú conmigo, y los demás dioses nos seguirán. Manda presto á Minerva que vaya al campo de la terrible batalla de los teucros y los aqueos, y procure que los teucros empiecen á ofender, contra lo jurado, á los envanecidos aqueos.»

68 Tal dijo. No desobedeció el padre de los hombres y de los dioses; y dirigiéndose á Minerva, profirió estas aladas palabras:

70 «Ve pronto al campo de los teucros y de los aqueos, y procura que los teucros empiecen á ofender, contra lo jurado, á los envanecidos aqueos.»

73 Con tales voces instigóle á hacer lo que ella misma deseaba; y Minerva bajó en raudo vuelo de las cumbres del Olimpo. Cual fúlgida estrella que, enviada como señal por el hijo del artero Saturno á los navegantes ó á los individuos de un gran ejército, despide numerosas chispas; de igual modo Palas Minerva se lanzó á la tierra y cayó en medio del campo. Asombráronse cuantos la vieron, así los teucros, domadores de caballos, como los aqueos, de hermosas grebas, y no faltó quien dijera á su vecino:

82 «Ó empezará nuevamente el funesto combate y la terrible pelea, ó Júpiter, árbitro de la guerra humana, pondrá amistad entre ambos pueblos.»

85 De esta manera hablaban algunos de los aqueos y de los teucros. La diosa, transfigurada en varón—parecíase á Laódoco Antenórida, esforzado combatiente,—penetró por el ejército teucro buscando al deiforme Pándaro. Halló por fin al eximio y fuerte hijo de Licaón en medio de las filas de hombres valientes, escudados, que con él llegaran de las orillas del Esepo; y deteniéndose á su lado, le dijo estas aladas palabras:

93 «¿Querrás obedecerme, hijo valeroso de Licaón? ¡Te atrevieras á disparar una veloz flecha contra Menelao! Alcanzarías gloria entre los teucros y te lo agradecerían todos, y particularmente el príncipe Alejandro; éste te haría espléndidos presentes, si viera que al belígero Menelao le subían á la triste pira, muerto por una de tus flechas. Ea, tira una saeta al ínclito Menelao, y vota sacrificar á Apolo Licio, célebre por su arco, una hecatombe perfecta de corderos primogénitos cuando vuelvas á tu patria, la sagrada ciudad de Zelea.»

104 Así dijo Minerva. El insensato se dejó persuadir, y asió en seguida el pulido arco hecho con las astas de un lascivo buco montés, á quien él acechara é hiriera en el pecho cuando saltaba de un peñasco: el animal cayó de espaldas en la roca, y sus cuernos de dieciséis palmos fueron ajustados y pulidos por hábil artífice y adornados con anillos de oro. Pándaro tendió el arco, bajándolo é inclinándolo al suelo, y sus valientes amigos le cubrieron con los escudos, para que los belicosos aqueos no arremetieran contra él antes que Menelao, aguerrido hijo de Atreo, fuese herido. Destapó el carcaj y sacó una flecha nueva, alada, causadora de acerbos dolores; adaptó á la cuerda del arco la amarga saeta, y votó á Apolo Licio sacrificarle una hecatombe perfecta de corderos primogénitos cuando volviera á su patria, la sagrada ciudad de Zelea. Y cogiendo á la vez las plumas y el bovino nervio, tiró hacia su pecho y acercó la punta de hierro al arco. Armado así, rechinó el gran arco circular, crujió la cuerda, y saltó la puntiaguda flecha deseosa de volar sobre la multitud.

127 No se olvidaron de ti, oh Menelao, los felices é inmortales dioses y especialmente la hija de Júpiter, que impera en las batallas; la cual, poniéndose delante, desvió la amarga flecha: apartóla del cuerpo como la madre ahuyenta una

mosca de su niño que duerme plácidamente, y la dirigió al lugar donde los anillos de oro sujetaban el cinturón y la coraza era doble. La amarga saeta atravesó el ajustado cinturón, obra de artífice; se clavó en la magnífica coraza, y rompiendo la chapa que el héroe llevaba para proteger el cuerpo contra las flechas y que le defendió mucho, rasguñó la piel y al momento brotó de la herida la negra sangre.

141 Como una mujer meonia ó caria tiñe en púrpura el marfil que ha de adornar el freno de un caballo, muchos jinetes desean llevarlo y aquélla lo guarda en su casa para un rey á fin de que sea ornamento para el caballo y motivo de gloria para el caballero; de la misma manera, oh Menelao, se tiñeron de sangre tus bien formados muslos, las piernas y los hermosos tobillos.

148 Estremecióse el rey de hombres Agamenón, al ver la negra sangre que manaba de la herida. Estremecióse asimismo Menelao, caro á Marte; mas como advirtiera que quedaban fuera el nervio y las plumas, recobró el ánimo en su pecho. Y el rey Agamenón, asiendo de la mano á Menelao, dijo entre hondos suspiros mientras los compañeros gemían:

155 «¡Hermano querido! Para tu muerte celebré el jurado convenio cuando te puse delante de todos á fin de que lucharas por los aqueos, tú solo, con los troyanos. Así te han herido: pisoteando los juramentos de fidelidad. Pero no serán inútiles el pacto, la sangre de los corderos, las libaciones de vino puro y el apretón de manos en que confiábamos. Si el Olímpico no los castiga ahora, lo hará más tarde, y pagarán cuanto hicieron con una gran pena: con sus propias cabezas, sus mujeres y sus hijos. Bien lo conoce mi inteligencia y lo presiente mi corazón: día vendrá en que perezcan la sagrada Ilión, Príamo y su pueblo armado con lanzas de fresno; el excelso Jove Saturnio, que vive en el éter, irritado por este engaño, agitará contra ellos su égida espantosa. Todo esto ha de suceder irremisiblemente. Pero será grande mi pesar, oh Menelao, si mueres y llegas al término fatal de tu vida, y he de volver con oprobio á la árida Argos; porque los aqueos se acordarán en seguida de su tierra patria, dejaremos como trofeo en poder de Príamo y de los troyanos á la argiva Helena, y tus huesos se pudrirán en Troya á causa de una empresa no llevada á cumplimiento. Y alguno de los troyanos soberbios exclamará saltando sobre la tumba del glorioso Menelao: *Así realice Agamenón todas sus venganzas como ésta; pues trajo inútilmente un ejército aqueo y regresó á su patria con las naves vacías, dejando aquí al valiente Menelao*. Y cuando esto diga, ábraseme la anchurosa tierra.»

183 Para tranquilizarle, respondió el rubio Menelao: «Ten ánimo y no espantes á los aqueos. La aguda flecha no me ha herido mortalmente, pues me protegió por fuera el labrado cinturón y por dentro la faja y la chapa que forjó el broncista.»

188 Contestó el rey Agamenón: «¡Ojalá sea así, querido Menelao! Un médico reconocerá la herida y le aplicará drogas que calmen los terribles dolores.»

192 Dijo, y en seguida dió esta orden al divino heraldo Taltibio: «¡Taltibio! Llama pronto á Macaón, el hijo del insigne médico Esculapio, para que reconozca al aguerrido Menelao, hijo de Atreo, á quien ha flechado un hábil arquero troyano ó licio; gloria para él y llanto para nosotros.»

198 Tales fueron sus palabras, y el heraldo al oirle no desobedeció. Fuése por entre los aqueos, de broncíneas lorigas, buscó con la vista al héroe Macaón y le halló en medio de las fuertes filas de hombres escudados que le habían seguido desde Trica, criadora de caballos. Y deteniéndose cerca de él, le dirigió estas aladas palabras:

204 «¡Ven, hijo de Esculapio! Te llama el rey Agamenón para que reconozcas al aguerrido Menelao, caudillo de los aqueos, á quien ha flechado hábil arquero troyano ó licio; gloria para él y llanto para nosotros.»

207 Así dijo, y Macaón sintió que en el pecho se le conmovía el ánimo. Atravesaron, hendiendo por la gente, el espacioso campamento de los aqueos; y llegando al lugar donde fué herido el rubio Menelao (éste aparecía como un dios entre los principales caudillos que en torno de él se habían congregado), Macaón arrancó la flecha del ajustado cíngulo; pero al tirar de ella, rompiéronse las plumas, y entonces desató el vistoso cinturón y quitó la faja y la chapa que hiciera el broncista. Tan pronto como vió la herida causada por la cruel saeta, chupó la sangre y aplicó con pericia drogas calmantes que á su padre había dado Quirón en prueba de amistad.

220 Mientras se ocupaban en curar á Menelao, valiente en la pelea, llegaron las huestes de los escudados teucros; vistieron aquéllos la armadura, y ya sólo en batallar pensaron.

223 Entonces no hubieras visto que el divino Agamenón se durmiera, temblara ó rehuyera el combate; pues iba presuroso á la lid, donde los varones alcanzan gloria. Dejó los caballos y el carro de broncíneos adornos—Eurimedonte, hijo de Ptolomeo Piraída, se quedó á cierta distancia con los fogosos corceles,—encargó al auriga que no se alejara por si el cansancio se apoderaba de sus miembros, mientras ejercía el mando sobre aquella multitud de hombres, y empezó á recorrer á pie las hileras de guerreros. Á los dánaos, de ágiles corceles, que se apercibían para la pelea, los animaba diciendo:

234 «¡Argivos! No desmaye vuestro impetuoso valor. El padre Júpiter no protegerá á los pérfidos; como han sido los primeros en faltar á lo jurado, sus tiernas carnes serán pasto de buitres y nosotros nos llevaremos en las naves á sus esposas é hijos cuando tomemos la ciudad.»

240 Á los que veía remisos en marchar al odioso combate, los increpaba con iracundas voces:

242 «¡Argivos que sólo con el arco sabéis combatir, hombres vituperables! ¿No os avergonzáis? ¿Por qué os encuentro atónitos como cervatos que, habiendo corrido por espacioso campo, se detienen cuando ningún vigor queda en su pecho? Así estáis vosotros: pasmados y sin pelear. ¿Aguardáis acaso que los teucros lleguen á la playa donde tenemos las naves de lindas popas, para ver si el Saturnio extiende su mano sobre vosotros?»

250 De tal suerte revistaba, como generalísimo, las filas de guerreros. Andando por entre la muchedumbre, llegó al sitio donde los cretenses vestían las armas con el aguerrido Idomeneo. Éste, semejante á un jabalí por su braveza, se hallaba en las primeras filas, y Meriones enardecía á los soldados de las últimas falanges. Al verlos, el rey de hombres Agamenón se alegró y dijo á Idomeneo con suaves voces:

257 «¡Idomeneo! Te honro de un modo especial entre los dánaos, de ágiles corceles, así en la guerra ú otra empresa, como en el banquete, cuando los próceres argivos beben el negro vino de honor mezclado en las crateras. Á los demás

aqueos de larga cabellera se les da su ración; pero tú tienes siempre la copa llena, como yo, y bebes cuanto te place. Corre ahora á la batalla y muestra el denuedo de que te jactas.»

265 Respondióle Idomeneo, caudillo de los cretenses: «¡Atrida! Siempre he de ser tu amigo fiel, como te aseguré y prometí que sería. Pero exhorta á los demás aqueos, de larga cabellera, para que cuanto antes peleemos con los teucros, ya que éstos han roto los pactos. La muerte y toda clase de calamidades les aguardan, por haber sido los primeros en faltar á lo jurado.»

272 Así se expresó, y el Atrida con el corazón alegre pasó adelante. Andando por entre la muchedumbre llegó al sitio donde estaban los Ayaces. Éstos se armaban, y una nube de infantes les seguía. Como el nubarrón, impelido por el céfiro, avanza sobre el mar y se le ve á lo lejos negro como la pez y preñado de tempestad, y el cabrero se estremece al divisarlo desde una altura, y antecogiendo el ganado, lo conduce á una cueva; de igual modo iban al dañoso combate, con los Ayaces, las densas y obscuras falanges de jóvenes ilustres, erizadas de lanzas y escudos. Al verlos, el rey Agamenón se regocijó, y dijo estas aladas palabras:

285 «¡Ayaces, príncipes de los argivos de broncíneas lorigas! Á vosotros—inoportuno fuera exhortaros—nada os encargo, porque ya instigáis al ejército á que pelee valerosamente. Ojalá, ¡padre Júpiter, Minerva, Apolo!, hubiese el mismo ánimo en todos los pechos, pues pronto la ciudad del rey Príamo sería tomada y destruída por nuestras manos.»

292 Cuando así hubo hablado, los dejó y fué hacia otros. Halló á Néstor, elocuente orador de los pilios, ordenando á los suyos y animándolos á pelear, junto con el gran Pelagonte, Alástor, Cromio, el poderoso Hemón y Biante, pastor de hombres. Ponía delante, con los respectivos carros y corceles, á los que desde aquéllos combatían; detrás, á gran copia de valientes peones que en la batalla formaban como un muro, y en medio, á los cobardes para que mal de su grado tuviesen que combatir. Y dando instrucciones á los primeros, les encargaba que sujetaran los caballos y no promoviesen confusión entre la muchedumbre:

303 «Que nadie, confiando en su pericia ecuestre ó en su valor, quiera luchar solo y fuera de las filas con los teucros; que asimismo nadie retroceda; pues con mayor facilidad seríais vencidos. El que caiga del carro y suba al de otro, pelee con la lanza, que es lo mejor. Con tal prudencia y ánimo en el pecho, destruyeron los antiguos muchas ciudades y murallas.»

310 De tal suerte el anciano, diestro desde antiguo en la guerra, les arengaba. Al verle, el rey Agamenón se alegró, y le dijo estas aladas palabras:

313 «¡Oh anciano! ¡Así como conservas el ánimo en tu pecho, tuvieras ágiles las rodillas y sin menoscabo las fuerzas! Pero te abruma la vejez, que á nadie respeta. Ojalá que otro cargase con ella y tú fueras contado en el número de los jóvenes.»

317 Respondióle Néstor, caballero gerenio: «¡Atrida! También yo quisiera ser como cuando maté al divino Ereutalión. Pero jamás las deidades lo dieron todo y á un mismo tiempo á los hombres: si entonces era joven, ya para mí llegó la senectud. Esto no obstante, acompañaré á los que combaten en carros para exhortarles con consejos y palabras, que tal es la misión de los ancianos. Las lanzas las blandirán los jóvenes, que son más vigorosos y pueden confiar en sus fuerzas.»

326 Así habló, y el Atrida con el corazón alegre pasó adelante. Halló al excelente jinete Menesteo, hijo de Peteo, de pie entre los atenienses ejercitados en la guerra. Estaba cerca de ellos el ingenioso Ulises, y á poca distancia las huestes de los fuertes cefalenios, los cuales, no habiendo oído el grito de guerra—pues así las falanges de los teucros, domadores de caballos, como las de los aqueos, se ponían entonces en movimiento—aguardaban que otra columna aquiva cerrara con los troyanos y diera principio la batalla. Al verlos, el rey Agamenón los increpó con estas aladas palabras:

338 «¡Hijo del rey Peteo, alumno de Júpiter; y tú, perito en malas artes, astuto! ¿Por qué, medrosos, os abstenéis de pelear y esperáis que otros tomen la ofensiva? Debierais estar entre los delanteros y correr á la ardiente pelea, ya que os invito antes que á nadie cuando los aqueos dan un banquete á sus próceres. Entonces os gusta comer carne asada y beber sin tasa copas de dulce vino, y ahora veríais con placer que diez columnas aqueas lidiaran delante de vosotros con el cruel bronce.»

349 Encarándole la torva vista, exclamó el ingenioso Ulises: «¡Atrida! ¡Qué palabras se escaparon de tus labios! ¿Por qué dices que somos remisos en ir al combate? Cuando los aqueos excitemos al feroz Marte contra el enemigo, verás, si quieres y te importa, cómo el padre amado de Telémaco penetra por las primeras filas de los teucros, domadores de caballos. Vano y sin fundamento es tu lenguaje.»

356 Cuando el rey Agamenón comprendió que el héroe se irritaba, sonrióse, y retractándose dijo:

358 «¡Laertíada, descendiente de Jove! ¡Ulises, fecundo en recursos! No ha sido mi propósito ni reprenderte en demasía, ni darte órdenes. Conozco los benévolos sentimientos del corazón que tienes en el pecho, pues tu modo de pensar coincide con el mío. Pero ve, y si te dije algo ofensivo, luego arreglaremos este asunto. Hagan los dioses que todo se lo lleve el viento.»

364 Esto dicho, los dejó allí, y se fué hacia otros. Halló al animoso Diomedes, hijo de Tideo, de pie entre los corceles y los sólidos carros; y á su lado á Esténelo, hijo de Capaneo. En viendo á aquél, el rey Agamenón le reprendió, profiriendo estas aladas palabras:

370 «¡Ay, hijo del aguerrido Tideo, domador de caballos! ¿Por qué tiemblas? ¿Por qué miras azorado el espacio que de los enemigos nos separa? No solía Tideo temblar de este modo, sino que, adelantándose á sus compañeros, peleaba con el enemigo. Así lo refieren quienes le vieron combatir, pues yo no lo presencié ni lo vi, y dicen que á todos superaba. Estuvo en Micenas, no para guerrear, sino como huésped, junto con el divino Políníce, cuando ambos reclutaban tropas para atacar los sagrados muros de Tebas. Mucho nos rogaron que les diéramos auxiliares ilustres, y los ciudadanos querían concedérselos y prestaban asenso á lo que se les pedía; pero Júpiter, con funestas señales, les hizo variar de opinión. Volviéronse aquéllos; después de andar mucho, llegaron al Asopo, cuyas orillas pueblan juncales y prados, y los aqueos nombraron embajador á Tideo para que fuera á Tebas. En el palacio del fuerte Eteocles

encontrábanse muchos cadmeos reunidos en banquete; pero ni allí, siendo huésped y solo entre tantos, se turbó el eximio jinete Tideo: los desafiaba y vencía fácilmente en toda clase de luchas. ¡De tal suerte le protegía Minerva! Cuando se fué, irritados los cadmeos, aguijadores de caballos, pusieron en emboscada á cincuenta jóvenes al mando de dos jefes: Meón Hemónida, que parecía un inmortal, y Polifonte, intrépido hijo de Autófono. Á todos les dió Tideo ignominiosa muerte menos á uno, á Meón, á quien permitió, acatando divinales indicaciones, que volviera á la ciudad. Tal fué Tideo etolo, y el hijo que engendró le es inferior en el combate y superior en las juntas.»

401 Así dijo. El fuerte Diomedes oyó con respeto la increpación del venerable rey y guardó silencio, pero el hijo del glorioso Capaneo hubo de replicarle:

404 «¡Atrida! No mientas, pudiendo decir la verdad. Nos gloriamos de ser más valientes que nuestros padres, pues hemos tomado á Tebas, la de las siete puertas, con un ejército menos numeroso que, confiando en divinales indicaciones y en el auxilio de Júpiter, reunimos al pie de su muralla, consagrada á Marte; mientras que aquéllos perecieron por sus locuras. No nos consideres, pues, á nuestros padres y á nosotros dignos de igual estimación.»

411 Mirándole con torva faz, le contestó el fuerte Diomedes: «Calla, amigo; obedece mi consejo. Yo no me enfado porque Agamenón, pastor de hombres, anime á los aqueos, de hermosas grebas, antes del combate. Suya será la gloria, si los aqueos rinden á los teucros y toman la sagrada Ilión; suyo el gran pesar, si los aqueos son vencidos. Ea, pensemos tan sólo en mostrar nuestro impetuoso valor.»

419 Dijo, saltó del carro al suelo sin dejar las armas, y tan terrible fué el resonar del bronce sobre su pecho, que hubiera sentido pavor hasta un hombre muy esforzado.

422 Como las olas impelidas por el Céfiro se suceden en la ribera sonora, y primero se levantan en alta mar, braman después al romperse en la playa y en los promontorios, suben combándose á lo alto y escupen la espuma; así las falanges de los dánaos marchaban sucesivamente y sin interrupción al combate. Los capitanes daban órdenes á los suyos respectivos, y éstos avanzaban callados (no hubieras dicho que les siguieran á aquéllos tantos hombres con voz en el pecho) y temerosos de sus jefes. En todos relucían las labradas armas de que iban revestidos.—Los teucros avanzaban también, y como muchas ovejas balan sin cesar en el establo de un hombre opulento, cuando al ser ordeñadas oyen la voz de los corderos; de la misma manera elevábase un confuso vocerío en el ejército de aquéllos. No era igual el sonido ni el modo de hablar de todos y las lenguas se mezclaban, porque los guerreros procedían de diferentes países.—Á los unos los excitaba Marte; á los otros, Minerva, la de los brillantes ojos, y á entrambos pueblos, el Terror, la Fuga y la Discordia, insaciable en sus furores y hermana y compañera del homicida Marte, la cual al principio aparece pequeña y luego toca con la cabeza el cielo mientras anda sobre la tierra. Entonces la Discordia, penetrando por la muchedumbre, arrojó en medio de ella el combate funesto para todos y acreció el afán de los guerreros.

446 Cuando los ejércitos llegaron á juntarse, chocaron entre sí los escudos, las lanzas y el valor de los hombres armados de broncíneas corazas, y al aproximarse las abolladas rodelas se produjo un gran tumulto. Allí se oían simultáneamente los lamentos de los moribundos y los gritos jactanciosos de los matadores, y la tierra manaba sangre. Como dos torrentes nacidos en grandes manantiales se despeñan por los montes, reunen las fervientes aguas en hondo barranco abierto en el valle y producen un estruendo que oye desde lejos el pastor en la montaña; así eran la gritería y el trabajo de los que vinieron á las manos.

457 Fué Antíloco quien primeramente mató á un teucro, á Equépolo Talisíada, que peleaba valerosamente en la vanguardia: hirióle en la cimera del penachudo casco, y la broncínea lanza, clavándose en la frente, atravesó el hueso, las tinieblas cubrieron los ojos del guerrero y éste cayó como una torre en el duro combate. Al punto asióle de un pie el rey Elefenor Calcodontíada, caudillo de los bravos abantes, y lo arrastraba para ponerlo fuera del alcance de los dardos y quitarle la armadura. Poco duró su intento. Le vió el magnánimo Agenor é hiriéndole con la broncínea lanza en el costado, que al bajarse quedara en descubierto junto al escudo, dejóle sin vigor los miembros. De este modo perdió Elefenor la vida y sobre su cuerpo trabaron enconada pelea teucros y aqueos: como lobos se acometían y unos á otros se mataban.

473 Ayax Telamonio tiróle un bote de lanza á Simoísio, hijo de Antemión, que se hallaba en la flor de la juventud. Su madre habíale parido á orillas del Símois, cuando con los padres bajó del Ida para ver las ovejas: por esto le llamaron Simoísio. Mas no pudo pagar á sus progenitores la crianza ni fué larga su vida, porque sucumbió vencido por la lanza del magnánimo Ayax: acometía el teucro cuando Ayax le hirió en el pecho junto á la tetilla derecha, y la broncínea punta salió por la espalda. Cayó el guerrero en el polvo como el terso álamo nacido en la orilla de una espaciosa laguna y coronado de ramas que corta el carretero con el hierro reluciente para hacer las pinas de un hermoso carro, dejando que el tronco se seque en la ribera; de igual modo, Ayax, del linaje de Jove, despojó á Simoísio Antémida.—Antifo Priámida, que de labrada coraza iba revestido, lanzó á través de la muchedumbre su agudo dardo contra Ayax y no le tocó; pero hirió en la ingle á Leuco, compañero valiente de Ulises, mientras arrastraba un cadáver: desprendióse éste y el guerrero cayó junto al mismo.—Ulises, muy irritado por tal muerte, atravesó las primeras filas cubierto de fulgente bronce, detúvose cerca del matador, y revolviendo el rostro á todas partes arrojó la reluciente lanza. Al verle, huyeron los teucros. No fué vano el tiro, pues la broncínea lanza perforó las sienes á Democoonte, hijo bastardo de Príamo, que había venido de Abido, país de corredoras yeguas: la obscuridad veló los ojos del guerrero, cayó éste con estrépito y sus armas resonaron.—Arredráronse los combatientes delanteros y el esclarecido Héctor; y los argivos dieron grandes voces, retiraron los muertos y avanzaron un buen trecho. Mas Apolo, que desde Pérgamo lo presenciaba, se indignó y con recios gritos exhortó á los teucros:

509 «¡Acometed, teucros domadores de caballos! No cedáis en la batalla á los argivos, porque sus cuerpos no son de piedra ni de hierro para que puedan resistir, si los herís, el tajante bronce; ni pelea Aquiles, hijo de Tetis, la de hermosa cabellera, que se quedó en las naves y allí rumia la dolorosa cólera.»

514 Así hablaba el terrible dios desde la ciudadela. Á su vez, la hija de Júpiter, la gloriosísima Tritogenia, recorría el ejército aqueo y animaba á los remisos.

517 Fué entonces cuando el hado echó los lazos de la muerte á Diores Amarincida. Herido en el tobillo derecho por puntiaguda piedra que le tiró Píroo Imbrásida, caudillo de los tracios, que había llegado de Eno—la insolente piedra

rompióle ambos tendones y el hueso,—cayó de espaldas en el polvo, y expirante tendía los brazos á sus camaradas cuando el mismo Píroo acudió presuroso y le envasó la lanza en el ombligo; derramáronse los intestinos y las tinieblas velaron los ojos del guerrero.

527 Mientras Píroo arremetía, Toante el etolo alanceóle en el pecho, por cima de una tetilla, y el bronce atravesó el pulmón. Acercósele Toante, le arrancó del pecho la ingente lanza, y hundiéndole la aguda espada en medio del vientre, le quitó la vida. Mas no pudo despojarle de la armadura, porque se vió rodeado por los compañeros del muerto, los tracios que dejan crecer la cabellera en lo más alto de la cabeza, quienes le asestaban sus largas picas; y aunque era corpulento, vigoroso é ilustre, fué rechazado y hubo de retroceder. Así cayeron y se juntaron en el polvo el caudillo de los tracios y el de los epeos, de broncíneas lorigas, y á su alrededor murieron otros muchos.

539 Y quien, sin estar herido por flecha ó lanza, hubiera recorrido el campo llevado de la mano y protegido de las saetas por Palas Minerva, no habría reprochado los hechos de armas; pues aquel día gran número de teucros y de aqueos dieron, unos junto á otros, de bruces en el polvo.

CANTO V
PRINCIPALÍA DE DIOMEDES

1 Entonces Palas Minerva infundió á Diomedes Tidida valor y audacia, para que brillara entre todos los argivos y alcanzase inmensa gloria, é hizo salir de su casco y de su escudo una incesante llama parecida al astro que en otoño luce y centellea después de bañarse en el Océano. Tal resplandor despedían la cabeza y los hombros del héroe, cuando Minerva le llevó al centro de la batalla, allí donde era mayor el número de guerreros que tumultuosamente se agitaban.

9 Hubo en Troya un varón rico é irreprensible, sacerdote de Vulcano, llamado Dares; y de él eran hijos Fegeo é Ideo, ejercitados en toda especie de combates. Éstos iban en un mismo carro; y separándose de los suyos, cerraron con Diomedes, que desde tierra y en pie los aguardó. Cuando se hallaron frente á frente, Fegeo tiró el primero la luenga lanza, que pasó por cima del hombro izquierdo de Tideo sin herirle; arrojó éste la suya y no fué en vano, pues se la clavó á aquél en el pecho, entre las tetillas, y le derribó por tierra. Ideo saltó al suelo, abandonando el magnífico carro, sin que se atreviera á defender el cadáver—no se hubiese librado de la negra muerte,—y Vulcano le sacó salvo, envolviéndole en densa nube, á fin de que el anciano padre no se afligiera en demasía. El hijo del magnánimo Tideo se apoderó de los corceles y los entregó á sus compañeros para que los llevaran á las cóncavas naves. Cuando los altivos teucros vieron que uno de los hijos de Dares huía y el otro quedaba muerto entre los carros, á todos se les conmovió el corazón. Y Minerva, la de los brillantes ojos, tomó por la mano al furibundo Marte y hablóle diciendo:

31 «¡Marte, Marte, funesto á los mortales, manchado de homicidios, demoledor de murallas! ¿No dejaremos que teucros y aquivos peleen solos—sean éstos ó aquéllos á quienes el padre Jove quiera dar gloria—y nos retiraremos, para librarnos de la cólera de Júpiter?»

35 Dicho esto, sacó de la liza al furibundo Marte y le hizo sentar en la herbosa ribera del Escamandro. Los dánaos pusieron en fuga á los teucros, y cada uno de sus caudillos mató á un hombre. Empezó el rey de hombres Agamenón con derribar del carro al corpulento Odio, caudillo de los halizones: al volverse para huir, envasóle la pica en la espalda, entre los hombros, y la punta salió por el pecho. Cayó el guerrero con estrépito y sus armas resonaron.

43 Idomeneo quitó la vida á Festo, hijo de Boro el meonio, que había llegado de la fértil Tarne, introduciéndole la formidable lanza en el hombro derecho, cuando subía al carro: desplomóse Festo, tinieblas horribles le envolvieron y los servidores de Idomeneo le despojaron de la armadura.

49 El Atrida Menelao mató con la aguda pica á Escamandrio, hijo de Estrofio, ejercitado en la caza. Á tan excelente cazador, la misma Diana le había enseñado á tirar á cuantas fieras crían las selvas de los montes. Mas no le valió ni Diana, que se complace en tirar flechas, ni el arte de arrojarlas en que tanto descollaba: tuvo que huir, y el Atrida Menelao, famoso por su lanza, le dió un picazo en la espalda, entre los hombros, que le atravesó el pecho. Cayó de bruces y sus armas resonaron.

59 Meriones dejó sin vida á Fereclo, hijo de Tectón Harmónida, que con las manos fabricaba toda clase de obras de ingenio porque era muy caro á Palas Minerva. Éste, no conociendo los oráculos de los dioses, construyó las naves bien proporcionadas de Alejandro, las cuales fueron la causa primera de todas las desgracias y un mal para los teucros y para él mismo. Meriones, cuando alcanzó á aquél, le hundió la pica en la nalga derecha; y la punta, pasando por debajo del hueso y cerca de la vejiga, salió al otro lado. El guerrero cayó de hinojos, gimiendo, y la muerte le envolvió.

69 Meges hizo perecer á Pedeo, hijo bastardo de Antenor, á quien Teano, la divina, criara con igual solicitud que á los hijos propios, para complacer á su esposo. El hijo de Fileo, famoso por su pica, fué á clavarle en la nuca la puntiaguda lanza, y el hierro cortó la lengua y asomó por los dientes del guerrero. Pedeo cayó en el polvo y mordía el frío bronce.

76 Eurípilo Evemónida dió muerte al divino Hipsenor, hijo del animoso Dolopión, que era sacerdote de Escamandro y el pueblo le veneraba como á un dios. Perseguíale Eurípilo, hijo preclaro de Evemón; el cual, poniendo mano á la espada, de un tajo en el hombro le cercenó el robusto brazo, que ensangrentado cayó al suelo. La purpúrea muerte y el hado cruel velaron los ojos del troyano.

84 Así se portaban éstos en el reñido combate. En cuanto al hijo de Tideo, no hubieras conocido con quiénes estaba, ni si pertenecía á los teucros ó á los aqueos. Andaba furioso por la llanura cual hinchado torrente que en su rápido curso derriba puentes, y anegando de pronto—cuando cae en abundancia la lluvia de Júpiter—los verdes campos, sin que puedan contenerle diques ni setos, destruye muchas hermosas labores de los jóvenes; tal tumulto promovía el hijo de Tideo en las densas falanges teucras que, con ser tan numerosas, no se atrevían á resistirle.

95 Tan luego como el preclaro hijo de Licaón vió que Diomedes corría furioso por la llanura y tumultuaba las falanges, tendió el corvo arco y le hirió en el hombro derecho, por el hueco de la loriga, mientras aquél acometía. La cruel saeta atravesó el hombro y la loriga se manchó de sangre. Y el preclaro hijo de Licaón, al notarlo, gritó con voz recia:

102 «¡Arremeted, teucros magnánimos, aguijadores de caballos! Herido está el más fuerte de los aqueos; y no creo que pueda resistir mucho tiempo la fornida saeta, si fué realmente Apolo, hijo de Júpiter, quien me movió á venir aquí desde la Licia.»

106 Tan jactanciosamente habló. Pero la veloz flecha no postró á Diomedes; el cual retrocediendo hasta el carro y los caballos, dijo á Esténelo, hijo de Capaneo:

109 «Corre, buen hijo de Capaneo, baja del carro y arráncame del hombro la amarga flecha.»

111 Así dijo. Esténelo saltó á tierra, se le acercó y sacóle del hombro la aguda flecha; la sangre chocaba, al salir á borbotones, contra las mallas de la loriga. Y entonces Diomedes, valiente en el combate, hizo esta plegaria:

115 «¡Óyeme, hija de Júpiter, que lleva la égida! ¡Indómita deidad! Si alguna vez amparaste benévola á mi padre en la cruel guerra, séme ahora propicia, ¡oh Minerva!, y haz que se ponga á tiro de lanza y reciba la muerte de mi mano, quien me hirió y se gloría diciendo que pronto dejaré de ver la brillante luz del sol.»

121 Tal fué su ruego. Palas Minerva le oyó, agilitóle los miembros todos y especialmente los pies y las manos, y poniéndose á su lado pronunció estas aladas palabras:

124 «Cobra ánimo, Diomedes, y pelea con los teucros; pues ya infundí en tu pecho el paterno intrépido valor del jinete Tideo, agitador del escudo, y aparté la niebla que cubría tus ojos para que en la batalla conozcas á los dioses y á los hombres. Si alguno de aquéllos viene á tentarte, no quieras combatir con los inmortales; pero si se presentara en la lid Venus, hija de Jove, hiérela con el agudo bronce.»

133 Dicho esto, Minerva, la de los brillantes ojos, se fué. El hijo de Tideo volvió á mezclarse con los combatientes delanteros; y si antes ardía en deseos de pelear contra los troyanos, entonces sintió que se le triplicaba el brío, como un león á quien el pastor hiere levemente al asaltar un redil de lanudas ovejas y no lo mata, sino que le excita la fuerza: el pastor desiste de rechazarlo y entra en el establo; las ovejas, al verse sin defensa, huyen para caer pronto hacinadas unas sobre otras, y la fiera sale del cercado con ágil salto. Con tal furia penetró en las filas troyanas el fuerte Diomedes.

144 Entonces hizo morir á Astínoo y á Hipirón, pastor de hombres. Al primero le metió la broncínea lanza por el pecho; contra Hipirón desnudó la espada, y de un tajo en la clavícula separóle el hombro del cuello y la espalda. Dejóles y fué al encuentro de Abante y Poliido, hijos de Euridamante, que era de provecta edad é intérprete de sueños: cuando fueron á la guerra, el anciano no les interpretaría los sueños, pues sucumbieron á manos del fuerte Diomedes, que les despojó de las armas. Enderezó luego sus pasos hacia Janto y Toón, hijos de Fénope—éste los había tenido en la triste vejez que le abrumaba y no engendró otro hijo que heredara sus riquezas,—y á entrambos les quitó la dulce vida, causando llanto y pesar al anciano, que no pudo recibirlos de vuelta de la guerra; y más tarde los parientes se repartieron la herencia.

159 En seguida alcanzó Tideo á Equemón y á Cromio, hijos de Príamo Dardánida, que iban en el mismo carro. Cual león que, penetrando en la vacada, despedaza la cerviz de un buey ó de una becerra que pacía en el soto; así el hijo de Tideo los derribó violentamente del carro, les quitó la armadura y entregó los corceles á sus camaradas para que los llevaran á las naves.

166 Eneas advirtió que Diomedes destruía las hileras de los teucros, y fué en busca del divino Pándaro por la liza y entre el estruendo de las lanzas. Halló por fin al fuerte y eximio hijo de Licaón; y deteniéndose á su lado, le dijo:

171 «¡Pándaro! ¿Dónde guardas el arco y las voladoras flechas? ¿Qué es de tu fama? Aquí no tienes rival y en la Licia nadie se gloría de aventajarte. Ea, levanta las manos á Júpiter y dispara una flecha contra ese hombre que triunfa y causa males sin cuento á los troyanos—de muchos valientes ha quebrado ya las rodillas,—si por ventura no es un dios airado con los teucros á causa de los sacrificios, pues la cólera de una deidad es terrible.»

179 Respondióle el preclaro hijo de Licaón: «¡Eneas, consejero de los teucros, de broncíneas lorigas! Parécese completamente al aguerrido hijo de Tideo: reconozco su escudo, su casco de alta cimera y agujeros á guisa de ojos y sus corceles, pero no puedo asegurar si es un dios. Si ese guerrero es en realidad el belicoso hijo de Tideo, no se mueve con tal furia sin que alguno de los inmortales le acompañe, cubierta la espalda con una nube, y desvíe las veloces flechas que hacia él vuelan. Arrojéle una saeta que le hirió en el hombro derecho, penetrando por el hueco de la loriga; creí enviarle á Plutón, y sin embargo de esto no le maté; sin duda es un dios irritado. No tengo aquí bridones ni carros que me lleven, aunque en el palacio de Licaón quedaron once carros hermosos, sólidos, de reciente construcción, cubiertos con fundas y con sus respectivos pares de caballos que comen blanca cebada y avena. Licaón, el guerrero anciano, entre los muchos consejos que me diera cuando partí del magnífico palacio, me recomendó que en el duro combate mandara á los teucros subido en el carro; mas yo no me dejé convencer—mucho mejor hubiera sido seguir su consejo—y rehusé llevarme los corceles por el temor de que, acostumbrados á comer bien, se encontraran sin pastos en una ciudad sitiada. Dejélos, pues, y vine como infante á Ilión, confiando en el arco que para nada me había de servir. Contra dos próceres lo he disparado, el Atrida y el hijo de Tideo; á entrambos les causé heridas, de las que manaba verdadera sangre, y sólo conseguí excitarlos más. Con mala suerte descolgué del clavo el corvo arco el día en que vine con mis teucros á la amena Ilión para complacer al divino Héctor. Si logro regresar y ver con estos ojos mi patria, á mi mujer y mi casa espaciosa y alta, córteme la cabeza un enemigo si no rompo y tiro al relumbrante fuego el arco, ya que su compañía me resulta inútil.»

217 Replicóle Eneas, caudillo de los teucros: «No hables así. Las cosas no cambiarán hasta que, montados nosotros en el carro, acometamos á ese hombre y probemos la suerte de las armas. Sube á mi carro, para que veas cuáles son los corceles de Tros y cómo saben lo mismo perseguir acá y allá de la llanura que huir ligeros; ellos nos llevarán salvos á la ciudad, si Júpiter concede de nuevo la victoria á Diomédes Tidida. Ea, toma el látigo y las lustrosas riendas, y me pondré á tu lado para combatir; ó encárgate tú de pelear, y yo me cuidaré de los caballos.»

229 Contestó el preclaro hijo de Licaón: «¡Eneas! Recoge tú las riendas y guía los corceles, porque tirarán mejor del carro obedeciendo al auriga á que están acostumbrados, si nos pone en fuga el hijo de Tideo. No sea que, no oyendo tu voz, se espanten y desboquen y no quieran sacarnos de la liza, y el hijo del magnánimo Tideo nos embista y mate y se lleve los solípedos caballos. Guía, pues, el carro y los corceles, y yo con la aguda lanza esperaré de aquél la acometida.»

239 Así hablaron; y subidos en el labrado carro, guiaron animosamente los briosos corceles en derechura al hijo de Tideo. Advirtiólo Esténelo, hijo de Capaneo, y dijo á Diomedes estas aladas palabras:

243 «¡Diomedes Tidida, carísimo á mi corazón! Veo que dos robustos varones, cuya fuerza es grandísima, desean combatir contigo: el uno, Pándaro, es hábil arquero y se jacta de ser hijo de Licaón; el otro, Eneas, se gloría de haber sido engendrado por el magnánimo Anquises y tener por madre á Venus. Ea, subamos al carro, retirémonos, y cesa de revolverte furioso entre los combatientes delanteros para que no pierdas la dulce vida.»

251 Mirándole con torva faz, le respondió el fuerte Diomedes: «No me hables de huir, pues no creo que me persuadas. Sería impropio de mí, batirme en retirada ó amedrentarme. Mis fuerzas aún siguen sin menoscabo. Desdeño subir al carro, y tal como estoy iré á encontrarlos, pues Palas Minerva no me deja temblar. Sus ágiles corceles no los llevarán lejos de aquí, si es que alguno de aquéllos puede escapar. Otra cosa voy á decir que tendrás muy presente: Si la sabia Minerva me concede la gloria de matar á entrambos, sujeta estos veloces caballos, amarrando las bridas al barandal, y apodérate de los corceles de Eneas para sacarlos de los teucros y traerlos á los aqueos de hermosas grebas; pues pertenecen á la raza de aquéllos que el longividente Júpiter dió á Tros en pago de su hijo Ganimedes, y son, por tanto, los mejores de cuantos viven debajo del sol y de la aurora. Anquises, rey de hombres, logró adquirir, á hurto, caballos de esta raza ayuntando yeguas con aquéllos sin que Laomedonte lo advirtiera; naciéronle seis en el palacio, crió cuatro en su pesebre y dió esos dos á Eneas, que pone en fuga á sus enemigos. Si los cogiéramos, alcanzaríamos gloria no pequeña.»

274 Así éstos conversaban. Pronto Eneas y Pándaro, picando á los ágiles corceles, se les acercaron. Y el preclaro hijo de Licaón exclamó el primero:

277 «¡Corazón fuerte, hombre belicoso, hijo del ilustre Tideo! Ya que la veloz y dañosa flecha no te hizo sucumbir, voy á probar si te hiero con la lanza.»

280 Dijo; y blandiendo la ingente arma, dió un bote en el escudo del Tidida: la broncínea punta atravesó la rodela y llegó muy cerca de la loriga. El preclaro hijo de Licaón gritó en seguida:

284 «Atravesado tienes el ijar y no creo que resistas largo tiempo. Inmensa es la gloria que acabas de darme.»

286 Sin turbarse, le replicó el fuerte Diomedes: «Erraste el golpe, no has acertado; y creo que no dejaréis de combatir, hasta que uno de vosotros caiga y sacie de sangre á Marte, el infatigable luchador.»

290 Dijo, y le arrojó la lanza que, dirigida por Minerva á la nariz junto al ojo, atravesó los blancos dientes: el duro bronce cortó la punta de la lengua y apareció por debajo de la barba. Pándaro cayó del carro, sus lucientes y labradas armas resonaron, espantáronse los corceles de ágiles pies, y allí acabaron la vida y el valor del guerrero.

297 Saltó Eneas del carro con el escudo y la larga pica; y temiendo que los aqueos le quitaran el cadáver, defendíalo como un león que confía en su bravura: púsose delante del muerto, enhiesta la lanza y embrazado el liso escudo, y profiriendo horribles gritos se disponía á matar á quien se le opusiera. Mas el Tidida, cogiendo una gran piedra que dos de los actuales hombres no podrían llevar y que él manejaba fácilmente, hirió á Eneas en la articulación del isquion con el fémur que se llama *cótyla*; la áspera piedra rompió la cótila, desgarró ambos tendones y arrancó la piel. El héroe cayó de rodillas, apoyó la robusta mano en el suelo y la noche obscura cubrió sus ojos.

311 Y allí pereciera el rey de hombres Eneas, si no lo hubiese advertido su madre Venus, hija de Júpiter, que lo había concebido de Anquises, pastor de bueyes. La diosa tendió sus níveos brazos al hijo amado y le cubrió con un doblez del refulgente manto, para defenderle de los tiros; no fuera que alguno de los dánaos, de ágiles corceles, clavándole el bronce en el pecho, le quitara la vida.

318 Mientras Venus sacaba á Eneas de la liza, el hijo de Capaneo no echó en olvido las órdenes que le diera Diomedes, valiente en el combate: sujetó allí, separadamente de la refriega, sus solípedos caballos, amarrando las bridas al barandal; y apoderándose de los corceles, de lindas crines, de Eneas, hízolos pasar de los teucros á los aqueos de hermosas grebas y entrególos á Deípilo, el compañero á quien más honraba á causa de su prudencia, para que los llevara á las cóncavas naves. Acto continuo subió al carro, asió las lustrosas riendas y guió solícito hacia Diomedes los caballos de duros cascos. El héroe perseguía con el cruel bronce á Ciprina, conociendo que era una deidad débil, no de aquéllas que imperan en el combate de los hombres, como Minerva ó Belona, asoladora de ciudades. Tan pronto como llegó á alcanzarla por entre la multitud, el hijo del magnánimo Tideo, calando la afilada pica, rasguñó la tierna mano de la diosa: la punta atravesó el peplo divino, obra de las mismas Gracias, y rompió la piel de la palma. Brotó la sangre divina, ó por mejor decir, el *icor*; que tal es lo que tienen los bienaventurados dioses, pues no comen pan ni beben vino negro, y por esto carecen de sangre y son llamados inmortales. La diosa, dando una gran voz, apartó al hijo que Febo Apolo recibió en sus brazos y envolvió en espesa nube; no fuera que alguno de los dánaos, de ágiles corceles, clavándole el bronce en el pecho, le quitara la vida. Y Diomedes, valiente en el combate, dijo á voz en cuello:

348 «¡Hija de Júpiter, retírate del combate y la pelea! ¿No te basta engañar á las débiles mujeres? Creo que si intervienes en la batalla te dará horror la guerra, aunque te encuentres á gran distancia de donde la haya.»

352 Así se expresó. La diosa retrocedió turbada y afligida; Iris, de pies veloces como el viento, asiéndola por la mano, la sacó del tumulto cuando ya el dolor la abrumaba y el hermoso cutis se ennegrecía; y como aquélla encontrara al furibundo Marte sentado á la izquierda de la batalla, con la lanza y los veloces caballos envueltos en una nube, se hincó de rodillas y pidióle con instancia los corceles de áureas bridas:

359 «¡Querido hermano! Compadécete de mí y dame los bridones para que pueda volver al Olimpo, á la mansión de los inmortales. Me duele mucho la herida que me infirió un hombre, el Tidida, quien sería capaz de pelear con el padre Júpiter.»

363 Dijo, y Marte le cedió los corceles de áureas bridas. Venus subió al carro, con el corazón afligido; Iris se puso á su lado, y tomando las riendas avispó con el látigo á aquéllos, que gozosos alzaron el vuelo. Pronto llegaron á la morada de los dioses, al alto Olimpo; y la diligente Iris, de pies ligeros como el viento, detuvo los caballos, los desunció del carro y les echó un pasto divino. La diosa Venus se refugió en el regazo de su madre Dione; la cual, recibiéndola en los brazos y halagándola con la mano, le dijo:

373 «¿Cuál de los celestes dioses, hija querida, de tal modo te maltrató, como si á su presencia hubieses cometido alguna falta?»

375 Respondióle al punto la risueña Venus: «Hirióme el hijo de Tideo, Diomedes soberbio, porque sacaba de la liza á mi hijo Eneas, carísimo para mí más que otro alguno. La enconada lucha ya no es sólo de teucros y aqueos, pues los dánaos se atreven á combatir con los inmortales.»

381 Contestó Dione, divina entre las diosas: «Sufre el dolor, hija mía, y sopórtalo aunque estés afligida; que muchos de los moradores del Olimpo hemos tenido que tolerar ofensas de los hombres, á quienes excitamos para causarnos, unos dioses á otros, horribles males.—Las toleró Marte, cuando Oto y el fornido Efialtes, hijos de Aloeo, le tuvieron trece meses atado con fuertes cadenas en una cárcel de bronce: allí pereciera el dios insaciable de combate, si su madrastra, la bellísima Eribea, no lo hubiese participado á Mercurio, quien sacó furtivamente de la cárcel á Marte casi exánime, pues las crueles ataduras le agobiaban.—Las toleró Juno, cuando el vigoroso hijo de Anfitrión hirióla en el pecho diestro con trifurcada flecha; vehementísimo dolor atormentó entonces á la diosa.—Y las toleró también el ingente Plutón, cuando el mismo hijo de Júpiter, que lleva la égida, disparándole en la puerta del infierno veloz saeta, á él que estaba entre los muertos, le entregó al dolor: con el corazón afligido, traspasado de dolor—pues la flecha se le había clavado en la robusta espalda y abatía su ánimo,—fué el dios al palacio de Júpiter, al vasto Olimpo, y Peón curóle, que mortal no naciera, esparciendo sobre la herida drogas calmantes. ¡Osado! ¡Temerario! No se abstenía de cometer acciones nefandas y contristaba con el arco á los dioses que habitan el Olimpo.—Á ése le ha excitado contra ti Minerva, la diosa de los brillantes ojos. ¡Insensato! Ignora el hijo de Tideo que quien lucha con los inmortales, ni llega á viejo ni los hijos le reciben, llamándole ¡papá! y abrazando sus rodillas, de vuelta del combate y de la terrible pelea. Aunque es valiente, tema que le salga al encuentro alguien más fuerte que tú: no sea que luego la prudente Egialea, hija de Adrasto y cónyuge ilustre de Diomedes, domador de caballos, despierte con su llanto á los domésticos por sentir soledad de su legítimo esposo, el mejor de los aqueos todos.»

416 Dijo, y con ambas manos restañó el icor; curóse la herida y los acerbos dolores se calmaron. Minerva y Juno que lo presenciaban, intentaron zaherir á Jove Saturnio con mordaces palabras; y la diosa de los brillantes ojos empezó á hablar de esta manera:

421 «¡Padre Júpiter! ¿Te enfadarás conmigo por lo que diré? Sin duda Ciprina quiso persuadir á alguna aquea de hermoso peplo á que se fuera con los troyanos, que tan queridos le son; y acariciándola, áureo broche le rasguñó la delicada mano.»

426 De este modo habló. Sonrióse el padre de los hombres y de los dioses, y llamando á la dorada Venus, le dijo:

428 «Á ti, hija mía, no te han sido asignadas las acciones bélicas: dedícate á los dulces trabajos del himeneo, y el impetuoso Marte y Minerva cuidarán de aquéllas.»

431 Así los dioses conversaban. Diomedes, valiente en el combate, cerró con Eneas, no obstante comprender que el mismo Apolo extendía la mano sobre él; pues impulsado por el deseo de acabar con el héroe y despojarle de las magníficas armas, ya ni al gran dios respetaba. Tres veces asaltó á Eneas con intención de matarle; tres veces agitó Apolo el refulgente escudo. Y cuando, semejante á un dios, atacaba por cuarta vez, el flechador Apolo le increpó con aterradoras voces:

440 «¡Tidida, piénsalo mejor y retírate! No quieras igualarte á las deidades, pues jamás fueron semejantes la raza de los inmortales dioses y la de los hombres que andan por la tierra.»

443 Tal dijo. El Tidida retrocedió un poco para no atraerse la cólera del flechador Apolo; y el dios, sacando á Eneas del combate, le llevó al templo que tenía en la sacra Pérgamo: dentro de éste, Latona y Diana, que se complace en tirar flechas, curaron al héroe y le aumentaron el vigor y la belleza del cuerpo. En tanto Apolo, que lleva arco de plata, formó un simulacro de Eneas y su armadura; y alrededor del mismo, teucros y divinos aqueos chocaban los escudos de cuero de buey y los alados broqueles que los pechos protegían. Y Febo Apolo dijo entonces al furibundo Marte:

455 «¡Marte, Marte, funesto á los mortales, manchado de homicidios, demoledor de murallas! ¿Quieres entrar en la liza y sacar á ese hombre, al Tidida, que sería capaz de combatir hasta con el padre Júpiter? Primero hirió á Ciprina en el puño, y luego, semejante á un dios, cerró conmigo.»

460 Cuando esto hubo dicho, sentóse en la excelsa Pérgamo. El funesto Marte, tomando la figura del ágil Acamante, caudillo de los tracios, enardeció á los que militaban en las filas troyanas y exhortó á los ilustres hijos de Príamo:

464 «¡Hijos del rey Príamo, alumno de Jove! ¿Hasta cuándo dejaréis que el pueblo perezca á manos de los aqueos? ¿Acaso hasta que el enemigo llegue á las sólidas puertas de los muros? Yace en tierra un varón á quien honrábamos como al divino Héctor: Eneas, hijo del magnánimo Anquises. Ea, saquemos del tumulto al valiente amigo.»

470 Con estas palabras les excitó á todos el valor y la fuerza. Á su vez, Sarpedón reprendía así al divino Héctor:

472 «¡Héctor! ¿Qué se hizo el valor que antes mostrabas? Dijiste que defenderías la ciudad sin tropas ni aliados, solo, con tus hermanos y tus deudos. De éstos á ninguno veo ni descubrir puedo: temblando están como perros en torno de un león, mientras combatimos los que únicamente somos auxiliares. Yo que figuro como tal, he venido de muy lejos, de la Licia, situada á orillas del voraginoso Janto; allí dejé á mi esposa amada, al tierno infante y riquezas muchas que el menesteroso apetece. Mas, sin embargo de esto y de no tener aquí nada que los aqueos puedan llevarse ó apresar, animo á los licios y deseo luchar con ese guerrero; y tú estás parado y ni siquiera exhortas á los demás hombres á que resistan al enemigo y defiendan á sus esposas. No sea que, como si hubierais caído en una red de lino que todo lo envuelve, lleguéis á ser presa y botín de los enemigos, y éstos destruyan vuestra populosa ciudad. Preciso es que te ocupes en ello día y noche y supliques á los caudillos de los auxiliares venidos de lejas tierras, que resistan firmemente y no se hagan acreedores á graves censuras.»

493 Así habló Sarpedón. Sus palabras royéronle el ánimo á Héctor, que saltó del carro al suelo, sin dejar las armas; y blandiendo un par de afiladas picas, recorrió el ejército, animóle á combatir y promovió una terrible pelea. Los teucros volvieron la cara á los aqueos para embestirlos, y los argivos sostuvieron apiñados la acometida y no se arredraron. Como en el abaleo, cuando la rubia Ceres separa el grano de la paja al soplo del viento, el aire lleva el tamo por las sagradas eras y los montones de paja blanquean; del mismo modo los aqueos se tornaban blanquecinos por el polvo

que levantaban hasta el cielo de bronce los corceles de cuantos volvían á encontrarse en la refriega. Los aurigas guiaban los caballos al combate y los guerreros acometían de frente con toda la fuerza de sus brazos. El furibundo Marte cubrió el campo de espesa niebla para socorrer á los teucros y á todas partes iba; cumpliendo así el encargo que le hizo Febo Apolo, el de la áurea espada, de que excitara el ánimo de aquéllos, cuando vió que Minerva, la protectora de los dánaos, se ausentaba.

512 El dios sacó á Eneas del suntuoso templo; é infundiendo valor al pastor de hombres, le dejó entre sus compañeros, que se alegraron de verle vivo, sano y revestido de valor; pero no le preguntaron nada, porque no se lo permitía el combate suscitado por el dios del arco de plata, por Marte, funesto á los mortales, y por la Discordia, cuyo furor es insaciable.

519 Ambos Ayaces, Ulises y Diomedes enardecían á los dánaos en la pelea; y éstos, en vez de atemorizarse ante la fuerza y las voces de los teucros, aguardábanlos tan firmes como las nubes que Júpiter deja inmóviles en las cimas de los montes durante la calma, cuando duermen el Bóreas y demás vientos fuertes que con sonoro soplo disipan los pardos nubarrones; tan firmemente esperaban los dánaos á los teucros, sin pensar en la fuga. El Atrida bullía entre la muchedumbre y á todos exhortaba:

529 «¡Oh amigos! ¡Sed hombres, mostrad que tenéis un corazón esforzado y avergonzaos de parecer cobardes en el duro combate! De los que sienten este temor, son más los que se salvan que los que mueren; los que huyen, ni gloria alcanzan ni entre sí se ayudan.»

533 Dijo, y despidiendo con ligereza el dardo, hirió al caudillo Deicoonte Pergásida, compañero del magnánimo Eneas; á quien veneraban los troyanos como á la prole de Príamo, por su arrojo en pelear en las primeras filas. El rey Agamenón acertó á darle un bote en el escudo, que no logró detener al dardo: éste lo atravesó, y rasgando el cinturón, clavóse en el empeine del guerrero. Deicoonte cayó con estrépito y sus armas resonaron.

541 Eneas mató á dos hijos de Diocles, Cretón y Orsíloco, varones valentísimos cuyo padre vivía en la bien construída Feras, abastado de bienes, y era descendiente del anchuroso Alfeo que riega el país de los pilios. El Alfeo engendró á Orsíloco, que reinó sobre muchos hombres; Orsíloco fué padre del magnánimo Diocles, y de éste nacieron los dos mellizos Cretón y Orsíloco, diestros en toda especie de combates; quienes, apenas llegados á la juventud, fueron en negras naves y junto con los argivos á Troya, para vengar á los Atridas Agamenón y Menelao, y allí la muerte los cubrió con su manto. Como dos leones criados por su madre en la espesa selva de la cumbre de un monte, devastan los establos, robando bueyes y pingües ovejas, hasta que los hombres los matan con el afilado bronce; del mismo modo, aquéllos, que parecían altos abetos, cayeron vencidos por Eneas.

561 Al verlos derribados en el suelo, condolióse Menelao, caro á Marte, y en seguida, revestido de luciente bronce y blandiendo la lanza, se abrió camino por las primeras filas: Marte le excitaba el valor para que sucumbiera á manos de Eneas. Pero Antíloco, hijo del magnánimo Néstor, que lo advirtió, se fué en pos del pastor de hombres temiendo que le ocurriera algo y les frustrara la empresa. Cuando los dos guerreros, deseosos de pelear, calaban las agudas lanzas para acometerse, colocóse Antíloco al lado del pastor de hombres; Eneas, aunque era luchador brioso, no se atrevió á esperarlos; y ellos pudieron llevarse los cadáveres de aquellos infelices, ponerlos en las manos de sus amigos y volver á combatir en el punto más avanzado.

576 Entonces mataron á Pilémenes, igual á Marte, caudillo de los ardidos paflagones que de escudos van armados: el Atrida Menelao, famoso por su pica, envasóle la lanza junto á la clavícula. Antíloco hirió de una pedrada en el codo al valiente escudero Midón Atimníada, cuando éste revolvía los solípedos caballos—las ebúrneas riendas vinieron de sus manos al polvo,—y acometiéndole con la espada, le dió un tajo en las sienes. Midón, anhelante, cayó del carro: hundióse su cabeza con el cuello y parte de los hombros en la arena que allí abundaba, y así permaneció un buen espacio hasta que los corceles, pataleando, lo tiraron al suelo; Antíloco se apoderó del carro, picó á los corceles, y se los llevó al campamento aqueo.

590 Héctor atisbó á los dos guerreros en las filas, arremetió á ellos, gritando, y le siguieron las fuertes falanges troyanas que capitaneaban Marte y la venerable Belona: ésta promovía el horrible tumulto de la pelea; Marte manejaba una lanza enorme, y ya precedía á Héctor, ya marchaba detrás del mismo.

596 Al verle, estremecióse Diomedes, valiente en el combate. Como el inexperto viajero, después que ha atravesado una gran llanura, se detiene al llegar á un río de rápida corriente que desemboca en el mar, percibe el murmurio de las espumosas aguas y vuelve con presteza atrás; de semejante modo retrocedió el hijo de Tideo, gritando á los suyos:

601 «¡Oh amigos! ¿Cómo nos admiramos de que el divino Héctor sea hábil lancero y audaz luchador? Á su lado hay siempre alguna deidad para librarle de la muerte, y ahora es Marte, transfigurado en mortal, quien le acompaña. Emprended la retirada, con la cara vuelta hacia los teucros, y no queráis combatir denodadamente con los dioses.»

607 De esta manera habló. Los teucros llegaron muy cerca de ellos, y Héctor mató á dos varones diestros en la pelea que iban en un mismo carro: Menestes y Anquíalo.

610 Al verlos derribados por el suelo, compadecióse el gran Ayax Telamonio; y deteniéndose muy cerca del enemigo, arrojó la pica reluciente á Anfio, hijo de Selago, que moraba en Peso, era riquísimo en bienes y sembrados, y había ido—impulsábale el hado—á ayudar á Príamo y sus hijos. Ayax Telamonio acertó á darle en el cinturón, la larga pica se clavó en el empeine, y el guerrero cayó con estrépito. Corrió el esclarecido Ayax á despojarle de las armas—los teucros hicieron llover sobre el héroe agudos relucientes dardos, de los cuales recibió muchos el escudo,—y poniendo el pie encima del cadáver, arrancó la broncínea lanza; pero no pudo quitarle de los hombros la magnífica armadura, porque estaba abrumado por los tiros. Temió verse encerrado dentro de un fuerte círculo por los arrogantes teucros, que en gran número y con valentía le enderezaban sus lanzas; y aunque era corpulento, vigoroso é ilustre, fué rechazado y hubo de retroceder.

627 Así se portaban éstos en el duro combate. El hado poderoso llevó contra Sarpedón, igual á un dios, á Tlepólemo Heraclida, valiente y de gran estatura. Cuando ambos héroes, hijo y nieto de Júpiter, que amontona las nubes, se hallaron frente á frente, Tlepólemo fué el primero en hablar y dijo:

633 «¡Sarpedón, príncipe de los licios! ¿Qué necesidad tienes, no estando ejercitado en la guerra, de venir á

temblar? Mienten cuantos afirman que eres hijo de Júpiter, que lleva la égida, pues desmereces mucho de los varones engendrados en tiempos anteriores por este dios, como dicen que fué mi intrépido padre, el fornido Hércules, de corazón de león; el cual, habiendo venido por los caballos de Laomedonte, con seis solas naves y pocos hombres, consiguió saquear la ciudad y despoblar sus calles. Pero tú eres de ánimo apocado, dejas que las tropas perezcan, y no creo que tu venida de la Licia sirva para la defensa de los troyanos por muy vigoroso que seas; pues vencido por mí, entrarás por las puertas del Orco.»

647 Respondióle Sarpedón, caudillo de los licios: «¡Tlepólemo! Aquél destruyó, con efecto, la sacra Ilión á causa de la perfidia del ilustre Laomedonte, que pagó con injuriosas palabras sus beneficios y no quiso entregarle los caballos por los que viniera de tan lejos. Pero yo te digo que la perdición y la negra muerte de mi mano te vendrán; y muriendo, herido por mi lanza, me darás gloria, y á Plutón, el de los famosos corceles, el alma.»

655 Así dijo Sarpedón y Tlepólemo alzó la lanza de fresno. Las luengas lanzas partieron á un mismo tiempo de las manos. Sarpedón hirió á Tlepólemo: la dañosa punta atravesó el cuello, y las tinieblas de la noche velaron los ojos del guerrero. Tlepólemo dió con su gran lanza en el muslo derecho de Sarpedón: el bronce penetró con ímpetu hasta el hueso, pero todavía Jove libró á su hijo de la muerte.

663 Los ilustres compañeros de Sarpedón, igual á un dios, sacáronle del combate, con la gran lanza que, arrastrando, le apesgaba; pues con la prisa nadie la advirtió ni pensó en arrancársela del muslo, para que pudiera subir al carro. Tanta era la fatiga con que de él cuidaban.

668 Á su vez, los aqueos, de hermosas grebas, se llevaron del campo á Tlepólemo. El divino Ulises, de ánimo paciente, viólo, sintió que se le enardecía el corazón, y revolvió en su mente y en su espíritu si debía perseguir al hijo de Júpiter tonante ó privar de la vida á muchos licios. No le había concedido el hado matar con el agudo bronce al esforzado hijo de Júpiter, y por esto Minerva le inspiró que acometiera á los licios. Mató entonces á Cérano, Alástor, Cromio, Alcandro, Halio, Noemón y Prítanis, y aun á más licios hiciera morir el divino Ulises, si no lo hubiese notado el gran Héctor, de tremolante casco; el cual, cubierto de luciente bronce, se abrió calle por los combatientes delanteros é infundió terror á los dánaos. Holgóse de su llegada Sarpedón, hijo de Júpiter, y profirió estas lastimeras palabras:

684 «¡Priámida! No permitas que yo, tendido en el suelo, llegue á ser presa de los dánaos; socórreme y pierda la vida en vuestra ciudad, ya que no he de alegrar, volviendo á mi casa y á la patria tierra, ni á mi esposa querida ni al tierno infante.»

689 De esta suerte habló. Héctor, de tremolante casco, pasó corriendo, sin responderle, porque ardía en deseos de rechazar cuanto antes á los argivos y quitar la vida á muchos guerreros. Los ilustres camaradas de Sarpedón, igual á un dios, lleváronle al pie de una hermosa encina consagrada á Júpiter, que lleva la égida; y el valeroso Pelagonte, su compañero amado, le arrancó la lanza de fresno. Amortecido quedó el héroe y obscura niebla cubrió sus ojos; pero pronto volvió en su acuerdo, porque el soplo del Bóreas le reanimó cuando ya apenas respirar podía.

699 Los argivos, al acometerlos Marte y Héctor armado de bronce, ni se volvían hacia las negras naves, ni rechazaban el ataque, sino que se batían en retirada desde que supieron que aquel dios se hallaba con los teucros.

703 ¿Cuál fué el primero, cuál el último de los que entonces mataron Héctor, hijo de Príamo, y el férreo Marte? Teutrante, igual á un dios; Orestes, aguijador de caballos; Treco, lancero etolo; Enomao; Heleno Enópida y Oresbio, de tremolante mitra; quien, muy ocupado en cuidar de sus bienes, moraba en Hila, á orillas del lago Cefisis, con otros beocios que constituían un opulento pueblo.

711 Cuando Juno, la diosa de los níveos brazos, vió que ambos mataban á muchos argivos en el duro combate, dijo á Minerva estas aladas palabras:

714 «¡Oh dioses! ¡Hija de Júpiter, que lleva la égida! ¡Indómita deidad! Vana será la promesa que hicimos á Menelao de que no se iría sin destruir la bien murada Ilión, si dejamos que el pernicioso Marte ejerza sus furores. Ea, pensemos en prestar al héroe poderoso auxilio.»

719 Dijo; y Minerva, la diosa de los brillantes ojos, no desobedeció. Juno, deidad veneranda hija del gran Saturno, aparejó los corceles con sus áureas bridas, y Hebe puso diligentemente en el férreo eje, á ambos lados del carro, las corvas ruedas de bronce que tenían ocho rayos. Era de oro la indestructible pina, de bronce las ajustadas admirables llantas, y de plata los torneados cubos. El asiento descansaba sobre tiras de oro y de plata, y un doble barandal circundaba el carro. Por delante salía argéntea lanza, en cuya punta ató la diosa un yugo de oro con bridas de oro también; y Juno, que anhelaba el combate y la pelea, unció los corceles de pies ligeros.

733 Minerva, hija de Júpiter, que lleva la égida, dejó caer al suelo el hermoso peplo bordado que ella misma tejiera y labrara con sus manos; vistió la loriga de Jove, que amontona las nubes, y se armó para la luctuosa guerra. Suspendió de sus hombros la espantosa égida floqueada que el terror corona: allí están la Discordia, la Fuerza y la Persecución horrenda; allí la cabeza de la Gorgona, monstruo cruel y horripilante, portento de Júpiter, que lleva la égida. Cubrió su cabeza con áureo casco de doble cimera y cuatro abolladuras, apto para resistir á la infantería de cien ciudades. Y subiendo al flamante carro, asió la lanza ponderosa, larga, fornida, con que la hija del prepotente padre destruye filas enteras de héroes cuando contra ellos monta en cólera. Juno picó con el látigo á los bridones, y abriéronse de propio impulso, rechinando, las puertas del cielo de que cuidan las Horas—á ellas está confiado el espacioso cielo y el Olimpo—para remover ó colocar delante la densa nube. Por allí, á través de las puertas, dirigieron los corceles dóciles al látigo y hallaron al Saturnio, sentado aparte de los otros dioses, en la más alta de las muchas cumbres del Olimpo. Juno, la diosa de los níveos brazos, detuvo entonces los corceles, para hacer esta pregunta al excelso Jove Saturnio:

757 «¡Padre Júpiter! ¿No te indignas contra Marte al presenciar sus atroces hechos? ¡Cuántos y cuáles varones aqueos ha hecho perecer temeraria é injustamente! Yo me aflijo, y Ciprina y Apolo se alegran de haber excitado á ese loco que no conoce ley alguna. Padre Júpiter, ¿te enfadarás conmigo si á Marte le ahuyento del combate causándole graves heridas?»

764 Respondióle Júpiter, que amontona las nubes: «Ea, aguija contra él á Minerva, que impera en las batallas, pues es quien suele causarle más vivos dolores.»

767 Así se expresó. Juno, la diosa de los níveos brazos, obedecióle y picó á los corceles, que volaron gozosos entre

la tierra y el estrellado cielo. Cuanto espacio alcanza á ver el que sentado en alta cumbre fija sus ojos en el vinoso ponto, otro tanto salvan de un brinco los caballos, de sonoros relinchos, de los dioses. Tan luego como ambas deidades llegaron á Troya, Juno paró el carro en el lugar donde el Símois y el Escamandro juntan sus aguas; desunció los corceles, cubriólos de espesa niebla, y el Símois hizo nacer la ambrosía para que pacieran.

778 Las diosas empezaron á andar, semejantes en el paso á tímidas palomas, impacientes por socorrer á los argivos. Cuando llegaron al sitio donde estaba el fuerte Diomedes, domador de caballos, con los más y mejores de los adalides que parecían carniceros leones ó puercos monteses, cuya fuerza es grande, se detuvieron; y Juno, la diosa de los níveos brazos, tomando el aspecto del magnánimo Esténtor, que tenía vozarrón de bronce y gritaba tanto como cincuenta, exclamó:

787 «¡Qué vergüenza, argivos, hombres sin dignidad, admirables sólo por la figura! Mientras el divino Aquiles asistía á las batallas, los teucros, amedrentados por su formidable pica, no pasaban de las puertas dardanias; y ahora combaten lejos de la ciudad, junto á las cóncavas naves.»

792 Con tales palabras les excitó á todos el valor y la fuerza. Minerva, la diosa de los brillantes ojos, fué en busca del hijo de Tideo y le halló junto á su carro y sus corceles, refrescando la herida que Pándaro con una flecha le causara. El sudor le molestaba debajo de la abrazadera del redondo escudo, cuyo peso sentía el héroe; y alzando éste con su cansada mano la correa, se enjugaba la denegrida sangre. La diosa apoyó la diestra en el yugo de los caballos y dijo:

800 «¡Cuán poco se parece á su padre el hijo de Tideo! Era éste de pequeña estatura, pero belicoso. Y aunque no le dejase combatir ni señalarse—como en la ocasión en que, habiendo ido por embajador á Tebas, se encontró lejos de los suyos entre multitud de cadmeos y le dí orden de que banqueteara tranquilo en el palacio,—conservaba siempre su espíritu valeroso; y desafiando á los jóvenes cadmeos, los vencía fácilmente en toda clase de luchas. ¡De tal modo le protegía! Ahora es á ti á quien asisto y defiendo, exhortándote á pelear animosamente con los teucros. Mas, ó el excesivo trabajo de la guerra ha fatigado tus miembros, ó te domina el exánime terror. No, tú no eres hijo del aguerrido Tideo Enida.»

814 Respondióle el fuerte Diomedes: «Te conozco, oh diosa, hija de Júpiter, que lleva la égida. Por esto te hablaré gustoso, sin ocultarte nada. No me domina el exánime terror ni flojedad alguna; pero recuerdo todavía las órdenes que me diste. No me dejabas combatir con los bienaventurados dioses; pero si Venus, hija de Júpiter, se presentara en la pelea, debía herirla con el agudo bronce. Pues bien: ahora retrocedo y he mandado que los argivos se replieguen aquí, porque comprendo que Marte impera en la batalla.»

825 Contestó Minerva, la diosa de los brillantes ojos: «¡Diomedes Tidida, carísimo á mi corazón! No temas á Marte ni á ninguno de los inmortales; tanto te voy á ayudar. Ea, endereza los solípedos caballos á Marte, hiérele de cerca y no respetes al furibundo dios, á ese loco voluble y nacido para dañar, que á Juno y á mí nos prometió combatir contra los teucros en favor de los argivos y ahora está con aquéllos y de sus palabras se ha olvidado.»

835 Apenas hubo dicho estas palabras, asió de la mano á Esténelo que saltó diligente del carro á tierra. Subió la enardecida diosa, colocándose al lado de Diomedes, y el eje de encina recrujió porque llevaba á una diosa terrible y á un varón fortísimo. Palas Minerva, habiendo recogido el látigo y las riendas, guió los solípedos caballos hacia Marte; el cual quitaba la vida al gigantesco Perifante, preclaro hijo de Oquesio y el más valiente de los etolos. Á tal varón mataba Marte, manchado de homicidios. Y Minerva se puso el casco de Plutón, para que el furibundo dios no la conociera.

846 Cuando Marte, funesto á los mortales, los vió venir, dejando al gigantesco Perifante tendido donde le matara, se encaminó hacia el divino Diomedes, domador de caballos. Al hallarse á corta distancia, Marte, que deseaba acabar con Diomedes, le dirigió la broncínea lanza por cima del yugo y las riendas; pero Minerva, cogiéndola y alejándola del carro, hizo que aquél diera el golpe en vano. Á su vez Diomedes, valiente en el combate, atacó á Marte con la broncínea pica, y Palas Minerva, apuntándola á la ijada del dios, donde el cinturón le ceñía, hirióle, desgarró el hermoso cutis y retiró el arma. El férreo Marte clamó como gritarían nueve ó diez mil hombres que en la guerra llegaran á las manos; y temblaron, amedrentados, aquivos y teucros. ¡Tan fuerte bramó Marte, insaciable de combate!

864 Cual vapor sombrío que se desprende de las nubes por la acción de un impetuoso viento abrasador, tal le parecía á Diomedes Tidida el férreo Marte cuando, cubierto de niebla, se dirigía al anchuroso cielo. El dios llegó en seguida al alto Olimpo, mansión de las deidades; se sentó, con el corazón afligido, á la vera del Saturnio Jove; mostró la sangre inmortal que manaba de la herida, y suspirando dijo estas aladas palabras:

872 «¡Padre Júpiter! ¿No te indignas al presenciar tan atroces hechos? Siempre los dioses hemos padecido males horribles que recíprocamente nos causamos para complacer á los hombres; pero todos estamos airados contigo, porque engendraste una hija loca, funesta, que sólo se ocupa en acciones inicuas. Cuantos dioses hay en el Olimpo te obedecen y acatan; pero á ella no la sujetas con palabras ni con obras, sino que la instigas, por ser tú el padre de esa hija perniciosa que ha movido al insolente Diomedes, hijo de Tideo, á combatir, en su furia, con los inmortales dioses. Primero hirió á Ciprina en el puño, y después, cual si fuese un dios, arremetió contra mí. Si no llegan á salvarme mis ligeros pies, hubiera tenido que sufrir horrores entre espantosos montones de cadáveres, ó quedar inválido, aunque vivo, á causa de las heridas que me hiciera el bronce.»

888 Mirándole con torva faz, respondió Júpiter, que amontona las nubes: «¡Inconstante! No te lamentes, sentado á mi vera, pues me eres más odioso que ningún otro de los dioses del Olimpo. Siempre te han gustado las riñas, luchas y peleas, y tienes el espíritu soberbio, que nunca cede, de tu madre Juno, á quien apenas puedo dominar con mis palabras. Creo que cuanto te ha ocurrido, lo debes á sus consejos. Pero no permitiré que los dolores te atormenten, porque eres de mi linaje y para mí te parió tu madre. Si, siendo tan perverso, hubieses nacido de algún otro dios, tiempo ha que estarías en un abismo más profundo que el de los hijos de Urano.»

899 Dijo, y mandó á Peón que lo curara. Éste le sanó, aplicándole drogas calmantes; que nada mortal en él había. Como el jugo cuaja la blanca y líquida leche cuando se le mueve rápidamente con ella; con igual presteza curó aquél al furibundo Marte, á quien Hebe lavó y puso magníficas vestiduras. Y el dios se sentó al lado del Saturnio Jove, ufano de su gloria.

907 Juno argiva y Minerva alalcomenia regresaron también al palacio del gran Júpiter, cuando hubieron conseguido

29

que Marte, funesto á los mortales, de matar hombres se abstuviera.

CANTO VI
COLOQUIO DE HÉCTOR Y ANDRÓMACA

1 Quedaron solos en la batalla horrenda teucros y aqueos, que se arrojaban unos á otros broncíneas lanzas; y la pelea se extendía, acá y allá de la llanura, entre las corrientes del Símois y del Janto.

5 Ayax Telamonio, antemural de los aqueos, rompió el primero la falange troyana é hizo aparecer la aurora de la salvación entre los suyos, hiriendo de muerte al tracio más denodado, al alto y valiente Acamante, hijo de Eusoro. Acertóle en la cimera del casco guarnecido con crines de caballo, la lanza se clavó en la frente, la broncínea punta atravesó el hueso y las tinieblas cubrieron los ojos del guerrero.

12 Diomedes, valiente en el combate, mató á Axilo Teutránida, que, abastado de bienes, moraba en la bien construída Arisbe; y era muy amigo de los hombres, porque en su casa, situada cerca del camino, á todos les daba hospitalidad. Pero ninguno de ellos vino entonces á librarle de la lúgubre muerte, y Diomedes le quitó la vida á él y á su escudero Calesio, que gobernaba los caballos. Ambos penetraron en el seno de la tierra.

20 Euríalo dió muerte á Dreso y Ofeltio, y fuése tras Esepo y Pédaso, á quienes la náyade Abarbarea concibiera en otro tiempo del eximio Bucolión, hijo primogénito y bastardo del ilustre Laomedonte (Bucolión apacentaba ovejas y tuvo amoroso consorcio con la ninfa, la cual quedó encinta y dió á luz los dos mellizos): el Mecistíada acabó con el valor de ambos, privó de vigor á sus bien formados miembros y les quitó la armadura de los hombros. El belígero Polipetes dejó sin vida á Astíalo; Ulises, con la broncínea lanza, á Pidites percosio; y Teucro, á Aretaón divino.

32 Antíloco Nestórida mató con la pica reluciente á Ablero; Agamenón, rey de hombres, á Élato, que habitaba en la excelsa Pédaso, á orillas del Sátniois, de hermosa corriente; el héroe Leito, á Fílaco mientras huía; y Eurípilo, á Melantio.

37 Menelao, valiente en la pelea, cogió vivo á Adrasto, cuyos caballos, corriendo despavoridos por la llanura, chocaron con las ramas de un tamarisco, rompieron el corvo carro por el extremo del timón, y se fueron á la ciudad con los que huían espantados. El héroe cayó al suelo y dió de boca en el polvo junto á la rueda; acercósele Menelao Atrida con la ingente lanza, y aquél, abrazando sus rodillas, así le suplicaba:

46 «Hazme prisionero, Atrida, y recibirás digno rescate. Muchas cosas de valor tiene mi opulento padre en casa: bronce, oro, hierro labrado; con ellas te pagaría inmenso rescate, si supiera que estoy vivo en las naves aqueas.»

51 Dijo Adrasto, y le conmovió el corazón. É iba Menelao á ponerle en manos del escudero, para que lo llevara á las veleras naves aqueas, cuando Agamenón corrió á su encuentro y le increpó diciendo:

55 «¡Ah bondoso! ¡Ah Menelao! ¿Por qué así te apiadas de los hombres? ¡Excelentes cosas hicieron los troyanos en tu palacio! ¡Que ninguno de los que caigan en nuestras manos se libre de tener nefanda muerte, ni siquiera el que la madre lleve en el vientre, ni ese escape! ¡Perezcan todos los de Ilión, sin que sepultura alcancen ni memoria dejen!»

61 Así diciendo, cambió la mente de su hermano con la oportuna exhortación. Repelió Menelao al héroe Adrasto que, herido en el ijar por el rey Agamenón, cayó de espaldas. El Atrida le puso el pie en el pecho y le arrancó la lanza. Y Néstor animaba á los argivos, dando grandes voces:

67 «¡Amigos, héroes dánaos, ministros de Marte! Que nadie se quede atrás para recoger despojos y volver, cargado de ellos, á las naves; ahora matemos hombres y luego con más tranquilidad despojaréis en la llanura los cadáveres de cuantos mueran.»

72 Con tales palabras les excitó á todos el valor y la fuerza. Y los teucros hubieran vuelto á entrar en Ilión, acosados por los belicosos aqueos y vencidos por su cobardía, si Heleno Priámida, el mejor de los augures, no se hubiese presentado á Eneas y á Héctor para decirles:

77 «¡Eneas y Héctor! Ya que el peso de la batalla gravita principalmente sobre vosotros entre los troyanos y los licios, porque sois los primeros en toda empresa, ora se trate de combatir, ora de razonar, quedaos aquí, recorred las filas, y detened á los guerreros antes que se encaminen á las puertas, caigan huyendo en brazos de las mujeres y sean motivo de gozo para los enemigos. Cuando hayáis reanimado todas las falanges, nosotros, aunque estamos abatidos, pelearemos con los dánaos porque la necesidad nos apremia. Y tú, Héctor, ve á la ciudad y di á nuestra madre que llame á las venerables matronas; vaya con ellas al templo dedicado á Minerva, la de los brillantes ojos, en la acrópolis; abra la puerta del sacro recinto; ponga sobre las rodillas de la deidad, de hermosa cabellera, el peplo que mayor sea, más lindo le parezca y más aprecie de cuantos haya en el palacio, y le vote sacrificar en el templo doce vacas de un año, no sujetas aún al yugo, si apiadándose de la ciudad y de las esposas y niños de los troyanos, aparta de la sagrada Ilión al hijo de Tideo, feroz guerrero, cuya braveza causa nuestra derrota y á quien tengo por el más esforzado de los aqueos todos. Nunca temimos tanto ni al mismo Aquiles, príncipe de hombres, que es, según dicen, hijo de una diosa. Con gran furia se mueve el hijo de Tideo y en valentía nadie con él se iguala.»

102 Dijo; y Héctor obedeció á su hermano. Saltó del carro al suelo sin dejar las armas; y blandiendo dos puntiagudas lanzas, recorrió el ejército, animóle á combatir y promovió una terrible pelea. Los teucros volvieron la cara y afrontaron á los argivos; y éstos retrocedieron y dejaron de matar, figurándose que algún dios habría descendido del estrellado cielo para socorrer á aquéllos; de tal modo se volvieron. Y Héctor exhortaba á los teucros diciendo en alta voz:

111 «¡Animosos troyanos, aliados de lejas tierras venidos! Sed hombres, amigos, y mostrad vuestro impetuoso valor, mientras voy á Ilión y encargo á los respetables próceres y á nuestras esposas que oren y ofrezcan hecatombes á los dioses.»

116 Dicho esto, Héctor, de tremolante casco, partió; y la negra piel que orlaba el abollonado escudo como última franja, le batía el cuello y los talones.

119 Glauco, vástago de Hipóloco, y el hijo de Tideo, deseosos de combatir, fueron á encontrarse en el espacio que mediaba entre ambos ejércitos. Cuando estuvieron cara á cara, Diomedes, valiente en la pelea, dijo el primero:

123 «¿Cuál eres tú, guerrero valentísimo, de los mortales hombres? Jamás te vi en las batallas, donde los varones adquieren gloria, pero al presente á todos los vences en audacia cuando te atreves á esperar mi fornida lanza. ¡Infelices de aquellos cuyos hijos se oponen á mi furor! Mas si fueses inmortal y hubieses descendido del cielo, no quisiera yo luchar con dioses celestiales. Poco vivió el fuerte Licurgo, hijo de Driante, que contendía con las celestes deidades: persiguió en los sacros montes de Nisa á las nodrizas del furente Baco, las cuales tiraron al suelo los tirsos al ver que el homicida Licurgo las acometía con la aguijada; el dios, espantado, se arrojó al mar y Tetis le recibió en su regazo, despavorido y agitado por fuerte temblor que la amenaza de aquel hombre le causara; pero los felices dioses se irritaron contra Licurgo, cególe el Saturnio, y su vida no fué larga, porque se había hecho odioso á los inmortales todos. Con los bienaventurados dioses no quisiera combatir; pero si eres uno de los mortales que comen los frutos de la tierra, acércate para que más pronto llegues de tu perdición al término.»

144 Respondióle el preclaro hijo de Hipóloco: «¡Magnánimo Tidida! ¿Por qué me interrogas sobre el abolengo? Cual la generación de las hojas, así la de los hombres. Esparce el viento las hojas por el suelo, y la selva, reverdeciendo, produce otras al llegar la primavera: de igual suerte, una generación humana nace y otra perece. Pero ya que deseas saberlo, te diré cuál es mi linaje, de muchos conocido. Hay una ciudad llamada Éfira en el riñón de la Argólide, criadora de caballos, y en ella vivía Sísifo Eólida, que fué el más ladino de los hombres. Sísifo engendró á Glauco, y éste al eximio Belerofonte, á quien los dioses concedieron gentileza y envidiable valor. Mas Preto, que era muy poderoso entre los argivos, pues á su cetro los había sometido Júpiter, hízole blanco de sus maquinaciones y le echó de la ciudad. La divina Antea, mujer de Preto, había deseado con locura juntarse clandestinamente con Belerofonte; pero no pudo persuadir al prudente héroe, que sólo pensaba en cosas honestas, y mintiendo dijo al rey Preto:

164 "¡Preto! Muérete ó mata á Belerofonte que ha querido juntarse conmigo, sin que yo lo deseara."

166 »Así habló. El rey se encendió en ira al oirla; y si bien se abstuvo de matar á aquél por el religioso temor que sintió su corazón, le envió á la Licia; y haciendo en un díptico pequeño mortíferas señales, entrególe los perniciosos signos con orden de que los mostrase á su suegro para que éste le hiciera perecer. Belerofonte, poniéndose en camino debajo del fausto patrocinio de los dioses, llegó á la vasta Licia y á la corriente del Janto: el rey recibióle con afabilidad, hospedóle durante nueve días y mandó matar otros tantos bueyes; pero al aparecer por décima vez la Aurora de rosados dedos, le interrogó y quiso ver la nota que de su yerno Preto le traía. Y así que tuvo la funesta nota, ordenó á Belerofonte que lo primero de todo matara á la ineluctable Quimera, ser de naturaleza no humana, sino divina, con cabeza de león, cola de dragón y cuerpo de cabra, que respiraba encendidas y horribles llamas; y aquél le dió muerte, alentado por divinales indicaciones. Luego tuvo que luchar con los afamados Solimos, y decía que éste fué el más recio combate que con hombres sostuviera. Más tarde quitó la vida á las varoniles Amazonas. Y cuando regresaba á la ciudad, el rey, urdiendo otra dolosa trama, armóle una celada con los varones más fuertes que halló en la espaciosa Licia; y ninguno de éstos volvió á su casa, porque á todos les dió muerte el eximio Belerofonte. Comprendió el rey que el héroe era vástago ilustre de alguna deidad y le retuvo allí, le casó con su hija y compartió con él la realeza; los licios, á su vez, acotáronle un hermoso campo de frutales y sembradío que á los demás aventajaba, para que pudiese cultivarlo. Tres hijos dió á luz la esposa del aguerrido Belerofonte: Isandro, Hipóloco y Laodamia; y ésta, amada por el próvido Júpiter, parió al deiforme Sarpedón, que lleva armadura de bronce. Cuando Belerofonte se atrajo el odio de todas las deidades, vagaba solo por los campos de Ale, royendo su ánimo y apartándose de los hombres; Marte, insaciable de pelea, hizo morir á Isandro en un combate con los afamados Solimos, y Diana, la que usa riendas de oro, irritada, mató á su hija. Á mí me engendró Hipóloco—de éste, pues, soy hijo—y envióme á Troya, recomendándome muy mucho que descollara y sobresaliera entre todos y no deshonrase el linaje de mis antepasados, que fueron los hombres más valientes de Éfira y la extensa Licia. Tal alcurnia y tal sangre me glorío de tener.»

212 Así dijo. Alegróse Diomedes, valiente en el combate; y clavando la pica en el almo suelo, respondió con cariñosas palabras al pastor de hombres:

215 «Pues eres mi antiguo huésped paterno, porque el divino Eneo hospedó en su palacio al eximio Belerofonte, le tuvo consigo veinte días y ambos se obsequiaron con magníficos presentes de hospitalidad. Eneo dió un vistoso tahalí teñido de púrpura, y Belerofonte una copa doble de oro, que en mi casa quedó cuando me vine. Á Tideo no lo recuerdo; dejóme muy niño al salir para Tebas, donde pereció el ejército aqueo. Soy, por consiguiente, tu caro huésped en el centro de Argos, y tú lo serás mío en la Licia cuando vaya á tu pueblo. En adelante no nos acometamos con la lanza por entre la turba. Muchos troyanos y aliados ilustres me restan, para matar á quienes, por la voluntad de un dios, alcance en la carrera; y asimismo te quedan muchos aqueos, para quitar la vida á cuantos te sea posible. Y ahora troquemos la armadura, á fin de que sepan todos que de ser huéspedes paternos nos gloriamos.»

232 Dichas estas palabras, descendieron de los carros y se estrecharon la mano en prueba de amistad. Entonces Júpiter Saturnio hizo perder la razón á Glauco; pues permutó sus armas por las de Diomedes Tidida, las de oro por las de bronce, las valoradas en cien bueyes por las que en nueve se apreciaban.

237 Al pasar Héctor por la encina y las puertas Esceas, acudieron corriendo las esposas é hijos de los troyanos y preguntáronle por sus hijos, hermanos, amigos y esposos; y él les encargó que unas tras otras orasen á los dioses, porque para muchas eran inminentes las desgracias.

242 Cuando llegó al magnífico palacio de Príamo, provisto de bruñidos pórticos (en él había cincuenta cámaras de pulimentada piedra, seguidas, donde dormían los hijos de Príamo con sus legítimas esposas; y enfrente, dentro del mismo patio, otras doce construídas igualmente con sillares, continuas y techadas, donde se acostaban los yernos de Príamo y sus castas mujeres), le salió al encuentro su alma madre que iba en busca de Laódice, la más hermosa de las princesas; y asiéndole de la mano, le dijo:

254 «¡Hijo! ¿Por qué has venido, dejando el áspero combate? Sin duda los aqueos, ¡aborrecido nombre!, deben de estrecharnos, combatiendo alrededor de la ciudad, y tu corazón te ha impulsado á volver con el fin de levantar desde la acrópolis las manos á Júpiter. Pero aguarda, traeré vino dulce como la miel para que lo libes al padre Jove y á los demás inmortales, y puedas también, si bebes, recobrar las fuerzas. El vino aumenta mucho el vigor del hombre fatigado y tú lo estás de pelear por los tuyos.»

263 Respondióle el gran Héctor, de tremolante casco: «No me des vino dulce como la miel, veneranda madre; no sea que me enerves y me hagas perder valor y fuerza. No me atrevo á libar el negro vino en honor de Júpiter sin lavarme las manos, ni es lícito orar al Saturnio, el de las sombrías nubes, cuando se está manchado de sangre y polvo. Pero tú congrega á las matronas, llévate perfumes, y entrando en el templo de Minerva, que impera en las batallas, pon sobre las rodillas de la deidad de hermosa cabellera el peplo mayor, más lindo y que más aprecies de cuantos haya en el palacio; y vota á la diosa sacrificar en su templo doce vacas de un año, no sujetas aún al yugo, si, apiadándose de la ciudad y de las esposas y niños de los troyanos, aparta de la sagrada Ilión al hijo de Tideo, feroz guerrero cuya valentía causa nuestra derrota. Encamínate, pues, al templo de Minerva, que impera en las batallas, y yo iré á la casa de Paris á llamarle, si me quiere escuchar. ¡Así la tierra se lo tragara! Crióle el Olímpico como una gran plaga para los troyanos y el magnánimo Príamo y sus hijos. Creo que si le viera descender al Orco, olvidaríase mi alma de los enojosos pesares.»

286 De esta suerte se expresó. Hécuba, volviendo al palacio, llamó á las esclavas, y éstas anduvieron por la ciudad y congregaron á las matronas; bajó luego al fragrante aposento donde se guardaban los peplos bordados, obra de las mujeres que se llevara de Sidón el deiforme Alejandro en el mismo viaje en que robó á Helena, la de nobles padres; tomó, para ofrecerlo á Minerva, el peplo mayor y más hermoso por sus bordaduras, que resplandecía como un astro y se hallaba debajo de todos, y partió acompañada de muchas matronas.

297 Cuando llegaron á la acrópolis, abrióles las puertas del templo Teano, la de hermosas mejillas, hija de Ciseo y esposa de Antenor, domador de caballos, á la cual habían elegido los troyanos sacerdotisa de Minerva. Todas, con lúgubres lamentos, levantaron las manos á la diosa. Teano, la de hermosas mejillas, tomó el peplo, lo puso sobre las rodillas de Minerva, la de hermosa cabellera, y orando rogó así á la hija del gran Jove:

305 «¡Veneranda Minerva, protectora de la ciudad, divina entre las diosas! ¡Quiébrale la lanza á Diomedes, concédenos que caiga de pechos en el suelo, ante las puertas Esceas, y te sacrificaremos en este templo doce vacas de un año, no sujetas aún al yugo, si de este modo te apiadas de la ciudad y de las esposas y niños de los troyanos!»

311 Tal fué su plegaria, pero Palas Minerva no accedió. En tanto ellas invocaban á la hija del gran Júpiter, Héctor se encaminó al magnífico palacio que para Alejandro labrara él mismo con los más hábiles constructores de la fértil Troya; éstos le hicieron una cámara nupcial, una sala y un patio, en la acrópolis, cerca de los palacios de Príamo y de Héctor. Allí entró Héctor, caro á Júpiter, llevando una lanza de once codos, cuya broncínea y reluciente punta estaba sujeta por áureo anillo. En la cámara halló á Alejandro que acicalaba las magníficas armas, escudo y loriga, y probaba el corvo arco; y á la argiva Helena, que, sentada entre sus esclavas, ocupábalas en primorosas labores. Y en viendo á aquél, increpóle con injuriosas palabras:

326 «¡Desgraciado! No es decoroso que guardes en el corazón ese rencor. Los hombres perecen combatiendo al pie de los altos muros de la ciudad; el bélico clamor y la lucha se encendieron por tu causa alrededor de nosotros, y tú mismo reconvendrías á quien cejara en la pelea horrenda. Ea, levántate. No sea que la ciudad llegue á ser pasto de las voraces llamas.»

332 Respondióle el deiforme Alejandro: «¡Héctor! Justos y no excesivos son tus reproches, y por lo mismo voy á contestarte. Atiende y óyeme. Permanecía aquí, no tanto por estar airado ó resentido con los troyanos, cuanto porque deseaba entregarme al dolor. En este instante mi esposa me exhortaba con blandas palabras á volver al combate; y también á mí me parece preferible, porque la victoria tiene sus alternativas para los guerreros. Ea, pues, aguarda y visto las marciales armas; ó vete y te sigo, y creo que lograré alcanzarte.»

342 Así dijo. Héctor, de tremolante casco, nada contestó. Y Helena hablóle con dulces palabras:

344 «¡Cuñado mío, de esta perra maléfica y abominable! ¡Ojalá que cuando mi madre me dió á luz, un viento proceloso me hubiese llevado al monte ó al estruendoso mar, para hacerme juguete de las olas, antes que tales hechos ocurrieran! Y ya que los dioses determinaron causar estos males, debió tocarme ser esposa de un varón más fuerte, á quien dolieran la indignación y los reproches de los hombres. Éste ni tiene firmeza de ánimo ni la tendrá nunca, y creo que recogerá el debido fruto. Pero, entra y siéntate en esta silla, cuñado, que la fatiga te oprime el corazón por mí, perra, y por la falta de Alejandro; á quienes Júpiter nos dió tan mala suerte á fin de que sirvamos á los venideros de asunto para sus cantos.»

359 Respondióle el gran Héctor, de tremolante casco: «No me ofrezcas asiento, amable Helena, pues no lograrás persuadirme: ya mi corazón desea socorrer á los troyanos que me aguardan con impaciencia. Anima á éste, y él mismo se dé prisa para que me alcance dentro de la ciudad, mientras voy á mi casa y veo á la esposa querida, al niño y á los criados; que ignoro si volveré de la batalla, ó los dioses me harán sucumbir á manos de los aqueos.»

369 Apenas hubo dicho estas palabras, Héctor, de tremolante casco, se fué. Llegó en seguida á su palacio que abundaba de gente, mas no encontró á Andrómaca, la de níveos brazos, pues con el niño y la criada de hermoso peplo estaba en la torre llorando y lamentándose. Héctor, como no hallara á su excelente esposa, detúvose en el umbral y habló con las esclavas:

376 «¡Ea, esclavas! Decidme la verdad: ¿Adónde ha ido Andrómaca, la de níveos brazos, desde el palacio? ¿Á visitar á mis hermanas ó á mis cuñadas de hermosos peplos? ¿Ó, acaso, al templo de Minerva, donde las troyanas, de lindas trenzas, aplacan á la terrible diosa?»

381 Respondióle la fiel despensera: «¡Héctor! Ya que nos mandas decir la verdad, no fué á visitar á tus hermanas ni á tus cuñadas de hermosos peplos, ni al templo de Minerva, donde las troyanas, de lindas trenzas, aplacan á la terrible diosa, sino que subió á la gran torre de Ilión, porque supo que los teucros llevaban la peor parte y era grande el ímpetu de los aqueos. Partió hacia la muralla, ansiosa, como loca, y con ella se fué la nodriza que lleva el niño.»

390 Así habló la despensera, y Héctor, saliendo presuroso de la casa, desanduvo el camino por las bien trazadas calles. Tan luego como, después de atravesar la gran ciudad, llegó á las puertas Esceas—por allí había de salir al campo,—corrió á su encuentro su rica esposa Andrómaca, hija del magnánimo Eetión, que vivía al pie del Placo en Tebas de Hipoplacia y era rey de los cilicios. Hija de éste era, pues, la esposa de Héctor, de broncínea armadura, que entonces le salió al camino. Acompañábale una doncella llevando en brazos al tierno infante, hijo amado de Héctor, hermoso como una estrella, á quien su padre llamaba Escamandrio y los demás Astianacte, porque sólo por Héctor se

salvaba Ilión. Vió el héroe al niño y sonrió silenciosamente. Andrómaca, llorosa, se detuvo á su vera, y asiéndole de la mano le dijo:

407 «¡Desgraciado! Tu valor te perderá. No te apiadas del tierno infante ni de mí, infortunada, que pronto seré viuda; pues los aqueos te acometerán todos á una y acabarán contigo. Preferible sería que, al perderte, la tierra me tragara, porque si mueres no habrá consuelo para mí, sino pesares; que ya no tengo padre ni venerable madre. Á mi padre matóle el divino Aquiles cuando tomó la populosa ciudad de los cilicios, Tebas, la de altas puertas: dió muerte á Eetión, y sin despojarle, por el religioso temor que le entró en el ánimo, quemó el cadáver con las labradas armas y le erigió un túmulo, á cuyo alrededor plantaron álamos las ninfas Oréades, hijas de Júpiter, que lleva la égida. Mis siete hermanos, que habitaban en el palacio, descendieron al Orco el mismo día; pues á todos los mató el divino Aquiles, el de los pies ligeros, entre los bueyes de tornátiles patas y las cándidas ovejas. Á mi madre, que reinaba al pie del selvoso Placo, trájola aquél con el botín y la puso en libertad por un inmenso rescate; pero Diana, que se complace en tirar flechas, hirióla en el palacio de mi padre. Héctor, ahora tú eres mi padre, mi venerable madre y mi hermano; tú, mi floreciente esposo. Pues, ea, sé compasivo, quédate en la torre—¡no hagas á un niño huérfano y á una mujer viuda!—y pon el ejército junto al cabrahigo, que por allí la ciudad es accesible y el muro más fácil de escalar. Los más valientes—los dos Ayaces, el célebre Idomeneo, los Atridas y el fuerte hijo de Tideo con los suyos respectivos—ya por tres veces se han encaminado á aquel sitio para intentar el asalto: alguien que conoce los oráculos se lo indicó, ó su mismo arrojo los impele y anima.»

440 Contestó el gran Héctor, de tremolante casco: «Todo esto me preocupa, mujer, pero mucho me sonrojaría ante los troyanos y las troyanas de rozagantes peplos, si como un cobarde huyera del combate; y tampoco mi corazón me incita á ello, que siempre supe ser valiente y pelear en primera fila, manteniendo la inmensa gloria de mi padre y de mí mismo. Bien lo conoce mi inteligencia y lo presiente mi corazón: día vendrá en que perezcan la sagrada Ilión, Príamo y su pueblo armado con lanzas de fresno. Pero la futura desgracia de los troyanos, de la misma Hécuba, del rey Príamo y de muchos de mis valientes hermanos que caerán en el polvo á manos de los enemigos, no me importa tanto como la que padecerás tú cuando alguno de los aqueos, de broncíneas lorigas, se te lleve llorosa, privándote de libertad, y luego tejas tela en Argos, á las órdenes de otra mujer, ó vayas por agua á la fuente Meseida ó Hiperea, muy contrariada porque la dura necesidad pesará sobre ti. Y quizás alguien exclame, al verte deshecha en lágrimas: *Ésta fué la esposa de Héctor, el guerrero que más se señalaba entre los teucros, domadores de caballos, cuando en torno de Ilión peleaban.* Así dirán, y sentirás un nuevo pesar al verte sin el hombre que pudiera librarte de la esclavitud. Pero que un montón de tierra cubra mi cadáver, antes que oiga tus clamores ó presencie tu rapto.»

466 Así diciendo, el esclarecido Héctor tendió los brazos á su hijo, y éste se recostó, gritando, en el seno de la nodriza de bella cintura, por el terror que el aspecto de su padre le causaba: dábanle miedo el bronce y el terrible penacho de crines de caballo, que veía ondear en lo alto del yelmo. Sonriéronse el padre amoroso y la veneranda madre. Héctor se apresuró á dejar el refulgente casco en el suelo, besó y meció en sus manos al hijo amado, y rogó así á Júpiter y á los demás dioses:

476 «¡Júpiter y demás dioses! Concededme que este hijo mío sea, como yo, ilustre entre los teucros y muy esforzado; que reine poderosamente en Ilión; que digan de él cuando vuelva de la batalla: *¡es mucho más valiente que su padre!*; y que, cargado de cruentos despojos del enemigo á quien haya muerto, regocije de su madre el alma.»

482 Esto dicho, puso el niño en brazos de la esposa amada, que al recibirlo en el perfumado seno sonreía con el rostro todavía bañado en lágrimas. Notólo Héctor y compadecido, acarició con la mano y así le habló:

486 «¡Esposa querida! No en demasía tu corazón se acongoje, que nadie me enviará al Orco antes de lo dispuesto por el hado; y de su suerte ningún hombre, sea cobarde ó valiente, puede librarse una vez nacido. Vuelve á casa, ocúpate en las labores del telar y la rueca, y ordena á las esclavas que se apliquen al trabajo; y de la guerra nos cuidaremos cuantos varones nacimos en Ilión, y yo el primero.»

494 Dichas estas palabras, el preclaro Héctor se puso el yelmo adornado con crines de caballo, y la esposa amada regresó á su casa, volviendo la cabeza de cuando en cuando y vertiendo copiosas lágrimas. Pronto llegó Andrómaca al palacio, lleno de gente, de Héctor, matador de hombres; halló en él á muchas esclavas, y á todas las movió á lágrimas. Lloraban en el palacio á Héctor vivo aún, porque no esperaban que volviera del combate librándose del valor y de las manos de los aqueos.

503 Paris no demoró en el alto palacio; pues así que hubo vestido las magníficas armas de labrado bronce, atravesó presuroso la ciudad haciendo gala de sus pies ligeros. Como el corcel avezado á bañarse en la cristalina corriente de un río, cuando se ve atado en el establo, come la cebada del pesebre y rompiendo el ronzal sale trotando por la llanura, yergue orgulloso la cerviz, ondean las crines sobre su cuello, y ufano de su lozanía mueve ligero las rodillas encaminándose al sitio donde los caballos pacen; de aquel modo, Paris, hijo de Príamo, cuya armadura brillaba como un sol, descendía gozoso de la excelsa Pérgamo por sus ágiles pies llevado. El deiforme Alejandro alcanzó á Héctor cuando regresaba del lugar en que había pasado el coloquio con su esposa, y así le dijo:

518 «¡Mi buen hermano! Mucho te hice esperar y estarás impaciente, porque no vine con la prontitud que ordenaste.»

520 Respondióle Héctor, de tremolante casco: «¡Hermano querido! Nadie que sea justo reprochará tu faena en el combate, pues eres valiente; pero á veces te abandonas y no quieres pelear, y mi corazón se aflige cuando oigo murmurar á los troyanos que tantos trabajos por ti soportan. Pero vayamos y luego lo arreglaremos todo, si Júpiter nos permite ofrecer en nuestro palacio la copa de la libertad á los celestes sempiternos dioses, por haber echado de Troya á los aqueos de hermosas grebas.»

CANTO VII
COMBATE SINGULAR DE HÉCTOR Y AYAX.—LEVANTAMIENTO DE LOS CADÁVERES

1 Dichas estas palabras, el esclarecido Héctor y su hermano Alejandro traspusieron las puertas, con el ánimo impaciente por combatir y pelear. Como cuando un dios envía próspero viento á navegantes que lo anhelan porque están cansados de romper las olas, batiendo los pulidos remos, y tienen lasos los miembros á causa de la fatiga; así, tan deseados, aparecieron aquéllos á los teucros.

8 Paris mató á Menestio, que vivía en Arna y era hijo del rey Areitoo, famoso por su clava, y de Filomedusa, la de los grandes ojos; y Héctor con la puntiaguda lanza tiró á Eyoneo un bote en la cerviz, debajo del casco de bronce, y dejóle sin vigor los miembros. Glauco, hijo de Hipóloco y príncipe de los licios, arrojó en la reñida pelea un dardo á Ifínoo Dexíada cuando subía al carro de corredoras yeguas, y le acertó en la espalda: Ifínoo cayó al suelo y sus miembros se relajaron.

17 Cuando Minerva, la diosa de los brillantes ojos, vió que aquellos mataban á muchos argivos en el duro combate, descendiendo en raudo vuelo de las cumbres del Olimpo, se encaminó á la sagrada Ilión. Pero, al advertirlo Apolo desde Pérgamo, fué á oponérsele, porque deseaba que los teucros ganaran la victoria. Encontráronse ambas deidades en la encina; y el soberano Apolo, hijo de Júpiter, habló diciendo:

24 «¿Por qué, enardecida nuevamente, oh hija del gran Júpiter, vienes del Olimpo? ¿Qué poderoso afecto te mueve? ¿Acaso quieres dar á los aqueos la indecisa victoria? Porque de los teucros no te compadecerías, aunque estuviesen pereciendo. Si quieres condescender con mi deseo,—y sería lo mejor—suspenderemos por hoy el combate y la pelea; y luego volverán á batallar hasta que logren arruinar á Ilión, ya que os place á las diosas destruir esta ciudad.»

33 Respondióle Minerva, la diosa de los brillantes ojos: «Sea así, Flechador; con este propósito vine del Olimpo al campo de los teucros y de los aquivos. Mas ¿por qué medio has pensado suspender la batalla?»

37 Contestó el soberano Apolo, hijo de Júpiter: «Hagamos que Héctor, de corazón fuerte, domador de caballos, provoque á los dánaos á pelear con él en terrible y singular combate; é indignados los aqueos, de hermosas grebas, susciten á alguien que mida sus armas con el divino Héctor.»

43 Así dijo; y Minerva, la diosa de los brillantes ojos, no se opuso. Heleno, hijo amado de Príamo, comprendió al punto lo que era grato á los dioses que conversaban, y llegándose á Héctor, le dirigió estas palabras:

47 «¡Héctor, hijo de Príamo, igual en prudencia á Júpiter! ¿Querrás hacer lo que te diga yo, que soy tu hermano? Manda que suspendan la pelea los teucros y los aqueos todos, y reta al más valiente de éstos á luchar contigo en terrible combate, pues aún no ha dispuesto el hado que mueras y llegues al término fatal de tu vida. He oído que así lo decían los sempiternos dioses.»

54 En tales términos habló. Oyóle Héctor con intenso placer, y corriendo al centro de ambos ejércitos con la lanza cogida por el medio, detuvo las falanges troyanas, que al momento se quedaron quietas. Agamenón contuvo á los aqueos, de hermosas grebas; y Minerva y Apolo, el del arco de plata, transfigurados en buitres, se posaron en la alta encina del padre Júpiter, que lleva la égida, y se deleitaban en contemplar á los guerreros cuyas densas filas aparecían erizadas de escudos, cascos y lanzas. Como el Céfiro, cayendo sobre el mar, encrespa las olas, y el ponto negrea; de semejante modo sentáronse en la llanura las hileras de aquivos y teucros. Y Héctor, puesto entre unos y otros, dijo:

67 «¡Oídme, teucros y aqueos, de hermosas grebas, y os diré lo que en el pecho mi corazón me dicta! El excelso Saturnio no ratificó nuestros juramentos, y seguirá causándonos males á unos y á otros, hasta que toméis la torreada Ilión ó sucumbáis junto á las naves, que atraviesan el ponto. Entre vosotros se hallan los más valientes aqueos; aquel á quien el ánimo incite á combatir conmigo, adelántese y será campeón con el divino Héctor. Propongo lo siguiente y Júpiter sea testigo: Si aquél con su bronce de larga punta consigue quitarme la vida, despójeme de las armas, lléveselas á las cóncavas naves, y entregue mi cuerpo á los míos para que los troyanos y sus esposas lo suban á la pira; y si yo le matare á él, por concederme Apolo tal gloria, me llevaré sus armas á la sagrada Ilión, las colgaré en el templo del flechador Apolo, y enviaré el cadáver á los navíos, de muchos bancos, para que los aqueos, de larga cabellera, le hagan exequias y le erijan un túmulo á orillas del espacioso Helesponto. Y dirá alguno de los futuros hombres, atravesando el vinoso mar en un bajel de muchos órdenes de remos: *Esa es la tumba de un varón que peleaba valerosamente y fué muerto en edad remota por el esclarecido Héctor.* Así hablará, y mi gloria será eterna.»

92 De tal modo se expresó. Todos enmudecieron y quedaron silenciosos, pues por vergüenza no rehusaban el desafío y por miedo no se decidían á aceptarlo. Al fin levantóse Menelao, con el corazón afligidísimo, y los apostrofó de esta manera:

96 «¡Ay de mí, hombres jactanciosos; aqueas, que no aqueos! Grande y horrible será nuestro oprobio si no sale ningún dánao al encuentro de Héctor. Ojalá os volvierais agua y tierra ahí mismo donde estáis sentados, hombres sin corazón y sin honor. Yo seré quien se arme y luche con aquél, pues la victoria la conceden desde lo alto los inmortales dioses.»

103 Esto dicho, empezó á ponerse la magnífica armadura. Entonces, oh Menelao, hubieras acabado la vida en manos de Héctor, cuya fuerza era muy superior, si los reyes aqueos no se hubiesen apresurado á detenerte. El mismo Agamenón Atrida, el de vasto poder, asióle de la diestra exclamando:

109 «¡Deliras, Menelao, alumno de Júpiter! Nada te fuerza á cometer tal locura. Domínate, aunque estés afligido, y no quieras luchar por despique con un hombre más fuerte que tú, con Héctor Priámida, que á todos amedrenta y cuyo encuentro en la batalla, donde los varones adquieren gloria, causaba horror al mismo Aquiles que tanto en bravura te aventaja. Vuelve á juntarte con tus compañeros, siéntate, y los aqueos harán que se levante un campeón tal, que, aunque aquél sea intrépido é incansable en la pelea, con gusto, creo, se entregará al descanso si consigue escapar de tan fiero combate, de tan terrible lucha.»

120 Dijo; y el héroe cambió la mente de su hermano con la oportuna exhortación. Menelao obedeció; y sus servidores, alegres, quitáronle la armadura de los hombros. Entonces levantóse Néstor, y arengó á los argivos diciendo:

124 «¡Oh dioses! ¡Qué motivo de pesar tan grande para la tierra aquea! ¡Cuánto gemiría el anciano jinete Peleo, ilustre consejero y arengador de los mirmidones, que en su palacio se gozaba con preguntarme por la prosapia y la descendencia de los argivos todos! Si supiera que éstos tiemblan ante Héctor, alzaría las manos á los inmortales para que su alma, separándose del cuerpo, bajara á la morada de Plutón. Ojalá, ¡padre Júpiter, Minerva, Apolo!, fuese yo tan joven como cuando, encontrándose los pilios con los belicosos arcadios al pie de las murallas de Fea, cerca de la corriente del Jardano, trabaron el combate á orillas del impetuoso Celadonte. Entre los arcadios aparecía en primera línea Ereutalión, varón igual á un dios, que llevaba la armadura del rey Areitoo; del divino Areitoo, á quien por sobrenombre llamaban el *macero* así los hombres como las mujeres de hermosa cintura, porque no peleaba con el arco y la formidable lanza, sino que rompía las falanges con la férrea maza. Al rey Areitoo matóle Licurgo, valiéndose no de la fuerza, sino de la astucia, en un camino estrecho, donde la férrea clava no podía librarle de la muerte: Licurgo se le adelantó, envasóle la lanza en medio del cuerpo, tumbóle de espaldas, y despojóle de la armadura, regalo del férreo Marte, que llevaba en las batallas. Cuando Licurgo envejeció en el palacio, entregó dicha armadura á Ereutalión, su escudero querido, para que la usara; y éste, con tales armas, desafiaba entonces á los más valientes. Todos estaban amedrentados y temblando, y nadie se atrevía á aceptar el reto; pero mi ardido corazón me impulsó á pelear con aquel presuntuoso—era yo el más joven de todos—y combatí con él y Minerva me dió gloria, pues logré matar á aquel hombre gigantesco y fortísimo que tendido en el suelo ocupaba un gran espacio. Ojalá me rejuveneciera tanto y mis fuerzas conservaran su robustez. ¡Cuán pronto Héctor, de tremolante casco, tendría combate! ¡Pero ni los que sois los más valientes de los aqueos todos, ni siquiera vosotros, estáis dispuestos á hacer campo contra Héctor!»

161 De esta manera los increpó el anciano, y nueve en junto se levantaron. Levantóse, mucho antes que los otros, el rey de hombres Agamenón; luego el fuerte Diomedes Tidida; después, ambos Ayaces, revestidos de impetuoso valor; tras ellos, Idomeneo y su escudero Meriones, que al homicida Marte igualaba; en seguida Eurípilo, hijo ilustre de Evemón; y, finalmente, Toante Andremónida y el divino Ulises: todos éstos querían pelear con el ilustre Héctor. Y Néstor, caballero gerenio, les dijo:

171 «Echad suertes, y aquel á quien le toque alegrará á los aqueos, de hermosas grebas, y sentirá regocijo en el corazón si logra escapar del fiero combate, de la terrible lucha.»

175 Tal fué lo que propuso. Los nueve señalaron sus respectivas tarjas, y seguidamente las metieron en el casco de Agamenón Atrida. Los guerreros oraban y alzaban las manos á los dioses. Y algunos exclamaron, mirando al anchuroso cielo:

179 «¡Padre Júpiter! Haz que le caiga la suerte á Ayax, al hijo de Tideo, ó al mismo rey de Micenas, rica en oro.»

181 Así decían. Néstor, caballero gerenio, meneaba el casco, hasta que por fin saltó la tarja que ellos querían, la de Ayax. Un heraldo llevóla por el concurso y, empezando por la derecha, la enseñaba á los próceres aqueos, quienes, al no reconocerla, negaban que fuese la suya; pero cuando llegó al que la había marcado y echado en el casco, al ilustre Ayax, éste tendió la mano, y aquel se detuvo y le entregó la contraseña. El héroe la reconoció, con gran júbilo de su corazón, y tirándola al suelo, á sus pies, exclamó:

191 «¡Oh amigos! Mi tarja es, y me alegro en el alma porque espero vencer al divino Héctor. ¡Ea! Mientras visto la bélica armadura, orad al soberano Jove Saturnio, mentalmente, para que no lo oigan los teucros; ó en alta voz, pues á nadie tememos. No habrá quien, valiéndose de la fuerza ó de la astucia, me ponga en fuga contra mi voluntad; porque no creo que naciera y me criara en Salamina, tan inhábil para la lucha.»

200 Tales fueron sus palabras. Ellos oraron al soberano Jove Saturnio, y algunos dijeron mirando al anchuroso cielo:

202 «¡Padre Júpiter, que reinas desde el Ida, gloriosísimo, máximo! Concédele á Ayax la victoria y un brillante triunfo; y si amas también á Héctor y por él te interesas, dales á entrambos igual fuerza y gloria.»

206 Así hablaban. Púsose Ayax la armadura de luciente bronce; y vestidas las armas, marchó tan animoso como el terrible Marte cuando se encamina al combate de los hombres á quienes el Saturnio hace venir á las manos por una roedora discordia. Tan terrible se levantó Ayax, antemural de los aqueos, que sonreía con torva faz, andaba á paso largo y blandía enorme lanza. Los argivos se regocijaron grandemente, así que le vieron, y un violento temblor se apoderó de los teucros; al mismo Héctor palpitóle el corazón en el pecho; pero ya no podía manifestar temor ni retirarse á su ejército, porque de él había partido la provocación. Ayax se le acercó con su escudo como una torre, broncíneo, de siete pieles de buey, que en otro tiempo le hiciera Tiquio, el cual habitaba en Hila y era el mejor de los curtidores. Éste formó el versátil escudo con siete pieles de corpulentos bueyes y puso encima, como octava capa, una lámina de bronce. Ayax Telamonio paróse, con la rodela al pecho, muy cerca de Héctor; y amenazándole, dijo:

226 «¡Héctor! Ahora sabrás claramente, de solo á solo, cuáles adalides pueden presentar los dánaos, aun prescindiendo de Aquiles que destruye los escuadrones y tiene el ánimo de un león. Mas el héroe, enojado con Agamenón, pastor de hombres, permanece en las corvas naves, que atraviesan el ponto, y somos muchos los capaces de pelear contigo. Pero empiece ya la lucha y el combate.»

233 Respondióle el gran Héctor, de tremolante casco: «¡Ayax Telamonio, de jovial linaje, príncipe de hombres! No me tientes cual si fuera un débil niño ó una mujer que no conoce las cosas de la guerra. Versado estoy en los combates y en las matanzas de hombres; sé mover á diestro y á siniestro la seca piel de buey que llevo para luchar denodadamente, sé lanzarme á la pelea cuando en prestos carros se batalla, y sé deleitar á Marte en el cruel estadio de la guerra. Pero á ti, siendo cual eres, no quiero herirte con alevosía, sino cara á cara, si conseguirlo puedo.»

244 Dijo, y blandiendo la enorme lanza, arrojóla y atravesó el bronce que cubría como octava capa el gran escudo de Ayax, formado por siete boyunos cueros: la indomable punta horadó seis de éstos y en el séptimo quedó detenida. Ayax, descendiente de Júpiter, tiró á su vez un bote en el escudo liso del Priámida, y el asta, pasando por la tersa rodela, se hundió en la labrada coraza y rasgó la túnica sobre el ijar; inclinóse el héroe, y evitó la negra muerte. Y arrancando ambos las luengas lanzas de los escudos, acometiéronse como carniceros leones ó puercos monteses cuya fuerza es inmensa. El Priámida hirió con la lanza el centro del escudo de Ayax, y el bronce no pudo romperlo porque la punta se torció. Ayax, arremetiendo, clavó la suya en la rodela de aquél, é hizo vacilar al héroe cuando se disponía para el

ataque; la punta abrióse camino hasta el cuello de Héctor, y en seguida brotó la negra sangre. Mas no por esto cesó de combatir Héctor, de tremolante casco, sino que, volviéndose, cogió con su robusta mano un pedrejón negro y erizado de puntas que había en el campo; lo tiró, acertó á dar en el bollón central del gran escudo de Ayax, de siete boyunas pieles, é hizo resonar el bronce de la rodela. Ayax entonces, tomando una piedra mucho mayor, la despidió haciéndola voltear con una fuerza inmensa. La piedra torció el borde inferior del hectóreo escudo, cual pudiera hacerlo una muela de molino, y chocando con las rodillas de Héctor le tumbó de espaldas, asido á la rodela; pero Apolo en seguida le puso en pie. Y ya se hubieran atacado de cerca con las espadas, si no hubiesen acudido dos heraldos, mensajeros de Júpiter y de los hombres, que llegaron respectivamente del campo de los teucros y del de los aqueos, de broncíneas lorigas: Taltibio é Ideo, prudentes ambos. Éstos interpusieron sus cetros entre los campeones, é Ideo, hábil en dar sabios consejos, pronunció estas palabras:

279 «¡Hijos queridos! No peleéis ni combatáis más; á entrambos os ama Júpiter, que amontona las nubes, y ambos sois belicosos. Esto lo sabemos todos. Pero la noche comienza ya, y será bueno obedecerla.»

283 Respondióle Ayax Telamonio: «¡Ideo! Ordenad á Héctor que lo disponga, pues fué él quien retó á los más valientes. Sea el primero en desistir; que yo obedeceré, si él lo hiciere.»

287 Díjole el gran Héctor, de tremolante casco: «¡Ayax! Puesto que los dioses te han dado corpulencia, valor y cordura, y en el manejo de la lanza descuellas entre los aqueos, suspendamos por hoy el combate y la lucha, y otro día volveremos á pelear hasta que una deidad nos separe, después de otorgar la victoria á quien quisiere. La noche comienza ya, y será bueno obedecerla. Así tú regocijarás, en las naves, á todos los aqueos y especialmente á tus amigos y compañeros; y yo alegraré, en la gran ciudad del rey Príamo, á los troyanos y á las troyanas, de rozagantes peplos, que habrán ido á los sagrados templos á orar por mí. ¡Ea! Hagámonos magníficos regalos, para que digan aqueos y teucros: *Combatieron con roedor encono, y se separaron por la amistad unidos.*»

303 Cuando esto hubo dicho, entregó á Ayax una espada guarnecida con argénteos clavos, ofreciéndosela con la vaina y el bien cortado ceñidor; y Ayax regaló á Héctor un vistoso tahalí teñido de púrpura. Separáronse luego, volviendo el uno á las tropas aqueas y el otro al ejército de los teucros. Éstos se alegraron al ver á Héctor vivo, y que regresaba incólume, libre de la fuerza y de las invictas manos de Ayax, cuando ya desesperaban de que se salvara; y le acompañaron á la ciudad. Por su parte, los aqueos, de hermosas grebas, llevaron á Ayax, ufano de la victoria, á la tienda del divino Agamenón.

313 Así que estuvieron en ella, Agamenón Atrida, rey de hombres, sacrificó al prepotente Saturnio un buey de cinco años. Tan pronto como lo hubieron desollado y preparado, lo descuartizaron hábilmente y cogiendo con pinchos los pedazos, los asaron con el cuidado debido y los retiraron del fuego. Terminada la faena y dispuesto el festín, comieron sin que nadie careciese de su respectiva porción; y el poderoso héroe Agamenón Atrida obsequió á Ayax con el ancho lomo. Cuando hubieron satisfecho el deseo de comer y de beber, el anciano Néstor, cuya opinión era considerada siempre como la mejor, comenzó á darles un consejo. Y arengándolos con benevolencia, así les dijo:

327 «¡Atrida y demás príncipes de los aqueos todos! Ya que han muerto tantos aquivos, de larga cabellera, cuya sangre esparció el cruel Marte por la ribera del Escamandro de límpida corriente y cuyas almas descendieron al Orco, conviene que suspendas los combates; y mañana, reunidos todos al comenzar del día, traeremos los cadáveres en carros tirados por bueyes y mulos, y los quemaremos cerca de los bajeles para llevar sus cenizas á los hijos de los difuntos cuando regresemos á la patria. Erijamos luego con tierra de la llanura, amontonada en torno de la pira, un túmulo común; edifiquemos á partir del mismo una muralla con altas torres que sea un reparo para las naves y para nosotros mismos; dejemos puertas, que se cierren con bien ajustadas tablas, para que pasen los carros, y cavemos al pie del muro un profundo foso, que detenga á los hombres y á los caballos si algún día no podemos resistir la acometida de los altivos teucros.»

344 Así habló, y los demás reyes aplaudieron. Reuniéronse los teucros en la acrópolis de Ilión, cerca del palacio de Príamo; y la junta fué agitada y turbulenta. El prudente Antenor comenzó á arengarles de esta manera:

348 «¡Oídme, troyanos, dárdanos y aliados, y os manifestaré lo que en el pecho mi corazón me dicta! Ea, restituyamos la argiva Helena con sus riquezas y que los Atridas se la lleven. Ahora combatimos después de quebrar la fe ofrecida en los juramentos, y no espero que alcancemos éxito alguno mientras no hagamos lo que propongo.»

354 Dijo, y se sentó. Levantóse el divino Alejandro, esposo de Helena, la de hermosa cabellera, y dirigiéndose á aquél pronunció estas aladas palabras:

357 «¡Antenor! No me place lo que propones, y podías haber pensado algo mejor. Si realmente hablas con seriedad, los mismos dioses te han hecho perder el juicio. Y á los troyanos, domadores de caballos, les diré lo siguiente: *Paladinamente lo declaro, no devolveré la esposa; pero sí quiero dar cuantas riquezas traje de Argos y aun otras que añadiré de mi casa.*»

365 Dijo, y se sentó. Levantóse Príamo Dardánida, consejero igual á los dioses, y les arengó con benevolencia diciendo:

368 «¡Oídme, troyanos, dárdanos y aliados, y os manifestaré lo que en el pecho mi corazón me dicta! Cenad en la ciudad, como siempre; acordaos de la guardia, y vigilad todos; al romper el alba vaya Ideo á las cóncavas naves, anuncie á los Atridas, Agamenón y Menelao, la proposición de Alejandro, por quien se suscitó la contienda, y hágales esta prudente consulta: Si quieren que se suspenda el horrísono combate para quemar los cadáveres, y luego volveremos á pelear hasta que una deidad nos separe y otorgue la victoria á quien le plazca.»

379 De esta suerte habló; ellos le escucharon y obedecieron, tomando la cena en el campo sin romper las filas; y apenas comenzó á alborear, encaminóse Ideo á las cóncavas naves y halló á los dánaos, ministros de Marte, reunidos en junta cerca del bajel de Agamenón. El heraldo de voz sonora, puesto en medio, les dijo:

385 «¡Atrida y demás príncipes de los aqueos todos! Mándanme Príamo y los ilustres troyanos que os participe, y ojalá os fuera acepta y grata, la proposición de Alejandro, por quien se suscitó la contienda. Ofrece dar cuantas riquezas trajo á Ilión en las cóncavas naves—¡así hubiese perecido antes!—y aun añadir otras de su casa; pero se niega á devolver la legítima esposa del glorioso Menelao, á pesar de que los troyanos se lo aconsejan. Me han ordenado

también que os haga esta consulta: Si queréis que se suspenda el horrísono combate para quemar los cadáveres, y luego volveremos á pelear hasta que una deidad nos separe y otorgue la victoria á quien le plazca.»

398 Así habló. Todos enmudecieron y quedaron silenciosos. Pero al fin Diomedes, valiente en la pelea, dijo:

400 «No se acepten ni las riquezas de Alejandro, ni á Helena tampoco; pues es evidente, hasta para el más simple, que la ruina pende sobre los troyanos.»

403 Así se expresó; y todos los aqueos aplaudieron, admirados del discurso de Diomedes, domador de caballos. Y el rey Agamenón dijo entonces á Ideo:

406 «¡Ideo! Tú mismo oyes las palabras con que te responden los aqueos; ellas son de mi agrado. En cuanto á los cadáveres, no me opongo á que sean quemados, pues ha de ahorrarse toda dilación para satisfacer prontamente á los que murieron, entregando sus cuerpos á las llamas. Júpiter tonante, esposo de Juno, reciba el juramento.»

412 Dicho esto, alzó el cetro á todos los dioses; é Ideo regresó á la sagrada Troya, donde le esperaban, reunidos en junta, troyanos y dárdanos. El heraldo, puesto en medio, dijo la respuesta. En seguida dispusiéronse unos á recoger los cadáveres, y otros á ir por leña. Á su vez, los argivos salieron de las naves de numerosos bancos; unos, para recoger los cadáveres, y otros, para cortar leña.

421 Ya el sol hería con sus rayos los campos, subiendo al cielo desde la plácida corriente del profundo Océano, cuando aqueos y teucros se mezclaron unos con otros en la llanura. Difícil era reconocer á cada varón; pero lavaban con agua las manchas de sangre de los cadáveres y, derramando ardientes lágrimas, los subían á los carros. El gran Príamo no permitía que los teucros lloraran: éstos, en silencio y con el corazón afligido, hacinaron los cadáveres sobre la pira, los quemaron y volvieron á la sacra Ilión. Del mismo modo, los aqueos, de hermosas grebas, hacinaron los cadáveres sobre la pira, los quemaron y volvieron á las cóncavas naves.

433 Cuando aún no despuntaba la aurora, pero ya la luz del alba aparecía, un grupo escogido de aqueos se reunió en torno de la pira. Erigieron con tierra de la llanura un túmulo común; construyeron á partir del mismo una muralla con altas torres, que sirviese de reparo á las naves y á ellos mismos; dejaron puertas, que se cerraban con bien ajustadas tablas, para que pudieran pasarlos carros, y cavaron al pie del muro un gran foso profundo y ancho que defendieron con estacas. De tal suerte trabajaban los aqueos, de larga cabellera.

443 Los dioses, sentados á la vera de Júpiter fulminador, contemplaban la grande obra de los aqueos, de broncíneas lorigas; y Neptuno, que sacude la tierra, empezó á decirles:

446 «¡Padre Júpiter! ¿Cuál de los mortales de la vasta tierra consultará con los dioses sus pensamientos y proyectos? ¿No ves que los aqueos, de larga cabellera, han construído delante de las naves un muro con su foso, sin ofrecer á los dioses hecatombes perfectas? La fama de este muro se extenderá tanto como la luz de la aurora; y se echará en olvido el que labramos Febo Apolo y yo, cuando con gran fatiga construímos la ciudad para el héroe Laomedonte.»

454 Júpiter, que amontona las nubes, respondió indignado: «¡Oh dioses! ¡Tú, prepotente batidor de la tierra, qué palabras proferiste! Á un dios muy inferior en fuerza y ánimo podría asustarle tal pensamiento; pero no á ti, cuya fama se extenderá tanto como la luz de la aurora. Ea, cuando los aqueos, de larga cabellera, regresen en las naves á su patria, derriba el muro, arrójalo entero al mar, y enarena otra vez la espaciosa playa para que desaparezca la gran muralla aquiva.»

464 Así éstos conversaban. Á puesta del sol los aqueos tenían la obra acabada; inmolaron bueyes y se pusieron á cenar en las respectivas tiendas, cuando arribaron, procedentes de Lemnos, muchas naves cargadas de vino que enviaba Euneo, hijo de Hipsípile y de Jasón, pastor de hombres. El hijo de Jasón mandaba separadamente, para los Atridas Agamenón y Menelao, mil medidas de vino. Los aqueos, de larga cabellera, acudieron á las naves; compraron vino, unos con bronce, otros con luciente hierro, otros con pieles, otros con vacas y otros con esclavos; y prepararon un festín espléndido. Toda la noche los aquivos, de larga cabellera, disfrutaron del banquete, y lo mismo hicieron en la ciudad los troyanos y sus aliados. Toda la noche estuvo el próvido Júpiter meditando cómo les causaría males, hasta que por fin tronó de un modo horrible: el pálido temor se apoderó de todos, derramaron á tierra el vino de las copas, y nadie se atrevió á beber sin que antes hiciera libaciones al prepotente Saturnio. Después se acostaron y el don del sueño recibieron.

CANTO VIII
BATALLA INTERRUMPIDA

1 La Aurora, de azafranado velo, se esparcía por toda la tierra, cuando Júpiter, que se complace en lanzar rayos, reunió la junta de los dioses en la más alta de las muchas cumbres del Olimpo. Y así les habló, mientras ellos atentamente le escuchaban:

5 «¡Oídme todos, dioses y diosas, para que os manifieste lo que en el pecho mi corazón me dicta! Ninguno de vosotros, sea varón ó hembra, se atreva á transgredir mi mandato; antes bien, asentid todos, á fin de que cuanto antes lleve al cabo lo que me propongo. El dios que intente separarse de los demás y socorrer á los teucros ó á los dánaos, como yo le vea, volverá afrentosamente golpeado al Olimpo; ó cogiéndole, lo arrojaré al tenebroso Tártaro, muy lejos, en lo más profundo del báratro debajo de la tierra—sus puertas son de hierro, y el umbral, de bronce, y su profundidad desde el Orco como del cielo á la tierra—y conocerá en seguida cuánto aventaja mi poder al de las demás deidades. Y si queréis, haced esta prueba, oh dioses, para que os convenzáis. Suspended del cielo áurea cadena, asíos todos, dioses y diosas, de la misma, y no os será posible arrastrar del cielo á la tierra á Júpiter, árbitro supremo, por mucho que os fatiguéis; mas si yo me resolviese á tirar de aquélla, os levantaría con la tierra y el mar, ataría un cabo de la cadena en la cumbre del Olimpo, y todo quedaría en el aire. Tan superior soy á los dioses y á los hombres.»

28 Así habló; y todos callaron, asombrados de sus palabras, pues fué mucha la vehemencia con que se expresara. Al fin, Minerva, la diosa de los brillantes ojos, dijo:

31 «¡Padre nuestro, Saturnio, el más excelso de los soberanos! Bien sabemos que es incontrastable tu poder; pero tenemos lástima de los belicosos dánaos, que morirán, y se cumplirá su aciago destino. Nos abstendremos de intervenir

en el combate, si nos lo mandas; pero sugeriremos á los argivos consejos saludables, á fin de que no perezcan todos, víctimas de tu cólera.»

38 Sonriéndose, le contestó Júpiter, que amontona las nubes: «Tranquilízate, Tritogenia, hija querida. No hablo con ánimo benigno, pero contigo quiero ser complaciente.»

41 Esto dicho, unció los corceles de pies de bronce y áureas crines, que volaban ligeros; vistió la dorada túnica, tomó el látigo de oro y fina labor, y subió al carro. Picó á los caballos para que arrancaran; y éstos, gozosos, emprendieron el vuelo entre la tierra y el estrellado cielo. Pronto llegó al Ida, abundante en fuentes y criador de fieras, al Gárgaro, donde tenía un bosque sagrado y un perfumado altar; allí el padre de los hombres y de los dioses detuvo los bridones, los desenganchó del carro y los cubrió de espesa niebla. Sentóse luego en la cima, ufano de su gloria, y se puso á contemplar la ciudad troyana y las naves aqueas.

53 Los aqueos, de larga cabellera, se desayunaron apresuradamente en las tiendas, y en seguida tomaron las armas. También los teucros se armaron dentro de la ciudad; y aunque eran menos, estaban dispuestos á combatir, obligados por la cruel necesidad de proteger á sus hijos y mujeres: abriéronse todas las puertas, salió el ejército de infantes y de los que peleaban en carros, y se produjo un gran tumulto.

60 Cuando los dos ejércitos llegaron á juntarse, chocaron entre sí los escudos, las lanzas y el valor de los guerreros armados de broncíneas corazas, y al aproximarse las abolladas rodelas se produjo un gran tumulto. Allí se oían simultáneamente los lamentos de los moribundos y los gritos jactanciosos de los matadores, y la tierra manaba sangre.

66 Al amanecer y mientras iba aumentando la luz del sagrado día, los tiros alcanzaban por igual á unos y á otros, y los hombres caían. Cuando el sol hubo recorrido la mitad del cielo, el padre Jove tomó la balanza de oro, puso en ella dos suertes—la de los teucros, domadores de caballos, y la de los aqueos, de broncíneas lorigas—para saber á quiénes estaba reservada la dolorosa muerte; cogió por el medio la balanza, la desplegó y tuvo más peso el día fatal de los aqueos. La suerte de éstos bajó hasta llegar á la fértil tierra, mientras la de los teucros subía al cielo. Júpiter, entonces, truena fuerte desde el Ida y envía una ardiente centella á los aqueos, quienes, al verla, se pasman, sobrecogidos de pálido temor; ya no se atreven á permanecer en el campo ni Idomeneo, ni Agamenón, ni los dos Ayaces, ministros de Marte; y sólo se queda Néstor gerenio, protector de los aqueos, contra su voluntad, por tener malparado uno de los corceles, al cual el divino Alejandro, esposo de Helena, la de hermosa cabellera, flechara en lo alto de la cabeza, donde las crines empiezan á crecer y las heridas son mortales. El caballo, al sentir el dolor, se encabrita, y la flecha le penetra el cerebro; y revolcándose para sacudir el bronce, espanta á los demás caballos. Mientras el anciano se daba prisa á cortar con la espada las correas del caído corcel, vienen á través de la muchedumbre los veloces caballos de Héctor, tirando del carro en que iba tan audaz guerrero. Y el anciano perdiera allí la vida, si al punto no lo hubiese advertido Diomedes, valiente en la pelea; el cual, vociferando de un modo horrible, dijo á Ulises:

93 «¡Laertíada, de jovial linaje! ¡Ulises, fecundo en recursos! ¿Adónde huyes, confundido con la turba y volviendo la espalda como un cobarde? Que alguien no te clave la pica en el dorso, mientras pones los pies en polvorosa. Pero aguarda y apartaremos del anciano al feroz guerrero.»

97 Así dijo, y el paciente divino Ulises pasó sin oirle, corriendo hacia las cóncavas naves de los aqueos. El hijo de Tideo, aunque estaba solo, se abrió paso por las primeras filas; y deteniéndose ante el carro del viejo Nélida, pronunció estas aladas palabras:

102 «¡Oh anciano! Los guerreros mozos te acosan y te hallas sin fuerzas, abrumado por la molesta senectud; tu escudero tiene poco vigor y tus caballos son tardos. Sube á mi carro para que veas cuáles son los corceles de Tros que quité á Eneas, el que pone en fuga á sus enemigos, y cómo saben lo mismo perseguir acá y allá de la llanura, que huir ligeros. De los tuyos cuiden los servidores; y nosotros dirijamos éstos hacia los teucros, domadores de caballos, para que Héctor sepa con qué furia se mueve la lanza que mi mano blande.»

112 Dijo; y Néstor, caballero gerenio, no desobedeció. Encargáronse de sus yeguas los bravos escuderos Esténelo y Eurimedonte valeroso; y habiendo subido ambos héroes al carro de Diomedes, Néstor cogió las lustrosas riendas y avispó á los caballos, y pronto se hallaron cerca de Héctor, que cerró con ellos. El hijo de Tideo arrojóle un dardo, y si bien erró el tiro, hirió en el pecho cerca de la tetilla á Eniopeo, hijo del animoso Tebeo, que, como auriga, gobernaba las riendas: Eniopeo cayó del carro, cejaron los corceles y allí terminaron la vida y el valor del guerrero. Hondo pesar sintió el espíritu de Héctor por tal muerte; pero, aunque condolido del compañero, dejóle en el suelo y buscó otro auriga que fuese osado. Poco tiempo estuvieron los veloces caballos sin conductor, pues Héctor encontróse con el ardido Arqueptólemo Ifítida, y haciéndole subir, le puso las riendas en la mano.

130 Entonces gran estrago é irreparables males se hubieran producido y los teucros habrían sido encerrados en Ilión como corderos, si al punto no lo hubiese advertido el padre de los hombres y de los dioses. Tronando de un modo espantoso, despidió un ardiente rayo para que cayera en el suelo delante de los caballos de Diomedes; el azufre encendido produjo una terrible llama; los corceles, asustados, acurrucáronse debajo del carro; las lustrosas riendas cayeron de las manos de Néstor, y éste, con miedo en el corazón, dijo á Diomedes:

139 «¡Tidida! Tuerce la rienda á los solípedos caballos y huyamos. ¿No conoces que la protección de Júpiter ya no te acompaña? Hoy Jove Saturnio otorga á ése la victoria; otro día, si le place, nos la dará á nosotros. Ningún hombre, por fuerte que sea, puede impedir los propósitos de Júpiter, porque el dios es mucho más poderoso.»

145 Respondióle Diomedes, valiente en la pelea: «Sí, anciano, oportuno es cuanto acabas de decir, pero un terrible pesar me llega al corazón y al alma. Quizás diga Héctor, arengando á los teucros: *El Tidida llegó á las naves, puesto en fuga por mi lanza.* Así se jactará; y entonces ábraseme la vasta tierra.»

151 Replicóle Néstor, caballero gerenio: «¡Ay de mí! ¡Qué dijiste, hijo del belicoso Tideo! Si Héctor te llamare cobarde y débil, no le creerán ni los troyanos, ni los dardanios, ni las mujeres de los teucros magnánimos, escudados, cuyos esposos florecientes en el polvo derribaste.»

157 Dichas estas palabras, volvió la rienda á los solípedos caballos, y empezaron á huir por entre la turba. Los teucros y Héctor, promoviendo inmenso alboroto, hacían llover sobre ellos dañosos tiros. Y el gran Héctor, de tremolante casco, gritaba con voz recia:

161 «¡Tidida! Los dánaos, de ágiles corceles, te cedían la preferencia en el asiento y te obsequiaban con carne y copas de vino; mas ahora te despreciarán, porque te has vuelto como una mujer. Anda, tímida doncella; ya no escalarás nuestras torres, venciéndome á mí, ni te llevarás nuestras mujeres en las naves, porque antes te daré la muerte.»

167 Tal dijo. El Tidida estaba indeciso entre seguir huyendo ó torcer la rienda á los corceles y volver á pelear. Tres veces se le presentó la duda en la mente y en el corazón, y tres veces el próvido Júpiter tronó desde los montes ideos para anunciar á los teucros que suya sería en aquel combate la inconstante victoria. Y Héctor los animaba, diciendo á voz en grito:

173 «¡Troyanos, licios, dárdanos que cuerpo á cuerpo combatís! Sed hombres, amigos, y mostrad vuestro impetuoso valor. Conozco que el Saturnio me concede, benévolo, la victoria y gloria inmensa y envía la perdición á los dánaos; quienes, oh necios, construyeron esos muros débiles y despreciables que no podrán contener mi arrojo, pues los caballos salvarán fácilmente el cavado foso. Cuando llegue á las cóncavas naves, acordaos de traerme el voraz fuego, para que las incendie y mate junto á ellas á los argivos aturdidos por el humo.»

184 Dijo, y exhortó á sus caballos con estas palabras: «¡Janto, Podargo, Etón, divino Lampo! Ahora debéis pagarme el exquisito cuidado con que Andrómaca, hija del magnánimo Eetión, os ofrecía el regalado trigo y os mezclaba vinos para que pudieseis, bebiendo, satisfacer vuestro apetito; antes que á mí, que me glorío de ser su floreciente esposo. Seguid el alcance, esforzaos, para ver si nos apoderamos del escudo de Néstor, cuya fama llega hasta el cielo por ser de oro, sin exceptuar las abrazaderas, y le quitamos de los hombros á Diomedes, domador de caballos, la labrada coraza que Vulcano fabricara. Creo que si ambas cosas consiguiéramos, los aqueos se embarcarían esta misma noche en las veleras naves.»

198 Así habló, vanagloriándose. La veneranda Juno, indignada, se agitó en su trono, haciendo estremecer el espacioso Olimpo, y dijo al gran dios Neptuno:

201 «¡Oh dioses! ¡Prepotente Neptuno que bates la tierra! ¿Tu corazón no se compadece de los dánaos moribundos, que tantos y tan lindos presentes te llevaban á Hélice y á Egas? Decídete á darles la victoria. Si cuantos protegemos á los dánaos quisiéramos rechazar á los teucros y contener al longividente Júpiter, éste se aburriría sentado solo allá en el Ida.»

208 Respondióle muy indignado el poderoso dios que sacude la tierra: «¿Qué palabras proferiste, audaz Juno? Yo no quisiera que los demás dioses lucháramos con el Saturnio Jove, porque nos aventaja mucho en poder.»

212 Así éstos conversaban. Cuanto espacio había desde los bajeles al fosado muro, llenóse de carros y hombres escudados que allí acorraló Héctor Priámida, igual al impetuoso Marte, cuando Júpiter le dió gloria. Y el héroe hubiese pegado ardiente fuego á las naves bien proporcionadas, de no haber sugerido la venerable Juno á Agamenón que animara pronto á los aqueos. Fuése el Atrida hacia las tiendas y las naves aqueas con el grande purpúreo manto en el robusto brazo, y subió á la ingente nave negra de Ulises, que estaba en el centro, para que le oyeran por ambos lados hasta las tiendas de Ayax Telamonio y de Aquiles, los cuales habían puesto sus bajeles en los extremos porque confiaban en su valor y en la fuerza de sus brazos. Y con voz penetrante gritaba á los dánaos:

228 «¡Qué vergüenza, argivos, hombres sin dignidad, admirables sólo por la figura! ¿Qué es de la jactancia con que nos gloriábamos de ser valentísimos, y con que decíais presuntuosamente en Lemnos, comiendo abundante carne de bueyes de erguida cornamenta y bebiendo crateras de vino, que cada uno haría frente en la batalla á ciento y á doscientos troyanos? Ahora ni con uno podemos, con Héctor, que pronto pegará ardiente fuego á las naves. ¡Padre Júpiter! ¿Hiciste sufrir tamaña desgracia y privaste de una gloria tan grande á algún otro de los prepotentes reyes? Cuando vine, no pasé de largo en la nave de muchos bancos por ninguno de tus bellos altares, sino que en todos quemé grasa y muslos de buey, deseoso de asolar la bien murada Troya. Por tanto, oh Júpiter, cúmpleme este voto: déjanos escapar y librarnos de este peligro, y no permitas que los teucros maten á los argivos.»

245 Así se expresó. El padre, compadecido de verle derramar lágrimas, le concedió que su pueblo se salvara y no pereciese; y en seguida mandó un águila, la mejor de las aves agoreras, que tenía en las garras el hijuelo de una veloz cierva y lo dejó caer al pie del ara hermosa de Júpiter, donde los aqueos ofrecían sacrificios al dios, como autor de los presagios todos. Cuando los argivos vieron que el ave había sido enviada por Júpiter, arremetieron contra los teucros y sólo en combatir pensaron.

253 Entonces ninguno de los dánaos, aunque eran muchos, pudo gloriarse de haber revuelto sus veloces caballos para pasar el foso y resistir el ataque, antes que el Tidida. Fué éste el primero que mató á un guerrero teucro, á Agelao Fradmónida, que, subido en el carro, emprendía la fuga: hundióle la pica en la espalda, entre los hombros, y la punta salió por el pecho; Agelao cayó del carro y sus armas resonaron.

261 Siguieron á Diomedes, los Atridas Agamenón y Menelao; los Ayaces, revestidos de impetuoso valor; Idomeneo y su servidor Meriones, igual al homicida Marte; Eurípilo, hijo ilustre de Evemón; y en noveno lugar, Teucro, que, con el flexible arco en la mano, se escondía detrás del escudo de Ayax Telamonio. Éste levantaba la rodela; y Teucro, volviendo el rostro á todos lados, flechaba á un troyano que caía mortalmente herido, y al momento tornaba á refugiarse en Ayax (como un niño en su madre), quien le cubría otra vez con el refulgente escudo.

273 ¿Cuál fué el primero, cuál el último de los que entonces mató el eximio Teucro? Orsíloco el primero, Órmeno, Ofelestes, Détor, Cromio, Licofontes igual á un dios, Amopaón Poliemónida y Melanipo. Á tantos derribó sucesivamente al almo suelo. El rey de hombres Agamenón se holgó de ver que Teucro destruía las falanges troyanas, disparando el fuerte arco; y poniéndose á su lado, le dijo:

281 «¡Caro Teucro Telamonio, príncipe de hombres! Sigue tirando flechas, por si acaso llegas á ser la aurora de salvación de los dánaos y honras á tu padre Telamón, que te crió cuando eras niño y te educó en su casa, á pesar de tu condición de bastardo; ya que está lejos de aquí, cúbrele de gloria. Lo que voy á decir, se cumplirá: Si Júpiter, que lleva la égida, y Minerva me permiten destruir la bien edificada ciudad de Ilión, te pondré en la mano, como premio de honor únicamente inferior al mío, ó un trípode, ó dos corceles con su correspondiente carro, ó una mujer que comparta contigo el lecho.»

292 Respondióle el eximio Teucro: «¡Gloriosísimo Atrida! ¿Por qué me instigas cuando ya, solícito, hago lo que

puedo? Desde que los rechazamos hacia Ilión mato hombres, valiéndome del arco. Ocho flechas de larga punta tiré, y todas se clavaron en el cuerpo de jóvenes llenos de marcial furor; pero no consigo herir á ese perro rabioso.»

300 Dijo; y apercibiendo el arco, envió otra flecha á Héctor con intención de herirle. Tampoco acertó; pero la saeta clavóse en el pecho del eximio Gorgitión, valeroso hijo de Príamo y de la bella Castianira, oriunda de Esima, cuyo cuerpo al de una diosa semejaba. Como en un jardín inclina la amapola su tallo, combándose al peso del fruto ó de los aguaceros primaverales; de semejante modo inclinó el guerrero la cabeza que el casco hacía ponderosa.

309 Teucro armó nuevamente el arco, envió otra saeta á Héctor, con ánimo de herirle, y también erró el tiro, por haberlo desviado Apolo; pero hirió en el pecho cerca de la tetilla á Arqueptólemo, osado auriga de Héctor, cuando se lanzaba á la pelea. Arqueptólemo cayó del carro, cejaron los corceles de pies ligeros, y allí terminaron la vida y el valor del guerrero. Hondo pesar sintió el espíritu de Héctor por tal muerte; pero, aunque condolido del compañero, dejóle y mandó á su propio hermano Cebrión, que se hallaba cerca, que tomara las riendas de los caballos. Oyóle Cebrión y no desobedeció. Héctor saltó del refulgente carro al suelo, y vociferando de un modo espantoso, cogió una piedra y encaminóse hacia Teucro con el propósito de herirle. Teucro, á su vez, sacó del carcaj una acerba flecha, y ya estiraba la cuerda del arco, cuando Héctor, de tremolante casco, acertó á darle con la áspera piedra cerca del hombro, donde la clavícula separa el cuello del pecho y las heridas son mortales, y le rompió el nervio: entorpecióse el brazo, Teucro cayó de hinojos y el arco se le fué de las manos. Ayax no abandonó al hermano caído en el suelo, sino que corriendo á defenderle, le resguardó con el escudo. Acudieron dos compañeros, Mecisteo, hijo de Equio, y el divino Alástor; y cogiendo á Teucro, que daba grandes suspiros, lo llevaron á las cóncavas naves.

335 El Olímpico volvió á excitar el valor de los teucros, los cuales hicieron arredrar á los aqueos en derechura al profundo foso. Héctor iba con los delanteros, haciendo gala de su fuerza. Como el perro que acosa con ágiles pies á un jabalí ó á un león, le muerde, ya los muslos, ya las nalgas, y observa si vuelve la cara; de igual modo perseguía Héctor á los aqueos de larga cabellera, matando al que se rezagaba, y ellos huían espantados. Cuando atravesaron la empalizada y el foso, muchos sucumbieron á manos de los teucros; los demás no pararon hasta las naves, y allí se animaban los unos á los otros, y con los brazos levantados oraban á todas las deidades. Héctor hacía girar por todas partes los corceles de hermosas crines; y sus ojos parecían los de la Gorgona ó los de Marte, peste de los hombres.

350 Juno, la diosa de los níveos brazos, al ver á los aqueos compadeciólos, y dirigió á Minerva estas aladas palabras:

352 «¡Oh dioses! ¡Hija de Júpiter, que lleva la égida! ¿No nos cuidaremos de socorrer, aunque tarde, á los dánaos moribundos? Perecerán, cumpliéndose su aciago destino, por el arrojo de un solo hombre, de Héctor Priámida, que se enfurece de intolerable modo y ha causado ya gran estrago.»

357 Respondióle Minerva, la diosa de los brillantes ojos: «Tiempo ha que ése hubiera perdido fuerza y vida, muerto en su misma patria por los aqueos; pero mi padre revuelve en su mente funestos propósitos, ¡cruel, siempre injusto, desbaratador de mis planes!, y no recuerda cuántas veces salvé á su hijo abrumado por los trabajos que Euristeo le impusiera. Hércules clamaba al cielo, llorando, y Júpiter me enviaba á socorrerle. Si mi sabia mente hubiese presentido lo de ahora, no hubiera escapado el hijo de Júpiter de las hondas corrientes de la Estigia, cuando aquél le mandó que fuera al Orco, de sólidas puertas, y sacara del Érebo el horrendo can de Plutón. Al presente Jove me aborrece y cumple los deseos de Tetis, que besó sus rodillas y le tocó la barba, suplicándole que honrase á Aquiles, asolador de ciudades. Día vendrá en que me llame nuevamente su amada hija, la de los brillantes ojos. Pero unce los solípedos corceles, mientras yo, entrando en el palacio de Júpiter, me armo para la guerra; quiero ver si el hijo de Príamo, Héctor, de tremolante casco, se alegrará cuando aparezcamos en el campo de la batalla. Alguno de los teucros, cayendo junto á las naves aqueas, saciará con su grasa y con su carne á los perros y á las aves.»

381 Dijo; y Juno, la diosa de los níveos brazos, no fué desobediente. La venerable diosa Juno, hija del gran Saturno, aprestó solícita los caballos de áureos jaeces. Y Minerva, hija de Júpiter, que lleva la égida, dejó caer al suelo el hermoso peplo bordado que ella misma tejiera y labrara con sus manos; vistió la loriga de Jove, que amontona las nubes, y se armó para la luctuosa guerra. Y subiendo al flamante carro, asió la lanza ponderosa, larga, fornida, con que la hija del prepotente padre destruye filas enteras de héroes cuando contra ellos monta en cólera. Juno picó con el látigo á los bridones, y abriéronse de propio impulso, rechinando, las puertas del cielo de que cuidan las Horas—á ellas está confiado el espacioso cielo y el Olimpo—para remover ó colocar delante la densa nube. Por allí, á través de las puertas, dirigieron aquellas deidades los corceles, dóciles al látigo.

397 El padre Júpiter, apenas las vió desde el Ida, se encendió en cólera; y al punto llamó á Iris, la de doradas alas, para que le sirviese de mensajera:

399 «¡Anda, ve, rápida Iris! Haz que se vuelvan y no les dejes llegar á mi presencia, porque ningún beneficio les reportará luchar conmigo. Lo que voy á decir, se cumplirá: Encojaréles los briosos corceles; las derribaré del carro, que romperé luego, y ni en diez años cumplidos sanarán de las heridas que les produzca el rayo, para que conozca la de los brillantes ojos que es con su padre contra quien combate. Con Juno no me irrito ni me encolerizo tanto, porque siempre ha solido oponerse á mis proyectos.»

409 De tal modo habló. Iris, la de los pies rápidos como el huracán, se levantó para llevar el mensaje; descendió de los montes ideos; y alcanzando á las diosas en la entrada del Olimpo, en valles abundoso, hizo que se detuviesen, y les transmitió la orden de Júpiter:

413 «¿Adónde corréis? ¿Por qué en vuestro pecho el corazón se enfurece? No consiente el Saturnio que se socorra á los argivos. Ved aquí lo que hará el hijo de Saturno, si cumple su amenaza: Os encojará los briosos caballos, os derribará del carro, que romperá luego, y ni en diez años cumplidos sanaréis de las heridas que os produzca el rayo; para que conozcas tú, la de los brillantes ojos, que es con tu padre contra quien combates. Con Juno no se irrita ni se encoleriza tanto, porque siempre ha solido oponerse á sus proyectos. Pero tú, temeraria, perra desvergonzada, si realmente te atrevieras á levantar contra Júpiter la formidable lanza...»

425 Cuando esto hubo dicho, fuése Iris, la de los pies ligeros; y Juno dirigió á Minerva estas palabras:

427 «¡Oh dioses! ¡Hija de Júpiter, que lleva la égida! Ya no permito que por los mortales peleemos con Jove. Mueran unos y vivan otros, cualesquiera que fueren; y aquél sea juez, como le corresponde, y dé á los teucros y á los dánaos lo

que su espíritu acuerde.»

432 Esto dicho, torció la rienda á los solípedos caballos. Las Horas desuncieron los corceles de hermosas crines, los ataron á los pesebres divinos y apoyaron el carro en el reluciente muro. Y las diosas, que tenían el corazón afligido, se sentaron en áureos tronos entre las demás deidades.

438 El padre Jove, subiendo al carro de hermosas ruedas, guió los caballos desde el Ida al Olimpo y llegó á la mansión de los dioses; y allí el ínclito Neptuno, que sacude la tierra, desunció los corceles, puso el carro en su sitio y lo cubrió con un velo de lino. El longividente Júpiter tomó asiento en el áureo trono y el inmenso Olimpo tembló bajo sus pies. Minerva y Juno, sentadas aparte y á distancia de Júpiter, nada le dijeron ni preguntaron; mas él comprendió en su mente lo que pensaban, y dijo:

447 «¿Por qué os halláis tan abatidas, Minerva y Juno? No os habréis fatigado mucho en la batalla, donde los varones adquieren gloria, matando teucros, contra quienes sentís vehemente rencor. Son tales mi fuerza y mis manos invictas, que no me harían cambiar de resolución cuantos dioses hay en el Olimpo. Pero os temblaron los hermosos miembros antes que llegarais á ver el combate y sus terribles hechos. Diré lo que en otro caso hubiera ocurrido: Heridas por el rayo, no hubieseis vuelto en vuestro carro al Olimpo, donde se halla la mansión de los inmortales.»

457 Así habló. Minerva y Juno, que tenían los asientos contiguos y pensaban en causar daño á los teucros, mordiéronse los labios. Minerva, aunque airada contra su padre y poseída de feroz cólera, guardó silencio y nada dijo; pero á Juno la ira no le cupo en el pecho, y exclamó:

462 «¡Crudelísimo Saturnio! ¡Qué palabras proferiste! Bien sabemos que es incontrastable tu poder; pero tenemos lástima de los belicosos dánaos, que morirán, y se cumplirá su aciago destino. Nos abstendremos de intervenir en la lucha, si nos lo mandas, pero sugeriremos á los argivos consejos saludables para que no perezcan todos víctimas de tu cólera.»

469 Respondióle Júpiter, que amontona las nubes: «En la próxima mañana verás si quieres, Juno veneranda, la de los grandes ojos, cómo el prepotente Saturnio hace gran riza en el ejército de los belicosos argivos. Y el impetuoso Héctor no dejará de pelear, hasta que junto á las naves se levante el Pelida, el de los pies ligeros, el día aquel en que combatirán cerca de los bajeles y en estrecho espacio por el cadáver de Patroclo. Así decretólo el hado, y no me importa que te irrites. Aunque te vayas á los confines de la tierra y del mar, donde moran Japeto y Saturno, que no disfrutan de los rayos del sol excelso ni de los vientos, y se hallan rodeados por el profundo Tártaro; aunque, errante, llegues hasta allí, no me preocupará verte enojada, porque no hay quien sea más desvergonzado que tú.»

484 Así dijo; y Juno, la de los níveos brazos, nada respondió. La brillante luz del sol se hundió en el Océano, trayendo sobre la alma tierra la noche obscura. Contrarió á los teucros la desaparición de la luz; mas para los aqueos llegó grata, muy deseada, la tenebrosa noche.

489 El esclarecido Héctor reunió á los teucros en la ribera del voraginoso Janto, lejos de las naves, en un lugar limpio donde el suelo no aparecía cubierto de cadáveres. Aquéllos descendieron de los carros y escucharon á Héctor, caro á Júpiter, que arrimado á su lanza de once codos, cuya reluciente broncínea punta estaba sujeta por áureo anillo, así les arengaba:

497 «¡Oídme, troyanos, dárdanos y aliados! En el día de hoy esperaba volver á la ventosa Ilión después de destruir las naves y acabar con todos los aqueos; pero nos quedamos á obscuras, y esto ha salvado á los argivos y á los buques que tienen en la playa. Obedezcamos ahora á la noche sombría y ocupémonos en preparar la cena; desuncid de los carros á los corceles de hermosas crines y echadles el pasto; traed de la ciudad bueyes y pingües ovejas, y de vuestras casas pan y vino, que alegra el corazón; amontonad abundante leña y encendamos muchas hogueras que ardan hasta que despunte la aurora, hija de la mañana, y cuyo resplandor llegue al cielo: no sea que los aqueos, de larga cabellera, intenten huir esta noche por el ancho dorso del mar. Que no se embarquen tranquilos y sin ser molestados; que alguno tenga que curarse en su casa una lanzada ó un flechazo recibido al subir á la nave, para que tema quien ose mover la luctuosa guerra á los teucros, domadores de caballos. Los heraldos, caros á Júpiter, vayan á la población y pregonen que los adolescentes y los ancianos de canosas sienes se reunan en las torres que fueron construídas por las deidades y circundan la ciudad; que las tímidas mujeres enciendan grandes fogatas en sus respectivas casas, y que la guardia sea continua para que los enemigos no entren insidiosamente en la ciudad mientras los hombres estén fuera. Hágase como os lo encargo, magnánimos teucros. Dichas quedan las palabras que al presente convienen; mañana os arengaré de nuevo, troyanos domadores de caballos; y espero que, con la protección de Júpiter y de las otras deidades, echaré de aquí á esos perros rabiosos, traídos por el hado en los negros bajeles. Durante la noche hagamos guardia nosotros mismos; y mañana, al comenzar del día, tomaremos las armas para trabar vivo combate junto á las cóncavas naves. Veré si el fuerte Diomedes Tidida me hace retroceder de los bajeles al muro, ó si le mato con el bronce y me llevo sus cruentos despojos. Mañana probará su valor, si me aguarda cuando le acometa con la lanza; mas confío en que, así que salga el sol, caerá herido entre los combatientes delanteros y con él muchos de sus camaradas. Así fuera yo inmortal, no tuviera que envejecer y gozara de los mismos honores que Minerva ó Apolo, como este día será funesto para los aquivos.»

542 De este modo arengó Héctor, y los teucros le aclamaron. Desuncieron de los carros los sudosos corceles y atáronlos con correas; sacaron de la ciudad bueyes y pingües ovejas, y de las casas pan y vino, que alegra el corazón, y amontonaron abundante leña. Después ofrecieron hecatombes perfectas á los inmortales, y los vientos llevaban de la llanura al cielo el suave olor de la grasa quemada; pero los bienaventurados dioses no quisieron aceptar la ofrenda, porque se les había hecho odiosa la sagrada Ilión y Príamo y su pueblo armado con lanzas de fresno.

553 Así, tan alentados, permanecieron toda la noche en el campo, donde ardían numerosos fuegos. Como en noche de calma aparecen las radiantes estrellas en torno de la fulgente luna, y se descubren los promontorios, cimas y valles, porque en el cielo se ha abierto la vasta región etérea, vense todos los astros, y al pastor se le alegra el corazón: en tan gran número eran las hogueras que, encendidas por los teucros, quemaban ante Ilión entre las naves y la corriente del Janto. Mil fuegos ardían en la llanura, y en cada uno se agrupaban cincuenta hombres á la luz de la ardiente llama. Y los caballos, comiendo cerca de los carros avena y blanca cebada, esperaban la llegada de la Aurora, la de hermoso trono.

CANTO IX
EMBAJADA Á AQUILES.—SÚPLICAS

1 Así los teucros guardaban el campo. De los aqueos habíase enseñoreado la ingente Fuga, compañera del glacial Terror, y los más valientes estaban agobiados por insufrible pesar. Como conmueven el ponto, en peces abundante, los vientos Bóreas y Céfiro, soplando de improviso desde la Tracia, y las negruzcas olas se levantan y arrojan á la orilla muchas algas; de igual modo les palpitaba á los aquivos el corazón en el pecho.

9 El Atrida, en gran dolor sumido el corazón, iba de un lado para otro y mandaba á los heraldos de voz sonora que convocaran á junta, nominalmente y en voz baja, á todos los capitanes, y también él los iba llamando y trabajaba como los más diligentes. Los guerreros acudieron afligidos. Levantóse Agamenón, llorando, como fuente profunda que desde altísimo peñasco deja caer sus aguas sombrías; y despidiendo hondos suspiros, habló á los argivos:

17 «¡Amigos, capitanes y príncipes de los argivos! En grave infortunio envolvióme Júpiter. ¡Cruel! Me prometió y aseguró que no me iría sin destruir la bien murada Ilión y todo ha sido funesto engaño; pues ahora me manda regresar á Argos, sin gloria, después de haber perdido tantos hombres. Así debe de ser grato al prepotente Júpiter, que ha destruído las fortalezas de muchas ciudades y aún destruirá otras, porque su poder es inmenso. Ea, obremos todos como voy á decir: Huyamos en las naves á nuestra patria, pues ya no tomaremos á Troya, la de anchas calles.»

29 En tales términos se expresó. Enmudecieron todos y permanecieron callados. Largo tiempo duró el silencio de los afligidos aqueos, mas al fin Diomedes, valiente en el combate, dijo:

32 «¡Atrida! Empezaré combatiéndote por tu imprudencia, como es permitido hacerlo, oh rey, en las juntas; pero no te irrites. Poco ha menospreciaste mi valor ante los dánaos, diciendo que soy cobarde y débil; lo saben los argivos todos, jóvenes y viejos. Mas á ti el hijo del artero Saturno de dos cosas te ha dado una: te concedió que fueras honrado como nadie por el cetro, y te negó la fortaleza, que es el mayor de los poderes. ¡Desgraciado! ¿Crees que los aqueos son tan cobardes y débiles como dices? Si tu corazón te incita á regresar, parte: delante tienes el camino y cerca del mar gran copia de naves que desde Micenas te siguieron; pero los demás aqueos, de larga cabellera, se quedarán hasta que destruyamos la ciudad de Troya. Y si también éstos quieren irse, huyan en los bajeles á su patria; y nosotros dos, Esténelo y yo, seguiremos peleando hasta que á Ilión le llegue su fin; pues vinimos debajo del amparo de los dioses.»

50 Así habló; y todos los aqueos aplaudieron, admirados del discurso de Diomedes, domador de caballos. Y el caballero Néstor se levantó y dijo:

53 «¡Tidida! Luchas con valor en el combate y superas en el consejo á los de tu edad; ningún aquivo osará vituperar ni contradecir tu discurso, pero no has llegado hasta el fin. Eres aún joven—por tus años podrías ser mi hijo menor—y no obstante, dices cosas discretas á los reyes argivos y has hablado como se debe. Pero yo, que me vanaglorio de ser más viejo que tú, lo manifestaré y expondré todo; y nadie despreciará mis palabras, ni siquiera el rey Agamenón. Sin familia, sin ley y sin hogar debe de vivir quien apetece las horrendas luchas intestinas. Ahora obedezcamos á la negra noche: preparemos la cena y los guardias vigilen á orillas del cavado foso que corre al pie del muro. Á los jóvenes se lo encargo; y tú, oh Atrida, mándalo, pues eres el rey supremo. Ofrece después un banquete á los caudillos, que esto es lo que te conviene y lo digno de ti. Tus tiendas están llenas de vino que las naves aqueas traen continuamente de Tracia, dispones de cuanto se requiere para recibir á aquéllos, é imperas sobre muchos hombres. Una vez congregados, seguirás el parecer de quien te dé mejor consejo; pues de uno bueno y prudente tienen necesidad los aqueos, ahora que el enemigo enciende tal número de hogueras junto á las naves. ¿Quién lo verá con alegría? Esta noche se decidirá la ruina ó la salvación del ejército.»

79 Tal dijo, y ellos le escucharon y obedecieron. Al punto se apresuraron á salir con armas, para encargarse de la guardia, Trasimedes Nestórida, pastor de hombres; Ascálafo y Yálmeno, hijos de Marte; Meriones, Afareo, Deípiro y el divino Licomedes, hijo de Creonte. Siete eran los capitanes, y cada uno mandaba cien mozos provistos de luengas picas. Situáronse entre el foso y la muralla, encendieron fuego, y todos sacaron su respectiva cena.

89 El Atrida llevó á su tienda á los príncipes aqueos, así que se hubieron reunido, y les dió un espléndido banquete. Ellos alargaron la diestra á los manjares que tenían delante, y cuando hubieron satisfecho el deseo de comer y de beber, el anciano Néstor, cuya opinión era considerada siempre como la mejor, empezó á aconsejarles; y arengándoles con benevolencia, les dijo:

96 «¡Gloriosísimo Atrida! ¡Rey de hombres Agamenón! Por ti empezaré y en ti acabaré; ya que reinas sobre muchos hombres y Júpiter te ha dado cetro y leyes para que mires por los súbditos. Por esto debes exponer tu opinión y oir la de los demás y aún llevarla á cumplimiento cuando cualquiera, siguiendo los impulsos de su ánimo, proponga algo bueno; que es atribución tuya ejecutar lo que se acuerde. Te diré lo que considero más conveniente y nadie concebirá una idea mejor que la que tuve y sigo teniendo, oh vástago de Júpiter, desde que, contra mi parecer, te llevaste la joven Briseida de la tienda del enojado Aquiles. Gran empeño puse en disuadirte, pero venció tu ánimo fogoso y menospreciaste á un fortísimo varón honrado por los dioses, arrebatándole la recompensa que todavía retienes. Veamos ahora si podríamos aplacarle con agradables presentes y dulces palabras.»

114 Respondióle el rey de hombres Agamenón: «No has mentido, anciano, al enumerar mis faltas. Obré mal, no lo niego; vale por muchos el varón á quien Jove ama cordialmente; y ahora el dios, queriendo honrar á Aquiles, ha causado la derrota de los aqueos. Mas, ya que le falté, dejándome llevar por la funesta pasión, quiero aplacarle y le ofrezco la multitud de espléndidos presentes que voy á enumerar: Siete trípodes no puestos aún al fuego, diez talentos de oro, veinte calderas relucientes y doce corceles robustos, premiados, que en la carrera alcanzaron la victoria. No sería pobre ni carecería de precioso oro quien tuviera los premios que tales caballos lograron. Le daré también siete mujeres lesbias, hábiles en hacer primorosas labores, que yo mismo escogí cuando tomó la bien construída Lesbos y que en hermosura á las demás aventajaban. Con ellas le entregaré la hija de Brises que le he quitado, y juraré solemnemente que jamás subí á su lecho ni yací con la misma, como es costumbre entre hombres y mujeres. Todo esto se le presentará en seguida; mas si los dioses nos permiten destruir la gran ciudad de Príamo, entre en ella cuando los aqueos partamos el botín, cargue abundantemente de oro y de bronce su nave y elija las veinte troyanas que más

hermosas sean después de la argiva Helena. Y si conseguimos volver á los fértiles campos de Argos de Acaya, será mi yerno y tendrá tantos honores como Orestes, mi hijo menor, que se cría con mucho regalo. De las tres hijas que dejé en el alcázar bien construído, Crisótemis, Laódice é Ifianasa, llévese la que quiera, sin dotarla, á la casa de Peleo; que yo la dotaré tan espléndidamente, como nadie haya dotado jamás á hija alguna: ofrezco darle siete populosas ciudades—Cardámila, Énope, la herbosa Hira, la divina Feras, Antea, la de los hermosos prados, la linda Epea y Pédaso, en viñas abundante,—situadas todas junto al mar, en los confines de la arenosa Pilos, y pobladas de hombres ricos en ganado y en bueyes, que le honrarán con ofrendas como á una deidad y pagarán, regidos por su cetro, crecidos tributos. Todo esto haría yo, con tal que depusiera la cólera. Que se deje ablandar, pues por ser implacable é inexorable es Plutón el dios más aborrecido de los mortales; y ceda á mí, que en poder y edad de aventajarle me glorío.»

162 Contestó Néstor, caballero gerenio: «¡Gloriosísimo Atrida! ¡Rey de hombres Agamenón! No son despreciables los regalos que ofreces al rey Aquiles. Ea, elijamos esclarecidos varones que vayan á la tienda del Pelida. Y si quieres, yo mismo los designaré y ellos obedezcan: Fénix, caro á Júpiter, que será el jefe, el gran Ayax y el divino Ulises, acompañados de los heraldos Odio y Euríbates. Dadnos agua á las manos é imponed silencio, para rogar al Saturnio Jove que se apiade de nosotros.»

173 Así dijo, y su discurso agradó á todos. Los heraldos dieron aguamanos á los caudillos, y en seguida los mancebos, llenando las crateras, distribuyeron el vino á todos los presentes después de haber ofrecido en copas las primicias. Luego que lo libaron y cada cual bebió cuanto quiso, salieron de la tienda de Agamenón Atrida. Y Néstor, caballero gerenio, fijando sucesivamente los ojos en cada uno de los elegidos, les recomendaba, y de un modo especial á Ulises, que procuraran persuadir al eximio Pelida.

182 Fuéronse éstos por la orilla del estruendoso mar y dirigían muchos ruegos á Neptuno, que ciñe la tierra, para que les resultara fácil llevar la persuasión al altivo espíritu del Eácida. Cuando hubieron llegado á las tiendas y naves de los mirmidones, hallaron al héroe deleitándose con una hermosa lira labrada, de argénteo puente, que cogiera de entre los despojos cuando destruyó la ciudad de Eetión; con ella recreaba su ánimo, cantando hazañas de los hombres. Enfrente, Patroclo, solo y callado, esperaba que el Eácida acabase de cantar. Entraron aquéllos, precedidos por Ulises, y se detuvieron delante del héroe; Aquiles, atónito, se alzó del asiento sin dejar la lira, y Patroclo al verlos se levantó también. Aquiles, el de los pies ligeros, tendióles la mano y dijo:

197 «¡Salud, amigos que llegáis! Grande debe de ser la necesidad cuando venís vosotros, que sois para mí, aunque esté irritado, los más queridos de los aqueos todos.»

199 En diciendo esto, el divino Aquiles les hizo sentar en sillas provistas de purpúreos tapetes, y habló á Patroclo que estaba cerca de él:

202 «¡Hijo de Menetio! Saca la cratera mayor, llénala del vino más añejo y distribuye copas; pues están bajo mi techo los hombres que me son más caros.»

205 Así dijo, y Patroclo obedeció al compañero amado. En un tajón que acercó á la lumbre, puso los lomos de una oveja y de una pingüe cabra y la grasa espalda de un suculento jabalí. Automedonte sujetaba la carne; Aquiles, después de cortarla y dividirla, la clavaba en asadores; y el hijo de Menetio, varón igual á un dios, encendía un gran fuego; y luego, quemada la leña y muerta la llama, extendió las brasas, colocó encima los asadores asegurándolos con piedras y sazonó la carne con la divina sal. Cuando aquélla estuvo asada y servida en la mesa, Patroclo repartió pan en hermosas canastillas; y Aquiles distribuyó la carne, sentóse frente al divino Ulises, de espaldas á la pared, y ordenó á su amigo que hiciera la ofrenda á los dioses. Patroclo echó las primicias al fuego. Alargaron la diestra á los manjares que tenían delante, y cuando hubieron satisfecho el deseo de comer y de beber, Ayax hizo una seña á Fénix; y Ulises, al advertirlo, llenó su copa y brindó á Aquiles:

225 «¡Salve, Aquiles! De igual festín hemos disfrutado en la tienda del Atrida Agamenón que ahora aquí, donde podríamos comer muchos y agradables manjares; pero los placeres del delicioso banquete no nos halagan porque tememos, oh alumno de Júpiter, que nos suceda una gran desgracia: dudamos si nos será dado salvar ó perder las naves de muchos bancos, si tú no te revistes de valor. Los orgullosos troyanos y sus auxiliares venidos de lejas tierras, acampan junto al muro y dicen que, como no podremos resistirles, asaltarán las negras naves; el Saturnio Jove relampaguea haciéndoles favorables señales, y Héctor, envanecido por su bravura y confiando en Júpiter, se muestra furioso, no respeta á hombres ni á dioses, está poseído de cruel rabia, y pide que aparezca pronto la divina Aurora, asegurando que ha de cortar nuestras elevadas popas, quemar las naves con ardiente fuego, y matar cerca de ellas á los aqueos aturdidos por el humo. Mucho teme mi alma que los dioses cumplan sus amenazas y el destino haya dispuesto que muramos en Troya, lejos de la Argólide, criadora de caballos. Ea, levántate si deseas, aunque tarde, salvar á los aqueos, que están acosados por los teucros. Á ti mismo te ha de pesar si no lo haces, y no puede repararse el mal una vez causado; piensa, pues, cómo librarás á los dánaos de tan funesto día. Amigo, tu padre Peleo te daba estos consejos el día en que desde Ptía te envió á Agamenón: *¡Hijo mío! La fortaleza, Minerva y Juno te la darán si quieren; tú refrena en el pecho el natural fogoso—la benevolencia es preferible—y abstente de perniciosas disputas para que seas más honrado por los argivos viejos y mozos.* Así te amonestaba el anciano y tú lo olvidas. Cede ya y depón la funesta cólera; pues Agamenón te ofrece dignos presentes si renuncias á ella. Y si quieres, oye y te referiré cuanto Agamenón dijo en su tienda que te daría: Siete trípodes no puestos aún al fuego, diez talentos de oro, veinte calderas relucientes y doce corceles robustos, premiados, que alcanzaron la victoria en la carrera. No sería pobre ni carecería de precioso oro quien tuviera los premios que estos caballos de Agamenón con sus pies lograron. Te dará también siete mujeres lesbias, hábiles en hacer primorosas labores, que él mismo escogió cuando tomaste la bien construída Lesbos y que en hermosura á las demás aventajaban. Con ellas te entregará la hija de Brises, que te ha quitado, y jurará solemnemente que jamás subió á su lecho ni yació con la misma, como es costumbre, oh rey, entre hombres y mujeres. Todo esto se te presentará en seguida; mas si los dioses nos permiten destruir la gran ciudad de Príamo, entra en ella cuando los aqueos partamos el botín, carga abundantemente de oro y de bronce tu nave y elige las veinte troyanas que más hermosas sean después de Helena. Y si conseguimos volver á los fértiles campos de Argos de Acaya, serás su yerno y tendrás tantos honores como Orestes, su hijo menor, que se cría con mucho regalo. De las tres hijas que dejó en el palacio bien construído,

Crisótemis, Laódice é Ifianasa, llévate la que quieras, sin dotarla, á la casa de Peleo, que él la dotará espléndidamente como nadie haya dotado jamás á hija alguna: ofrece darte siete populosas ciudades—Cardámila, Énope, la herbosa Hira, la divina Feras, Antea, la de los amenos prados, la linda Epea y Pédaso, en viñas abundante,—situadas todas junto al mar, en los confines de la arenosa Pilos, y pobladas de hombres ricos en ganado y en bueyes, que te honrarán con ofrendas como á un dios y pagarán, regidos por tu cetro, crecidos tributos. Todo esto haría, con tal que depusieras la cólera. Y si el Atrida y sus regalos te son odiosos, apiádate de los atribulados aqueos, que te venerarán como á un dios y conseguirás entre ellos inmensa gloria. Ahora podrías matar á Héctor, que llevado de su funesta rabia se acercará mucho á ti, pues dice que ninguno de los dánaos que trajeron las naves en valor le iguala.»

307 Respondióle Aquiles, el de los pies ligeros: «¡Laertíada, de jovial linaje! ¡Ulises, fecundo en recursos! Preciso es que os manifieste lo que pienso hacer para que dejéis de importunarme unos por un lado y otros por el opuesto. Me es tan odioso como las puertas del Orco quien piensa una cosa y manifiesta otra. Diré, pues, lo que me parece mejor. Creo que ni el Atrida Agamenón ni los dánaos lograrán convencerme, ya que para nada se agradece el combatir siempre y sin descanso contra el enemigo. La misma recompensa obtiene el que se queda en su tienda, que el que pelea con bizarría; en igual consideración son tenidos el cobarde y el valiente; y así muere el holgazán como el laborioso. Ninguna ventaja me ha proporcionado sufrir tantos pesares y exponer mi vida en el combate. Como el ave lleva á los implumes hijuelos la comida que coge, privándose de ella, así yo pasé largas noches sin dormir y días enteros entregado á la cruenta lucha con hombres que combatían por sus esposas. Conquisté doce ciudades por mar y once por tierra en la fértil región troyana; de todas saqué abundantes y preciosos despojos que dí al Atrida, y éste, que se quedaba en las veleras naves, recibiólos, repartió unos pocos y se guardó los restantes. Mas las recompensas que Agamenón concediera á los reyes y caudillos siguen en poder de éstos; y á mí, solo entre los aqueos, me quitó la dulce esposa y la retiene aún: que goce durmiendo con ella. ¿Por qué los argivos han tenido que mover guerra á los teucros? ¿Por qué el Atrida ha juntado y traído el ejército? ¿No es por Helena, la de hermosa cabellera? Pues ¿acaso son los Atridas los únicos hombres, de voz articulada, que aman á sus esposas? Todo hombre bueno y sensato quiere y cuida á la suya, y yo apreciaba cordialmente á la mía, aunque la había adquirido por medio de la lanza. Ya que me defraudó, arrebatándome de las manos la recompensa, no me tiente; le conozco y no me persuadirá. Delibere contigo, Ulises, y con los demás reyes cómo podrá librar á las naves del fuego enemigo. Muchas cosas ha hecho ya sin mi ayuda, pues construyó un muro, abriendo á su pie ancho y profundo foso que defiende una empalizada; mas ni con esto puede contener el arrojo de Héctor, matador de hombres. Mientras combatí por los aqueos, jamás quiso Héctor que la pelea se trabara lejos de la muralla; sólo llegaba á las puertas Esceas y á la encina; y una vez que allí me aguardó, costóle trabajo salvarse de mi acometida. Y puesto que ya no deseo guerrear contra el divino Héctor, mañana, después de ofrecer sacrificios á Júpiter y á los demás dioses, botaré al mar los cargados bajeles, y verás, si quieres y te interesa, mis naves surcando el Helesponto, en peces abundoso, y en ellas hombres que remarán gustosos; y si el glorioso Neptuno me concede una feliz navegación, al tercer día llegaré á la fértil Ptía. En ella dejé muchas cosas cuando en mal hora vine, y de aquí me llevaré oro, rojizo bronce, mujeres de hermosa cintura y luciente hierro, que por suerte me tocaron; ya que el rey Agamenón Atrida, insultándome, me ha quitado la recompensa que él mismo me diera. Decídselo públicamente, os lo encargo, para que los aqueos se indignen, si con su habitual impudencia pretendiese engañar á algún otro dánao. No se atrevería, por desvergonzado que sea, á mirarme cara á cara; con él no deliberaré ni haré cosa alguna, y si me engañó y ofendió, ya no me embaucará más con sus palabras; séale esto bastante y corra tranquilo á su perdición, puesto que el próvido Júpiter le ha quitado el juicio. Sus presentes me son odiosos, y hago tanto caso de él como de un cabello. Aunque me diera diez ó veinte veces más de lo que posee ó de lo que á poseer llegare, ó cuanto entra en Orcómeno, ó en Tebas de Egipto, cuyas casas guardan muchas riquezas—cien puertas dan ingreso á la ciudad y por cada una pasan diariamente doscientos hombres con caballos y carros,—ó tanto, cuantas son las arenas ó los granos de polvo, ni aun así aplacaría Agamenón mi enojo, si antes no me pagaba la dolorosa afrenta. No me casaré con la hija de Agamenón Atrida, aunque en hermosura rivalice con la dorada Venus y en labores compita con Minerva; ni siendo así me desposaré con ella; elija aquel otro aqueo que le convenga y sea rey más poderoso. Si salvándome los dioses, vuelvo á mi casa, el mismo Peleo me buscará consorte. Gran número de aqueas hay en la Hélade y en Ptía, hijas de príncipes que gobiernan las ciudades; la que yo quiera, será mi mujer. Mucho me aconseja mi corazón varonil que tome legítima esposa, digna cónyuge mía, y goce allá de las riquezas adquiridas por el anciano Peleo; pues no creo que valga lo que la vida ni cuanto dicen que se encerraba en la populosa ciudad de Ilión en tiempo de paz, antes que vinieran los aqueos, ni cuanto contiene el lapídeo templo del flechador Apolo en la rocosa Pito. Se pueden apresar los bueyes y las pingües ovejas, se pueden adquirir los trípodes y los tostados alazanes; pero no es posible prender ni coger el alma humana para que vuelva, una vez ha salvado la barrera que forman los dientes. Mi madre, la diosa Tetis, de argentados pies, dice que el hado ha dispuesto que mi vida acabe de una de estas dos maneras: Si me quedo á combatir en torno de la ciudad troyana, no volveré á la patria, pero mi gloria será inmortal; si regreso, perderé la ínclita fama, pero mi vida será larga, pues la muerte no me sorprenderá tan pronto. Yo aconsejo que todos se embarquen y vuelvan á sus hogares, porque ya no conseguiréis arruinar la excelsa Ilión: el longividente Júpiter extendió el brazo sobre ella y sus hombres están llenos de confianza. Vosotros llevad la respuesta á los príncipes aqueos—que esta es la misión de los legados,—á fin de que busquen otro medio de salvar las naves y á los aqueos que hay á su alrededor, pues aquel en que pensaron no puede emplearse mientras subsista mi enojo. Y Fénix quédese con nosotros, acuéstese y mañana volverá conmigo á la patria tierra, si así lo desea, que no he de llevarle á viva fuerza.»

430 Dió fin á su habla, y todos enmudecieron, asombrados de oirle; pues fué mucha la vehemencia con que se negara. Y el anciano jinete Fénix, que sentía gran temor por las naves aqueas, dijo después de un buen rato y saltándole las lágrimas:

434 «Si piensas en el regreso, preclaro Aquiles, y te niegas en absoluto á defender del voraz fuego las veleras naves, porque la ira anidó en tu corazón, ¿cómo podría quedarme solo y sin ti, hijo querido? El anciano jinete Peleo quiso que yo te acompañase cuando te envió desde Ptía á Agamenón, todavía niño y sin experiencia de la funesta guerra ni de las juntas donde los varones se hacen ilustres; y me mandó que te enseñara á hablar bien y á realizar grandes hechos. Por

esto, hijo querido, no querría verme abandonado de ti, aunque un dios en persona me prometiera rasparme la vejez y dejarme tan joven como cuando salí de la Hélade, de lindas mujeres, huyendo de las imprecaciones de Amíntor Orménida, mi padre, que se irritó conmigo por una concubina de hermosa cabellera, á quien amaba con ofensa de su esposa y madre mía. Ésta me suplicaba continuamente, abrazando mis rodillas, que yaciera con la concubina para que aborreciese al anciano. Quise obedecerla y lo hice; mi padre, que no tardó en conocerlo, me maldijo repetidas veces, pidió á las horrendas Furias que jamás pudiera sentarse en sus rodillas un hijo mío, y el Júpiter del infierno y la terrible Proserpina ratificaron sus imprecaciones. Estuve por matar á mi padre con el agudo bronce; mas algún inmortal calmó mi cólera, haciéndome pensar en la fama y en los reproches de los hombres, á fin de que no fuese llamado parricida por los aqueos. Pero ya no tenía ánimo para vivir en el palacio con mi padre enojado. Amigos y deudos querían retenerme allí y me dirigían insistentes súplicas: degollaron gran copia de pingües ovejas y de bueyes de tornátiles pies y curvas astas; pusieron á asar muchos puercos grasos sobre la llama de Vulcano; bebióse buena parte del vino que las tinajas del anciano contenían; y nueve noches seguidas durmieron aquéllos á mi lado, vigilándome por turno y teniendo encendidas dos hogueras, una en el pórtico del bien cercado patio y otra en el vestíbulo ante la puerta de la habitación. Al llegar por décima vez la tenebrosa noche, salí del aposento rompiendo las tablas fuertemente unidas de la puerta; salté con facilidad el muro del patio, sin que mis guardianes ni las sirvientas lo advirtieran, y huyendo por la espaciosa Hélade, llegué á la fértil Ptía, madre de ovejas. El rey Peleo me acogió benévolo; me amó como debe de amar un padre al hijo unigénito que tenga en la vejez, viviendo en la opulencia; enriquecióme y púsome al frente de numeroso pueblo, y desde entonces viví en un confín de la Ptía, reinando sobre los dólopes. Y te crié hasta hacerte cual eres, oh Aquiles semejante á los dioses, con cordial cariño; y tú ni querías ir con otro al banquete, ni comer en el palacio, hasta que, sentándote en mis rodillas, te saciaba de carne cortada en pedacitos y te acercaba el vino. ¡Cuántas veces durante la molesta infancia me manchaste la túnica en el pecho con el vino que devolvías! Mucho padecí y trabajé por tu causa, y considerando que los dioses no me habían dado descendencia, te adopté por hijo para que un día me librases del cruel infortunio. Pero, Aquiles, refrena tu ánimo fogoso; no conviene que tengas un corazón despiadado, cuando los dioses mismos se dejan aplacar, no obstante su mayor virtud, dignidad y poder. Con sacrificios, votos agradables, libaciones y vapor de grasa quemada, los desenojan cuantos infringieron su ley y pecaron. Pues las Súplicas son hijas del gran Jove y aunque cojas, arrugadas y bizcas, cuidan de ir tras de Ate: ésta es robusta, de pies ligeros, y por lo mismo se adelanta, y recorriendo la tierra, ofende á los hombres: y aquéllas reparan luego el daño causado. Quien acata á las hijas de Júpiter cuando se le presentan, consigue gran provecho y es por ellas atendido si alguna vez tiene que invocarlas. Mas si alguien las desatiende y se obstina en rechazarlas, se dirigen á Jove y le piden que Ate acompañe siempre á aquél para que con el daño sufra la pena. Concede tú también á las hijas de Júpiter, oh Aquiles, la debida consideración, por la cual el espíritu de otros valientes se aplacó. Si el Atrida no te brindara esos presentes, ni te hiciera otros ofrecimientos para lo futuro, y conservara pertinazmente su cólera, no te exhortaría á que, deponiendo la ira, socorrieras á los argivos, aunque es grande la necesidad en que se hallan. Pero te da muchas cosas, te promete más y te envía, para que por él rueguen, varones excelentes, escogiendo en el ejército aqueo los argivos que te son más caros. No desprecies las palabras de éstos, ni dejes sin efecto su venida, ya que no se te puede reprochar que antes estuvieras irritado. Todos hemos oído contar hazañas de los héroes de antaño, y sabemos que cuando estaban poseídos de feroz cólera eran placables con dones y exorables á los ruegos. Recuerdo lo que pasó en cierto caso, no reciente, sino antiguo, y os lo voy á referir, amigos míos. Curetes y bravos etolos combatían en torno de Calidón y unos á otros se mataban, defendiendo aquéllos su hermosa ciudad y deseando éstos asolarla por medio de las armas. Había promovido esta contienda Diana, la de áureo trono, enojada porque Eneo no le dedicó los sacrificios de la siega en el fértil campo: los otros dioses regaláronse con las hecatombes, y sólo á la hija del gran Júpiter dejó aquél de ofrecerlas, por olvido ó por inadvertencia, cometiendo una gran falta. Airada la deidad que se complace en tirar flechas, hizo aparecer un jabalí, de albos dientes, que causó gran destrozo en el campo de Eneo, desarraigando altísimos árboles y echándolos por tierra cuando ya con la flor prometían el fruto. Al fin lo mató Meleagro, hijo de Eneo, ayudado por cazadores y perros de muchas ciudades—pues no era posible vencerle con poca gente, ¡tan corpulento era!, y ya á muchos los había hecho subir á la triste pira,—y la diosa suscitó entonces una clamorosa contienda entre los curetes y los magnánimos aqueos por la cabeza y la hirsuta piel del jabalí. Mientras Meleagro, caro á Marte, combatió, les fué mal á los curetes, que no podían, á pesar de ser tantos, acercarse á los muros. Pero el héroe, irritado con su madre Altea, se dejó dominar por la cólera que perturba la mente de los más cuerdos y se quedó en el palacio con su linda esposa Cleopatra, hija de Marpesa Evenina, la de hermosos pies, y de Idas, el más fuerte de los hombres que entonces poblaban la tierra. (Atrevióse Idas á armar el arco contra Febo Apolo, para recobrar la esposa que el dios le robara; y desde entonces pusiéronle á Cleopatra sus padres el sobrenombre de Alcione, porque la venerable madre, sufriendo la triste suerte de Alción, deshacíase en lágrimas mientras el flechador Febo Apolo se la llevaba.) Retirado, pues, con su esposa, devoraba Meleagro la acerba cólera que le causaran las imprecaciones de su madre; la cual, acongojada por la muerte violenta de un hermano, oraba á los dioses, y puesta de rodillas y con el seno bañado en lágrimas, golpeaba el fértil suelo invocando á Plutón y á la terrible Proserpina para que dieran muerte á su hijo. La Furia, que vaga en las tinieblas y tiene un corazón inexorable, la oyó desde el Érebo, y en seguida creció el tumulto y la gritería ante las puertas de la ciudad, las torres fueron atacadas y los etolos ancianos enviaron á los eximios sacerdotes de los dioses para que suplicaran á Meleagro que saliera á defenderlos, ofreciéndole un rico presente: donde el suelo de la amena Calidón fuera más fértil, escogería él mismo un hermoso campo de cincuenta yugadas, mitad viña y mitad tierra labrantía. Presentóse también en el umbral del alto aposento el anciano jinete Eneo; y llamando á la puerta, dirigió á su hijo muchas súplicas. Rogáronle asimismo sus hermanas y su venerable madre. Pero él se negaba cada vez más. Acudieron sus mejores y más caros amigos, y tampoco consiguieron mover su corazón, ni persuadirle á que no aguardara, para salir del cuarto, á que llegaran hasta él los enemigos. Y los curetes escalaron las torres y empezaron á pegar fuego á la gran ciudad. Entonces la esposa, de bella cintura, instó á Meleagro llorando y refiriéndole las desgracias que padecen los hombres, cuya ciudad sucumbe: Matan á los varones, le decía; el fuego destruye la ciudad, y son reducidos á la esclavitud los niños y las mujeres de estrecha cintura. Meleagro, al oir estas palabras, sintió que se le conmovía el corazón; y dejándose llevar por su ánimo, vistió las lucientes armas y libró del funesto día á los etolos; pero ya no le dieron los muchos y hermosos presentes, á pesar de haberlos salvado de la ruina. Y ahora tú, amigo, no pienses de igual manera, ni un dios te induzca á obrar así; será peor que difieras el socorro para cuando las naves sean incendiadas; ve, pues, por los presentes, y los aqueos te venerarán como á un dios, porque si intervinieres en la homicida guerra cuando ya no te ofrezcan dones, no alcanzarás tanta honra aunque rechaces á los enemigos.»

606 Respondióle Aquiles, ligero de pies: «¡Fénix, anciano padre, alumno de Jove! Para nada necesito tal honor; y espero que si Júpiter quiere, seré honrado en las cóncavas naves mientras la respiración no falte á mi pecho y mis rodillas se muevan. Otra cosa voy á decirte, que grabarás en tu memoria: No me conturbes el ánimo con llanto y gemidos para complacer al héroe Atrida, á quien no debes querer si deseas que el afecto que te profeso no se convierta en odio; mejor es que aflijas conmigo á quien me aflige. Ejerce el mando conmigo y comparte mis honores. Esos llevarán la respuesta, tú quédate y acuéstate en blanda cama, y al despuntar la aurora determinaremos si nos conviene regresar á nuestros hogares ó quedarnos aquí todavía.»

620 Dijo, y ordenó á Patroclo, haciéndole con las cejas silenciosa señal, que dispusiera una mullida cama para Fénix, á fin de que los demás pensaran en salir cuanto antes de la tienda. Y Ayax Telamónida, igual á un dios, habló diciendo:

624 «¡Laertíada, del linaje de Jove! ¡Ulises, fecundo en recursos! ¡Vámonos! No espero lograr nuestro propósito por este camino, y hemos de anunciar la respuesta, aunque sea desfavorable, á los dánaos que están aguardando. Aquiles tiene en su pecho un corazón orgulloso y salvaje. ¡Cruel! En nada aprecia la amistad de sus compañeros, con la cual le honrábamos en el campamento más que á otro alguno. ¡Despiadado! Por la muerte del hermano ó del hijo se recibe una compensación; y una vez pagada, el matador se queda en el pueblo, y el corazón y el ánimo airado del ofendido se apaciguan; y á ti los dioses te han llenado el pecho de implacable y feroz rencor por una sola joven. Siete excelentes te ofrecemos hoy y otras muchas cosas; séanos tu corazón propicio y respeta tu morada, pues estamos bajo tu techo enviados por el ejército dánao, y anhelamos ser para ti los más apreciados y los más amigos de los aqueos todos.»

643 Respondióle Aquiles, el de los pies ligeros: «¡Ayax Telamonio, de jovial linaje, príncipe de hombres! Creo que has dicho lo que sientes, pero mi corazón se enciende en ira cuando me acuerdo del menosprecio con que el Atrida me trató ante los argivos, cual si yo fuera un miserable advenedizo. Id y publicad mi respuesta: No me ocuparé en la cruenta guerra hasta que el hijo del aguerrido Príamo, Héctor divino, llegue matando argivos á las tiendas y naves de los mirmidones y las incendie. Creo que Héctor, aunque esté enardecido, se abstendrá de combatir tan pronto como se acerque á mi tienda y á mi negra nave.»

656 Así dijo. Cada uno tomó una copa doble; y hecha la libación, los enviados, con Ulises á su frente, regresaron á las naves. Patroclo ordenó á sus compañeros y á las esclavas que aderezaran al momento una mullida cama para Fénix; y ellas, obedeciendo el mandato, hiciéronla con pieles de oveja, teñida colcha y finísima cubierta del mejor lino. Allí descansó el viejo, aguardando la divina Aurora. Aquiles durmió en lo más retirado de la sólida tienda con una mujer que trajera de Lesbos: con Diomeda, hija de Forbante, la de hermosas mejillas. Y Patroclo se acostó junto á la pared opuesta, teniendo á su lado á Ifis, la de bella cintura, que le regalara Aquiles al tomar la excelsa Esciro, ciudad de Enieo.

669 Cuando los enviados llegaron á la tienda del Atrida, los aqueos, puestos en pie, les presentaban áureas copas y les hacían preguntas. Y el rey de hombres Agamenón les interrogó diciendo:

673 «¡Ea! Dime, célebre Ulises, gloria insigne de los aqueos. ¿Quiere librar á las naves del fuego enemigo, ó se niega porque su corazón soberbio se halla aún dominado por la cólera?»

676 Contestó el paciente divino Ulises: «¡Gloriosísimo Atrida, rey de hombres Agamenón! No quiere aquél deponer la cólera, sino que en ira más se enciende. Te desprecia á ti y tus dones. Manda que deliberes con los argivos cómo podrás salvar las naves y al pueblo aqueo, dice en son de amenaza que botará al mar sus corvos bajeles, de muchos bancos, al descubrirse la nueva aurora, y aconseja que los demás se embarquen y vuelvan á sus hogares, porque ya no conseguiréis arruinar la excelsa Ilión: el longividente Júpiter extendió el brazo sobre ella, y sus hombres están llenos de confianza. Así dijo, como pueden referirlo éstos que fueron conmigo: Ayax y los dos prudentes heraldos. El anciano Fénix se acostó allí por orden de aquél, para que mañana vuelva á la patria tierra, si así lo desea, porque no ha de llevarle á viva fuerza.»

693 Así habló, y todos callaron, asombrados de sus palabras, pues era muy grave lo que acababa de decir. Largo rato duró el silencio de los afligidos aqueos; mas al fin exclamó Diomedes, valiente en el combate:

697 «¡Gloriosísimo Atrida, rey de hombres Agamenón! No debiste rogar al eximio Pelida, ni ofrecerle innumerables regalos; ya era altivo, y ahora has dado pábulo á su soberbia. Pero dejémosle, ya se vaya, ya se quede: volverá á combatir cuando el corazón que tiene en el pecho se lo ordene, ó un dios le incite. Ea, obremos todos como voy á decir. Acostaos después de satisfacer los deseos de vuestro corazón comiendo y bebiendo vino, pues esto da fuerza y vigor. Y cuando aparezca la bella Aurora de rosados dedos, haz que se reúnan junto á las naves los hombres y los carros, exhorta á la tropa y pelea en primera fila.»

710 Tales fueron sus palabras, que todos los reyes aplaudieron, admirados del discurso de Diomedes, domador de caballos. Y hechas las libaciones, volvieron á sus respectivas tiendas, acostáronse y el don del sueño recibieron.

CANTO X
DOLONÍA

1 Los príncipes aqueos durmieron toda la noche, vencidos por plácido sueño; mas no probó sus dulzuras el Atrida Agamenón, pastor de hombres, porque en su mente revolvía muchas cosas. Como el esposo de Juno, la de hermosa cabellera, relampaguea cuando prepara una lluvia torrencial, el granizo ó una nevada que cubra los campos, ó quiere abrir en alguna parte la boca inmensa de la amarga guerra; así, tan frecuentemente, se escapaban del pecho de Agamenón los suspiros, que salían de lo más hondo de su corazón, y le temblaban las entrañas. Cuando fijaba la vista en el campo teucro, pasmábanle las numerosas hogueras que ardían delante de Ilión, los sones de las flautas y zampoñas y el bullicio de la gente; mas cuando á las naves y al ejército aqueo la volvía, arrancábase furioso los cabellos, alzando los ojos á Júpiter, que mora en lo alto, y su generoso corazón lanzaba grandes gemidos. Al fin, creyendo que la mejor resolución sería acudir á Néstor Nelida, el más ilustre de los hombres, por si entrambos hallaban un medio que librara de la desgracia á todos los dánaos, levantóse, vistió la túnica, calzó los blancos pies con hermosas sandalias, echóse una rojiza piel de corpulento y fogoso león, que le llegaba hasta los pies, y asió la lanza.

25 También Menelao estaba poseído de terror y no conseguía que se posara el sueño en sus párpados, temiendo que les ocurriese algún percance á los aqueos que por él habían llegado á Troya, atravesando el vasto mar, y promovido tan audaz guerra. Cubrió sus anchas espaldas con la manchada piel de un leopardo; púsose luego el casco de bronce, y tomando en la robusta mano una lanza, fué á despertar á Agamenón, que imperaba poderosamente sobre los argivos todos y era venerado por el pueblo como un dios. Hallóle junto á la popa de su nave, vistiendo la magnífica armadura. Grata le fué á éste su venida. Y Menelao, valiente en el combate, habló el primero diciendo:

37 «¿Por qué, hermano querido, tomas las armas? ¿Acaso deseas persuadir á algún compañero para que vaya como explorador al campo teucro? Mucho temo que nadie se ofrezca á prestarte este servicio de ir solo durante la divina noche á espiar al enemigo, porque para ello se requiere un corazón muy osado.»

42 Respondióle el rey Agamenón: «Ambos, oh Menelao, alumno de Júpiter, tenemos necesidad de un prudente consejo para defender y salvar á los argivos y las naves, pues la mente de Jove ha cambiado, y en la actualidad le son más aceptos los sacrificios de Héctor. Jamás he visto ni oído decir que un hombre realizara en solo un día tantas proezas como ha hecho Héctor, caro á Júpiter, contra los aqueos, sin ser hijo de un dios ni de una diosa. De sus hazañas se acordarán los argivos mucho y largo tiempo. ¡Tanto daño ha causado á los aqueos! Ahora, anda, encamínate corriendo á las naves y llama á Ayax y á Idomeneo; mientras voy en busca del divino Néstor y le pido que se levante, vaya con nosotros al sagrado escuadrón de los guardias y les dé órdenes. Obedecénle más que á nadie, puesto que los manda su hijo junto con Meriones, servidor de Idomeneo. Á entrambos les hemos confiado de un modo especial esta tarea.

60 Dijo entonces Menelao, valiente en el combate: «¿Cómo me encargas y ordenas que lo haga? ¿Me quedaré con ellos y te aguardaré allí, ó he de volver corriendo cuando les haya participado tu mandato?»

64 Contestó el rey de hombres Agamenón: «Quédate allí; no sea que luego no podamos encontrarnos, porque son muchas las sendas que hay á través del ejército. Levanta la voz por donde pasares y recomienda la vigilancia, llamando á cada uno por su nombre paterno y ensalzándolos á todos. No te muestres soberbio. Trabajemos también nosotros, ya que cuando nacimos Júpiter nos condenó á padecer tamaños infortunios.»

72 Esto dicho, despidió al hermano bien instruído ya, y fué en busca de Néstor, pastor de hombres. Hallóle en su pabellón, junto á la negra nave, acostado en blanda cama. Á un lado veíanse diferentes armas—el escudo, dos lanzas, el luciente yelmo,—y el labrado bálteo con que se ceñía el anciano siempre que, como caudillo de su gente, se armaba para ir al homicida combate; pues aún no se rendía á la triste vejez. Incorporóse Néstor, apoyándose en el codo, alzó la cabeza, y dirigiéndose al Atrida le interrogó con estas palabras:

82 «¿Quién eres tú que vas solo por el ejército y los navíos, durante la tenebrosa noche, cuando duermen los demás mortales? ¿Buscas acaso á algún centinela ó compañero? Habla. No te acerques sin responder. ¿Qué deseas?»

86 Respondióle el rey de hombres Agamenón: «¡Néstor Nelida, gloria insigne de los aqueos! Reconoce al Atrida Agamenón, á quien Jove envía y seguirá enviando sin cesar más trabajos que á nadie, mientras la respiración no le falte á mi pecho y mis rodillas se muevan. Vagando voy; pues, preocupado por la guerra y las calamidades que padecen los aqueos, no consigo que el dulce sueño me cierre los ojos. Mucho temo por los dánaos; mi ánimo no está tranquilo, sino sumamente inquieto; el corazón se me arranca del pecho y tiemblan mis robustos miembros. Pero si quieres ocuparte en algo, ya que tampoco conciliaste el sueño, bajemos á ver los centinelas; no sea que, vencidos del trabajo y del sueño, se hayan dormido, dejando la guardia abandonada. Los enemigos se hallan cerca, y no sabemos si habrán decidido acometernos esta noche.»

102 Contestó Néstor, caballero gerenio: «¡Glorioso Atrida, rey de hombres Agamenón! Á Héctor no le cumplirá el próvido Júpiter todos sus deseos, como él espera; y creo que mayores trabajos habrá de padecer aún si Aquiles depone de su corazón el enojo funesto. Iré contigo y despertaremos á los demás: al Tidida, famoso por su lanza, á Ulises, al veloz Ayax de Oileo y al esforzado hijo de Fileo. Alguien podría ir á llamar al deiforme Ayax Telamonio y al rey Idomeneo, pues sus naves no están cerca, sino muy lejos. Y reprenderé á Menelao por amigo y respetable que sea y aunque tú te enfades, y no callaré que duerme y te ha dejado á ti el trabajo. Debía ocuparse en suplicar á los príncipes todos, pues el peligro que corremos es terrible.»

119 Dijo el rey de hombres Agamenón: «¡Anciano! Otras veces te exhorté á que le riñeras, pues á menudo es indolente y no quiere trabajar; no por pereza ó escasez de talento, sino porque volviendo los ojos hacia mí, aguarda mi impulso. Mas hoy se levantó mucho antes que yo mismo, presentóseme y le envié á llamar á aquéllos de que acabas de hablar. Vayamos y los hallaremos delante de las puertas, con la guardia; pues allí es donde les dije que se reunieran.»

128 Respondió Néstor, caballero gerenio: «De esta manera, ninguno de los argivos se irritará contra él, ni le desobedecerá, cuando los exhorte ó les ordene algo.»

131 Apenas hubo dicho estas palabras, abrigó el pecho con la túnica, calzó los blancos pies con hermosas sandalias, y abrochóse un manto purpúreo, doble, amplio, adornado con lanosa felpa. Asió la fuerte lanza, cuya aguzada punta

era de bronce, y se encaminó á las naves de los aqueos, de broncíneas lorigas. El primero á quien despertó Néstor, caballero gerenio, fué Ulises que en prudencia igualaba á Júpiter. Llamóle gritando, su voz llegó á oídos del héroe, y éste salió de la tienda y dijo:

141 «¿Por qué andáis vagando así, por las naves y el ejército, solos, durante la noche inmortal? ¿Qué urgente necesidad se ha presentado?»

143 Respondió Néstor, caballero gerenio: «¡Laertíada, de jovial linaje! ¡Ulises, fecundo en recursos! No te enojes, porque es muy grande el pesar que abruma á los aquivos. Síguenos y llamaremos á quien convenga, para tomar acuerdo sobre si es preciso fugarnos ó combatir todavía.»

148 Tal dijo. El ingenioso Ulises, entrando en la tienda, colgó de sus hombros el labrado escudo y se juntó con ellos. Fueron en busca de Diomedes Tidida, y le hallaron delante de su pabellón con la armadura puesta. Sus compañeros dormían alrededor de él, con las cabezas apoyadas en los escudos y las lanzas clavadas por el regatón en tierra; el bronce de las puntas lucía á lo lejos como un relámpago del padre Júpiter. El héroe descansaba sobre una piel de toro montaraz, teniendo debajo de la cabeza un espléndido tapete. Néstor, caballero gerenio, se detuvo á su lado, le movió con el pie para que despertara, y le daba prisa, increpándole de esta manera:

159 «¡Levántate, hijo de Tideo! ¿Cómo duermes á sueño suelto toda la noche? ¿No sabes que los teucros acampan en una eminencia de la llanura, cerca de las naves, y que solamente un corto espacio los separa de nosotros?»

162 De esta suerte habló. Y aquél, recordando en seguida del sueño, dijo estas aladas palabras:

164 «Eres infatigable, anciano, y nunca dejas de trabajar. ¿Por ventura no hay otros aqueos más jóvenes, que vayan por el campo y despierten á los reyes? ¡No se puede contigo, anciano!»

168 Respondióle Néstor, caballero gerenio: «Sí, hijo, oportuno es cuanto acabas de decir. Tengo hijos excelentes y muchos hombres que podrían ir á llamarlos, pero es muy grande el peligro en que se hallan los aqueos: en el filo de una navaja están ahora la triste muerte y la salvación de todos. Ve y haz levantar al veloz Ayax y al hijo de Fileo, ya que eres más joven y de mí te compadeces.»

177 Dijo. Diomedes cubrió sus hombros con una piel talar de corpulento y fogoso león, tomó la lanza, fué á despertar á aquéllos y se los llevó consigo.

180 Cuando llegaron al escuadrón de los guardias, no encontraron á sus jefes dormidos, pues todos estaban alerta y sobre las armas. Como los canes que guardan las ovejas de un establo y sienten venir del monte, á través de la selva, una terrible fiera con gran clamoreo de hombres y perros, se ponen inquietos y ya no pueden dormir; así el dulce sueño huía de los párpados de los que hacían guardia en tan mala noche, pues miraban siempre hacia la llanura y acechaban si los teucros iban á atacarlos. El anciano viólos, alegróse, y para animarlos profirió estas aladas palabras:

192 «¡Vigilad así, hijos míos! No sea que alguno se deje vencer del sueño y demos ocasión para que el enemigo se regocije.»

194 Dijo, y atravesó el foso. Siguiéronle los reyes argivos que habían sido llamados al consejo, y además Meriones y el preclaro hijo del anciano porque aquéllos los invitaron á deliberar. Pasado el foso, sentáronse en un lugar limpio donde el suelo no aparecía cubierto de cadáveres: allí habíase vuelto el impetuoso Héctor, después de causar gran estrago á los argivos, cuando la noche los cubrió con su manto. Acomodados en aquel sitio, conversaban; y Néstor, caballero gerenio, comenzó á hablar diciendo:

204 «¡Oh amigos! ¿No habrá nadie que, confiando en su ánimo audaz, vaya al campamento de los magnánimos teucros? Quizás hiciera prisionero á algún enemigo que ande cerca del ejército, ó averiguara, oyendo algún rumor, lo que los teucros han decidido: si desean quedarse aquí, cerca de las naves, ó volverán á la ciudad cuando hayan vencido á los aqueos. Si se enterara de esto y regresara incólume, sería grande su gloria debajo del cielo y entre los hombres todos, y tendría una hermosa recompensa: cada jefe de los que mandan en las naves, le daría una oveja con su corderito—presente sin igual—y se le admitiría además en todos los banquetes y festines.»

218 De tal modo habló. Enmudecieron todos y quedaron silenciosos, hasta que Diomedes, valiente en la pelea, les dijo:

220 «¡Néstor! Mi corazón y ánimo valeroso me incitan á penetrar en el campo de los enemigos que tenemos cerca, de los teucros; pero si alguien me acompañase, mi confianza y mi osadía serían mayores. Cuando van dos, uno se anticipa al otro en advertir lo que conviene; cuando se está solo, aunque se piense, la inteligencia es más tarda y la resolución más difícil.»

227 Tales fueron sus palabras, y muchos quisieron acompañar á Diomedes. Deseáronlo los dos Ayaces, ministros de Marte; quísolo Meriones; lo anhelaba el hijo de Néstor; ofrecióse el Atrida Menelao, famoso por su lanza; y por fin, también Ulises se mostró dispuesto á penetrar en el ejército teucro, porque el corazón que tenía en el pecho aspiraba siempre á ejecutar audaces hazañas. Y el rey de hombres Agamenón dijo entonces:

234 «¡Diomedes Tidida, carísimo á mi corazón! Escoge por compañero al que quieras, al mejor de los presentes; pues son muchos los que se ofrecen. No dejes al mejor y elijas á otro peor, por respeto alguno que sientas en tu alma, ni por consideración al linaje, ni por atender á que sea un rey más poderoso.»

240 Habló en estos términos, porque temía por el rubio Menelao. Y Diomedes, valiente en la pelea, replicó:

242 «Si me mandáis que yo mismo designe el compañero, ¿cómo no pensaré en el divino Ulises, cuyo corazón y ánimo valeroso son tan dispuestos para toda suerte de trabajos, y á quien tanto ama Palas Minerva? Con él volveríamos acá aunque nos rodearan abrasadoras llamas, porque su prudencia es grande.»

248 Respondióle el paciente divino Ulises: «¡Tidida! No me alabes en demasía ni me vituperes, puesto que hablas á los argivos de cosas que les son conocidas. Pero vámonos, que la noche está muy adelantada y la aurora se acerca; los astros han andado mucho, y la noche va ya en las dos partes de su jornada y solo un tercio nos resta.»

254 En diciendo esto, vistieron entrambos las terribles armas. El intrépido Trasimedes dió al Tidida una espada de dos filos—la de éste había quedado en la nave—y un escudo; y le puso un morrión de piel de toro sin penacho ni cimera, que se llama *catetyx* y lo usan los jóvenes para proteger la cabeza. Meriones proporcionó á Ulises arco, carcaj y espada, y le cubrió la cabeza con un casco de piel que por dentro se sujetaba con fuertes correas y por fuera presentaba

los blancos dientes de un jabalí, ingeniosamente repartidos, y tenía un mechón de lana colocado en el centro. Este casco era el que Autólico había robado en Eleón á Amíntor Orménida, horadando la pared de su casa, y que luego dió en Escandía á Anfidamante de Citera; Anfidamante lo regaló, como presente de hospitalidad, á Molo; éste lo cedió á su hijo Meriones para que lo llevara, y entonces hubo de cubrir la cabeza de Ulises.

274 Una vez revestidos de las terribles armas, partieron y dejaron allí á todos los príncipes. Palas Minerva envióles una garza, y si bien no pudieron verla con sus ojos, porque la noche era obscura, oyéronla graznar á la derecha del camino. Ulises se holgó del presagio y oró á Minerva:

278 «¡Óyeme, hija de Júpiter, que lleva la égida! Tú que me asistes en todos los trabajos y conoces mis pasos, séme ahora propicia más que nunca, oh Minerva, y concede que volvamos á las naves cubiertos de gloria por haber realizado una gran hazaña que preocupe á los teucros.»

283 Diomedes, valiente en la pelea, oró luego diciendo: «¡Ahora óyeme también á mí, invicta hija de Júpiter! Acompáñame como acompañaste á mi padre, el divino Tideo, cuando fué á Tebas en representación de los aquivos. Dejando á los aqueos, de broncíneas lorigas, á orillas del Asopo, llevó un agradable mensaje á los cadmeos; y á la vuelta realizó admirables proezas con tu ayuda, excelente diosa, porque benévola le acorrías. Ahora, acórreme á mí y préstame tu amparo. É inmolaré en tu honor una ternera de un año, de frente espaciosa, indómita y no sujeta aún al yugo, después de derramar oro sobre sus cuernos.»

295 Tales fueron sus respectivas plegarias, que oyó Palas Minerva. Y después de rogar á la hija del gran Jove, anduvieron en la obscuridad de la noche, como dos leones, por el campo donde tanta carnicería se había hecho, pisando cadáveres, armas y denegrida sangre.

299 Tampoco Héctor dejaba dormir á los valientes teucros; pues convocó á los próceres, á cuantos eran caudillos y príncipes de los troyanos, y una vez reunidos les expuso una prudente idea:

303 «¿Quién, por un gran premio, se ofrecerá á llevar al cabo la empresa que voy á decir? La recompensa será proporcionada. Daré un carro y dos corceles de erguido cuello, los mejores que haya en las veleras naves aqueas, al que tenga la osadía de acercarse á las naves de ligero andar—con ello al mismo tiempo ganará gloria—y averigüe si éstas son guardadas todavía, ó los aqueos, vencidos por nuestras manos, piensan en la fuga y no quieren velar porque el cansancio abrumador los rinde.»

313 Tal fué lo que propuso. Enmudecieron todos y quedaron silenciosos. Había entre los troyanos un cierto Dolón, hijo del divino heraldo Eumedes, rico en oro y en bronce; era de feo aspecto, pero de pies ágiles, y el único hijo varón de su familia con cinco hermanas. Éste dijo entonces á los teucros y á Héctor:

319 «¡Héctor! Mi corazón y mi ánimo valeroso me incitan á acercarme á las naves, de ligero andar, y explorar el campo. Ea, alza el cetro y jura que me darás los corceles y el carro con adornos de bronce que conducen al eximio Pelida. No te será inútil mi espionaje, ni tus esperanzas se verán defraudadas; pues atravesaré todo el ejército hasta llegar á la nave de Agamenón, que es donde deben de haberse reunido los caudillos para deliberar si huirán ó seguirán combatiendo.»

328 Así se expresó. Y Héctor, tomando en la mano el cetro, prestó el juramento: «Sea testigo el mismo Júpiter tonante, esposo de Juno. Ningún otro teucro será llevado por estos corceles, y tú disfrutarás perpetuamente de ellos.»

332 Con tales palabras, jurando lo que no había de cumplirse, animó á Dolón. Éste, sin perder momento, colgó del hombro el corvo arco, vistió una pelicana piel de lobo, cubrió la cabeza con un morrión de piel de comadreja, tomó un puntiagudo dardo, y saliendo del ejército, se encaminó á las naves, de donde no había de volver para darle á Héctor la noticia. Dejó atrás la multitud de carros y hombres, y andaba animoso por el camino. Y Ulises, de jovial linaje, advirtiendo que se acercaba á ellos, habló así á Diomedes:

341 «Ese hombre, Diomedes, viene del ejército; pero ignoro si va como espía á nuestras naves ó se propone despojar algún cadáver de los que murieron. Dejemos que se adelante un poco más por la llanura, y echándonos sobre él le cogeremos fácilmente; y si en correr nos aventajare, apártale del ejército, acometiéndole con la lanza, y persíguele siempre hacia las naves, para que no se guarezca en la ciudad.»

349 Esto dicho, tendiéronse entre los muertos, fuera del camino. El incauto Dolón pasó con pie ligero. Mas cuando estuvo á la distancia á que se extienden los surcos de las mulas—éstas son mejores que los bueyes para tirar de un arado en tierra noval,—Ulises y Diomedes corrieron á su alcance. Dolón oyó ruido y se detuvo, creyendo que algunos de sus amigos venían del ejército teucro á llamarle por encargo de Héctor. Pero así que aquéllos se hallaron á tiro de lanza ó más cerca aún, conoció que eran enemigos y puso su diligencia en los pies huyendo, mientras ellos se lanzaban á perseguirle. Como dos perros de agudos dientes, adiestrados para cazar, acosan en una selva á un cervato ó á una liebre que huye chillando delante de ellos; del mismo modo, el Tidida y Ulises, asolador de ciudades, perseguían constantemente á Dolón después que lograron apartarle del ejército. Ya en su fuga hacia las naves iba el troyano á topar con el cuerpo de guardia, cuando Minerva dió fuerzas al Tidida para que ninguno de los aqueos, de broncíneas lorigas, se le adelantara y pudiera jactarse de haber sido el primero en herirle y él llegase después. El fuerte Diomedes arremetió á Dolón, con la lanza, y le gritó:

370 «Tente, ó te alcanzará mi lanza; y no creo que puedas evitar mucho tiempo que mi mano te dé una muerte terrible.»

372 Dijo, y arrojó la lanza; mas de intento erró el tiro, y ésta se clavó en el suelo después de volar por cima del hombro derecho de Dolón. Paróse el troyano dentellando—los dientes crujíanle en la boca,—tembloroso y pálido de miedo; Ulises y Diomedes se le acercaron, jadeantes, y le asieron de las manos, mientras aquél lloraba y les decía:

378 «Hacedme prisionero y yo me redimiré. Hay en casa bronce, oro y hierro labrado: con ellos os pagaría mi padre inmenso rescate, si supiera que estoy vivo en las naves aqueas.»

382 Respondióle el ingenioso Ulises: «Tranquilízate y no pienses en la muerte. Ea, habla y dime con sinceridad: ¿Adónde ibas solo, separado de tu ejército y derechamente hacia las naves, en esta noche obscura, mientras duermen los demás mortales? ¿Acaso á despojar á algún cadáver? ¿Por ventura Héctor te envió como espía á las cóncavas naves? ¿Ó te dejaste llevar por los impulsos de tu corazón?»

390 Contestó Dolón, á quien le temblaban las carnes: «Héctor me hizo salir fuera de juicio con muchas y perniciosas promesas: accedió á darme los solípedos corceles y el carro con adornos de bronce del eximio Pelida, para que, acercándome durante la rápida y obscura noche á los enemigos, averiguase si las veleras naves son guardadas todavía, ó vosotros, que habéis sido vencidos por nuestras manos, pensáis en la fuga y no queréis velar porque el cansancio abrumador os rinde.»

400 Díjole sonriendo el ingenioso Ulises: «Grande es el presente que tu corazón anhelaba. ¡Los corceles del aguerrido Eácida! Difícil es que nadie los sujete y sea por ellos llevado, fuera de Aquiles, que tiene una madre inmortal. Ea, habla y dime con sinceridad: ¿Dónde, al venir, has dejado á Héctor, pastor de hombres? ¿En qué lugar tiene las marciales armas y los caballos? ¿Cómo se hacen las guardias y de qué modo están dispuestas las tiendas de los teucros? Cuenta también lo que están deliberando: si desean quedarse aquí cerca de las naves, ó volverán á la ciudad cuando hayan vencido á los aqueos.»

412 Contestó Dolón, hijo de Eumedes: «De todo voy á informarte con exactitud. Héctor y sus consejeros deliberan lejos del bullicio, junto á la tumba de Ilo; en cuanto á las guardias por que me preguntas, oh héroe, ninguna ha sido designada para que vele por el ejército ni para que vigile. En torno de cada hoguera los troyanos, apremiados por la necesidad, velan y se exhortan mutuamente á la vigilancia. Pero los auxiliares, venidos de lejas tierras, duermen y dejan á los troyanos el cuidado de la guardia, porque no tienen aquí á sus hijos y mujeres.»

423 Volvió á preguntarle el ingenioso Ulises: «¿Éstos duermen mezclados con los troyanos ó separadamente? Dímelo para que lo sepa.»

426 Contestó Dolón, hijo de Eumedes: «De todo voy á informarte con exactitud. Hacia el mar están los carios, los peonios, armados de corvos arcos, y los léleges, caucones y divinos pelasgos. El lado de Timbra lo obtuvieron por suerte los licios, los arrogantes misios, los frigios, domadores de caballos, y los meonios, que combaten en carros. Mas ¿por qué me hacéis estas preguntas? Si deseáis entraros por el ejército teucro, los tracios recién venidos están ahí, en ese extremo, con su rey Reso, hijo de Eyoneo. He visto sus corceles que son bellísimos, de gran altura, más blancos que la nieve y tan ligeros como el viento. Su carro tiene lindos adornos de oro y plata, y sus armas son de oro, magníficas, admirables, y más propias de los inmortales dioses que de hombres mortales. Pero llevadme ya á las naves de ligero andar, ó dejadme aquí, atado con recios lazos, para que vayáis y comprobéis si os hablé como debía.»

446 Mirándole con torva faz, le replicó el fuerte Diomedes: «No esperes escapar de ésta, oh Dolón, aunque tus noticias son importantes, pues has caído en nuestras manos. Si te dejásemos libre ó consintiéramos en el rescate, vendrías de nuevo á las veleras naves á espiar ó á combatir contra nosotros; y si por mi mano pierdes la vida, no causarás más daño á los argivos.»

454 Dijo; y Dolón iba como suplicante, á tocarle la barba con su robusta mano, cuando Diomedes, de un tajo en el cuello, le rompió ambos tendones; y la cabeza cayó en el polvo, mientras el troyano hablaba todavía. Quitáronle el morrión de piel de comadreja, la piel de lobo, el flexible arco y la ingente lanza; y el divino Ulises, cogiéndolo todo con la mano, levantólo para ofrecerlo á Minerva, que preside á los saqueos, y oró diciendo:

462 «Huélgate de esta ofrenda, ¡oh diosa! Serás tú la primera á quien invocaremos entre las deidades del Olimpo. Y ahora guíanos hacia los corceles y las tiendas de los tracios.»

465 Dichas estas palabras, apartó de sí los despojos y los colgó de un tamarisco, cubriéndolos con cañas y frondosas ramas del árbol, que fueran una señal visible para que no les pasaran inadvertidos, al regresar durante la rápida y obscura noche. Luego, pasaron adelante por encima de las armas y de la negra sangre, y llegaron al escuadrón de los tracios que, rendidos de fatiga, dormían dispuestos en tres filas, con las armas en el suelo y un par de caballos junto á cada guerrero. Reso descansaba en el centro, y tenía los ligeros corceles atados con correas á un extremo del carro. Ulises vióle el primero y lo mostró á Diomedes:

477 «Ése es el hombre, Diomedes, y esos los corceles de que nos habló Dolón, á quien matamos. Ea, muestra tu impetuoso valor y no tengas ociosas las armas. Desata los caballos, ó bien mata hombres y yo me encargaré de aquéllos.»

482 Tal dijo, y Minerva, la de los brillantes ojos, infundió valor á Diomedes que comenzó á matar á diestro y á siniestro: sucedíanse los horribles gemidos de los que daban la vida á los golpes de la espada, y su sangre enrojecía la tierra. Como un mal intencionado león acomete al rebaño de cabras ó de ovejas, cuyo pastor está ausente; así el hijo de Tideo se abalanzaba á los tracios, hasta que mató á doce. Á cuantos aquél hería con la espada, Ulises, asiéndolos por el pie, los apartaba del camino, para que luego los corceles de hermosas crines pudieran pasar fácilmente y no se asustasen de pisar cadáveres, á lo cual no estaban acostumbrados. Llegó el hijo de Tideo adonde yacía el rey, y fué éste el décimotercio á quien privó de la dulce vida, mientras daba un suspiro; pues en aquella noche el hijo de Eneo aparecíase en desagradable ensueño á Reso, por orden de Minerva. Durante este tiempo, el paciente Ulises desató los solípedos caballos, los ligó á entrambos con las riendas y los sacó del ejército aguijándolos con el arco, porque se le olvidó tomar el magnífico látigo que había en el labrado carro. Y en seguida silbó, haciendo seña al divino Diomedes.

503 Mas éste, quedándose aún, pensaba qué podría hacer que fuese muy arriesgado: si se llevaría el carro con las labradas armas, ya tirando del timón, ya levantándolo en alto; ó quitaría la vida á más tracios. En tanto que revolvía tales pensamientos en su espíritu, presentóse Minerva y habló así al divino Diomedes:

509 «Piensa ya en volver á las cóncavas naves, hijo del magnánimo Tideo. No sea que hayas de llegar huyendo, si algún otro dios despierta á los teucros.»

512 Así habló. Diomedes, conociendo la voz de la diosa, montó sin dilación á caballo; Ulises subió al suyo, aguijóles con el arco y ambos volaron hacia las veleras naves aqueas.

515 Apolo, que lleva arco de plata, estaba en acecho desde que advirtió que Minerva acompañaba al hijo de Tideo; é indignado contra ella, entróse por el ejército de los teucros y despertó á Hipocoonte, valeroso caudillo tracio y sobrino de Reso. Como Hipocoonte, recordando del sueño, viera vacío el lugar que ocupaban los caballos y á los hombres horriblemente heridos y palpitantes todavía, comenzó á lamentarse y á llamar por su nombre al querido compañero. Y pronto se promovió gran clamoreo é inmenso tumulto entre los teucros, que acudían en tropel y admiraban la

peligrosa aventura á que unos hombres habían dado cima, regresando luego á las cóncavas naves.

526 Cuando ambos héroes llegaron al sitio en que mataran al espía de Héctor, Ulises, caro á Júpiter, detuvo los veloces caballos; y el Tidida, apeándose, tomó los cruentos despojos que puso en las manos de su amigo, volvió á montar y picó á los corceles. Éstos volaron gozosos hacia las cóncavas naves, pues á ellas deseaban llegar. Néstor fué el primero que oyó las pisadas de los caballos, y dijo:

533 «¡Amigos, capitanes y príncipes de los argivos! ¿Me engañaré ó será verdad lo que voy á decir? El corazón me ordena hablar. Oigo pisadas de caballos de pies ligeros. Ojalá Ulises y el fuerte Diomedes trajeran del campo troyano solípedos corceles; pero mucho temo que á los más valientes argivos les haya ocurrido algún percance en el ejército teucro.»

540 Aún no había acabado de pronunciar estas palabras, cuando aquéllos llegaron y echaron pie á tierra. Todos los saludaban alegremente con la diestra y con afectuosas palabras. Y Néstor, caballero gerenio, les preguntó el primero:

544 «¡Ea, dime, célebre Ulises, gloria insigne de los aqueos! ¿Cómo hubisteis estos caballos: penetrando en el ejército teucro, ó recibiéndolos de un dios que os salió al camino? Muy semejantes son á los rayos del sol. Siempre entro por las filas de los teucros, pues aunque anciano no me quedo en las naves, y jamás he visto ni advertido tales corceles. Supongo que los habréis recibido de algún dios que os salió al encuentro, pues á entrambos os aman Júpiter, que amontona las nubes, y su hija Minerva, la de los brillantes ojos.»

554 Respondióle el ingenioso Ulises: «¡Néstor Nelida, gloria insigne de los aqueos! Fácil le sería á un dios, si quisiera, dar caballos mejores aún que éstos, pues su poder es muy grande. Los corceles por los que preguntas, anciano, llegaron recientemente y son tracios: el valiente Diomedes mató al dueño y á doce de sus compañeros, todos aventajados. Y cerca de las naves dimos muerte al décimotercio, que era un espía enviado por Héctor y otros teucros ilustres á explorar este campamento.»

564 De este modo habló; y muy ufano, hizo que los solípedos caballos pasaran el foso, y los aqueos siguiéronle alborozados. Cuando estuvieron en la hermosa tienda del Tidida, ataron los corceles con bien cortadas correas al pesebre, donde los caballos de Diomedes comían el trigo dulce como la miel. Ulises dejó en la popa de su nave los cruentos despojos de Dolón, para guardarlos hasta que ofrecieran un sacrificio á Minerva. Los dos héroes entraron en el mar y se lavaron el abundante sudor de sus piernas, cuello y muslos. Cuando las olas les hubieron limpiado el sudor del cuerpo y recreado el corazón, metiéronse en pulimentadas pilas y se bañaron. Lavados ya y ungidos con craso aceite, sentáronse á la mesa; y sacando de una cratera vino dulce como la miel, en honor de Minerva lo libaron.

CANTO XI
PRINCIPALÍA DE AGAMENÓN

1 La Aurora se levantaba del lecho, dejando al bello Titón, para llevar la luz á los dioses y á los hombres, cuando, enviada por Júpiter, se presentó en las veleras naves aqueas la cruel Discordia con la señal del combate en la mano. Subió la diosa á la ingente nave negra de Ulises, que estaba en medio de todas, para que le oyeran por ambos lados hasta las tiendas de Ayax Telamonio y de Aquiles; los cuales habían puesto sus bajeles en los extremos, porque confiaban en su valor y en la fuerza de sus brazos. Desde allí daba aquélla grandes, agudos y horrendos gritos, y ponía mucha fortaleza en el corazón de todos, á fin de que pelearan y combatieran sin descanso. Y pronto les fué más agradable batallar que volver á la patria tierra en las cóncavas naves.

15 El Atrida alzó la voz mandando que los argivos se apercibiesen, y él mismo vistió la armadura de luciente bronce. Púsose en torno de las piernas hermosas grebas sujetas con broches de plata, y cubrió su pecho con la coraza que Ciniras le diera como presente de hospitalidad. Porque hasta Chipre había llegado la noticia de que los aqueos se embarcaban para Troya, y Ciniras, deseoso de complacer al rey, le dió esta coraza que tenía diez filetes de pavonado acero, doce de oro y veinte de estaño, y tres cerúleos dragones erguidos hacia el cuello y semejantes al iris que el Saturnio fija en las nubes como señal para los hombres dotados de palabra. Luego, el rey colgó del hombro la espada, en la que relucían áureos clavos, con su vaina de plata sujeta por tirantes de oro. Embrazó después el labrado escudo, fuerte y hermoso, de la altura de un hombre, que presentaba diez círculos de bronce en el contorno, tenía veinte bollos de blanco estaño y en el centro uno de negruzco acero, y lo coronaba la Gorgona, de ojos horrendos y torva vista, con el Terror y la Fuga á los lados. Su correa era argentada, y sobre la misma enroscábase cerúleo dragón de tres cabezas entrelazadas, que nacían de un solo cuello. Cubrió en seguida su cabeza con un casco de doble cimera, cuatro abolladuras y penacho de crines de caballo, que al ondear en lo alto causaba pavor; y asió dos fornidas lanzas de aguzada broncínea punta, cuyo brillo llegaba hasta el cielo. Y Minerva y Juno tronaron en las alturas para honrar al rey de Micenas, rica en oro.

47 Cada cual mandó entonces á su auriga que tuviera dispuestos el carro y los corceles junto al foso; salieron todos á pie y armados, y levantóse inmenso vocerío antes que la aurora despuntara. Delante del foso ordenáronse los infantes, y á éstos siguieron de cerca los que combatían en carros. Y el Saturnio promovió entre ellos funesto tumulto y dejó caer desde el éter sanguinoso rocío porque había de precipitar al Orco á muchas y valerosas almas.

56 Los teucros pusiéronse también en orden de batalla en una eminencia de la llanura, alrededor del gran Héctor, del eximio Polidamante, de Eneas, honrado como un dios por el pueblo troyano, y de los tres Antenóridas: Pólibo, el divino Agenor y el joven Acamante, que parecía un inmortal. Héctor, armado de un escudo liso, llegó con los primeros combatientes. Cual astro funesto, que unas veces brilla en el cielo y otras se oculta detrás de las pardas nubes; así Héctor, ya aparecía entre los delanteros, ya se mostraba entre los últimos, siempre dando órdenes y brillando como el relámpago del padre Jove, que lleva la égida.

67 Como los segadores caminan en direcciones opuestas por los surcos de un campo de trigo ó de cebada de un hombre opulento, y los manojos de espigas caen espesos; de la misma manera, teucros y aqueos se acometían y mataban, sin pensar en la perniciosa fuga. Igual andaba la pelea, y como lobos se embestían. Gozábase en verlos la luctuosa Discordia, única deidad que se hallaba entre los combatientes; pues los demás dioses permanecían quietos

en sus palacios construídos en los valles del Olimpo y acusaban al Saturnio, el dios de las sombrías nubes, porque quería conceder la victoria á los teucros. Mas el padre no se cuidaba de ellos; y, sentado aparte, ufano de su gloria, contemplaba la ciudad troyana, las naves aqueas, el brillo del bronce, á los que mataban y á los que la muerte recibían.

84 Al amanecer y mientras iba aumentando la luz del sagrado día, los tiros alcanzaban por igual á unos y á otros y los hombres caían. Cuando llegó la hora en que el leñador prepara el almuerzo en la espesura del monte, porque tiene los brazos cansados de cortar grandes árboles y su corazón apetece la agradable comida, los dánaos, exhortándose mutuamente por las filas y peleando con bravura, rompieron las falanges teucras. Agamenón, que fué el primero en arrojarse á ellas, mató á Bianor, pastor de hombres, y á su compañero Oileo, hábil jinete. Éste se había apeado del carro para sostener el encuentro, pero el Atrida le hundió en la frente la aguzada pica, que atravesó el casco—á pesar de ser de duro bronce—y el hueso, conmovióle el cerebro y postró al guerrero cuando contra aquél arremetía: Después de quitarles á entrambos la coraza, Agamenón, rey de hombres, dejólos allí, con el pecho al aire, y fué á dar muerte á Iso y á Ántifo, hijos bastardo y legítimo, respectivamente, de Príamo, que iban en el mismo carro. El bastardo guiaba y el ilustre Ántifo combatía. En otro tiempo Aquiles, habiéndolos sorprendido en un bosque del Ida, mientras apacentaban ovejas, atólos con tiernos mimbres; y luego, pagado el rescate, los puso en libertad. Mas entonces el poderoso Agamenón Atrida le envasó á Iso la lanza en el pecho, sobre la tetilla, y á Ántifo le hirió con la espada en la oreja y le derribó del carro. Y al ir presuroso á quitarles las magníficas armaduras, los reconoció; pues los había visto en las veleras naves cuando Aquiles, el de los pies ligeros, se los llevó del Ida. Bien así como un león penetra en la guarida de una ágil cierva, se echa sobre los hijuelos y despedazándolos con los fuertes dientes les quita la tierna vida, y la madre no puede socorrerlos, aunque esté cerca, porque le da un gran temblor, y atraviesa, azorada y sudorosa, selvas y espesos encinares, huyendo de la acometida de la terrible fiera; tampoco los teucros pudieron librar á aquéllos de la muerte, porque á su vez huían ante los argivos.

122 Alcanzó luego el rey Agamenón á Pisandro y al intrépido Hipóloco, hijos del aguerrido Antímaco (éste, ganado por el oro y los espléndidos regalos de Alejandro, se oponía á que Helena fuese devuelta al rubio Menelao): ambos iban en un carro, y desde su sitio procuraban guiar los veloces corceles, pues habían dejado caer las lustrosas riendas y estaban aturdidos. Cuando el Atrida arremetió contra ellos, cual si fuese un león, arrodilláronse en el carro y así le suplicaron:

131 «Haznos prisioneros, hijo de Atreo, y recibirás digno rescate. Muchas cosas de valor tiene en su casa Antímaco: bronce, oro, hierro labrado; con ellas nuestro padre te pagaría inmenso rescate, si supiera que estamos vivos en las naves aqueas.»

136 Con tan dulces palabras y llorando, hablaban al rey; pero fué amarga la respuesta que escucharon:

138 «Pues si sois hijos del aguerrido Antímaco, que aconsejaba en la junta de los troyanos matar á Menelao y no dejarle volver á los aqueos, cuando vino á título de embajador con el deiforme Ulises, ahora pagaréis la insolente injuria que nos infirió vuestro padre.»

143 Dijo, y derribó del carro á Pisandro: dióle una lanzada en el pecho y le tumbó de espaldas. De un salto apeóse Hipóloco, y ya en tierra, Agamenón le cercenó con la espada los brazos y la cabeza, que tiró, haciéndola rodar como un mortero, por entre las filas. El Atrida dejó á éstos, y seguido de otros aqueos, de hermosas grebas, fuése derecho al sitio donde más falanges, mezclándose en montón confuso, combatían. Los infantes mataban á los infantes, que se veían obligados á huir; los que combatían desde el carro hacían perecer con el bronce á los enemigos que así peleaban, y á todos los envolvía la polvareda que en la llanura levantaban con sus sonoras pisadas los caballos. Y el rey Agamenón iba siempre adelante, matando teucros y animando á los argivos. Como al estallar voraz incendio en un boscaje, el viento hace oscilar las llamas y lo propaga por todas partes, y los arbustos ceden á la violencia del fuego y caen con sus mismas raíces; de igual manera caían las cabezas de los teucros puestos en fuga por Agamenón Atrida, y muchos caballos de erguido cuello arrastraban con estrépito por el campo los carros vacíos y echaban de menos á los eximios conductores; pero éstos, tendidos en tierra, eran ya más gratos á los buitres que á sus propias esposas.

163 Á Héctor, Júpiter le sustrajo de los tiros, el polvo, la matanza, la sangre y el tumulto; y el Atrida iba adelante, exhortando vehementemente á los dánaos. Los teucros corrían por la llanura, deseosos de refugiarse en la ciudad, y ya habían dejado á su espalda el sepulcro del antiguo Ilo Dardánida y el cabrahigo; y el Atrida les seguía el alcance, vociferando, con las invictas manos llenas de polvo y sangre. Los que primero llegaron á las puertas Esceas y á la encina, detuviéronse para aguardar á sus compañeros, los cuales huían por la llanura como vacas aterrorizadas por un león que, presentándose en la obscuridad de la noche, da cruel muerte á una de ellas, rompiendo su cerviz con los fuertes dientes y tragando su sangre y sus entrañas; del mismo modo el rey Agamenón Atrida perseguía á los teucros, matando al que se rezagaba, y ellos huían espantados. El Atrida, manejando la lanza con gran furia, hizo caer á muchos, ya de pechos, ya de espaldas, de sus respectivos carros. Mas cuando le faltaba poco para llegar al alto muro de la ciudad, el padre de los hombres y de los dioses bajó del cielo con el relámpago en la mano, se sentó en una de las cumbres, y llamó á Iris, la de doradas alas, para que le sirviese de mensajera:

186 «¡Anda, ve, rápida Iris! Dile á Héctor estas palabras: Mientras vea que Agamenón, pastor de hombres, se agita entre los combatientes delanteros y destroza filas de hombres, retírese y ordene al pueblo que combata con los enemigos en la sangrienta batalla. Mas así que aquél, herido de lanza ó de flecha, suba al carro, les daré fuerzas para matar enemigos hasta que llegue á las naves de muchos bancos, se ponga el sol y comience la sagrada noche.»

195 Dijo, y la veloz Iris, de pies ligeros como el viento, no dejó de obedecerle. Descendió de los montes ideos á la sagrada Ilión, y hallando al divino Héctor, hijo del belicoso Príamo, de pie en el sólido carro, se detuvo á su lado, y le habló de esta manera:

200 «¡Héctor, hijo de Príamo, que en prudencia igualas á Júpiter! El padre Jove me manda para que te diga lo siguiente: Mientras veas que Agamenón, pastor de hombres, se agita entre los combatientes delanteros y destroza sus filas, retírate de la lucha y ordena al pueblo que combata con los enemigos en la sangrienta batalla. Mas así que aquél, herido de lanza ó de flecha, suba al carro, te dará fuerzas para matar enemigos hasta que llegues á las naves de muchos bancos, se ponga el sol y comience la sagrada noche.»

210 Cuando Iris, la de los pies ligeros, hubo dicho esto, se fué. Héctor saltó del carro al suelo sin dejar las armas; y blandiendo afiladas picas, recorrió el ejército, animóle á luchar y promovió una terrible pelea. Los teucros volvieron la cara á los aqueos para embestirlos; los argivos cerraron las filas de las falanges; reanudóse el combate, y Agamenón acometió el primero, porque deseaba adelantarse á todos en la batalla.

218 Decidme ahora, Musas, que poseéis olímpicos palacios, cuál fué el primer troyano ó aliado ilustre que á Agamenón se opuso.

221 Fué Ifidamante Antenórida, valiente y alto de cuerpo, que se había criado en la fértil Tracia, madre de ovejas. Era todavía niño cuando su abuelo materno Ciseo, padre de Teano, la de hermosas mejillas, le acogió en su casa; y así que hubo llegado á la gloriosa edad juvenil, le conservó á su lado, dándole á su hija en matrimonio. Apenas casado, Ifidamante tuvo que dejar el tálamo para ir á guerrear contra los aqueos: llegó por mar hasta Percote, dejó allí las doce corvas naves que mandaba y se encaminó por tierra á Ilión. Tal era quien salió al encuentro de Agamenón Atrida. Cuando los dos héroes se hallaron frente á frente, acometiéronse, y el Atrida erró el tiro, porque la lanza se le desvió; Ifidamante dió con la pica un bote en la cintura de Agamenón, más abajo de la coraza, y aunque empujó el astil con toda la fuerza de su brazo, no logró atravesar el labrado tahalí, pues la punta al chocar con la lámina de plata se torció como plomo. Entonces el poderoso Agamenón asió de la pica, y tirando de ella con la furia de un león, la arrancó de las manos de Ifidamante, á quien hirió en el cuello con la espada, dejándole sin vigor los miembros. De este modo cayó el desventurado para dormir el sueño de bronce, mientras auxiliaba á los troyanos, lejos de su joven y legítima esposa, cuya gratitud no llegó á conocer después que tanto le diera: habíale regalado cien bueyes y prometido mil cabras y mil ovejas de las innumerables que sus pastores apacentaban. El Atrida Agamenón le quitó la magnífica armadura y se la llevó, abriéndose paso por entre los aqueos.

248 Advirtiólo Coón, varón preclaro é hijo primogénito de Antenor, y densa nube de pesar cubrió sus ojos por la muerte del hermano. Púsose al lado de Agamenón sin que éste lo notara, dióle una lanzada en medio del brazo, en el codo, y se lo atravesó con la punta de la reluciente pica. Estremecióse el rey de hombres Agamenón, mas no por esto dejó de luchar ni de combatir; sino que arremetió con la impetuosa lanza á Coón, el cual se apresuraba á retirar, asiéndole por el pie, el cadáver de Ifidamante, su hermano de padre, y á voces pedía auxilio á los más valientes. Mientras arrastraba el cadáver á través de la turba, cubriéndole con el abollonado escudo, Agamenón le envasó la broncínea lanza; dejó sin vigor sus miembros, y le cortó la cabeza sobre el mismo Ifidamante. Y ambos hijos de Antenor, cumpliéndose su destino, acabaron la vida á manos del Atrida y descendieron á la morada de Plutón.

264 Entróse luego Agamenón por las filas de otros guerreros, y combatió con la lanza, la espada y grandes piedras mientras la sangre caliente brotaba de la herida; mas así que ésta se secó y la sangre dejó de correr, agudos dolores debilitaron sus fuerzas. Como los dolores agudos y acerbos que á la parturiente envían las Ilitias, hijas de Júpiter, las cuales presiden los alumbramientos y disponen de los terribles dolores del parto; tales eran los agudos dolores que debilitaron las fuerzas del Atrida. De un salto subió al carro; con el corazón afligido mandó al auriga que le llevase á las cóncavas naves, y gritando fuerte dijo á los dánaos:

276 «¡Amigos, capitanes y príncipes de los argivos! Apartad vosotros de las naves, que atraviesan el ponto, el funesto combate; pues á mí el próvido Júpiter no me permite combatir todo el día con los teucros.»

280 Así dijo. El auriga picó con el látigo á los caballos de hermosas crines, dirigiéndolos á las cóncavas naves; ellos volaron gozosos, con el pecho cubierto de espuma, y envueltos en una nube de polvo sacaron del campo de la batalla al fatigado rey.

284 Héctor, al notar que Agamenón se ausentaba, con penetrantes gritos animó á los troyanos y á los licios:

286 «¡Troyanos, licios, dárdanos que cuerpo á cuerpo combatís! Sed hombres, amigos, y mostrad vuestro impetuoso valor. El guerrero más valiente se ha ido, y Jove Saturnio me concede una gran victoria. Pero dirigid los solípedos caballos hacia los fuertes dánaos y la gloria que alcanzaréis será mayor.»

291 Con estas palabras les excitó á todos el valor y la fuerza. Como un cazador azuza á los perros de blancos dientes contra un montaraz jabalí ó contra un león; así Héctor Priámida, igual á Marte, funesto á los mortales, incitaba á los magnánimos teucros contra los aqueos. Muy alentado, abrióse paso por los combatientes delanteros, y cayó en la batalla como tempestad que viene de lo alto y alborota el violáceo ponto.

299 ¿Cuál fué el primero, cuál el último de los que entonces mató Héctor Priámida cuando Júpiter le dió gloria?

301 Aseo, el primero, y después Autónoo, Opites, Dólope Clítida, Ofeltio, Agelao, Esimno, Oro y el bravo Hipónoo. Á tales caudillos dánaos dió muerte, y además á muchos hombres del pueblo. Como el Céfiro agita y se lleva en furioso torbellino las nubes que el veloz Noto reuniera, y gruesas olas se levantan y la espuma llega á lo alto por el soplo del errabundo viento; de esta manera caían ante Héctor muchas cabezas de hombres plebeyos.

310 Entonces gran estrago é irreparables males se hubieran producido, y los aqueos, dándose á la fuga, no habrían parado hasta las naves, si Ulises no hubiese exhortado á Diomedes Tidida:

313 «¡Tidida! ¿Por qué no mostramos nuestro impetuoso valor? Ea, ven aquí, amigo; ponte á mi lado. Vergonzoso fuera que Héctor, de tremolante casco, se apoderase de las naves.»

316 Respondióle el fuerte Diomedes: «Yo me quedaré y resistiré, aunque será poco el provecho que obtendremos; pues Júpiter, que amontona las nubes, quiere conceder la victoria á los teucros y no á nosotros.»

320 Dijo, y derribó del carro á Timbreo, envasándole la pica en la tetilla izquierda; mientras Ulises hería al escudero del mismo rey, á Molión, igual á un dios. Dejáronlos tan pronto como los pusieron fuera de combate, y penetrando por la turba causaron confusión y terror, como dos embravecidos jabalíes que acometen á perros de caza. Así, habiendo vuelto á combatir, mataban á los teucros; en tanto los aqueos, que huían de Héctor, pudieron respirar placenteramente.

328 Dieron también alcance á dos hombres que eran los más valientes de su pueblo y venían en un mismo carro, á los hijos de Mérope percosio: éste conocía como nadie el arte adivinatoria, y no quería que sus hijos fuesen á la homicida guerra; pero ellos no le obedecieron, impelidos por el hado que á la negra muerte los arrastraba. Diomedes Tidida, famoso por su lanza, les quitó la vida y les despojó de las magníficas armaduras. Ulises mató á Hipódamo y á Hiperoco.

336 Entonces el Saturnio, que desde el Ida contemplaba la batalla, igualó el combate en que teucros y aqueos se mataban. El hijo de Tideo dió una lanzada en la cadera al héroe Agástrofo Peónida, que por no tener cerca los corceles no pudo huir, y esta fué la causa de su desgracia: el escudero tenía el carro algo distante, y él se revolvía furioso entre los combatientes delanteros, hasta que perdió la vida. Atisbó Héctor á Ulises y á Diomedes, los arremetió gritando, y pronto siguieron tras él las falanges troyanas. Al verle, estremecióse el valeroso Diomedes, y dijo á Ulises, que estaba á su lado:

347 «Contra nosotros viene esa calamidad, el impetuoso Héctor. Ea, aguardémosle á pie firme y cerremos con él.»

349 Dijo; y apuntando á la cabeza de Héctor, blandió y arrojó la ingente lanza, que fué á dar en la cima del yelmo; pero el bronce rechazó al bronce, y la punta no llegó al hermoso cutis por impedírselo el casco de tres dobleces y agujeros á guisa de ojos, regalo de Febo Apolo. Héctor retrocedió un buen trecho, y penetrando por la turba, cayó de rodillas, apoyó la robusta mano en el suelo y obscura noche cubrió sus ojos. Mientras el Tidida atravesaba las primeras filas para recoger la lanza que en el suelo se clavara, Héctor tornó en su sentido, subió de un salto al carro, y dirigiéndolo por en medio de la multitud, evitó la negra muerte. Y el fuerte Diomedes, que lanza en mano le perseguía, exclamó:

362 «¡Otra vez te has librado de la muerte, perro! Muy cerca tuviste la perdición, pero te salvó Febo Apolo, á quien debes de rogar cuando sales al campo antes de oir el estruendo de los dardos. Yo acabaré contigo si más tarde te encuentro y un dios me ayuda. Y ahora perseguiré á los demás que se me pongan al alcance.»

367 Dijo; y empezó á despojar el cadáver del Peónida, famoso por su lanza. Alejandro, esposo de Helena, la de hermosa cabellera, que se apoyaba en una columna del sepulcro del antiguo rey Ilo Dardánida, armó la ballesta y la asestó al hijo de Tideo, pastor de hombres. Y mientras éste quitaba al cadáver del valeroso Agástrofo la labrada coraza, el versátil escudo de debajo de la espalda, y el pesado casco, aquél disparó y el tiro no fué errado: la flecha atravesóle al héroe el empeine del pie derecho y se clavó en tierra. Alejandro salió de su escondite, y con grande y regocijada risa se gloriaba diciendo:

380 «Herido estás; no se perdió el tiro. Ojalá que, acertándote en un ijar, te hubiese quitado la vida. Así los teucros tendrían un respiro en sus males, pues te temen como al león las baladoras cabras.»

384 Sin turbarse le respondió el fuerte Diomedes: «¡Flechero, insolente, únicamente experto en manejar el arco, mirón de doncellas! Si frente á frente midieras conmigo las armas, no te valdría la ballesta ni las abundantes flechas. Ahora te alabas sin motivo, pues sólo me rasguñaste el empeine del pie. Tanto me cuido de la herida como si una mujer ó un insipiente niño me la hubiese causado, que poco duele la flecha de un hombre vil y cobarde. De otra clase es el agudo dardo que yo arrojo: por poco que penetre deja exánime al que lo recibe, y la mujer del muerto desgarra sus mejillas, sus hijos quedan huérfanos, y el cadáver se pudre enrojeciendo con su sangre la tierra y teniendo á su alrededor más aves de rapiña que mujeres.»

396 Así dijo. Ulises, famoso por su lanza, acudió y se le puso delante. Diomedes se sentó, arrancó del pie la aguda flecha y un dolor terrible recorrió su cuerpo. Entonces subió al carro y con el corazón afligido mandó al auriga que le llevase á las cóncavas naves.

401 Ulises, famoso por su lanza, se quedó solo; ningún aqueo permaneció á su lado, porque el terror los poseía á todos. Y gimiendo, á su magnánimo espíritu así le hablaba:

404 «¡Ay de mí! ¿Qué me ocurrirá? Muy malo es huir, temiendo á la muchedumbre, y peor aún que me cojan, quedándome solo, pues á los demás dánaos el Saturnio los puso en fuga. Mas ¿por qué en tales cosas me hace pensar el corazón? Sé que los cobardes huyen del combate, y quien se descuella en la batalla debe mantenerse firme, ya sea herido, ya á otro hiera.»

411 Mientras revolvía tales pensamientos en su mente y en su corazón, llegaron las huestes de los escudados teucros, y rodeándole, su propio mal entre ellos encerraron. Como los perros y los florecientes mozos cercan y embisten á un jabalí que sale de la espesa selva aguzando en sus corvas mandíbulas los blancos colmillos, y aunque la fiera cruja los dientes y aparezca terrible resisten firmemente; así los teucros acometían entonces por todos lados á Ulises, caro á Júpiter. Mas él dió un salto y clavó la aguda pica en un hombro del eximio Deyopites; mató luego á Toón y Eunomo; alanceó en el ombligo por debajo del cóncavo escudo á Quersidamante que se apeaba del carro y cayó en el polvo y cogió el suelo con las manos; y dejándolos á todos, envasó la lanza á Cárope Hipásida, hermano carnal del noble Soco. Éste, que parecía un dios, vino á defenderle, y deteniéndose cerca de Ulises, háblole de este modo:

430 «¡Célebre Ulises, varón incansable en urdir engaños y en trabajar! Hoy ó podrás gloriarte de haber muerto y despojado de las armas á ambos Hipásidas, ó perderás la vida, herido por mi lanza.»

434 Cuando esto hubo dicho, le dió un bote en el liso escudo: la fornida lanza atravesó la luciente rodela, clavóse en la labrada coraza y levantó la piel del costado; pero Palas Minerva no permitió que llegara á las entrañas del héroe. Comprendió Ulises que por el sitio la herida no era mortal, y retrocediendo dijo á Soco estas palabras:

441 «¡Ah infortunado! Grande es la desgracia que sobre ti ha caído. Lograste que cesara de luchar con los teucros, pero yo te digo que la perdición y la negra muerte te alcanzarán hoy, y vencido por mi lanza me darás gloria, y á Plutón, el de los famosos corceles, el alma.»

446 Dijo; y como Soco se volviera para huir, clavóle la lanza en el dorso, entre los hombros, y le atravesó el pecho. El guerrero cayó con estrépito, y el divino Ulises se jactó de su obra:

450 «¡Oh Soco, hijo del aguerrido Hipaso, domador de caballos! Te sorprendió la muerte antes de que pudieses evitarla. ¡Ah mísero! Á ti, una vez muerto, ni el padre ni la veneranda madre te cerrarán los ojos, sino que te desgarrarán las carnívoras aves cubriéndote con sus tupidas alas; mientras que á mí, cuando me muera, los divinos aqueos me harán honras fúnebres.»

456 Dichas estas palabras, arrancó de su cuerpo y del abollonado escudo la ingente lanza que Soco le arrojara; brotó la sangre y afligióse el héroe. Los magnánimos teucros, al ver la sangre, se exhortaron mutuamente entre la turba y embistieron todos á Ulises; y éste retrocedió, llamando á voces á sus compañeros. Tres veces gritó cuanto un varón puede hacerlo á voz en cuello; tres veces Menelao, caro á Marte, le oyó, y al punto dijo á Ayax, que estaba á su lado:

465 «¡Ayax Telamonio, de jovial linaje, príncipe de hombres! Oigo la voz del paciente Ulises como si los teucros, habiéndole aislado en la terrible lucha, lo estuviesen acosando. Acudámosle, abriéndonos calle por la turba, pues lo mejor es llevarle socorro. Temo que á pesar de su valentía le suceda alguna desgracia solo entre los teucros, y que después los dánaos lo echen muy de menos.»

472 Así diciendo, partió y siguióle Ayax, varón igual á un dios. Pronto dieron con Ulises, caro á Jove, á quien los teucros acometían por todos lados como los rojizos chacales circundan en el monte á un cornígero ciervo herido por la flecha que un hombre le tirara con el arco—salvóse el ciervo, merced á sus pies, y huyó en tanto que la sangre estuvo caliente y las rodillas ágiles; postrólo luego la veloz saeta, y cuando carnívoros chacales lo despedazaban en la espesura de un monte, trajo el azar un voraz león que, dispersando á los chacales devoró á aquel;—así entonces muchos y robustos teucros arremetían al aguerrido y sagaz Ulises; y el héroe, blandiendo la pica, apartaba de sí la cruel muerte. Pero llegó Ayax con su escudo como una torre, se puso al lado de Ulises y los teucros se espantaron y huyeron á la desbandada. El belígero Menelao, asiendo por la mano al héroe, sacóle de la turba mientras el escudero acercaba el carro.

489 Ayax, acometiendo á los teucros, mató á Doriclo, hijo bastardo de Príamo, é hirió á Pándoco, Lisandro, Píraso y Pilartes. Como el hinchado torrente que acreció la lluvia de Júpiter baja por los montes á la llanura, arrastra muchos pinos y encinas secas, y arroja al mar gran cantidad de cieno; así el ilustre Ayax desordenaba y perseguía por el campo á los enemigos y destrozaba corceles y guerreros. Héctor no lo había advertido, porque peleaba en la izquierda de la batalla, cerca de la orilla del Escamandro: allí las cabezas caían en mayor número, y un inmenso vocerío se dejaba oir alrededor del gran Néstor y del bizarro Idomeneo. Entre todos revolvíase Héctor, que, haciendo arduas proezas con su lanza y su habilidad ecuestre, destruía las falanges de jóvenes guerreros. Y los aqueos no retrocedieran aún, si Alejandro, esposo de Helena, la de hermosa cabellera, no hubiese puesto fuera de combate á Macaón, mientras descollaba en la pelea, hiriéndole en la espalda derecha con trifurcada saeta. Los aqueos, aunque respiraban valor, temieron que la lucha se inclinase, y aquél fuera muerto. Y al punto habló Idomeneo al divino Néstor:

511 «¡Oh Néstor Nelida, gloria insigne de los aqueos! Ea, sube al carro, póngase Macaón junto á ti, y dirige presto á las naves los solípedos corceles. Pues un médico vale por muchos hombres, por su pericia en arrancar flechas y aplicar drogas calmantes.»

516 Dijo; y Néstor, caballero gerenio, no dejó de obedecerle. Subió al carro, y tan pronto como Macaón, hijo del eximio médico Esculapio, le hubo seguido, picó con el látigo á los caballos y éstos volaron de su grado hacia las cóncavas naves, pues les gustaba volver á ellas.

521 Cebrión, que acompañaba á Héctor en el carro, notó que los teucros eran derrotados, y dijo al hermano:

523 «¡Héctor! Mientras nosotros combatimos con los dánaos en un extremo de la batalla horrísona, los demás teucros son desbaratados y se agitan en confuso tropel hombres y caballos. Ayax Telamonio es quien los desordena; bien le conozco por el ancho escudo que cubre sus espaldas. Enderecemos á aquel sitio los corceles del carro, que allí es más empeñada la pelea, mayor la matanza de peones y de los que combaten en carros, é inmensa la gritería que se levanta.»

531 Habiendo hablado así, azotó con el sonoro látigo á los caballos de hermosas crines. Sintieron éstos el golpe y arrastraron velozmente por entre teucros y dánaos el ligero carro, pisando cadáveres y escudos; el eje tenía la parte inferior cubierta de sangre y los barandales estaban salpicados de sanguinolentas gotas que los cascos de los corceles y las llantas de las ruedas despedían. Héctor, deseoso de penetrar y deshacer aquel grupo de hombres, promovía gran tumulto entre los dánaos, no dejaba la lanza quieta, recorría las filas de aquéllos y peleaba con la lanza, la espada y grandes piedras; solamente evitaba el encuentro con Ayax Telamonio, porque Jove se irritaba contra él siempre que combatía con un guerrero más valiente.

544 El padre Júpiter, que tiene su trono en las alturas, infundió temor en Ayax y éste se quedó atónito, se echó á la espalda el escudo formado por siete boyunos cueros, paseó su mirada por la turba, como una fiera, y retrocedió volviéndose con frecuencia y andando á paso lento. Como los canes y pastores ahuyentan del boíl á un tostado león, y vigilando toda la noche, no le dejan llegar á los pingües bueyes; y el león, ávido de carne, acomete furioso y nada consigue, porque caen sobre él multitud de venablos arrojados por robustas manos y encendidas teas que le dan miedo, y cuando empieza á clarear el día, se marcha la fiera con ánimo afligido; así Ayax se alejaba entonces de los teucros, contrariado y con el corazón entristecido, porque temía mucho por las naves aqueas. De la suerte que un tardo asno se acerca á un campo, y venciendo la resistencia de los niños que rompen en sus espaldas muchas varas, penetra en él y destroza las crecidas mieses; los muchachos lo apalean; pero, como su fuerza es poca, sólo consiguen echarlo con trabajo, después que se ha hartado de comer; de la misma manera los animosos troyanos y sus auxiliares venidos de lejas tierras perseguían al gran Ayax, hijo de Telamón, y le golpeaban el escudo con las lanzas. Ayax unas veces mostraba su impetuoso valor, y revolviendo detenía las falanges de los teucros, domadores de caballos; otras, tornaba á huir; y moviéndose con furia entre los teucros y los aqueos, conseguía que los enemigos no se encaminasen á las naves. Las lanzas que manos audaces despedían, se clavaban en el gran escudo ó caían en el suelo delante del héroe, codiciosas de su carne.

575 Cuando Eurípilo, preclaro hijo de Evemón, vió que Ayax estaba tan abrumado por los tiros, se colocó á su lado, arrojó la reluciente lanza y se la clavó en el hígado, debajo del diafragma, á Apisaón Fausíada, pastor de hombres, dejándole sin vigor las rodillas. Corrió en seguida hacia él y se puso á quitarle la armadura. Pero advirtiólo Alejandro, y disparando la ballesta contra Eurípilo logró herirle en el muslo derecho: la caña de la saeta se rompió, quedó colgando y apesgaba el muslo del guerrero. Éste retrocedió al grupo de sus amigos, para evitar la muerte; y dando grandes voces, decía á los dánaos:

587 «¡Oh amigos, capitanes y príncipes de los argivos! Deteneos, volved la cara al enemigo, y librad de la muerte á Ayax que está abrumado por los tiros y no creo que escape con vida del horrísono combate. Rodead al gran Ayax, hijo de Telamón.»

592 Tales fueron las palabras de Eurípilo al sentirse herido, y ellos se colocaron junto al mismo con los escudos

sobre los hombros y las picas levantadas. Ayax, apenas se juntó con sus compañeros, detúvose y volvió la cara á los teucros. Y siguieron combatiendo con el ardor de encendido fuego.

597 En tanto, las yeguas de Neleo, cubiertas de sudor, sacaban del combate á Néstor y á Macaón, pastor de pueblos. Reconoció al último el divino Aquiles, el de los pies ligeros, que desde lo alto de la ingente nave contemplaba la gran derrota y deplorable fuga, y en seguida llamó, desde allí mismo, á Patroclo, su compañero: oyóle éste, y, parecido á Marte, salió de la tienda. Tal fué el origen de su desgracia. El esforzado hijo de Menetio habló el primero, diciendo:

606 «¿Por qué me llamas, Aquiles? ¿Necesitas de mí?» Respondió Aquiles, el de los pies ligeros:

608 «¡Noble hijo de Menetio, carísimo á mi corazón! Ahora espero que los aquivos vendrán á suplicarme y se postrarán á mis plantas, porque no es llevadera la necesidad en que se hallan. Pero ve Patroclo, caro á Júpiter, y pregunta á Néstor quién es el herido que saca del combate. Por la espalda tiene gran parecido con Macaón, hijo de Esculapio, pero no le vi el rostro; pues las yeguas, deseosas de llegar cuanto antes, pasaron rápidamente por mi lado.»

616 Dijo. Patroclo obedeció al amado compañero y se fué corriendo á las tiendas y naves aqueas.

618 Cuando aquéllos hubieron llegado á la tienda del Nelida, descendieron del carro al almo suelo, y Eurimedonte, servidor del anciano, desunció los corceles. Néstor y Macaón dejaron secar el sudor que mojaba sus lorigas, poniéndose al soplo del viento en la orilla del mar; y penetrando luego en la tienda, se sentaron en sillas. Entonces les preparó una mixtura Hecamede, la de hermosa cabellera, hija del magnánimo Arsínoo, que el anciano se había llevado de Ténedos cuando Aquiles entró á saco esta ciudad: los aqueos se la adjudicaron á Néstor, que á todos superaba en el consejo. Hecamede acercó una mesa magnífica, de pies de acero, pulimentada; y puso encima una fuente de bronce con cebolla, manjar propio para la bebida, miel reciente y sacra harina de flor, y una bella copa guarnecida de áureos clavos que el anciano se llevara de su palacio y tenía cuatro asas—cada una entre dos palomas de oro—y dos sustentáculos. Á otro anciano le hubiese sido difícil mover esta copa cuando después de llenarla se ponía en la mesa, pero Néstor la levantaba sin esfuerzo. En ella la mujer, que parecía una diosa, les preparó la bebida: echó vino de Pramnio, raspó queso de cabra con un rallo de bronce, espolvoreó la mezcla con blanca harina y les invitó á beber así que tuvo compuesta la mixtura. Ambos bebieron, y apagada la abrasadora sed, se entregaban al deleite de la conversación cuando Patroclo, varón igual á un dios, apareció en la puerta. Vióle el anciano; y levantándose del vistoso asiento, le asió de la mano, le hizo entrar y le rogó que se sentara; pero Patroclo se excusó diciendo:

648 «No puedo sentarme, anciano alumno de Júpiter; no lograrás convencerme. Respetable y temible es quien me envía á preguntar á cuál guerrero trajiste herido; pero ya lo sé, pues estoy viendo á Macaón, pastor de hombres. Voy á llevar, como mensajero, la noticia á Aquiles. Bien sabes tú, anciano alumno de Júpiter, lo violento que es aquel hombre y cuán pronto culparía hasta á un inocente.»

655 Respondióle Néstor, caballero gerenio: «¿Cómo es que Aquiles se compadece de los aqueos que han recibido heridas? ¡No sabe en qué aflicción está sumido el ejército! Los más fuertes, heridos unos de cerca y otros de lejos, yacen en las naves. Con arma arrojadiza fué herido el poderoso Diomedes Tidida; con la pica, Ulises, famoso por su lanza, y Agamenón; á Eurípilo flecháronle en el muslo, y acabo de sacar del combate á este otro, herido también por una saeta que el arco despidiera. Pero Aquiles, á pesar de su valentía, ni se cura de los dánaos ni se apiada de ellos. ¿Aguarda acaso que las veleras naves sean devoradas por el fuego enemigo en la orilla del mar, sin que los argivos puedan impedirlo, y que unos en pos de otros sucumbamos todos? Ya el vigor de mis ágiles miembros no es el de antes. Ojalá fuese tan joven y mis fuerzas tan robustas como cuando en la contienda surgida entre los eleos y los pilios por el robo de bueyes, maté á Itimoneo, hijo valiente de Hipéroco, que vivía en la Élide, y tomé represalias. Itimoneo defendía sus vacas, pero cayó en tierra entre los primeros, herido por el dardo que le arrojara mi mano, y los demás campesinos huyeron espantados. En aquel campo logramos un espléndido botín: cincuenta vacadas, otras tantas manadas de ovejas, otras tantas piaras de cerdos, otros tantos rebaños copiosos de cabras y ciento cincuenta yeguas bayas, muchas de ellas con sus potros. Aquella misma noche lo llevamos á Pilos, ciudad de Neleo, y éste se alegró en su corazón de que me correspondiera una gran parte, á pesar de ser yo tan joven cuando fuí al combate. Al alborear, los heraldos pregonaron con voz sonora que se presentaran todos aquellos á quienes se les debía algo en la divina Élide, y los caudillos pilios repartieron el botín. Con muchos de nosotros estaban en deuda los epeos, pues como en Pilos éramos pocos, nos ofendían; y en años anteriores había venido el fornido Hércules, que nos maltrató y dió muerte á los principales ciudadanos. De los doce hijos de Neleo, tan sólo yo quedé con vida; todos los demás perecieron. Engreídos los epeos, de broncíneas lorigas, por tales hechos, nos insultaban y urdían contra nosotros inicuas acciones.—El anciano Neleo tomó entonces un rebaño de bueyes y otro de trescientas cabras con sus pastores, por la gran deuda que tenía que cobrar en la divina Élide: había enviado cuatro corceles, vencedores en anteriores juegos, uncidos á un carro, para aspirar al premio de la carrera, el cual consistía en un trípode. Y Augías, rey de hombres, se quedó con ellos y despidió al auriga, que se fué triste por lo ocurrido. Airado por tales insultos y acciones, el anciano escogió muchas cosas y dió lo restante al pueblo, encargando que se distribuyera y que nadie se viese privado de su respectiva porción. Hecho el reparto, ofrecimos en la ciudad sacrificios á los dioses.—Tres días después se presentaron muchos epeos con carros tirados por solípedos caballos y toda la hueste reunida; y entre sus guerreros figuraban ambos Molíones, que entonces eran niños y no habían mostrado aún su impetuoso valor. Hay una ciudad llamada Trioesa, en la cima de un monte contiguo al Alfeo, en los confines de la arenosa Pilos: los epeos quisieron destruirla y la sitiaron. Mas así que hubieron atravesado la llanura, Minerva descendió presurosa del Olimpo, cual nocturna mensajera, para que tomáramos las armas, y no halló en Pilos un pueblo indolente, pues todos sentíamos vivos deseos de combatir. Á mí, Neleo no me dejaba vestir las armas y me escondió los caballos, no teniéndome por suficientemente instruído en las cosas de la guerra. Y con todo eso, sobresalí, siendo infante, entre los nuestros, que combatían en carros; pues fué Minerva la que me llevó al combate. Hay un río nombrado Minieo, que desemboca en el mar cerca de Arena: allí los caudillos de los pilios aguardamos que apareciera la divinal Aurora, y en tanto afluyeron los infantes. Reunidos todos y vestida la armadura, marchamos, llegando al mediodía á la sagrada corriente del Alfeo. Hicimos hermosos sacrificios al prepotente Júpiter, inmolamos un toro al Alfeo, otro á Neptuno y una gregal vaca á Minerva, la de los brillantes ojos; cenamos sin romper las filas, y dormimos, con la armadura puesta, á orillas del

río. Los magnánimos epeos estrechaban el cerco de la ciudad, deseosos de destruirla; pero antes de lograrlo se les presentó una gran acción de guerra. Cuando el resplandeciente sol apareció en lo alto, trabamos la batalla, después de orar á Júpiter y á Minerva. Y en la lucha de los pilios con los epeos, fuí el primero que maté á un hombre, al belicoso Mulio, cuyos solípedos corceles me llevó. Era este guerrero yerno de Augías, por estar casado con la rubia Agamede, la hija mayor, que conocía cuantas drogas produce la vasta tierra. Y acercándome á él, le envasé la broncínea lanza, le derribé en el polvo, salté á su carro y me coloqué entre los combatientes delanteros. Los magnánimos epeos huyeron en desorden, aterrorizados de ver en el suelo al hombre que mandaba á los que combatían en carros y tan fuerte era en la batalla. Lancéme á ellos cual obscuro torbellino; tomé cincuenta carros, venciendo con mi lanza y haciendo morder la tierra á los dos guerreros que en cada uno venían; y hubiera matado á entrambos Molíones Actóridas, si su padre, el poderoso Neptuno, que conmueve la tierra, no los hubiese salvado, envolviéndolos en espesa niebla y sacándolos del combate. Entonces Júpiter concedió á los pilios una gran victoria. Perseguimos á los eleos por la espaciosa llanura, matando hombres y recogiendo magníficas armas, hasta que nuestros corceles nos llevaron á Buprasio, la roca Olenia y Alisio, al sitio llamado la colina, donde Minerva hizo que el ejército se volviera. Allí dejé tendido al último hombre que maté. Cuando desde Buprasio dirigieron los aqueos los rápidos corceles á Pilos, todos daban gracias á Júpiter entre los dioses y á Néstor entre los hombres. Tal era yo entre los guerreros, si todo no ha sido un sueño.—Pero del valor de Aquiles sólo se aprovechará él mismo, y creo que ha de ser grandísimo su llanto cuando el ejército perezca. ¡Oh amigo! Menetio te hizo un encargo el día en que te envió desde Ptía á Agamenón; estábamos en el palacio con el divino Ulises y oímos cuanto aquél te dijo. Nosotros, que entonces reclutábamos tropas en la fértil Acaya, habíamos llegado al palacio de Peleo, que abundaba de gente, donde encontramos al héroe Menetio, á ti y á Aquiles. Peleo, el anciano jinete, quemaba dentro del patio pingües muslos de buey en honor de Júpiter, que se complace en lanzar rayos; y con una copa de oro vertía el negro vino en la ardiente llama, mientras vosotros preparabais la carne de los bueyes. Nos detuvimos en el vestíbulo; Aquiles se levantó sorprendido, y cogiéndonos de la mano nos introdujo, nos hizo sentar y nos ofreció presentes de hospitalidad, como se acostumbra hacer con los forasteros. Satisficimos de bebida y de comida al apetito, y empecé á exhortaros para que os vinierais con nosotros; ambos lo anhelabais y vuestros padres os daban muchos consejos. El anciano Peleo recomendaba á su hijo Aquiles que descollara siempre y sobresaliera entre los demás, y á su vez Menetio, hijo de Áctor, te aconsejaba así: *¡Hijo mío! Aquiles te aventaja por su abolengo, pero tú le superas en edad, aquél es mucho más fuerte, pero hazle prudentes advertencias, amonéstale é instrúyele y te obedecerá para su propio bien.* Así te aconsejaba el anciano, y tú lo olvidas. Pero aún podrías recordárselo al aguerrido Aquiles y quizás lograras persuadirle. ¿Quién sabe si con la ayuda de algún dios conmoverías su corazón? Gran fuerza tiene la exhortación de un amigo. Y si se abstiene de combatir por algún vaticinio que su madre enterada por Jove le ha revelado, que á lo menos te envíe á ti con los demás mirmidones, por si llegas á ser la aurora de salvación de los dánaos, y te permita llevar en el combate su magnífica armadura para que los teucros te confundan con él y cesen de pelear, los belicosos aqueos que tan abatidos están se reanimen, y la batalla tenga su tregua, aunque sea por breve tiempo. Vosotros que no os halláis extenuados de fatiga, rechazaríais fácilmente de las naves y tiendas hacia la ciudad á esos hombres que de pelear están cansados.»

804 Dijo, y conmovióle el corazón. Patroclo fuése corriendo por entre las naves para volver á la tienda de Aquiles Eácida. Mas cuando llegó á los bajeles del divino Ulises—allí se celebraban las juntas y se administraba justicia ante los altares erigidos á los dioses—regresaba del combate, cojeando, el noble Eurípilo Evemónida, que había recibido un flechazo en el muslo: abundante sudor corría por su cabeza y sus hombros, y la negra sangre brotaba de la grave herida, pero su inteligencia permanecía firme. Vióle el esforzado hijo de Menetio, se compadeció de él, y suspirando dijo estas aladas palabras:

816 «¡Ah infelices caudillos y príncipes de los dánaos! ¡Así debíais en Troya, lejos de los amigos y de la patria, saciar con vuestra blanca grasa á los ágiles perros! Pero dime, héroe Eurípilo, alumno de Júpiter: ¿Podrán los aqueos sostener el ataque del ingente Héctor, ó perecerán vencidos por su lanza?»

822 Respondióle Eurípilo herido: «¡Patroclo, de jovial linaje! Ya no hay defensa para los aqueos que corren á refugiarse en las negras naves. Cuantos fueron hasta aquí los más valientes, yacen en sus bajeles, heridos unos de cerca y otros de lejos por los teucros, cuya fuerza va en aumento. Pero, ¡sálvame! Llévame á la negra nave, arráncame la flecha del muslo, lava con agua tibia la negra sangre que fluye de la herida y ponme en ella drogas calmantes y salutíferas que, según dicen, te dió á conocer Aquiles, instruído por Quirón, el más justo de los Centauros. Pues de los dos médicos, Podalirio y Macaón, el uno creo que está herido en su tienda, y á su vez necesita de un buen médico, y el otro sostiene vivo combate en la llanura troyana.»

837 Contestó el esforzado hijo de Menetio: «¿Cómo acabará esto? ¿Qué haremos, héroe Eurípilo? Iba á decir al aguerrido Aquiles lo que Néstor gerenio, protector de los aqueos, me encargó; pero no te dejaré así, abrumado por el dolor.»

842 Dijo; y cogiendo al pastor de hombres por el pecho, llevólo á la tienda. El escudero, al verlos venir, extendió en el suelo pieles de buey. Patroclo recostó en ellas á Eurípilo y sacó del muslo, con la daga, la aguda y acerba flecha; y después de lavar con agua tibia la negra sangre, espolvoreó la herida con una raíz amarga y calmante que previamente había desmenuzado con la mano. La raíz calmó el dolor, secóse la herida y la sangre dejó de correr.

CANTO XII
COMBATE EN LA MURALLA

1 En tanto el fuerte hijo de Menetio curaba, dentro de la tienda, la herida de Eurípilo, acometíanse confusamente argivos y teucros. Ya no había de contener á éstos ni el foso ni el ancho muro que al borde del mismo construyeron los dánaos, sin ofrecer á los dioses hecatombes perfectas, para que los defendiera á ellos con las veleras naves y el mucho botín que dentro se guardaba. Levantado el muro contra la voluntad de los inmortales dioses, no debía subsistir largo tiempo. Mientras vivió Héctor, estuvo Aquiles irritado y la ciudad del rey Príamo no fué expugnada, la gran muralla de los aqueos se mantuvo firme. Pero cuando hubieron muerto los más valientes teucros, de los argivos, unos perecieron y otros se salvaron, la ciudad de Príamo fué destruída en el décimo año, y los argivos se embarcaron para regresar á su patria; Neptuno y Apolo decidieron arruinar el muro con la fuerza de los ríos que corren de los montes ideos al mar: el Reso, el Heptáporo, el Careso, el Rodio, el Gránico, el Esepo, el divino Escamandro y el Símois, en cuya ribera cayeron al polvo muchos cascos, escudos de boyuno cuero y la generación de los hombres semidioses.—Febo Apolo desvió el curso de los ríos y dirigió sus corrientes á la muralla por espacio de nueve días, y Júpiter no cesó de llover para que más presto se sumergiese en el mar. Iba al frente de aquéllos el mismo Neptuno, que bate la tierra, con el tridente cn la mano, y tiró á las olas los cimientos de troncos y piedras que con tanta fatiga echaron los aquivos, arrasó la orilla del Helesponto, de rápida corriente, enarenó la gran playa en que estuvo el destruído muro, y volvió los ríos á los cauces por donde discurrían sus cristalinas aguas.

34 De tal modo Neptuno y Apolo debían obrar más tarde. Entonces ardía el clamoroso combate al pie del bien labrado muro, y las vigas de las torres resonaban al chocar de los dardos. Los argivos, vencidos por el azote de Júpiter, encerrábanse en el cerco de las cóncavas naves por miedo á Héctor, cuya valentía les causaba la derrota, y éste seguía peleando y parecía un torbellino. Como un jabalí ó un león se revuelve, orgulloso de su fuerza, entre perros y cazadores que agrupados le tiran muchos venablos—la fiera no siente en su ánimo audaz ni temor ni espanto, y su propio valor la mata—y va de un lado á otro, probando, y se apartan aquéllos hacia los que se dirige; de igual modo agitábase Héctor entre la turba y exhortaba á sus compañeros á pasar el foso. Los corceles, de pies ligeros, no se atrevían á hacerlo, y parados en el borde relinchaban, porque el ancho foso les daba horror. No era fácil, en efecto, salvarlo ni atravesarlo, pues tenía escarpados precipicios á uno y otro lado, y en su parte alta grandes y puntiagudas estacas, que los aqueos clavaron espesas para defenderse de los enemigos. Un caballo tirando de un carro de hermosas ruedas difícilmente hubiera entrado en el foso, y los peones meditaban si podrían realizarlo. Entonces llegóse Polidamante al audaz Héctor, y dijo:

61 «¡Héctor y demás caudillos de los troyanos y sus auxiliares! Dirigimos imprudentemente los caballos al foso, y éste es muy difícil de pasar, porque está erizado de agudas estacas y á lo largo de él se levanta el muro de los aqueos. Allí no podríamos apearnos del carro ni combatir, pues se trata de un sitio estrecho donde temo que pronto seríamos heridos. Si Júpiter altitonante, meditando males contra los aqueos, quiere destruirlos completamente para favorecer á los teucros, deseo que lo realice cuanto antes y que aquéllos perezcan sin gloria en esta tierra, lejos de Argos. Pero si los aqueos se volviesen, y viniendo de las naves nos obligaran á repasar el profundo foso, me figuro que ni un mensajero podría retornar á la ciudad, huyendo de los aqueos que nuevamente entraran en combate. Ea, obremos todos como voy á decir. Los escuderos tengan los caballos en la orilla del foso y nosotros sigamos á Héctor á pie, con armas y en batallón cerrado, pues los aqueos no resistirán el ataque si sobre ellos pende la ruina.»

80 Así habló Polidamante, y su prudente consejo plugo á Héctor, el cual, en seguida y sin dejar las armas, saltó del carro á tierra. Los demás teucros tampoco permanecieron en sus carros; pues así que vieron que el divino Héctor lo dejaba, apeáronse todos, mandaron á los aurigas que pusieran los caballos en línea junto al foso, y agrupándose formaron cinco batallones que, regidos por sus respectivos jefes, emprendieron la marcha.

88 Iban con Héctor y Polidamante los más y mejores, que anhelaban romper el muro y pelear cerca de las cóncavas naves; su tercer jefe era Cebrión, porque Héctor había dejado á otro auriga inferior para cuidar del carro. De otro batallón eran caudillos Paris, Alcátoo y Agenor. El tercero lo mandaban Heleno y el deiforme Deífobo, hijos de Príamo, y el héroe Asio Hirtácida, que había venido de Arisbe, de las orillas del río Seleente, en un carro tirado por altos y fogosos corceles. El cuarto lo regía Eneas, valiente hijo de Anquises, y con él Arquéloco y Acamante, hijos de Antenor, diestros en toda suerte de combates. Por último, Sarpedón se puso al frente de los ilustres aliados, eligiendo por compañeros á Glauco y al belígero Asteropeo, á quienes tenía por los más valientes después de sí mismo, pues él descollaba entre todos. Tan pronto como hubieron embrazado los fuertes escudos y cerrado las filas, marcharon animosos contra los dánaos; y esperaban que éstos, lejos de oponer resistencia, se refugiarían en las negras naves.

108 Todos los troyanos y sus auxiliares venidos de lejas tierras, siguieron el consejo del eximio Polidamante, menos Asio Hirtácida, príncipe de hombres, que negándose á dejar el carro y al auriga, se acercó con ellos á las veleras naves. ¡Insensato! No había de librarse de la funesta muerte, ni volver, ufano de sus corceles y de su carro, de las naves á la ventosa Ilión; porque su hado infausto le hizo morir atravesado por la lanza del ilustre Idomeneo Deucálida. Fuése, pues, hacia la izquierda de las naves, al sitio por donde los aqueos solían volver de la llanura con los caballos y carros; hacia aquel lugar dirigió los corceles, y no halló las puertas cerradas y aseguradas con el gran cerrojo, porque unos hombres las tenían abiertas, con el fin de salvar á los compañeros que, huyendo del combate, llegaran á las naves. Á aquel paraje enderezó los caballos, y los demás le siguieron dando agudos gritos, porque esperaban que los aqueos, en vez de oponer resistencia, se refugiarían en las negras naves. ¡Insensatos! En las puertas encontraron á dos valentísimos guerreros hijos gallardos de los belicosos lapitas: el esforzado Polipetes, hijo de Pirítoo, y Leonteo, igual á Marte, funesto á los mortales. Ambos estaban delante de las altas puertas, como encinas de elevada copa que, fijas al suelo por raíces gruesas y extensas, desafían constantemente el viento y xla lluvia; de igual manera aquéllos, confiando en sus manos y en su valor, aguardaron la llegada del gran Asio y no huyeron. Los teucros se encaminaron con gran alboroto al bien construído muro, levantando los escudos de secas pieles de buey, mandados por el rey Asio, Yámeno, Orestes, Adamante Asíada, Toón y Enomao. Polipetes y Leonteo hallábanse dentro é instigaban á los aqueos, de hermosas

grebas, á pelear por las naves; mas así que vieron á los teucros atacando la muralla y á los dánaos en clamorosa fuga, salieron presurosos á combatir delante de las puertas, semejantes á montaraces jabalíes que en el monte son objeto de la acometida de hombres y canes, y en curva carrera tronchan y arrancan de raíz las plantas de la selva, dejando oir el crujido de sus dientes, hasta que los hombres, tirándoles venablos, les quitan la vida; de parecido modo resonaba el luciente bronce en el pecho de los héroes á los golpes que recibían, pues peleaban con gran denuedo, confiando en los guerreros de encima de la muralla y en su propio valor. Desde las torres bien construídas los aqueos tiraban piedras para defenderse á sí mismos, las tiendas y las naves de ligero andar. Como caen al suelo los copos de nieve que impetuoso viento, agitando las pardas nubes, derrama en abundancia sobre la fértil tierra; así llovían los dardos que arrojaban aqueos y teucros, y los cascos y abollonados escudos sonaban secamente al chocar con ellos las ingentes piedras. Entonces Asio Hirtácida, dando un gemido y golpeándose el muslo, exclamó indignado:

162 «¡Padre Júpiter! Muy falaz te has vuelto, pues yo no esperaba que los héroes aqueos opusieran resistencia á nuestro valor é invictas manos. Como las abejas ó las flexibles avispas que han anidado en fragoso camino y no abandonan su hueca morada al acercarse los cazadores, sino que luchan por los hijuelos; así aquéllos, con ser dos solamente, no quieren retirarse de las puertas mientras no perezcan, ó la libertad no pierdan.»

173 Tal dijo; pero sus palabras no cambiaron la mente de Jove, que deseaba conceder tal gloria á Héctor.

175 Otros peleaban delante de otras puertas, y me sería difícil, no siendo un dios, contarlo todo. Por doquiera ardía el combate al pie del lapídeo muro; los argivos, aunque llenos de angustia, veíanse obligados á defender las naves; y estaban apesarados todos los dioses que en la guerra protegían á los dánaos. Entonces fué cuando los lapitas empezaron el combate y la refriega.

182 El fuerte Polipetes, hijo de Pirítoo, hirió á Dámaso con la lanza á través del casco de broncíneas carrilleras: el casco de bronce no detuvo á aquélla cuya punta, de bronce también, rompió el hueso; conmovióse el cerebro, y el guerrero sucumbió mientras combatía con denuedo. Aquél mató luego á Pilón y á Órmeno. Leonteo, hijo de Antímaco y vástago de Marte, arrojó un dardo á Hipómaco y se lo clavó junto al ceñidor; luego desenvainó la aguda espada, y acometiendo por en medio de la muchedumbre á Antífates, le hirió y le tumbó de espaldas; y después derribó sucesivamente á Menón, Yámeno y Orestes, que fueron cayendo al almo suelo.

195 Mientras ambos héroes quitaban á los muertos las lucientes armas, adelantaron la marcha con Polidamante y Héctor los más y más valientes de los jóvenes, que sentían un vivo deseo de romper el muro y pegar fuego á las naves. Pero detuviéronse indecisos en la orilla del foso, cuando ya se disponían á atravesarlo, por haber aparecido encima de ellos y á su derecha una ave agorera: Un águila de alto vuelo, llevando en las garras un enorme dragón sangriento, vivo, palpitante, que no había olvidado la lucha, pues encorvándose hacia atrás hirióla en el pecho, cerca del cuello. El águila, penetrada de dolor, dejó caer el dragón en medio de la turba; y chillando, voló con la rapidez del viento. Los teucros estremeciéronse al ver la manchada sierpe, prodigio de Júpiter, que lleva la égida. Entonces acercóse Polidamante al audaz Héctor, y le dijo:

211 «¡Héctor! Siempre me increpas en las juntas, aunque lo que proponga sea bueno; mas no es decoroso que un ciudadano hable en las reuniones ó en la guerra contra lo debido, sólo para acrecentar tu poder. También ahora he de manifestar lo que considero conveniente. No vayamos á combatir con los dánaos cerca de las naves. Creo que nos ocurrirá lo que diré si vino realmente para los teucros, cuando deseaban atravesar el foso, esta ave agorera: Un águila de alto vuelo, á la derecha, llevando en las garras un enorme dragón sangriento y vivo, que hubo de soltar pronto antes de llegar al nido y darlo á los polluelos. De semejante modo, si con gran ímpetu rompemos ahora las puertas y el muro, y los aqueos retroceden, luego no nos será posible volver de las naves en buen orden por el mismo camino; y dejaremos á muchos teucros tendidos en el suelo, á los cuales los aquivos, combatiendo en defensa de sus naves, habrán matado con las broncíneas armas. Así lo interpretaría un augur que, por ser muy entendido en prodigios, mereciera la confianza del pueblo.»

230 Encarándole la torva vista, respondió Héctor, de tremolante casco: «¡Polidamante! No me place lo que propones y podías haber pensado algo mejor. Si realmente hablas con seriedad, los mismos dioses te han hecho perder el juicio; pues me aconsejas que, olvidando las promesas que Júpiter tonante me hizo y ratificó luego, obedezca á las aves aliabiertas, de las cuales no me cuido ni en ellas paro mientes, sea que vayan hacia la derecha por donde aparecen la Aurora y el Sol, sea que se dirijan á la izquierda, al tenebroso ocaso. Confiemos en las promesas del gran Júpiter que reina sobre todos, mortales é inmortales. El mejor agüero es este: combatir por la patria. ¿Por qué te dan miedo el combate y la pelea? Aunque los demás fuéramos muertos en las naves argivas, no debieras temer por tu vida; pues ni tu corazón es belicoso, ni te permite aguardar á los enemigos. Y si dejas de luchar, ó con tus palabras logras que otro se abstenga, pronto perderás la vida, herido por mi lanza.»

251 Dijo, y echó á andar. Siguiéronle todos con fuerte gritería, y Júpiter, que se complace en lanzar rayos, enviando desde los montes ideos un viento borrascoso, levantó gran polvareda en las naves, abatió el ánimo de los aqueos, y dió gloria á los teucros y á Héctor, que, fiados en las prodigiosas señales del dios y en su propio valor, intentaban romper la gran muralla aquea. Arrancaban las almenas de las torres, demolían los parapetos y derribaban los zócalos salientes que los aqueos habían hecho estribar en el suelo para que sostuvieran las torres. También tiraban de éstas, con la esperanza de romper el muro de los aqueos. Mas los dánaos no les dejaban libre el camino; y protegiendo los parapetos con boyunas pieles, herían desde allí á los enemigos que al pie de la muralla se encontraban.

265 Los dos Ayaces recorrían las torres, animando á los aqueos y excitando su valor; á todas partes iban, y á uno le hablaban con suaves palabras y á otro le reñían con duras frases porque flojeaba en el combate:

269 «¡Amigos, ya seais preeminentes, mediocres ó los peores, pues los hombres no son iguales en la guerra! Ahora el trabajo es común á todos y vosotros mismos lo conocéis. Que nadie se vuelva atrás, hacia los bajeles, por oir las amenazas de un teucro; id adelante y animaos mutuamente por si Júpiter olímpico, fulminador, nos permite rechazar el ataque y perseguir á los enemigos hasta la ciudad.»

277 Dando tales voces animaban á los aqueos para que combatieran. Cuan espesos caen los copos de nieve cuando en el invierno Júpiter decide nevar, mostrando sus armas á los hombres; y adormeciendo á los vientos, nieva

incesantemente hasta que cubre las cimas y los riscos de los montes más altos, las praderas cubiertas de loto y los fértiles campos cultivados por el hombre; y la nieve se extiende por los puertos y playas del espumoso mar, y únicamente la detienen las olas, pues todo lo restante queda cubierto cuando arrecia la nevada de Júpiter: así, tan espesas, volaban las piedras por ambos lados, las unas hacia los teucros y las otras de éstos á los aqueos, y el estrépito se elevaba sobre todo el muro.

290 Mas los teucros y el esclarecido Héctor no habrían roto aún las puertas de la muralla y el gran cerrojo, si el próvido Júpiter no hubiese incitado á su hijo Sarpedón contra los argivos, como á un león contra bueyes de retorcidos cuernos. Sarpedón levantó el escudo liso, hermoso, protegido por planchas de bronce, obra de un broncista que sujetó muchas pieles de buey con varitas de oro prolongadas por ambos lados hasta el borde circular; alzando, pues, la rodela y blandiendo un par de lanzas, se puso en marcha como el montaraz león que en mucho tiempo no ha probado la carne y su ánimo audaz le impele á acometer un rebaño de ovejas yendo á la alquería sólidamente construída; y aunque en ella encuentre hombres que, armados con venablos y provistos de perros, guardan las ovejas, no quiere que le echen del establo sin intentar el ataque, hasta que saltando dentro, ó consigue hacer presa ó es herido por un venablo que ágil mano le arroja; del mismo modo, el deiforme Sarpedón se sentía impulsado por su ánimo á asaltar el muro y destruir los parapetos. Y en seguida dijo á Glauco, hijo de Hipóloco:

310 «¡Glauco! ¿Por qué á nosotros nos honran en la Licia con asientos preferentes, manjares y copas de vino, y todos nos miran como á dioses, y poseemos campos grandes y magníficos á orillas del Janto, con viñas y tierras de pan llevar? Preciso es que ahora nos sostengamos entre los más avanzados y nos lancemos á la ardiente pelea, para que diga alguno de los licios, armados de fuertes corazas: *No sin gloria imperan nuestros reyes en la Licia; y si comen pingües ovejas y beben exquisito vino, dulce como la miel, también son esforzados, pues combaten al frente de los licios.* ¡Oh amigo! Ojalá que huyendo de esta batalla, nos libráramos de la vejez y de la muerte, pues ni yo me batiría en primera fila, ni te llevaría á la lid, donde los varones adquieren gloria; pero como son muchas las muertes que penden sobre los mortales, sin que éstos puedan huir de ellas ni evitarlas, vayamos y daremos gloria á alguien, ó alguien nos la dará á nosotros.»

329 Así dijo; y Glauco ni retrocedió ni fué desobediente. Ambos fueron adelante en línea recta, siguiéndoles la numerosa tropa de los licios.

331 Estremecióse al advertirlo Menesteo, hijo de Peteo, pues se encaminaban hacia su torre, llevando consigo la ruina. Ojeó la cohorte de los aqueos, por si divisaba á algún jefe que librara del peligro á los compañeros, y distinguió á entrambos Ayaces, incansables en el combate, y á Teucro, recién salido de la tienda, que se hallaban cerca. Pero no podía hacerse oir por más que gritara, porque era tanto el estrépito que el ruido de los escudos al parar los golpes, el de los cascos guarnecidos con crines de caballo, y el de las puertas, llegaba al cielo; todas las puertas se hallaban cerradas, y los teucros, detenidos por las mismas, intentaban penetrar rompiéndolas á viva fuerza. Y Menesteo decidió enviar á Tootes, el heraldo, para que llamase á Ayax:

343 «Ve, divino Tootes, y llama corriendo á Ayax ó mejor á los dos; esto sería preferible, pues pronto habrá aquí gran estrago. ¡Tal carga dan los caudillos licios, que siempre han sido sumamente impetuosos en las encarnizadas peleas! Y si también allí se ha promovido recio combate, venga por lo menos el esforzado Ayax Telamonio y sígale Teucro, excelente arquero.»

351 Tal dijo; y el heraldo oyóle y no desobedeció. Fuése corriendo á lo largo del muro de los aqueos, de broncíneas lorigas; se detuvo cerca de los Ayaces, y les habló en estos términos:

354 «¡Ayaces, jefes de los argivos, de broncíneas lorigas! El caro hijo de Peteo, alumno de Júpiter, os ruega que vayáis á tomar parte en la refriega, aunque sea por breve tiempo. Que fuerais los dos, sería preferible; pues pronto habrá allí gran estrago. ¡Tal carga dan los caudillos licios, que siempre han sido sumamente impetuosos en las encarnizadas peleas! Y si también aquí se ha promovido recio combate, vaya por lo menos el esforzado Ayax Telamonio y sígale Teucro, excelente arquero.»

364 Así habló; y el gran Ayax Telamonio no fué desobediente. En el acto dijo al de Oileo estas aladas palabras:

366 «¡Ayax! Vosotros, tú y el fuerte Licomedes, seguid aquí y alentad á los dánaos para que peleen con denuedo. Yo voy allá, combatiré con aquéllos, y volveré tan pronto como los haya socorrido.»

370 Dichas estas palabras, Ayax Telamonio partió, acompañado de Teucro, su hermano de padre, y de Pandión que llevaba el corvo arco de Teucro. Llegaron á la torre del magnánimo Menesteo, y penetrando en el muro, se unieron á los defensores, que ya se veían acosados; pues los caudillos y esforzados príncipes de los licios asaltaban los parapetos como un obscuro torbellino. Trabóse el combate y se produjo gran vocerío.

378 Fué Ayax Telamonio el primero que mató á un hombre, al magnánimo Epicles, compañero de Sarpedón, arrojándole una piedra grande y áspera que había en el muro cerca del parapeto. Difícilmente habría podido sospesarla con ambas manos uno de los actuales jóvenes, y aquél, la levantó y tirándola desde lo alto á Epicles, rompióle el casco de cuatro abolladuras y aplastóle los huesos de la cabeza; el teucro cayó de la elevada torre como salta un buzo, y el alma separóse de sus miembros. Teucro, desde lo alto de la muralla, disparó una flecha á Glauco, esforzado hijo de Hipóloco, que valeroso acometía; y dirigiéndola adonde vió que el brazo aparecía desnudo, le puso fuera de combate. Saltó Glauco y se alejó del muro, ocultándose para que ningún aqueo, al advertir que estaba herido, profiriera jactanciosas palabras. Apesadumbróse Sarpedón al notarlo; mas no por esto se olvidó de la pelea, pues habiendo alcanzado á Alcmaón Testórida, le envasó la lanza, que al punto volvió á sacar: el guerrero dió de ojos en el suelo, y las broncíneas labradas armas resonaron. Después, cogiendo con sus robustas manos un parapeto, tiró del mismo y lo arrancó entero; quedó el muro desguarnecido en su parte superior y con ello se abrió camino para muchos.

400 Pero en el mismo instante acertáronle á Sarpedón, Ayax y Teucro: éste atravesó con una flecha el lustroso correón del gran escudo, cerca del pecho; mas Júpiter apartó de su hijo la muerte, para que no sucumbiera junto á las naves; Ayax, arremetiendo, dió un bote de lanza en el escudo, penetró en éste la punta é hizo vacilar al héroe cuando se disponía para el ataque. Apartóse Sarpedón del parapeto; pero no se retiró, porque en su ánimo deseaba alcanzar gloria. Y volviéndose á los licios, iguales á los dioses, les exhortó diciendo:

409 «¡Oh licios! ¿Por qué se afloja tanto vuestro impetuoso valor? Difícil es que yo solo, aunque haya roto la muralla

y sea valiente, pueda abrir camino hasta las naves. Ayudadme todos, pues la obra de muchos siempre resulta mejor.»

413 Tales fueron sus palabras. Los licios, temiendo la reconvención del rey, junto con éste y con mayores bríos que antes, cargaron á los argivos; quienes, á su vez, cerraron las filas de las falanges dentro del muro, porque era grande la acción que se les presentaba. Y ni los bravos licios, á pesar de haber roto el muro de los dánaos, lograban abrirse paso hasta las naves; ni los belicosos dánaos podían rechazar de la muralla á los licios desde que á la misma se acercaron. Como dos hombres altercan, con la medida en la mano, sobre los lindes de campos contiguos y se disputan un pequeño espacio; así, licios y dánaos estaban separados por los parapetos, y por cima de los mismos hacían chocar ante los pechos las rodelas de boyuno cuero y los ligeros broqueles. Ya muchos combatientes habían sido heridos con el cruel bronce, unos en la espalda, que al volverse dejaron indefensa, otros á través del mismo escudo. Por doquiera torres y parapetos estaban regados con sangre de teucros y aqueos. Mas ni aun así los teucros hacían volver la espalda á los aqueos. Como una honrada obrera coge un peso y lana y los pone en los platillos de una balanza, equilibrándolos hasta que quedan iguales, para llevar á sus hijos el miserable salario; así el combate y la pelea andaban iguales para unos y otros, hasta que Júpiter quiso dar excelsa gloria á Héctor Priámida, el primero que asaltó el muro aqueo. El héroe, con pujante voz, gritó á los teucros:

440 «¡Acometed, teucros domadores de caballos! Romped el muro de los argivos y arrojad á las naves el fuego abrasador.»

442 De tal suerte habló para excitarlos. Escucháronle todos; y reunidos, fuéronse derechos al muro, subieron y pasaron por encima de las almenas, llevando siempre en las manos las afiladas lanzas.

445 Héctor cogió entonces una piedra de ancha base y aguda punta que había delante de la puerta: dos de los más forzudos hombres del pueblo, tales como son hoy, con dificultad hubieran podido cargarla en un carro; pero aquél la manejaba fácilmente, porque el hijo del artero Saturno la volvió liviana. Bien así como el pastor lleva en una mano el vellón de un carnero, sin que el peso le fatigue; Héctor, alzando la piedra, la conducía hacia las tablas que fuertemente unidas formaban las dos hojas de la alta puerta y estaban aseguradas por dos cerrojos puestos en dirección contraria, que abría y cerraba una sola llave. Héctor se detuvo delante de la puerta, separó los pies, y, estribando en el suelo para que el golpe no fuese débil, arrojó la piedra al centro de aquélla: rompiéronse ambos quiciales, cayó la piedra dentro por su propio peso, recrujieron las tablas, y como los cerrojos no ofrecieron bastante resistencia, desuniéronse las hojas y cada una se fué por su lado, al impulso de la piedra. El esclarecido Héctor, que por su aspecto á la rápida noche semejaba, saltó al interior: el bronce relucía de un modo terrible en torno de su cuerpo, y en la mano llevaba dos lanzas. Nadie, á no ser un dios, hubiera podido salirle al encuentro y detenerle cuando traspuso la puerta. Sus ojos brillaban como el fuego. Y volviéndose á la tropa, alentaba á los teucros para que pasaran la muralla. Obedecieron, y mientras unos asaltaban el muro, otros afluían á las bien construídas puertas. Los dánaos refugiáronse en las cóncavas naves y se promovió un gran tumulto.

CANTO XIII
BATALLA JUNTO Á LAS NAVES

1 Cuando Jove hubo acercado á Héctor y los teucros á las naves, dejó que sostuvieran el trabajo y la fatiga de la batalla; y desviando de los mismos los ojos refulgentes, miraba á lo lejos la tierra de los tracios, diestros jinetes; de los misios, que combaten de cerca; de los ilustres hipomolgos, que se alimentan con leche; y de los abios, los más justos de los hombres. Y ya no volvió á poner los brillantes ojos en Troya, porque su corazón no temía que inmortal alguno fuera á socorrer ni á los teucros ni á los dánaos.

10 Pero no en vano el poderoso Neptuno, que bate la tierra, estaba al acecho en la cumbre más alta de la selvosa Samotracia, contemplando la lucha y la pelea. Desde allí se divisaba todo el Ida, la ciudad de Príamo y las naves aqueas. En aquel sitio habíase sentado Neptuno al salir del mar, y compadecía á los aqueos, vencidos por los teucros, á la vez que cobraba gran indignación contra Júpiter.

17 Pronto Neptuno bajó del escarpado monte con ligera planta; las altas colinas y las selvas temblaban bajo los pies inmortales, mientras el dios iba andando. Dió tres pasos, y al cuarto arribó al término de su viaje, á Egas; allí, en las profundidades del mar, tenía palacios magníficos, de oro, resplandecientes é indestructibles. Luego que hubo llegado, unció al carro un par de corceles de cascos de bronce y áureas crines que volaban ligeros; y seguidamente envolvió su cuerpo en dorada túnica, tomó el látigo de oro hecho con arte, subió al carro y lo guió por cima de las olas. Debajo saltaban los cetáceos, que salían de sus latebras reconociendo al rey; el mar abría, gozoso, sus aguas, y los ágiles caballos con apresurado vuelo, sin dejar que el eje de bronce se mojara, conducían á Neptuno hacia las naves aqueas.

32 Hay una vasta gruta en lo hondo del profundo mar entre Ténedos y la escabrosa Imbros; y al llegar á la misma, Neptuno, que bate la tierra, detuvo los bridones, desunciólos del carro, dióles á comer un pasto divino, púsoles en los pies trabas de oro indestructibles é indisolubles, para que sin moverse de aquel sitio aguardaran su regreso, y se fué al ejército de los aquivos.

39 Los teucros, semejantes á una llama ó á una tempestad y poseídos de marcial furor, seguían apiñados á Héctor Priámida con alboroto y vocerío; y tenían esperanzas de tomar las naves y matar entre las mismas á todos los aqueos.

43 Mas Neptuno, que ciñe y bate la tierra, asemejándose á Calcas en el cuerpo y en la voz infatigable, incitaba á los argivos desde que salió del profundo mar, y dijo á los Ayaces, que ya estaban deseosos de combatir:

47 «¡Ayaces! Vosotros salvaréis á los aqueos si os acordáis de vuestro valor y no de la fuga horrenda. No me ponen en cuidado las audaces manos de los teucros que asaltaron en tropel la gran muralla, pues á todos resistirán los aqueos, de hermosas grebas; pero es de temer, y mucho, que padezcamos algún daño en esta parte donde aparece á la cabeza de los suyos el rabioso Héctor, semejante á una llama, el cual blasona de ser hijo del prepotente Júpiter. Una deidad levante el ánimo en vuestro pecho para resistir firmemente y exhortar á los demás; con esto podríais rechazar á Héctor de las naves, de ligero andar, por furioso que estuviera y aunque fuese el mismo Olímpico quien le instigara.»

59 Dijo así Neptuno, que ciñe y bate la tierra; y tocando á entrambos con el cetro, llenóles de fuerte vigor y agilitóles

todos los miembros y especialmente los pies y las manos. Y como el gavilán de ligeras alas se arroja desde altísima y abrupta peña, enderezando el vuelo á la llanura para perseguir á un ave; de aquel modo apartóse de ellos Neptuno, que bate la tierra. El primero que le reconoció fué el ágil Ayax de Oileo, quien dijo al momento á Ayax, hijo de Telamón:

68 «¡Ayax! Un dios del Olimpo nos instiga, transfigurado en adivino, á pelear cerca de las naves; pues ése no es Calcas, el inspirado augur: he observado las huellas que dejan sus plantas y su andar, y á los dioses se les reconoce fácilmente. En mi pecho el corazón siente un deseo más vivo de luchar y combatir, y mis manos y pies se mueven con impaciencia.»

76 Respondió Ayax Telamonio: «También á mí se me enardecen las audaces manos en torno de la lanza y mi fuerza aumenta y mis pies saltan, y deseo batirme con Héctor Priámida, cuyo furor es insaciable.»

81 Así éstos conversaban, alegres por el bélico ardor que una deidad puso en sus corazones.

83 En tanto, Neptuno, que ciñe la tierra, animaba á los aqueos de las últimas filas, que junto á las veleras naves reparaban las fuerzas. Tenían los miembros relajados por el penoso cansancio, y se les llenó el corazón de pesar cuando vieron que los teucros asaltaban en tropel la gran muralla: contemplábanlo con los ojos arrasados de lágrimas, y no creían escapar de aquel peligro. Pero Neptuno, que bate la tierra, intervino y reanimó fácilmente las esforzadas falanges. Fué primero á incitar á Teucro, Leito, el héroe Penéleo, Toante, Deípiro, Meriones y Antíloco, aguerridos campeones; y para alentarlos, les dijo estas aladas palabras:

95 «¡Qué vergüenza, argivos, jóvenes adolescentes! Figurábame que peleando conseguiríais salvar las naves; pero si cejáis en el funesto combate, ya luce el día en que sucumbiremos á manos de los teucros. ¡Oh dioses! Veo con mis ojos un prodigio grande y terrible que jamás pensé que llegara á realizarse. ¡Venir los troyanos á nuestros bajeles! Parecíanse antes á las medrosas ciervas que vagan por el monte, débiles y sin fuerza para la lucha, y son el pasto de chacales, panteras y lobos; semejantes á ellas, nunca querían los teucros afrontar á los aqueos, ni osaban resistir su valor y sus manos. Y ahora pelean lejos de la ciudad, junto á los bajeles, por la culpa del jefe y la indolencia de los hombres que, no obrando de acuerdo con él, se niegan á defender los navíos, de ligero andar, y reciben la muerte cerca de los mismos. Mas, aunque el poderoso Agamenón sea el verdadero culpable de todo, porque ultrajó al Pelida de pies ligeros, en modo alguno nos es lícito dejar de combatir. Remediemos con presteza el mal, que la mente de los buenos es aplacable. No es decoroso que decaiga vuestro impetuoso valor, siendo como sois los más valientes del ejército. Yo no increparía á un hombre tímido porque se abstuviera de pelear; pero contra vosotros se enciende en ira mi corazón. ¡Oh cobardes! Con vuestra indolencia, haréis que pronto se agrave el mal. Poned en vuestros pechos vergüenza y pundonor, ahora que se promueve esta gran contienda. Ya el fuerte Héctor, valiente en la pelea, batalla cerca de las naves y ha roto las puertas y el gran cerrojo.»

125 Con tales amonestaciones, el que ciñe la tierra instigó á los aqueos. Rodeaban á los Ayaces fuertes falanges que hubieran declarado irreprochables Marte y Minerva, que enardece á los guerreros, si por ellas se hubiesen entrado. Los tenidos por más valientes aguardaban á los teucros y al divino Héctor, y las astas y los escudos se tocaban en las cerradas filas: la rodela apoyábase en la rodela, el yelmo en otro yelmo, cada hombre en su vecino, y chocaban los penachos de crines de caballo y los lucientes conos de los cascos cuando alguien inclinaba la cabeza. ¡Tan apiñadas estaban las filas! Cruzábanse las lanzas, que blandían audaces manos, y ellos deseaban arremeter á los enemigos y trabar la pelea.

136 Los teucros acometieron unidos, siguiendo á Héctor que deseaba ir en derechura á los aqueos. Como la piedra insolente que cae de una cumbre y lleva consigo la ruina, porque se ha desgajado, cediendo á la fuerza de torrencial avenida causada por la mucha lluvia, y desciende dando tumbos con ruido que repercute en el bosque, corre segura hasta el llano, y allí se detiene, á pesar de su ímpetu; de igual modo, Héctor amenazaba con atravesar fácilmente por las tiendas y naves aqueas, matando siempre, y no detenerse hasta el mar; pero encontró las densas falanges, y tuvo que hacer alto después de un violento choque. Los aqueos le afrontaron; procuraron herirle con las espadas y lanzas de doble filo, y apartáronle de ellos; de suerte que fué rechazado, y tuvo que retroceder. Y con voz penetrante, gritó á los teucros:

150 «¡Troyanos, licios, dárdanos que cuerpo á cuerpo peleáis! Persistid en el ataque; pues los aqueos no resistirán largo tiempo, aunque se hayan formado en columna cerrada; y creo que mi lanza les hará retroceder pronto, si verdaderamente me impulsa el dios más poderoso, el tonante esposo de Juno.»

155 Con estas palabras les excitó á todos el valor y la fuerza. Entre los teucros iba muy ufano Deífobo Priámida, que se adelantaba, ligero y se cubría con el liso escudo. Meriones arrojóle una reluciente lanza, y no erró el tiro: acertó á dar en la rodela hecha de pieles de toro, sin conseguir atravesarla, porque aquélla se rompió en la unión del asta con el hierro. Deífobo apartó de sí el escudo, temiendo la lanza del aguerrido Meriones; y este héroe retrocedió al grupo de sus amigos, muy disgustado, así por la victoria perdida, como por la rotura del arma, y luego se encaminó á las tiendas y naves aqueas para tomar otra de las que en su bajel tenía.

169 Los demás batallaban, y una vocería inmensa se dejaba oir. Teucro Telamonio fué el primero que mató á un hombre, al belígero Imbrio, hijo de Méntor, rico en caballos. Antes de llegar los aquivos, Imbrio moraba en Pedeo con su esposa Medesicasta, hija bastarda de Príamo; mas cuando las corvas naves de los dánaos aportaron en Ilión, volvió á la ciudad, descolló entre los teucros y vivió en el palacio de Príamo, que le honraba como á sus propios hijos. Entonces el hijo de Telamón hirióle debajo de la oreja con la gran lanza, que retiró en seguida; y el guerrero cayó como el fresno nacido en una cumbre que desde lejos se divisa, cuando es cortado por el bronce y vienen al suelo sus tiernas hojas. Así cayó Imbrio, y sus armas, de labrado bronce, resonaron. Teucro acudió corriendo, movido por el deseo de quitarle la armadura; pero Héctor le tiró una reluciente lanza; viólo aquél y hurtó el cuerpo, y la broncínea punta se clavó en el pecho de Anfímaco, hijo de Ctéato Actorión, que acababa de entrar en combate. El guerrero cayó con estrépito, y sus armas resonaron. Héctor fué presuroso á quitarle al magnánimo Anfímaco el casco que llevaba adaptado á las sienes; Ayax levantó, á su vez, la reluciente lanza contra Héctor, y si bien no pudo hacerla llegar á su cuerpo, protegido todo por horrendo bronce, dióle un bote en medio del escudo, y rechazó al héroe con gran ímpetu; éste dejó los cadáveres y los aqueos los retiraron. Estiquio y el divino Menesteo, caudillos atenienses, llevaron á Anfímaco al campamento

aqueo; y los dos Ayaces, que siempre anhelaban la impetuosa pelea, levantaron el cadáver de Imbrio. Como dos leones que, habiendo arrebatado una cabra de los agudos dientes de los perros, la llevan en la boca por los espesos matorrales, en alto, levantada de la tierra; así los belicosos Ayaces, alzando el cuerpo de Imbrio, lo despojaron de las armas; y el hijo de Oileo, irritado por la muerte de Anfímaco, le separó la cabeza del tierno cuello y la hizo rodar por entre la turba, cual si fuese una bola, hasta que cayó en el polvo á los pies de Héctor.

206 Entonces Neptuno, airado en el corazón porque su nieto había sucumbido en la terrible pelea, se fué hacia las tiendas y naves de los aqueos para reanimar á los dánaos y causar males á los teucros. Encontróse con él Idomeneo, famoso por su lanza, que volvía de acompañar á un amigo á quien sacaron del combate porque los teucros le habían herido en la corva con el agudo bronce. Idomeneo, una vez lo hubo confiado á los médicos, se encaminaba á su tienda, con intención de volver á la batalla. Y el poderoso Neptuno, que bate la tierra, díjole, tomando la voz de Toante, hijo de Andremón, que en Pleurón entera y en la excelsa Calidón reinaba sobre los etolos y era honrado por el pueblo cual si fuese un dios:

219 «¡Idomeneo, príncipe de los cretenses! ¿Qué se hicieron las amenazas que los aqueos hacían á los teucros?»

221 Respondió Idomeneo, caudillo de los cretenses: «¡Oh Toante! No creo que ahora se pueda culpar á ningún guerrero, porque todos sabemos combatir y nadie está poseído del exánime terror, ni deja por flojedad la funesta batalla; sin duda debe de ser grato al prepotente Saturnio que los aqueos perezcan sin gloria en esta tierra, lejos de Argos. Mas, oh Toante, puesto que siempre has sido belicoso y sueles animar al que ves remiso, no dejes de pelear y exhorta á los demás.»

231 Contestó Neptuno, que bate la tierra: «¡Idomeneo! No vuelva desde Troya á su patria y venga á ser juguete de los perros, quien en el día de hoy deje voluntariamente de lidiar. Ea, toma las armas y ven á mi lado; apresurémonos, por si, á pesar de estar solos, podemos hacer algo provechoso. Nace una fuerza de la unión de los hombres, aunque sean débiles; y nosotros somos capaces de luchar con los valientes.»

239 Dichas estas palabras, el dios se entró de nuevo por el combate de los hombres; é Idomeneo, yendo á la bien construída tienda, vistió la magnífica armadura, tomó un par de lanzas y volvió á salir, semejante al encendido relámpago que el Saturnio agita en su mano desde el resplandeciente Olimpo para mostrarlo á los hombres como señal: tanto centelleaba el bronce en el pecho de Idomeneo mientras éste corría. Encontróse con él, no muy lejos de la tienda, el valiente escudero Meriones, que iba en busca de una lanza; y el fuerte Diomedes dijo:

249 «¡Meriones, hijo de Molo, el de los pies ligeros, mi compañero más querido! ¿Por qué vienes, dejando el combate y la pelea? ¿Acaso estás herido y te agobia puntiaguda flecha? ¿Me traes, quizás, alguna noticia? Pues no deseo quedarme en la tienda, sino pelear.»

254 Respondióle el prudente Meriones: «¡Idomeneo, príncipe de los cretenses, de broncíneas lorigas! Vengo por una lanza, si la hay en tu tienda; pues la que tenía se ha roto al dar un bote en el escudo del feroz Deífobo.»

259 Contestó Idomeneo, caudillo de los cretenses: «Si la deseas, hallarás, en la tienda, apoyadas en el lustroso muro, no una sino veinte lanzas, que he quitado á los teucros muertos en la batalla; pues jamás combato á distancia del enemigo. He aquí por qué tengo lanzas, escudos abollonados, cascos y relucientes lorigas.»

266 Replicó el prudente Meriones: «También poseo en la tienda y en la negra nave muchos despojos de los teucros, mas no están cerca para tomarlos; que nunca me olvido de mi valor, y en el combate, donde los hombres se hacen ilustres, aparezco siempre entre los delanteros desde que se traba la batalla. Quizás algún otro de los aqueos de broncíneas lorigas no habrá fijado su atención en mi persona cuando peleo, pero no dudo que tú me has visto.»

274 Idomeneo, caudillo de los cretenses, díjole entonces: «Sé cuán grande es tu valor. ¿Por qué me refieres estas cosas? Si los más señalados nos reuniéramos junto á las naves para armar una celada, que es donde mejor se conoce la bravura de los hombres y donde fácilmente se distingue al cobarde del animoso—el cobarde se pone demudado, ya de un modo, ya de otro; y como no sabe tener firme ánimo en el pecho, no permanece tranquilo, sino que dobla las rodillas y se sienta sobre los pies y el corazón le da grandes saltos por el temor de la muerte y los dientes le crujen; y el animoso no se inmuta ni tiembla, una vez se ha emboscado, sino que desea que cuanto antes principie el funesto combate,—ni allí podrían reprocharse tu valor y la fuerza de tus brazos. Y si peleando te hirieran de cerca ó de lejos, no sería en la nuca ó en la espalda, sino en el pecho ó en el vientre, mientras fueras hacia adelante con los guerreros más avanzados. Mas, ea, no hablemos de estas cosas, permaneciendo ociosos como unos simples; no sea que alguien nos increpe duramente. Ve á la tienda y toma la fornida lanza.»

295 Así dijo; y Meriones, igual al veloz Marte, entrando en la tienda, cogió una broncínea lanza y fué en seguimiento de Idomeneo, muy deseoso de volver al combate. Como va á la guerra Marte, funesto á los mortales, acompañado del Terror, su hijo querido, fuerte é intrépido, que hasta al guerrero valeroso causa espanto; y los dos se arman y saliendo de la Tracia enderezan sus pasos hacia los éfiros y los magnánimos flegias, y no escuchan los ruegos de ambos pueblos, sino que dan la victoria á uno de ellos; de la misma manera, Meriones é Idomeneo, caudillos de hombres, se encaminaban á la batalla, armados de luciente bronce. Y Meriones fué el primero que habló, diciendo:

307 «¡Deucaliónida! ¿Por dónde quieres que penetremos en la turba; por la derecha del ejército, por en medio ó por la izquierda? Pues no creo que los aqueos, de larga cabellera, dejen de pelear en parte alguna.»

311 Respondióle Idomeneo, caudillo de los cretenses: «Hay en el centro quienes defiendan los navíos: los dos Ayaces y Teucro, el más diestro arquero aquivo y esforzado también en el combate á pie firme; ellos se bastan para rechazar á Héctor Priámida por fuerte que sea y por incitado que esté á la batalla. Difícil será, aunque tenga muchos deseos de batirse, que triunfando del valor y de las manos invictas de aquéllos, llegue á incendiar los bajeles; á no ser que el mismo Saturnio arroje una tea encendida en las veleras naves. El gran Ayax Telamonio no cedería á ningún hombre mortal que coma el fruto de Ceres y pueda ser herido con el bronce ó con grandes piedras; ni siquiera se retiraría ante Aquiles, que destruye los escuadrones, en un combate á pie firme; pues en la carrera Aquiles no tiene rival. Vayamos, pues, á la izquierda del ejército, para ver si presto daremos gloria á alguien, ó alguien nos la dará á nosotros.»

328 Tal dijo; y Meriones, igual al veloz Marte, echó á andar hasta que llegaron al ejército por donde Idomeneo le indicara.

330 Cuando los teucros vieron á Idomeneo, que por su impetuosidad parecía una llama, y á su escudero, ambos revestidos de labradas armas, animáronse unos á otros por entre la turba y arremetieron todos contra aquel. Y se trabó una refriega, sostenida con igual tesón por ambas partes, junto á las popas de los navíos. Como aparecen de repente las tempestades, suscitadas por los sonoros vientos en ocasión en que los caminos están muy secos y se levantan nubes de polvo; así entonces unos y otros vinieron á las manos, deseando en su corazón matarse recíprocamente con el agudo bronce por entre la turba. La batalla, destructora de hombres, se presentaba horrible con las largas y afiladas picas que los guerreros manejaban; cegaba los ojos el resplandor del bronce de los lucientes cascos, de las corazas recientemente bruñidas y de los escudos refulgentes de cuantos iban á encontrarse; y hubiera tenido corazón muy audaz quien al contemplar aquella acción se hubiese alegrado en vez de afligirse.

345 Los dos hijos poderosos de Saturno, disintiendo en el modo de pensar, preparaban deplorables males á los héroes. Júpiter quería que triunfaran Héctor y los teucros para glorificar á Aquiles, el de los pies ligeros; mas no por eso deseaba que el ejército aqueo pereciera totalmente delante de Ilión, pues sólo se proponía honrar á Tetis y á su hijo, de ánimo esforzado. Neptuno había salido ocultamente del espumoso mar, recorría las filas y animaba á los argivos; porque le afligía que fueran vencidos por los teucros, y se indignaba mucho contra Júpiter. Igual era el origen de ambas deidades y uno mismo su linaje, pero Jove había nacido primero y sabía más; por esto Neptuno evitaba el socorrer abiertamente á aquéllos; y transfigurado en hombre, discurría, sin darse á conocer, por el ejército y le amonestaba. Y los dioses inclinaban alternativamente en favor de unos y de otros la reñida pelea y el indeciso combate; y tendían sobre ellos una cadena irrompible é indisoluble que á muchos les quebró las rodillas.

361 Entonces Idomeneo, aunque ya semicano, animó á los dánaos, arremetió contra los teucros, llenándoles de pavor, y mató á Otrioneo. Éste había acudido de Cabeso á Ilión cuando tuvo noticia de la guerra y pedido en matrimonio á Casandra, la más hermosa de las hijas de Príamo, sin obligación de dotarla; pero ofreciendo una gran cosa: que echaría de Troya á los aqueos. El anciano Príamo accedió y consintió en dársela; y el héroe combatía, confiando en la promesa. Idomeneo tiróle la reluciente lanza y le hirió mientras se adelantaba con arrogante paso: la coraza de bronce no resistió, clavóse aquélla en medio del vientre, cayó el guerrero con estrépito, é Idomeneo dijo con jactancia:

374 «¡Otrioneo! Te ensalzaría sobre todos los mortales si cumplieras lo que ofreciste á Príamo Dardánida cuando te prometió su hija. También nosotros te haremos promesas con intención de cumplirlas: traeremos de Argos la más bella de las hijas del Atrida y te la daremos por mujer, si junto con los nuestros destruyes la populosa ciudad de Ilión. Pero sígueme, y en las naves que atraviesan el ponto nos pondremos de acuerdo sobre el casamiento; que no somos malos suegros.»

383 Háblóle así el héroe Idomeneo, mientras le asía de un pie y le arrastraba por el campo de la dura batalla; y Asio se adelantó para vengarle, presentándose como peón delante de su carro, cuyos corceles, gobernados por el auriga, sobre los mismos hombros del guerrero resoplaban. Asio deseaba en su corazón herir á Idomeneo; pero anticipósele éste y le hundió la pica en la garganta, debajo de la barba, hasta que salió al otro lado. Cayó el teucro como en el monte la encina, el álamo ó el elevado pino que unos artífices cortan con afiladas hachas para convertirlo en mástil de navío; así yacía aquél, tendido delante de los corceles y del carro, rechinándole los dientes y cogiendo con las manos el polvo ensangrentado. Turbóse el escudero, y ni siquiera se atrevió á torcer la rienda á los caballos para escapar de las manos de los enemigos. Y el belígero Antíloco se llegó á él y le atravesó con la lanza, pues la broncínea loriga no pudo evitar que se la clavara en el vientre. El auriga, jadeante, cayó del bien construído carro; y Antíloco, hijo del magnánimo Néstor, sacó los caballos de entre los teucros y se los llevó hacia los aqueos, de hermosas grebas.

402 Deífobo, irritado por la muerte de Asio, se acercó mucho á Idomeneo y le arrojó la reluciente lanza. Mas Idomeneo advirtiólo y burló el golpe encogiéndose debajo de su rodela, la cual era lisa y estaba formada por boyunas pieles y una lámina de bruñido bronce con dos abrazaderas: la broncínea lanza resbaló por la superficie del escudo, que sonó roncamente, y no fué lanzada en balde por el robusto brazo de aquél, pues fué á clavarse en el hígado, debajo del diafragma, de Hipsenor Hipásida, pastor de hombres, haciéndole doblar las rodillas. Y Deífobo se jactaba así, dando grandes voces:

414 «Asio yace en tierra, pero ya está vengado. Figúrome que al descender á la morada de sólidas puertas del terrible Plutón, se holgará su espíritu de que le haya proporcionado un compañero.»

417 Así habló. Sus jactanciosas frases apesadumbraron á los argivos y conmovieron el corazón del belicoso Antíloco; pero éste, aunque afligido, no abandonó á su compañero, sino que corriendo se puso junto á él y le cubrió con la rodela. É introduciéndose por debajo dos amigos fieles, Mecisteo hijo de Equio y el divino Alástor, llevaron á Hipsenor, que daba hondos suspiros, hacia las cóncavas naves.

424 Idomeneo no dejaba que desfalleciera su gran valor y deseaba siempre ó sumir á algún teucro en tenebrosa noche, ó caer él mismo con estrépito, librando de la ruina á los aqueos. Neptuno dejó que sucumbiera á manos de Idomeneo el hijo querido del noble Esietes, el héroe Alcátoo (era yerno de Anquises y tenía por esposa á Hipodamia, la hija primogénita, á quien el padre y la veneranda madre amaban cordialmente en el palacio porque sobresalía en hermosura, destreza y talento entre todas las de su edad, y á causa de esto casó con ella el hombre más ilustre de la vasta Troya): el dios ofuscóle los brillantes ojos y paralizó sus hermosos miembros, y el héroe no pudo huir ni evitar la acometida de Idomeneo, que le envasó la lanza en medio del pecho, mientras estaba inmóvil como una columna ó un árbol de alta copa, y le rompió la coraza que siempre le había salvado de la muerte, y entonces produjo un sonido ronco al quebrarse por el golpe de la lanza. El guerrero cayó con estrépito; y como la lanza se había clavado en el corazón, movíanla las palpitaciones de éste; pero pronto el arma impetuosa perdió su fuerza. É Idomeneo con gran jactancia y á voz en grito exclamó:

446 «¡Deífobo! Ya que tanto te glorías, ¿no te parece que es una buena compensación haber muerto á tres, por uno que perdimos? Ven, hombre admirable, ponte delante y verás quién es el descendiente de Júpiter que aquí ha venido; porque Jove engendró á Minos, protector de Creta, Minos fué padre del eximio Deucalión, y de éste nací yo, que reino sobre muchos hombres en la vasta Creta y vine en las naves para ser una plaga para ti, para tu padre y para los demás

teucros.»

455 Así se expresó; y Deífobo vacilaba entre retroceder para que se le juntara alguno de los magnánimos teucros ó atacar él solo á Idomeneo. Parecióle lo mejor ir en busca de Eneas, y le halló entre los últimos; pues siempre estaba irritado con el divino Príamo, que no le honraba como por su bravura merecía. Y deteniéndose á su lado, le dijo estas aladas palabras:

463 «¡Eneas, príncipe de los teucros! Es preciso que defiendas á tu cuñado, si te tomas algún interés por los parientes. Sígueme y vayamos á combatir por tu cuñado Alcátoo, que te crió cuando eras niño y ha muerto á manos de Idomeneo, famoso por su lanza.»

468 Tal fué lo que dijo. Eneas sintió que en el pecho se le conmovía el corazón, y llegóse hacia Idomeneo con grandes deseos de pelear. Éste no se dejó vencer del temor, cual si fuera un niño; sino que le aguardó como el jabalí que, confiando en su fuerza, espera en un paraje desierto del monte el gran tropel de hombres que se avecina, y con las cerdas del lomo erizadas y los ojos brillantes como ascuas, aguza los dientes y se dispone á rechazar la acometida de perros y cazadores: de igual manera Idomeneo, famoso por su lanza, aguardaba sin arredrarse á Eneas, ágil en la lucha, que le salía al encuentro; pero llamaba á sus compañeros, poniendo los ojos en Ascálafo, Afareo, Deípiro, Meriones y Antíloco, aguerridos campeones, y los exhortaba con estas aladas palabras:

481 «Venid, amigos, y ayudadme; pues estoy solo y temo mucho á Eneas, ligero de pies, que contra mí arremete. Es muy vigoroso para matar hombres en el combate, y se halla en la flor de la juventud, cuando mayor es la fuerza. Si con el ánimo que tengo, fuésemos de la misma edad, pronto le daría ocasión para alcanzar una gran victoria ó él me la proporcionaría á mí.»

487 Así dijo; y todos con el mismo ánimo en el pecho y los escudos en los hombros, se pusieron á la vera de Idomeneo. También Eneas exhortaba á sus amigos, echando la vista á Deífobo, Paris y el divino Agenor, que eran asimismo capitanes de los teucros. Inmediatamente marcharon las tropas detrás de los jefes, como las ovejas siguen al carnero cuando después del pasto van á beber, y el pastor se regocija en el alma; así se alegró el corazón de Eneas en el pecho, al ver el grupo de hombres que tras él seguía.

496 Pronto trabaron alrededor del cadáver de Alcátoo un combate cuerpo á cuerpo, blandiendo grandes picas; y el bronce resonaba de horrible modo en los pechos al darse botes de lanza los unos á los otros. Dos hombres belicosos y señalados entre todos, Eneas é Idomeneo, iguales á Marte, deseaban herirse recíprocamente con el cruel bronce. Eneas arrojó el primero la lanza á Idomeneo; pero como éste la viera venir, evitó el golpe: la broncínea punta clavóse en tierra, vibrando, y el arma fué echada en balde por el robusto brazo. Idomeneo hundió la suya en el vientre de Enomao y el bronce rompió la concavidad de la coraza y desgarró las entrañas: el teucro, caído en el polvo, asió el suelo con las manos. Acto continuo, Idomeneo arrancó del cadáver la ingente lanza, pero no le pudo quitar de los hombros la magnífica armadura porque estaba abrumado por los tiros. Como ya no tenía seguridad en sus pies para recobrar la lanza que arrojara, ni para librarse de la que le tiraran, evitaba la cruel muerte combatiendo á pie firme; y no pudiendo tampoco huir con ligereza, retrocedía paso á paso. Deífobo, que constantemente le odiaba, le tiró la lanza reluciente y erró el golpe, pero hirió á Ascálafo, hijo de Marte: la impetuosa lanza se clavó en la espalda, y el guerrero, caído en el polvo, asió el suelo con las manos. Y el ruidoso y furibundo Marte no se enteró de que su hijo hubiese sucumbido en el duro combate porque se hallaba detenido en la cumbre del Olimpo, debajo de áureas nubes, con otros dioses inmortales á quienes Júpiter no permitía que intervinieran en la batalla.

526 La pelea cuerpo á cuerpo se encendió entonces en torno de Ascálafo, á quien Deífobo logró quitar el reluciente casco; pero Meriones, igual al veloz Marte, dió á Deífobo una lanzada en el brazo y le hizo soltar el casco con agujeros á guisa de ojos, que cayó al suelo produciendo ronco sonido. Meriones, abalanzándose á Deífobo con la celeridad del buitre, arrancóle la impetuosa lanza de la parte superior del brazo y retrocedió hasta el grupo de sus amigos. Á Deífobo sacóle del horrísono combate su hermano carnal Polites: abrazándole por la cintura, le condujo adonde tenía los rápidos corceles con el labrado carro, que estaban algo distantes de la batalla, gobernados por un auriga. Ellos llevaron á la ciudad al héroe, que se sentía agotado, daba hondos suspiros y le manaba sangre de la herida que en el brazo acababa de recibir.

540 Los demás combatían y alzaban una gritería inmensa. Eneas, acometiendo á Afareo Caletórida que contra él venía, hirióle en la garganta con la aguda lanza: la cabeza se inclinó á un lado, arrastrando el casco y el escudo, y la muerte destructora rodeó al guerrero. Antíloco, como advirtiera que Toón volvía pie á atrás, arremetió contra él y le hirió: cortóle la vena que, corriendo por el dorso, llega hasta el cuello, y el teucro cayó de espaldas en el polvo y tendía los brazos á los compañeros queridos. Acudió Antíloco y le despojó de la armadura, mirando á todos lados, mientras los teucros iban cercándole é intentaban herirle; mas el ancho y labrado escudo paró los golpes, y ni aun consiguieron rasguñar la tierna piel del héroe, porque Neptuno, que bate la tierra, defendió al hijo de Néstor contra los muchos tiros. Antíloco no se apartaba nunca de los enemigos, sino que se agitaba en medio de ellos; su lanza, jamás ociosa, siempre vibrante, se volvía á todas partes, y él pensaba en su mente si la arrojaría á alguien, ó acometería de cerca.

560 No se le ocultó á Adamante Asíada lo que Antíloco meditaba en medio de la turba; y acercándosele, le dió con el agudo bronce un bote con el escudo; pero Neptuno, el de cerúlea cabellera, no permitió que quitara la vida á Antíloco, é hizo vano el golpe rompiendo la lanza en dos partes, una de las cuales quedó clavada en el escudo, como estaca consumida por el fuego, y la otra cayó al suelo. Adamante retrocedió hacia el grupo de sus amigos, para evitar la muerte; pero Meriones corrió tras él y arrojóle la lanza, que penetró por entre el ombligo y el pubis, donde son muy peligrosas las heridas que reciben en la guerra los míseros mortales. Allí, pues, se hundió la lanza, y Adamante, cayendo encima de ella, se agitaba como un buey á quien los pastores han atado en el monte con recias cuerdas y llevan contra su voluntad; así aquél, al sentirse herido, se agitó algún tiempo, que no fué largo porque Meriones se le acercó, arrancóle la lanza del cuerpo, y las tinieblas velaron los ojos del guerrero.

576 Heleno dió á Deípiro un tajo en una sien con su gran espada tracia, y le rompió el casco. Éste, sacudido por el golpe, cayó al suelo, y rodando fué á parar á los pies de un guerrero aquivo que lo alzó de tierra. Á Deípiro, tenebrosa noche le cubrió los ojos.

581 Gran pesar sintió por ello el Atrida Menelao, valiente en el combate; y blandiendo la lanza, arremetió, amenazador, contra el héroe y príncipe Heleno, quien, á su vez, armó la ballesta. Ambos fueron á encontrarse, deseosos el uno de alcanzar al contrario con la aguda lanza, y el otro de herir á su enemigo con la flecha que el arco despidiera. El Priámida dió con la saeta en el pecho de Menelao, donde la coraza presentaba una concavidad; pero la cruel flecha fué rechazada y voló á otra parte. Como en la espaciosa era saltan del bieldo las negruzcas habas ó los garbanzos al soplo sonoro del viento y al impulso del aventador; de igual modo, la amarga flecha, repelida por la coraza del glorioso Menelao, voló á lo lejos. Por su parte Menelao Atrida, valiente en la pelea, hirió á Heleno en la mano en que llevaba el pulimentado arco: la broncínea lanza atravesó la palma y penetró en la ballesta. Heleno retrocedió hasta el grupo de sus amigos, para evitar la muerte; y su mano, colgando, arrastraba el asta de fresno. El magnánimo Agenor se la arrancó y le vendó la mano con una honda de lana de oveja, bien tejida, que les facilitó el escudero del pastor de hombres.

601 Pisandro embistió al glorioso Menelao. El hado funesto le llevaba al fin de su vida, empujándole para que fuese vencido por ti, oh Menelao, en la terrible pelea. Así que entrambos se hallaron frente á frente, acometiéronse, y el Atrida erró el golpe porque la lanza se le desvió; Pisandro dió un bote en la rodela del glorioso Menelao, pero no pudo atravesar el bronce: resistió el ancho escudo y quebróse la lanza por el asta cuando aquél se regocijaba en su corazón con la esperanza de salir victorioso. Pero el Atrida desnudó la espada guarnecida de argénteos clavos y asaltó á Pisandro; quien, cubriéndose con el escudo, aferró una hermosa hacha, de bronce labrado, provista de un largo y liso mango de madera de olivo. Acometiéronse, y Pisandro dió un golpe á Menelao en la cimera del yelmo, adornado con crines de caballo, debajo del penacho; y Menelao hundió su espada en la frente del teucro, encima de la nariz: crujieron los huesos, y los ojos, ensangrentados, cayeron en el polvo, á los pies del guerrero, que se encorvó y vino á tierra. El Atrida, poniéndole el pie en el pecho, le despojó de la armadura; y blasonando del triunfo, dijo:

620 «¡Así dejaréis las naves de los aqueos, de ágiles corceles, oh teucros soberbios é insaciables de la pelea horrenda! No os basta haberme inferido una vergonzosa afrenta, infames perros, sin que vuestro corazón temiera la ira terrible del tonante Júpiter hospitalario, que algún día destruirá vuestra ciudad excelsa. Os llevasteis, además de muchas riquezas, á mi legítima esposa que os había recibido amigablemente; y ahora deseáis arrojar el destructor fuego en las naves, que atraviesan el ponto, y dar muerte á los héroes aqueos; pero quizás os hagamos renunciar al combate, aunque tan enardecidos os mostréis. ¡Padre Júpiter! Dicen que superas en inteligencia á los demás dioses y hombres, y todo esto procede de ti. ¿Cómo favoreces á los teucros, á esos hombres insolentes, de espíritu siempre perverso, y que nunca se hartan de la guerra á todos tan funesta? De todo llega el hombre á saciarse: del sueño, del amor, del dulce canto y de la agradable danza, cosas más apetecibles que la pelea; pero los teucros no se cansan de combatir.»

640 En diciendo esto, el eximio Menelao quitóle al cadáver la ensangrentada armadura; y entregándola á sus amigos, volvió á batallar entre los combatientes delanteros.

643 Entonces le salió al encuentro Harpalión, hijo del rey Pilémenes, que fué á Troya con su padre á pelear y no había de volver á la patria tierra: el teucro dió un bote de lanza en medio del escudo del Atrida, pero no pudo atravesar el bronce y retrocedió hacia el grupo de sus amigos para evitar la muerte, mirando á todos lados; no fuera alguien á herirle con el bronce. Mientras él se iba, Meriones le asestó el arco, y la broncínea saeta se hundió en la nalga derecha del teucro, atravesó la vejiga por debajo del hueso y salió al otro lado. Y Harpalión, cayendo allí en brazos de sus amigos, dió el alma y quedó tendido en el suelo como un gusano; de su cuerpo fluía negra sangre que mojaba la tierra. Pusiéronse á su alrededor los magnánimos paflagones, y colocando el cadáver en un carro, lleváronlo, afligidos, á la sagrada Ilión; el padre iba con ellos derramando lágrimas, y ninguna venganza pudo tomar de aquella muerte.

660 Paris, muy irritado en su espíritu por la muerte de Harpalión, que era su huésped en la populosa Paflagonia, arrojó una broncínea flecha. Había un cierto Euquenor, rico y valiente, que era vástago del adivino Poliido, habitaba en Corinto y se embarcó para Troya, no obstante saber la funesta suerte que allí le aguardaba. El buen anciano Poliido habíale dicho repetidas veces que moriría de penosa dolencia en el palacio ó sucumbiría á manos de los teucros en las naves aqueas; y él, queriendo evitar los reproches de los aquivos y la enfermedad odiosa con sus dolores, decidió ir á Ilión. Á éste, pues, Paris le clavó la flecha por debajo de la quijada y de la oreja: la vida huyó de los miembros del guerrero, y la obscuridad horrible le envolvió.

673 Así combatían, con el ardor de encendido fuego. Héctor, caro á Júpiter, aún no se había enterado, é ignoraba por completo que sus tropas fuesen destruídas por los argivos á la izquierda de las naves. Pronto la victoria hubiera sido de éstos. ¡De tal suerte Neptuno, que ciñe y sacude la tierra, los alentaba y hasta los ayudaba con sus propias fuerzas! Estaba Héctor en el mismo lugar adonde llegara después que pasó las puertas y el muro y rompió las cerradas filas de los escudados dánaos. Allí, en la playa del espumoso mar, habían sido colocadas las naves de Ayax y Protesilao; y se había levantado para defenderlas un muro bajo, porque los hombres y corceles acampados en aquel paraje eran muy valientes en la guerra.

685 Los beocios, los yáones, de larga vestidura, los locros, los ptiotas y los ilustres epeos detenían al divino Héctor que, semejante á una llama, porfiaba en su empeño de ir hacia las naves; pero no conseguían que se apartase de ellos. Los atenienses habían sido designados para las primeras filas y los mandaba Menesteo, hijo de Peteo, á quien seguían Fidante, Estiquio y el valeroso Biante. De los epeos eran caudillos Meges Filida, Anfión y Dracio. Al frente de los ptiotas estaban Medonte y el belígero Podarces: aquél era hijo bastardo del divino Oileo y hermano de Ayax, y vivía en Fílace, lejos de su patria, por haber dado muerte á un hermano de Eriopis, su madrastra y mujer de Oileo; y el otro era hijo de Ificlo Filácida. Ambos combatían al frente de los ptiotas y en unión con los beocios para defender las naves.

701 El ágil Ayax de Oileo no se apartaba un instante de Ayax Telamonio: como en tierra noval dos negros bueyes tiran con igual ánimo del sólido arado, abundante sudor brota en torno de sus cuernos, y sólo los separa el pulimentado yugo mientras andan por los surcos para abrir el hondo seno de la tierra; así, tan cercanos el uno del otro, estaban los Ayaces. Al Telamonio seguíanle muchos y valientes hombres, que tomaban su escudo cuando la fatiga y el sudor llegaban á las rodillas del héroe. Mas al alentoso hijo de Oileo no le acompañaban los locros, porque no podían sostener una lucha á pie firme: no llevaban broncíneos cascos, adornados con crines de caballo, ni tenían rodelas ni lanzas de

fresno; habían ido á Ilión, confiando en sus ballestas y en sus hondas de lana de ovejas retorcida, y con las mismas destrozaban las falanges teucras. Aquéllos peleaban con Héctor y los suyos; éstos, ocultos detrás, disparaban; y los teucros apenas pensaban en combatir, porque las flechas los ponían en desorden.

723 Entonces los teucros hubieran vuelto en deplorable fuga de las naves y tiendas á la ventosa Ilión, si Polidamante no se hubiese acercado al audaz Héctor para decirle:

726 «¡Héctor! Eres reacio en seguir los pareceres ajenos. Porque un dios te ha dado esa superioridad en las cosas de la guerra, ¿crees que aventajas á los demás en prudencia? No es posible que tú solo lo reunas todo. La divinidad á uno le concede que sobresalga en las acciones bélicas, á otro en la danza, al de más allá en la cítara y el canto; y el longividente Jove pone en el pecho de algunos un espíritu prudente que aprovecha á gran número de hombres, salva las ciudades y lo aprecia particularmente quien lo posee. Te diré lo que considero más conveniente. Alrededor de ti arde la pelea por todas partes; pero de los magnánimos teucros que pasaron la muralla, unos se han retirado con sus armas, y otros, dispersos por las naves, combaten con mayor número de hombres. Retrocede y llama á los más valientes caudillos para deliberar si nos conviene arrojarnos á las naves, de muchos bancos, por si un dios nos da la victoria, ó alejarnos de las mismas antes que seamos heridos. Temo que los aqueos se desquiten de lo de ayer, porque en las naves hay un varón incansable en la pelea, y me figuro que no se abstendrá de combatir.»

748 Así habló Polidamante, y su prudente consejo plugo á Héctor, que saltó en seguida del carro á tierra, sin dejar las armas, y le dijo estas aladas palabras:

751 «¡Polidamante! Reune tú á los más valientes caudillos, mientras voy á la otra parte de la batalla y vuelvo tan pronto como haya dado las convenientes órdenes.»

754 Dijo; y semejante á un monte cubierto de nieve, partió volando y profiriendo gritos por entre los troyanos y sus auxiliares. Todos los caudillos se encaminaron hacia el bravo Polidamante Pantoida, así que oyeron las palabras de Héctor. Éste buscaba en los combatientes delanteros á Deífobo, al robusto rey Heleno, á Adamante Asíada, y á Asio, hijo de Hirtaco; pero no los halló ilesos ni á todos salvados de la muerte: los unos yacían, muertos por los argivos, junto á las naves aqueas; y los demás, heridos, quien de cerca, quien de lejos, estaban dentro de los muros de la ciudad. Pronto se encontró, en la izquierda de la batalla luctuosa, con el divino Alejandro, esposo de Helena, la de hermosa cabellera, que animaba á sus compañeros y les incitaba á pelear; y deteniéndose á su lado, díjole estas injuriosas palabras:

769 «¡Miserable Paris, el de más hermosa figura, mujeriego, seductor! ¿Dónde están Deífobo, el robusto rey Heleno, Adamante Asíada y Asio, hijo de Hirtaco? ¿Qué es de Otrioneo? Hoy la excelsa Ilión se arruina desde la cumbre, y horrible muerte te aguarda.»

774 Respondióle el deiforme Paris: «¡Héctor! Ya que tienes intención de culparme sin motivo, quizás otras veces fuí más remiso en la batalla, aunque no del todo pusilánime me dió á luz mi madre. Desde que al frente de los compañeros promoviste el combate junto á las naves, peleamos sin cesar contra los dánaos. Los amigos por quienes preguntas han muerto, menos Deífobo y el robusto rey Heleno; los cuales, heridos en el brazo por ingentes lanzas, se fueron, y el Saturnio les salvó la vida. Llévanos adonde el corazón y el ánimo te ordenen; te seguiremos presurosos, y no dejaremos de mostrar todo el valor compatible con nuestras fuerzas. Más allá de lo que éstas permiten, nada es posible hacer en la guerra, por enardecido que uno esté.»

788 Así diciendo, cambió el héroe la mente de su hermano. Enderezaron al sitio donde era más ardiente el combate y la pelea; allí estaban Cebrión, el eximio Polidamante, Falces, Orteo, Polifetes igual á un dios, Palmis, Ascanio y Moris, hijos los dos últimos de Hipotión; todos los cuales habían llegado el día anterior de la fértil Ascania, y entonces Jove les impulsó á combatir. Á la manera que un torbellino de vientos impetuosos desciende á la llanura, acompañado del trueno de Júpiter, y al caer en el mar con ruido inmenso levanta grandes y espumosas olas que se van sucediendo; así los teucros seguían en filas cerradas á los jefes, y el bronce de las armas relucía. Iba á su frente Héctor Priámida, cual si fuese Marte, funesto á los mortales: llevaba por delante un escudo liso, formado por muchas pieles de buey y una gruesa lámina de bronce, y el refulgente casco temblaba en sus sienes. Movíase Héctor, defendiéndose con la rodela, y probaba por todas partes si las falanges cedían; pero no logró turbar el ánimo en el pecho de los aqueos. Entonces Ayax adelantóse con ligero paso y provocóle con estas palabras:

810 «¡Varón admirable! ¡Acércate! ¿Por qué quieres amedrentar de este modo á los argivos? No somos inexpertos en la guerra, sino que los aqueos sucumben bajo el cruel azote de Júpiter. Tú esperas quemar las naves, pero nosotros tenemos los brazos prontos para defenderlas; y mucho antes que lo consigas, vuestra populosa ciudad será tomada y destruída por nuestras manos. Yo te aseguro que está cerca el momento en que tú mismo, puesto en fuga, pedirás al padre Júpiter y á los demás inmortales que tus corceles sean más veloces que los gavilanes; y los caballos te llevarán á la ciudad, levantando gran polvareda en la llanura.

821 Así que acabó de hablar, pasó por cima de ellos, hacia la derecha, un águila de alto vuelo; y los aquivos gritaron, animados por el agüero. El esclarecido Héctor respondió:

824 «Ayax lenguaz y fanfarrón, ¿qué dijiste? Así fuera yo hijo de Júpiter, que lleva la égida, y me hubiese dado á luz la venerable Juno y gozara de los mismos honores que Minerva ó Apolo, como este día será funesto para todos los argivos. Tú también morirás si tienes la osadía de aguardar mi larga pica: ésta te desgarrará el delicado cuerpo; y tú, cayendo junto á las naves aqueas, saciarás de carne y grasa á los perros y aves de la comarca troyana.»

833 En diciendo esto, pasó adelante; los otros capitanes le siguieron con vocerío inmenso; y detrás las tropas gritaban también. Los argivos movían por su parte gran alboroto y, sin olvidarse de su valor, aguardaban la acometida de los más valientes teucros. Y el estruendo que producían ambos ejércitos llegaba al éter y á la morada resplandeciente de Jove.

CANTO XIV
ENGAÑO DE JÚPITER

1 Néstor, aunque estaba bebiendo, no dejó de advertir la gritería; y hablando al descendiente de Esculapio, pronunció estas aladas palabras:

3 «¡Oh divino Macaón! ¿Cómo te parece que acabarán estas cosas? Junto á las naves crece el vocerío de los robustos jóvenes. Tú, sen tado aquí, bebe el negro vino, mientras Hecamede, la de hermosas trenzas, pone á calentar el agua del baño y te lava después la sangrienta herida; y yo, en el ínterin, subiré á un altozano para ver lo que ocurre.»

9 Dijo; y después de embrazar el labrado escudo de reluciente bronce, que su hijo Trasimedes, domador de caballos, dejara allí por haberse llevado el del anciano, asió la fuerte lanza de broncínea punta y salió de la tienda. Pronto se detuvo ante el vergonzoso espectáculo que se ofreció á sus ojos: los aquivos eran derrotados por los feroces teucros y la gran muralla aquea estaba destruída. Como el piélago inmenso empieza á rizarse con sordo ruido y purpurea, presagiando la rápida venida de los sonoros vientos, pero no mueve las olas hasta que Júpiter envía un viento determinado; así el anciano hallábase perplejo entre encaminarse á la turba de los dánaos, de ágiles corceles, ó enderezar sus pasos hacia el Atrida Agamenón, pastor de hombres. Parecióle que sería lo mejor ir en busca del Atrida, y así lo hizo; mientras los demás, combatiendo, se mataban unos á otros, y el duro bronce resonaba alrededor de sus cuerpos á los golpes de las espadas y de las lanzas de doble filo.

27 Encontráronse con Néstor los reyes, alumnos de Júpiter, que antes fueron heridos con el bronce—el Tidida, Ulises y Agamenón, hijo de Atreo,—y entonces venían de sus naves. Éstas habían sido colocadas lejos del campo de batalla, en la orilla del espumoso mar: sacáronlas á la llanura las primeras, y labraron un muro delante de las popas. Porque la ribera, con ser vasta, no podía contener todos los bajeles en una sola fila, y por esto los pusieron escalonados y llenaron con ellos el gran espacio de costa que limitaban altos promontorios. Los reyes iban juntos, con el ánimo abatido, apoyándose en las lanzas, porque querían presenciar el combate y la clamorosa pelea; y cuando vieron venir al anciano, se les sobresaltó el corazón en el pecho. Y el rey Agamenón, dirigiéndole la palabra, exclamó:

42 «¡Oh Néstor Nelida, gloria insigne de los aqueos! ¿Por qué vienes, dejando la homicida batalla? Temo que el impetuoso Héctor cumpla la amenaza que me hizo en su arenga á los teucros: Que no regresaría á Ilión antes de pegar fuego á las naves y matar á los aquivos. Así decía, y todo se va cumpliendo. ¡Oh dioses! Los aqueos, de hermosas grebas, tienen, como Aquiles, el ánimo poseído de ira contra mí y no quieren combatir junto á los bajeles.»

52 Respondió Néstor, caballero gerenio: «Patente es lo que dices, y ni el mismo Júpiter altitonante puede modificar lo que ya ha sucedido. Derribado está el muro que esperábamos fuese indestructible reparo para las veleras naves y para nosotros mismos; y junto á ellas los teucros sostienen vivo é incesante combate. No conocerías, por más que lo miraras, hacia qué parte van los aqueos acosados y puestos en desorden: en montón confuso reciben la muerte, y la gritería llega hasta el cielo. Deliberemos sobre lo que puede ocurrir, por si damos con alguna idea provechosa; y no propongo que entremos en combate, porque es imposible que peleen los que están heridos.»

64 Díjole el rey de hombres Agamenón: «¡Néstor! Puesto que ya los teucros combaten junto á las popas de las naves y de ninguna utilidad ha sido el muro con su foso que los dánaos construyeron con tanta fatiga, esperando que fuese indestructible reparo para los barcos y para ellos mismos; sin duda debe de ser grato al prepotente Jove que los aqueos perezcan sin gloria aquí, lejos de Argos. Antes yo veía que el dios auxiliaba, benévolo, á los dánaos; mas al presente da gloria á los teucros, cual si fuesen dioses bienaventurados, y encadena nuestro valor y nuestros brazos. Ea, obremos todos como voy á decir. Arrastremos las naves que se hallan más cerca de la orilla, echémoslas al mar divino y que estén sobre las anclas hasta que venga la noche inmortal; y si entonces los teucros se abstienen de combatir, podremos botar las restantes. No es reprensible evitar una desgracia, aunque sea durante la noche. Mejor es librarse huyendo, que dejarse coger.»

82 El ingenioso Ulises, mirándole con torva faz, exclamó: «¡Atrida! ¿Qué palabras se escaparon de tus labios? ¡Hombre funesto! Debieras estar al frente de un ejército de cobardes y no mandarnos á nosotros, á quienes Jove concedió llevar al cabo arriesgadas empresas bélicas desde la juventud á la vejez, hasta que perezcamos. ¿Quieres que dejemos la ciudad troyana de anchas calles, después de haber padecido por ella tantas fatigas? Calla y no oigan los aqueos esas palabras, las cuales no saldrían de la boca de ningún varón que supiera hablar con espíritu prudente, llevara cetro y fuera obedecido por tantos hombres cuantos son los argivos sobre quienes imperas. Repruebo completamente la proposición que hiciste: sin duda nos aconsejas que botemos al mar las naves de muchos bancos durante el combate y la pelea, para que más presto se cumplan los deseos de los teucros, ya al presente vencedores, y nuestra perdición sea inminente. Porque los aqueos no sostendrán el combate si las naves son echadas al mar; sino que, volviendo los ojos adonde puedan huir, cesarán de pelear, y tu consejo, príncipe de hombres, habrá sido dañoso.»

103 Contestó el rey de hombres Agamenón: «¡Oh Ulises! Tu duro reproche me ha llegado al alma; pero yo no mandaba que los aqueos arrastraran al mar, contra su voluntad, las naves de muchos bancos. Ojalá que alguien, joven ó viejo, propusiera una cosa mejor, pues le oiría con gusto.»

109 Y entonces les dijo Diomedes, valiente en la pelea: «Cerca tenéis á tal hombre—no habremos de buscarle mucho—si os halláis dispuestos á obedecer; y no me vituperéis ni os irritéis contra mí, recordando que soy más joven que vosotros, pues me glorío de haber tenido por padre al valiente Tideo, cuyo cuerpo está enterrado en Tebas. Engendró Porteo tres hijos ilustres que habitaron en Pleurón y en la excelsa Calidón: Agrio, Melas y el caballero Eneo, mi abuelo paterno, que era el más valiente. Eneo quedóse en su país; pero mi padre, después de vagar algún tiempo, se estableció en Argos porque así lo quisieron Júpiter y los demás dioses, casó con una hija de Adrasto y vivió en una casa abastada de riqueza: poseía muchos trigales, no pocas plantaciones de árboles en los alrededores de la población, y copiosos rebaños; y aventajaba á todos los aquivos en el manejo de la lanza. Tales cosas las habréis oído referir como ciertas que son. No sea que, figurándoos quizás que por mi linaje he de ser cobarde y débil, despreciéis lo bueno que os diga. Ea, vayamos á la batalla, no obstante estar heridos, pues la necesidad apremia; pongámonos fuera del alcance de los tiros para no recibir lesiones sobre lesiones; animemos á los demás y hagamos que entren en combate cuantos,

cediendo á su ánimo indolente, permanecen alejados y no pelean.»

133 Así se expresó, y ellos le escucharon y obedecieron. Echaron á andar, y el rey de hombres Agamenón iba delante.

135 El ilustre Neptuno, que sacude la tierra, estaba al acecho; y transfigurándose en un viejo, se dirigió á los reyes, tomó la diestra de Agamenón Atrida y le dijo estas aladas palabras:

139 «¡Atrida! Aquiles, al contemplar la matanza y la derrota de los aqueos, debe de sentir que en el pecho se le regocija el corazón pernicioso, porque está falto de juicio. ¡Así pereciera y una deidad le cubriese de ignominia! Pero los bienaventurados dioses no se hallan irritados contigo, y los caudillos y príncipes de los teucros serán puestos en fuga y levantarán nubes de polvo en la llanura espaciosa; tú mismo los verás huir desde las tiendas y naves á la ciudad.»

147 Cuando así hubo hablado, dió un gran alarido y empezó á correr por la llanura. Cual es la gritería de nueve ó diez mil guerreros al trabarse la marcial contienda, tan pujante fué la voz que el soberano Neptuno, que bate la tierra, hizo salir de su pecho. Y el dios infundió valor en el corazón de todos los aqueos para que lucharan y combatieran sin descanso.

153 Juno, la de áureo trono, mirando desde la cima del Olimpo, conoció á su hermano y cuñado, y regocijóse en el alma; pero vió á Júpiter sentado en la más alta cumbre del Ida, abundante en manantiales, y se le hizo odioso en su corazón. Entonces Juno veneranda, la de los grandes ojos, pensaba cómo podría engañar á Júpiter, que lleva la égida. Al fin parecióle que la mejor resolución sería ataviarse bien y encaminarse al Ida, por si Jove, abrasándose en amor, quería dormir á su lado y ella lograba derramar sobre los párpados y el prudente espíritu del dios dulce y placentero sueño. Sin perder un instante, fuése á la habitación labrada por su hijo Vulcano—la cual tenía una sólida puerta con cerradura oculta que ninguna otra deidad sabía abrir,—entró, y habiendo entornado la puerta, lavóse con ambrosía el cuerpo encantador y lo untó con un aceite craso, divino, suave y tan oloroso que, al moverlo en el palacio de Júpiter, erigido sobre bronce, su fragancia se difundió por el cielo y la tierra. Ungido el hermoso cutis, se compuso el cabello y con sus propias manos formó los rizos lustrosos, bellos, divinales, que colgaban de la cabeza inmortal. Echóse en seguida el manto divino, adornado con muchas bordaduras, que Minerva le hiciera; y sujetólo al pecho con broche de oro. Púsose luego un ceñidor que tenía cien borlones, y colgó de las perforadas orejas unos pendientes de tres piedras preciosas grandes como ojos, espléndidas, de gracioso brillo. Después, la divina entre las diosas se cubrió con un velo hermoso, nuevo, tan blanco como el sol; y calzó sus nítidos pies con bellas sandalias. Y cuando hubo ataviado su cuerpo con todos los adornos, salió de la estancia; y llamando á Venus aparte de los dioses, hablóle en estos términos:

190 «¡Hija querida! ¿Querrás complacerme en lo que te diga, ó te negarás, irritada en tu ánimo, porque yo protejo á los dánaos y tú á los teucros?»

193 Respondióle Venus, hija de Júpiter: «¡Juno, venerable diosa, hija del gran Saturno! Di qué quieres; mi corazón me impulsa á realizarlo, si puedo y es hacedero.»

197 Contestóle dolosamente la venerable Juno: «Dame el amor y el deseo con los cuales rindes á todos los inmortales y á los mortales hombres. Voy á los confines de la fértil tierra para ver á Océano, padre de los dioses, y á la madre Tetis, los cuales me recibieron de manos de Rea y me criaron y educaron en su palacio, cuando el longividente Júpiter puso á Saturno debajo de la tierra y del mar estéril. Iré á visitarlos para dar fin á sus rencillas. Tiempo ha que se privan del amor y del tálamo, porque la cólera anidó en sus corazones. Si apaciguara con mis palabras su ánimo y lograra que reanudasen el amoroso consorcio, me llamarían siempre querida y venerable.»

211 Respondió de nuevo la risueña Venus: «No es posible ni sería conveniente negarte lo que pides, pues duermes en los brazos del poderosísimo Júpiter.»

214 Dijo; y desató del pecho el cinto bordado, de variada labor, que encerraba todos los encantos: hallábanse allí el amor, el deseo, las amorosas pláticas y el lenguaje seductor que hace perder el juicio á los más prudentes. Púsolo en las manos de Juno, y pronunció estas palabras:

219 «Toma y esconde en tu seno el bordado ceñidor donde todo se halla. Yo te aseguro que no volverás sin haber logrado lo que te propongas.»

222 Así habló. Sonrióse Juno veneranda, la de los grandes ojos; y sonriente aún, escondió el ceñidor en el seno. Venus, hija de Júpiter, volvió á su morada. Juno dejó en raudo vuelo la cima del Olimpo, y pasando por la Pieria y la deleitosa Ematia, salvó las altas y nevadas cumbres de las montañas donde viven los jinetes tracios, sin que sus pies tocaran la tierra; descendió por el Atos al fluctuoso ponto y llegó á Lemnos, ciudad del divino Toante. Allí se encontró con el Sueño, hermano de la Muerte; y asiéndole de la diestra, le dijo estas palabras:

233 «¡Oh Sueño, rey de todos los dioses y de todos los hombres! Si en otra ocasión escuchaste mi voz, obedéceme también ahora, y mi gratitud será perenne. Adormece los brillantes ojos de Júpiter debajo de sus párpados, tan pronto como, vencido por el amor, se acueste conmigo. Te daré como premio un trono hermoso, incorruptible, de oro; y mi hijo Vulcano, el cojo de ambos pies, te hará un escabel que te sirva para apoyar las nítidas plantas, cuando asistas á los festines.»

242 Respondióle el dulce Sueño: «¡Juno, venerable diosa, hija del gran Saturno! Fácilmente adormecería á cualquier otro de los sempiternos dioses y aun á las corrientes del río Océano, que es el padre de todos ellos, pero no me acercaré ni adormeceré á Júpiter Saturnio, si él no lo manda. Me hizo cuerdo tu mandato el día en que el animoso hijo de Jove se embarcó en Ilión, después de destruir la ciudad troyana. Entonces sumí en grato sopor la mente de Júpiter, que lleva la égida, difundiéndome suave en torno suyo; y tú, que te proponías causar daño á Hércules, conseguiste que los vientos impetuosos soplaran sobre el ponto y lo llevaran á la populosa Cos, lejos de sus amigos. Júpiter despertó y encendióse en ira: maltrataba á los dioses en el palacio, me buscaba á mí, y me hubiera hecho desaparecer, arrojándome del éter al ponto, si la Noche, que rinde á los dioses y á los hombres, no me hubiese salvado; lleguéme á ella, y aquél se contuvo, aunque irritado, porque temió hacer algo que á la rápida noche desagradara. Y ahora me mandas realizar otra cosa peligrosísima.»

263 Respondióle Juno veneranda, la de los grandes ojos: «¡Sueño! ¿Por qué en la mente revuelves tales cosas? ¿Crees que el longividente Júpiter favorecerá tanto á los teucros, como en la época en que se irritó protegía á su hijo Hércules?

Ea, ve y prometo darte, para que te cases con ella y lleve el nombre de esposa tuya, la más joven de las Gracias, Pasitea, cuya posesión constantemente anhelas.»

270 Así habló. Alegróse el Sueño, y respondió diciendo: «Jura por el agua sagrada de la Estigia, tocando con una mano la fértil tierra y con la otra el brillante mar, para que sean testigos los dioses subtartáreos que están con Saturno, que me darás la más joven de las Gracias, Pasitea, cuya posesión constantemente anhelo.»

277 Así dijo. No desobedeció Juno, la diosa de los níveos brazos, y juró, como se le pedía, nombrando á todos los dioses subtartáreos, llamados Titanes. Prestado el juramento, partieron ocultos en una nube, dejaron atrás á Lemnos y la ciudad de Imbros, y siguiendo con rapidez el camino llegaron á Lecto, en el Ida, abundante en manantiales y criador de fieras; allí pasaron del mar á tierra firme, y anduvieron haciendo estremecer bajo sus pies la cima de los árboles de la selva. Detúvose el Sueño, antes que los ojos de Júpiter pudieran verle, y encaramándose en un abeto altísimo que naciera en el Ida y por el aire llegaba al éter, se ocultó entre las ramas como la montaraz ave canora llamada por los dioses *calcis* y por los hombres *cymindis*.

292 Juno subió ligera al Gárgaro, la cumbre más alta del Ida; Júpiter, que amontona las nubes, la vió venir; y apenas la distinguió, enseñoreóse de su prudente espíritu el mismo deseo que cuando gozaron las primicias del amor, acostándose á escondidas de sus padres. Y así que la tuvo delante, le habló diciendo:

298 «¡Juno! ¿Adónde vas, que tan presurosa vienes del Olimpo, sin los caballos y el carro que podrían conducirte?»

300 Respondióle dolosamente la venerable Juno: «Voy á los confines de la fértil tierra, á ver á Océano, padre de los dioses, y á la madre Tetis, que me recibieron de manos de Rea y me criaron y educaron en su palacio. Iré á visitarlos para dar fin á sus rencillas. Tiempo ha que se privan del amor y del tálamo, porque la cólera anidó en sus corazones. Tengo al pie del Ida los corceles que me llevarán por tierra y por mar, y vengo del Olimpo á participártelo; no fuera que te enfadaras si me encaminase, sin decírtelo, al palacio del Océano, de profunda corriente.»

312 Contestó Júpiter, que amontona las nubes: «¡Juno! Allá se puede ir más tarde. Ea, acostémonos y gocemos del amor. Jamás la pasión por una diosa ó por una mujer se difundió por mi pecho, ni me avasalló como ahora: nunca he amado así, ni á la esposa de Ixión, que parió á Pirítoo, consejero igual á los dioses; ni á Dánae, la de bellos talones, hija de Acrisio, que dió á luz á Perseo, el más ilustre de los hombres; ni á la celebrada hija de Fénix, que fué madre de Minos y de Radamanto, igual á un dios; ni á Semele, ni á Alcmena en Tebas, de la que tuve á Hércules, de ánimo valeroso, y de Semele á Baco, alegría de los mortales; ni á Ceres, la soberana de hermosas trenzas; ni á la gloriosa Latona; ni á ti misma: con tal ansia te amo en este momento y tan dulce es el deseo que de mí se apodera.»

329 Replicóle dolosamente la venerable Juno: «¡Terribilísimo Saturnio! ¡Qué palabras proferiste! ¡Quieres acostarte y gozar del amor en las cumbres del Ida, donde todo es patente! ¿Qué ocurriría si alguno de los sempiternos dioses nos viese dormidos y lo manifestara á todas las deidades? Yo no volvería á tu palacio al levantarme del lecho; vergonzoso fuera. Mas, si lo deseas y á tu corazón es grato, tienes la cámara que tu hijo Vulcano labró, cerrando la puerta con sólidas tablas que encajan en el marco. Vamos á acostarnos allí, ya que folgar te place.»

341 Respondióle Júpiter, que amontona las nubes: «¡Juno! No temas que nos vea ningún dios ni hombre: te cubriré con una nube dorada que ni el Sol, con su luz, que es la más penetrante de todas, podría atravesar para mirarnos.»

346 Dijo el Saturnio, y estrechó en sus brazos á la esposa. La tierra produjo verde hierba, loto fresco, azafrán y jacinto espeso y tierno para levantarlos del suelo. Acostáronse allí y cubriéronse con una hermosa nube dorada, de la cual caían lucientes gotas de rocío.

352 Tan tranquilamente dormía el padre sobre el alto Gárgaro, vencido por el sueño y el amor y abrazado con su esposa. El dulce Sueño corrió hacia las naves aqueas para llevar la noticia á Neptuno, que ciñe la tierra; y deteniéndose cerca de él, pronunció estas aladas palabras:

357 «¡Oh Neptuno! Socorre pronto á los dánaos y dales gloria, aunque sea breve, mientras duerme Júpiter; á quien he sumido en dulce letargo, después que Juno, engañándole, logró que se acostara para gozar del amor.»

361 Dicho esto, fuése hacia las ínclitas tribus de los hombres. Y Neptuno, más incitado que antes á socorrer á los dánaos, saltó en seguida á las primeras filas y les exhortó diciendo:

364 «¡Argivos! ¿Cederemos nuevamente la victoria á Héctor Priámida, para que se apodere de los bajeles y alcance gloria? Así se lo figura él y de ello se jacta, porque Aquiles permanece en las cóncavas naves con el corazón irritado. Pero Aquiles no hará gran falta, si los demás procuramos auxiliarnos mutuamente. Ea, obremos todos como voy á decir. Embrazad los escudos mayores y más fuertes que haya en el ejército, cubríos la cabeza con el refulgente casco, coged las picas más largas, y pongámonos en marcha: yo iré delante, y no creo que Héctor Priámida, por enardecido que esté, se atreva á esperarnos. Y el varón, que siendo bravo, tenga un escudo pequeño para proteger sus hombros, déselo al menos valiente y tome otro mejor.»

378 En tales términos habló, y ellos le escucharon y obedecieron. Los mismos reyes—el Tidida, Ulises y Agamenón Atrida,—sin embargo de estar heridos, formaban el escuadrón; y recorriendo las hileras, hacían el cambio de las marciales armas. El esforzado tomaba las más fuertes y daba las peores al que le era inferior. Tan pronto como hubieron vestido el luciente bronce, se pusieron en marcha: precedíales Neptuno, que sacude la tierra, llevando en la robusta mano una espada terrible, larga y puntiaguda, que parecía un relámpago; y á nadie le era posible luchar con el dios en el funesto combate, porque el temor se lo impedía á todos.

388 Por su parte, el esclarecido Héctor puso en orden á los teucros. Y Neptuno, el de cerúlea cabellera, y el preclaro Héctor, auxiliando éste á los teucros y aquél á los argivos, extendieron el campo de la terrible pelea. El mar, agitado, llegó hasta las tiendas y naves de los argivos, y los combatientes se embistieron con gran alboroto. No braman tanto las olas del mar cuando, levantadas por el soplo terrible del Bóreas, se rompen en la tierra; ni hace tanto estrépito el ardiente fuego en la espesura del monte, al quemarse una selva; ni suena tanto el viento en las altas copas de las encinas, si arreciando muge; cuanta fué la grita de teucros y aqueos en el momento en que, vociferando de un modo espantoso, vinieron á las manos.

402 El preclaro Héctor arrojó el primero la lanza á Ayax, que contra él arremetía, y no le erró; pero acertó á dar en el sitio en que se cruzaban la correa del escudo y el tahalí de la espada, guarnecida con argénteos clavos, y

ambos protegieron el delicado cuerpo. Irritóse Héctor porque la lanza había sido arrojada inútilmente por su mano, y retrocedió hacia el grupo de sus amigos para evitar la muerte. El gran Ayax Telamonio, al ver que Héctor se retiraba, cogió una de las muchas piedras que servían para calzar las naves y rodaban entonces entre los pies de los combatientes, y con ella le hirió en el pecho, por cima del escudo, junto á la garganta; la piedra, lanzada con ímpetu, giraba como un torbellino. Como viene á tierra la encina arrancada de raíz por el rayo de Júpiter, despidiendo un fuerte olor de azufre, y el que se halla cerca desfallece, pues el rayo del gran Jove es formidable; de igual manera, el robusto Héctor dió consigo en el suelo y cayó en el polvo: la pica se le fué de la mano, quedaron encima de él escudo y casco, y la armadura de labrado bronce resonó en torno del cuerpo. Los aquivos corrieron hacia Héctor, dando recias voces, con la esperanza de arrastrarlo á su campo; mas, aunque arrojaron muchas lanzas, no consiguieron herir al pastor de hombres, ni de cerca, ni de lejos, porque fué rodeado por los más valientes teucros—Polidamante, Eneas, el divino Agenor, Sarpedón, caudillo de los licios, y el eximio Glauco,—y los otros tampoco le abandonaron, pues se pusieron delante con sus rodelas. Los amigos de Héctor levantáronle en brazos, condujéronle adonde tenía los ágiles corceles con el labrado carro y el auriga, y se lo llevaron hacia la ciudad, mientras daba profundos suspiros.

433 Mas, al llegar al vado del voraginoso Janto, río de hermosa corriente que el inmortal Júpiter engendró, bajaron á Héctor del carro y le rociaron el rostro con agua: el héroe cobró los perdidos espíritus, ébil el ánimo á consecuencia del golpe recibido.

440 Los argivos, cuando vieron que Héctor se ausentaba, arremetieron con más ímpetu á los teucros, y sólo pensaron en combatir. Entonces el veloz Ayax de Oileo fué el primero que, acometiendo con la puntiaguda lanza, hirió á Satnio Enópida, á quien una náyade había tenido de Énope, mientras éste apacentaba rebaños á orillas del Sátniois: Ayax de Oileo, famoso por su lanza, llegóse á él, le hirió en el ijar y le tumbó de espaldas; y en torno del cadáver, teucros y dánaos trabaron un duro combate. Fué á vengarle Polidamante, hábil en blandir la lanza; é hirió en el hombro derecho á Protoenor, hijo de Areilico: la impetuosa lanza atravesó el hombro, y el guerrero, cayendo en el polvo, cogió el suelo con sus manos. Y Polidamante exclamó con gran jactancia y á voz en grito:

454 «No creo que el brazo robusto del valeroso hijo de Pántoo haya despedido la lanza en vano; algún argivo la recibió en su cuerpo, y me figuro que le servirá de báculo para apoyarse en ella y descender á la morada de Plutón.»

458 Así habló. Sus jactanciosas palabras apesadumbraron á los argivos y conmovieron el corazón del aguerrido Ayax Telamonio, á cuyo lado cayó Protoenor. En el acto arrojó Ayax una reluciente lanza á Polidamante, que ya se retiraba; éste dió un salto oblicuo y evitóla, librándose de la negra muerte; pero en cambio la recibió Arquéloco, hijo de Antenor, á quien los dioses habían destinado á morir: la lanza se clavó en la unión de la cabeza con el cuello, en la primera vértebra, y cortó ambos ligamentos; cayó el guerrero, y cabeza, boca y narices llegaron al suelo antes que las piernas y las rodillas. Y Ayax, vociferando, al eximio Polidamante le decía:

470 «Reflexiona, oh Polidamante, y dime sinceramente: ¿La muerte de ese hombre no compensa la de Protoenor? No parece vil, ni de viles nacido, sino hermano ó hijo de Antenor, domador de caballos, pues tiene el mismo aire de familia.»

475 Así dijo, porque le conocía bien; y á los teucros se les llenó el corazón de pesar. Entonces Acamante, que se hallaba junto al cadáver de su hermano para protegerlo, envasó la lanza á Prómaco, el beocio, cuando éste cogía por los pies al muerto é intentaba llevárselo. Y en seguida jactóse grandemente, dando recias voces:

479 «¡Argivos que sólo con el arco sabéis combatir y nunca os cansáis de proferir amenazas! El trabajo y los pesares no han de ser solamente para nosotros, y algún día recibiréis la muerte de este mismo modo. Mirad á Prómaco, que yace en el suelo, vencido por mi pica, para que la venganza por la muerte de un hermano no sufra dilación. Por esto el hombre que es víctima de alguna desgracia, anhela dejar un hermano que pueda vengarle.»

486 Así se expresó. Sus jactanciosas frases apesadumbraron á los argivos y conmovieron el corazón del aguerrido Penéleo, que arremetió contra Acamante; pero éste no aguardó la acometida. Penéleo hirió á Ilioneo, hijo único que á Forbante—hombre rico en ovejas y amado sobre todos los teucros por Mercurio, que le dió muchos bienes—su esposa le pariera: la lanza, penetrando por debajo de una ceja, le arrancó la pupila, le atravesó el ojo y salió por la nuca, y el guerrero vino al suelo con los brazos abiertos. Penéleo, desnudando la aguda espada, le cercenó la cabeza, que cayó á tierra con el casco; y como la fornida lanza seguía clavada en el ojo, cogióla, levantó la cabeza cual si fuese una flor de adormidera, la mostró á los teucros, y blasonando del triunfo, dijo:

501 «¡Teucros! Decid en mi nombre á los padres del ilustre Ilioneo que le lloren en su palacio; ya que tampoco la esposa de Prómaco Alegenórida recibirá con alegre rostro á su marido cuando, embarcándonos en Troya, volvamos á nuestra patria.»

506 Así habló. Á todos les temblaban las carnes de miedo, y cada cual buscaba adonde huir para librarse de una muerte espantosa.

508 Decidme ahora, Musas que poseéis olímpicos palacios, cuál fué el primer aquivo que alzó del suelo cruentos despojos, cuando el ilustre Neptuno, que bate la tierra, inclinó el combate en favor de los aqueos.

511 Ayax Telamonio, el primero, hirió á Hirtio Girtíada; Antíloco hizo perecer á Falces y á Mérmero, despojándolos luego de las armas; Meriones mató á Moris é Hipotión; Teucro quitó la vida á Protoón y Perifetes; y el Atrida hirió en el ijar á Hiperenor, pastor de hombres: el bronce atravesó los intestinos, el alma salió presurosa por la herida, y la obscuridad cubrió los ojos del guerrero. Y el veloz Ayax, hijo de Oileo, mató á muchos; porque nadie le igualaba en perseguir á los guerreros aterrorizados, cuando Júpiter los ponía en fuga.

CANTO XV
LOS AQUEOS REVUELVEN, DESDE LAS NAVES, SOBRE LOS TEUCROS Y LOS PONEN EN FUGA

1 Cuando los teucros hubieron atravesado en su huída el foso y la estacada, muriendo muchos á manos de los dánaos, llegaron al sitio donde tenían los corceles é hicieron alto, amedrentados y pálidos de miedo. En aquel instante despertó Jove en la cumbre del Ida, al lado de Juno, la de áureo trono. Levantóse y vió á los teucros perseguidos por los aqueos, que los ponían en desorden; y entre éstos, al soberano Neptuno. Vió también á Héctor tendido en la llanura y rodeado de amigos, jadeante, privado de conocimiento, vomitando sangre; que no fué el más débil de los aqueos quien le causó la herida. El padre de los hombres y de los dioses, compadeciéndose de él, miró con torva y terrible faz á Juno, y así le dijo:

14 «Tu engaño, Juno maléfica é incorregible, ha hecho que Héctor dejara de combatir y que sus tropas se dieran á la fuga. No sé si castigarte con azotes, para que seas la primera en gozar de tu funesta astucia. ¿Por ventura no te acuerdas de cuando estuviste colgada en lo alto y puse en tus pies sendos yunques, y en tus manos áureas é irrompibles esposas? Te hallabas suspendida en medio del éter y de las nubes, los dioses del vasto Olimpo te rodeaban indignados, pero no podían desatarte—si entonces llego á coger á alguno, le arrojo de estos umbrales y llega á la tierra casi sin vida—y yo no lograba echar del corazón el continuo pesar que sentía por el divino Hércules, á quien tú, produciendo una tempestad con el auxilio del Bóreas, arrojaste con perversa intención al mar estéril y llevaste luego á la populosa Cos; allí le libré de los peligros y le conduje nuevamente á la Argólide, criadora de caballos, después que hubo padecido muchas fatigas. Te lo recuerdo para que pongas fin á tus engaños y sepas si te será provechoso haber venido de la mansión de los dioses á burlarme con los goces del amor.»

34 Así se expresó. Estremecióse Juno veneranda, la de los grandes ojos, y pronunció estas aladas palabras:

36 «Sean testigos la Tierra y el anchuroso Cielo y el agua de la Estigia, de subterránea corriente—que es el juramento mayor y más terrible para los bienaventurados dioses,—y tu cabeza sagrada y nuestro tálamo nupcial, por el que nunca juraría en vano: No es por mi consejo que Neptuno, el que sacude la tierra, daña á los teucros y á Héctor y auxilia á los otros; su mismo ánimo debe de impelerle y animarle, ó quizás se compadece de los aqueos al ver que son derrotados junto á las naves. Mas yo aconsejaría á Neptuno que fuera por donde tú, el de las sombrías nubes, le mandaras.»

47 Así dijo. Sonrióse el padre de los hombres y de los dioses, y respondió con estas aladas palabras:

49 «Si tú, Juno veneranda, la de los grandes ojos, cuando te sientas entre los inmortales estuvieras de acuerdo conmigo; Neptuno, aunque otra cosa deseara, acomodaría muy pronto su modo de pensar al nuestro. Pero si en este momento hablas franca y sinceramente, ve á la mansión de los dioses y manda venir á Iris y á Apolo, famoso por su arco; para que aquélla, encaminándose al ejército de los aqueos, de lorigas de bronce, diga al soberano Neptuno que cese de combatir y vuelva á su palacio; y Febo Apolo incite á Héctor á la pelea, le infunda valor y le haga olvidar los dolores que le oprimen el corazón, á fin de que rechace nuevamente á los aquivos, los cuales llegarán en cobarde fuga á las naves, de muchos bancos, del Pelida Aquiles. Éste enviará á la lid á su compañero Patroclo, que morirá, herido por la lanza del preclaro Héctor, cerca de Ilión, después de quitar la vida á muchos jóvenes, y entre ellos al ilustre Sarpedón, mi hijo. Irritado por la muerte de Patroclo, el divino Aquiles matará á Héctor. Desde aquel instante haré que los teucros sean perseguidos continuamente desde las naves, hasta que los aqueos tomen la excelsa Ilión. Y no cesará mi enojo, ni dejaré que ningún inmortal socorra á los dánaos, mientras no se cumpla el voto del Pelida, como lo prometí, asintiendo con la cabeza, el día en que Tetis abrazó mis rodillas y me suplicó que honrase á Aquiles, asolador de ciudades.»

78 De tal suerte habló. Juno, la diosa de los níveos brazos, no fué desobediente, y pasó de los montes ideos al vasto Olimpo. Como corre veloz el pensamiento del hombre que habiendo viajado por muchas tierras, las recuerda en su reflexivo espíritu, y dice estuve aquí ó allí y revuelve en la mente muchas cosas, tan rápida y presurosa volaba la venerable Juno, y pronto llegó al excelso Olimpo. Los dioses inmortales, que se hallaban reunidos en el palacio de Júpiter, levantáronse al verla y le ofrecieron copas de néctar. Y Juno aceptó la que le presentaba Temis, la de hermosas mejillas, que fué la primera que corrió á su encuentro, y le dijo estas aladas palabras:

90 «¡Juno! ¿Por qué vienes con esa cara de espanto? Sin duda te atemorizó tu esposo, el hijo de Saturno.»

92 Respondióle Juno, la diosa de los níveos brazos: «No me lo preguntes, diosa Temis; tú misma sabes cuán soberbio y despiadado es el ánimo de Jove. Preside tú en el palacio el festín de los dioses, y oirás con los demás inmortales qué desgracias anuncia Júpiter; figúrome que nadie, sea hombre ó dios, se regocijará en el alma por más alegre que esté en el banquete.»

100 Dichas estas palabras, sentóse la venerable Juno. Afligiéronse los dioses en la morada de Júpiter. Aquélla, aunque con la sonrisa en los labios, no mostraba alegría en la frente, sobre las negras cejas. É indignada, exclamó:

104 «¡Cuán necios somos los que tontamente nos irritamos contra Júpiter! Queremos acercarnos á él y contenerle con palabras ó por medio de la violencia; y él, sentado aparte, ni nos hace caso, ni se preocupa, porque dice que en fuerza y poder es muy superior á todos los dioses inmortales. Por tanto, sufrid los infortunios que respectivamente os envíe. Creo que al impetuoso Marte le ha ocurrido ya una desgracia; pues murió en la pelea Ascálafo, á quien amaba sobre todos los hombres y reconocía por su hijo.»

113 Así habló. Marte bajó los brazos, golpeóse los muslos, y suspirando dijo:

115 «No os irritéis conmigo, vosotros los que habitáis olímpicos palacios, si voy á las naves aqueas para vengar la muerte de mi hijo; iría aunque el destino hubiese dispuesto que me cayera encima el rayo de Júpiter, dejándome tendido con los muertos, entre sangre y polvo.»

119 Dijo, y mandó al Terror y á la Fuga que uncieran los caballos, mientras vestía las refulgentes armas. Mayor y más terrible hubiera sido entonces el enojo y la ira de Jove contra los inmortales; pero Minerva, temiendo por todos los dioses, se levantó del trono, salió por el vestíbulo, y quitándole á Marte de la cabeza el casco, de la espalda el escudo y de la robusta mano la pica de bronce, que apoyó contra la pared, dirigió al impetuoso dios estas palabras:

128 «¡Loco, insensato! ¿Quieres perecer? En vano tienes oídos para oir, ó has perdido la razón y la vergüenza. ¿No oyes lo que dice Juno, la diosa de los níveos brazos, que acaba de ver á Júpiter olímpico? ¿Ó deseas, acaso, tener que regresar al Olimpo á viva fuerza, triste y habiendo padecido muchos males, y causar gran daño á los otros dioses? Porque Jove dejará en seguida á los altivos teucros y á los aqueos, vendrá al Olimpo á promover tumulto entre nosotros, y castigará, así al culpable como al inocente. Por esta razón te exhorto á templar tu enojo por la muerte del hijo. Algún otro superior á él en valor y fuerza ha muerto ó morirá, porque es difícil conservar todas las familias de los hombres y salvar á todos los individuos.»

142 Dicho esto, condujo á su asiento al furibundo Marte. Juno llamó afuera del palacio á Apolo y á Iris, la mensajera de los inmortales dioses, y les dijo estas aladas palabras:

146 «Júpiter os manda que vayáis al Ida lo antes posible; y cuando hubiereis llegado á su presencia, haced lo que os encargue y ordene.»

149 La venerable Juno, apenas acabó de hablar, volvió al palacio y se sentó en su trono. Ellos bajaron en raudo vuelo al Ida, abundante en manantiales y criador de fieras, y hallaron al longividente Saturnio sentado en la cima del Gárgaro, debajo de olorosa nube. Al llegar á la presencia de Júpiter, que amontona las nubes, se detuvieron; y Jove, al verlos, no se irritó, porque habían obedecido con presteza las órdenes de Juno. Y hablando primero con Iris, profirió estas aladas palabras:

158 «¡Anda, ve, rápida Iris! Anuncia esto al soberano Neptuno y no seas mensajera falaz: Mándale que, cesando de pelear y combatir, se vaya á la mansión de los dioses ó al mar divino. Y si no quiere obedecer mis palabras y las desprecia, reflexione en su mente y en su corazón si, aunque sea poderoso, se atreverá á esperarme cuando me dirija contra él; pues le aventajo mucho en fuerza y edad, por más que en su ánimo se crea igual á mí, á quien todos temen.»

168 De este modo habló. La veloz Iris, de pies veloces como el viento, no desobedeció; y bajó de los montes ideos á la sagrada Ilión. Como cae de las nubes la nieve ó el helado granizo, á impulso del Bóreas, nacido en el éter; tan rápida y presurosa volaba la ligera Iris; y deteniéndose cerca del ínclito Neptuno, así le dijo:

174 «Vengo, oh Neptuno, el de cerúlea cabellera, á traerte un mensaje de parte de Júpiter, que lleva la égida. Te manda que, cesando de pelear y combatir, te vayas á la mansión de los dioses ó al mar divino. Y si no quieres obedecer sus palabras y las desprecias, te amenaza con venir á luchar contigo y te aconseja que evites sus manos; porque dice que te supera mucho en fuerza y edad, por más que en tu ánimo te creas igual á él, á quien todos temen.»

184 Respondióle muy indignado el ínclito Neptuno, que bate la tierra: «¡Oh dioses! Con soberbia habla, aunque sea valiente, si dice que me sujetará por fuerza y contra mi querer; á mí, que disfruto de sus mismos honores. Tres somos los hermanos nacidos de Rea y de Saturno: Júpiter, yo y el tercero Plutón, que reina en los infiernos. El universo se dividió en tres partes para que cada cual imperase en la suya. Yo obtuve por suerte habitar siempre en el espumoso y agitado mar, tocáronle á Plutón las tinieblas sombrías, correspondió á Jove el anchuroso cielo en medio del éter y las nubes; pero la tierra y el alto Olimpo son de todos. Por tanto, no obraré según lo decida Júpiter; y éste, aunque sea poderoso, permanezca tranquilo en la tercia parte que le pertenece. No pretenda asustarme con sus manos como si tratase con un cobarde. Mejor fuera que con esas vehementes palabras riñese á los hijos é hijas que engendró, pues estos tendrían que obedecer necesariamente lo que les ordenare.»

200 Replicó la veloz Iris, de pies veloces como el viento: «¿He de llevar á Jove, oh Neptuno, el de cerúlea cabellera, una respuesta tan dura y fuerte? ¿No querrías modificarla? La mente de los sensatos es flexible. Ya sabes que las Furias se declaran siempre por los de más edad.»

205 Contestó Neptuno, que sacude la tierra: «¡Diosa Iris! Muy oportuno es cuanto acabas de decir. Bueno es que el mensajero comprenda lo que es conveniente. Pero el pesar me llega al corazón y al alma, cuando aquél quiere increpar con iracundas voces á quien el hado hiciera su igual en suerte y destino. Ahora cederé, aunque estoy irritado. Mas te diré otra cosa y haré una amenaza: Si á despecho de mí, de Minerva, que impera en las batallas, de Juno, de Mercurio y del rey Vulcano, conservare la excelsa Ilión é impidiere que, destruyéndola, alcancen los argivos una gran victoria, sepa que nuestra ira será implacable.»

218 Cuando esto hubo dicho, el dios que bate la tierra desamparó á los aqueos y se sumergió en el mar; pronto los héroes aquivos le echaron de menos. Entonces Júpiter, que amontona las nubes, dijo á Apolo:

221 «Ve ahora, querido Febo, á encontrar á Héctor, el de broncíneo casco. Ya Neptuno, que ciñe y bate la tierra, se fué al mar divino, para librarse de mi terrible cólera; pues hasta los dioses que están en torno de Saturno, debajo de la tierra, hubieran oído el estrépito de nuestro combate. Mucho mejor es para mí y para él que, temeroso, haya cedido á mi fuerza, porque no sin sudor se hubiera efectuado la lucha. Ahora, toma en tus manos la égida floqueada, agítala, y espanta á los héroes aquivos; y luego, cuídate, oh Flechador, del esclarecido Héctor é infúndele gran vigor, hasta que los aqueos lleguen, huyendo, á las naves y al Helesponto. Entonces pensaré lo que fuere conveniente hacer ó decir para que los aqueos respiren de sus cuitas.»

236 Tal dijo, y Apolo no desobedeció á su padre. Descendió de los montes ideos, semejante al gavilán que mata á las palomas y es la más veloz de las aves, y halló al divino Héctor, hijo del belicoso Príamo, ya no postrado en el suelo, sino sentado: iba cobrando ánimo y aliento, y reconocía á los amigos que le circundaban, porque la anhelación y el sudor habían cesado desde que Júpiter decidiera animar al héroe. El flechador Apolo se detuvo á su vera, y le dijo:

244 «¡Héctor, hijo de Príamo! ¿Por qué te encuentro sentado, lejos de los demás y desfallecido? ¿Te abruma algún pesar?»

246 Con lánguida voz respondióle Héctor, de tremolante casco: «¿Quién eres tú, oh el mejor de los dioses, que vienes á mi presencia y me interrogas? ¿No sabes que Ayax, valiente en la pelea, me hirió en el pecho con una piedra, mientras yo mataba á sus compañeros junto á las naves de los aqueos, é hizo desfallecer mi impetuoso valor? Figurábame que vería hoy mismo á los muertos y la morada de Plutón, porque ya iba á exhalar el alma.»

253 Contestó el soberano flechador Apolo: «Cobra ánimo. El Saturnio te manda desde el Ida como defensor, para asistirte y ayudarte, á Febo Apolo, el de la áurea espada; á mí, que ya antes protegía tu persona y tu excelsa ciudad. Ea, ordena á tus muchos caudillos que guíen los veloces caballos hacia las cóncavas naves; y yo, marchando á su frente,

allanaré el camino á los corceles y pondré en fuga á los héroes aquivos.»

262 Dijo, é infundió un gran vigor al pastor de hombres. Como el corcel avezado á bañarse en la cristalina corriente de un río, cuando se ve atado en el establo come la cebada del pesebre, y rompiendo el ronzal sale trotando por la llanura, yergue orgulloso la cerviz, ondean las crines sobre su cuello y ufano de su lozanía mueve ligero las rodillas encaminándose al sitio donde los caballos pacen; tan ligeramente movía Héctor pies y rodillas, exhortando á los capitanes, después que oyó la voz de Apolo. Así como, cuando perros y pastores persiguen á un cornígero ciervo ó á una cabra montés que se refugia en escarpada roca ó umbría selva, porque no estaba decidido por el hado que el animal fuese cogido; si atraído por la gritería, se presenta un melenudo león, á todos los pone en fuga á pesar de su empeño; así también los dánaos avanzaban en tropel, hiriendo á sus enemigos con espadas y lanzas de doble filo; mas al notar que Héctor recorría las hileras de los suyos, turbáronse y se les cayó el alma á los pies.

281 Entonces Toante, hijo de Andremón y el más señalado de los etolos—era diestro en arrojar el dardo, valiente en el combate á pie firme y pocos aqueos vencíanle en las juntas cuando los jóvenes contendían sobre la elocuencia,—benévolo les arengó diciendo:

286 «¡Oh dioses! Grande es el prodigio que á mi vista se ofrece. ¡Cómo Héctor, librándose de la muerte, se ha vuelto á levantar! Gran esperanza teníamos de que hubiese sido muerto por Ayax Telamonio; pero algún dios protegió y salvó nuevamente á Héctor, que ha quebrado las rodillas de muchos dánaos, como ahora lo hará también, pues no sin la voluntad de Júpiter tonante aparece tan resuelto al frente de sus tropas. Ea, obremos todos como voy á decir. Ordenemos á la muchedumbre que vuelva á las naves, y cuantos nos gloriamos de ser los más valientes, permanezcamos aquí y rechacémosle, yendo á su encuentro con las picas levantadas. Creo que por embravecido que tenga el corazón, temerá penetrar por entre los dánaos.»

300 Así habló, y ellos le escucharon y obedecieron. Ayax, el rey Idomeneo, Teucro, Meriones y Meges, igual á Marte, llamando á los más valientes, los dispusieron para la batalla contra Héctor y los troyanos; y la turba se retiró á las naves aqueas.

306 Los teucros acometieron apiñados, siguiendo á Héctor, que marchaba con arrogante paso. Delante del héroe iba Febo Apolo, cubierto por una nube, con la égida impetuosa, terrible, hirsuta, magnífica, que Vulcano, el broncista, diera á Júpiter para que llevándola amedrentara á los hombres. Con ella en la mano, Apolo guiaba á las tropas.

312 Los argivos, apiñados también, resistieron el ataque. Levantóse en ambos ejércitos aguda gritería, las flechas saltaban de las cuerdas de los arcos y audaces manos arrojaban buen número de lanzas, de las cuales unas pocas se hundían en el cuerpo de los jóvenes poseídos de marcial furor, y las demás clavábanse en el suelo, entre los dos campos, antes de llegar á la blanca carne de que estaban codiciosas. Mientras Febo Apolo tuvo la égida inmóvil, los tiros alcanzaban por igual á unos y á otros, y los hombres caían. Mas así que la agitó frente á los dánaos, de ágiles corceles, dando un fortísimo grito, debilitó el ánimo en los pechos de los aquivos y logró que se olvidaran de su impetuoso valor. Como ponen en desorden una vacada ó un hato de ovejas, dos fieras que se presentan muy entrada la obscura noche, cuando el guardián está ausente; de la misma manera, los aqueos huían espantados, porque Apolo les infundió terror y dió gloria á Héctor y á los teucros.

328 Entonces, ya extendida la batalla, cada caudillo teucro mató á un hombre. Héctor dió muerte á Estiquio y á Arcesilao: éste era caudillo de los beocios, de broncíneas lorigas; el otro, compañero fiel del magnánimo Menesteo. Eneas hizo perecer á Medonte y á Yaso; de los cuales, el primero era hijo bastardo del divino Oileo y hermano de Ayax, y habitaba en Fílace, lejos de su patria, por haber muerto á un hermano de su madrastra Eriopis, y Yaso, caudillo de los atenienses, era conocido como hijo de Esfelo Bucólida. Polidamante quitó la vida á Mecisteo, Polites á Equio al trabarse el combate, y el divino Agenor á Clonio. Y Paris arrojó su lanza á Deyoco, que huía por entre los combatientes delanteros; le hirió en la extremidad del hombro, y el bronce salió al otro lado.

343 En tanto los teucros despojaban de las armas á los muertos, los aquivos, arrojándose al foso y á la estacada, huían por todas partes y penetraban en el muro, constreñidos por la necesidad. Y Héctor exhortaba á los teucros, diciendo á voz en grito:

347 «Arrojaos á las naves y dejad los cruentos despojos. Al que encuentre lejos de los bajeles, allí mismo le daré muerte, y luego sus hermanos y hermanas no le entregarán á las llamas, sino que lo despedazarán los perros fuera de la ciudad.»

352 En diciendo esto, azotó con el látigo el lomo de los caballos; y mientras atravesaba las filas, animaba á los teucros. Éstos, dando amenazadores gritos, guiaban los corceles de los carros con fragor inmenso; y Febo Apolo, que iba delante, holló con sus pies las orillas del foso profundo, echó la tierra dentro y formó un camino largo y tan ancho como la distancia que media entre el hombre que arroja una lanza para probar su fuerza y el sitio donde la misma cae. Por allí se extendieron en buen orden; y Apolo, que con la égida preciosa iba á su frente, derribaba el muro de los aqueos, con la misma facilidad con que un niño, jugando en la playa, desbarata con los pies y las manos lo que de arena había construído. Así tú, flechador Febo, destruías la obra que había costado á los aquivos muchos trabajos y fatigas, y á ellos los ponías en fuga.

367 Los aqueos no pararon hasta las naves, y allí se animaban unos á otros, y con los brazos alzados, profiriendo grandes voces, imploraban el auxilio de las deidades. Y especialmente Néstor gerenio, protector de los aqueos, oraba levantando las manos al estrellado cielo:

372 «¡Padre Júpiter! Si alguien en Argos, abundante en trigales, quemó en tu obsequio pingües muslos de buey ó de oveja, y te pidió que lograra volver á su patria, y tú se lo prometiste asintiendo; acuérdate de ello, Júpiter Olímpico, aparta de nosotros el día funesto, y no permitas que los aquivos sucumban á manos de los teucros.»

377 Tal fué su plegaria. El próvido Júpiter atendió las preces del anciano Nelida, y tronó fuertemente.

379 Los teucros, al oir el trueno de Júpiter, que lleva la égida, arremetieron con más furia á los argivos, y sólo en combatir pensaron. Como las olas del vasto mar salvan el costado de una nave y caen sobre ella, cuando el viento arrecia y las levanta á gran altura; así los teucros pasaron el muro, é introduciendo los carros, peleaban junto á las popas con lanzas de doble filo; mientras los aqueos, subidos en las negras naves, se defendían con pértigas largas,

fuertes, de punta de bronce, que para los combates navales llevaban en aquéllas.

390 En cuanto aquivos y teucros combatieron cerca del muro, lejos de las veleras naves, Patroclo permaneció en la tienda del bravo Eurípilo, entreteniéndole con la conversación y curándole la grave herida con drogas que mitigaran los acerbos dolores. Mas, al ver que los teucros asaltaban con ímpetu el muro y se producía clamoreo y fuga entre los dánaos, gimió; y bajando los brazos, golpeóse los muslos, suspiró, y dijo:

399 «¡Eurípilo! Ya no puedo seguir aquí, aunque me necesites, porque se ha trabado una gran batalla. Te cuidará el escudero, y yo volveré presuroso á la tienda de Aquiles, para incitarle á pelear. ¿Quién sabe si con la ayuda de algún dios conmoveré su ánimo? Gran fuerza tiene la exhortación de un compañero.»

405 Dijo, y salió. Los aqueos sostenían firmemente la acometida de los teucros, pero, aunque éstos eran menos, no podían rechazarlos de las naves; y tampoco los teucros lograban romper las falanges de los dánaos y entrar en sus tiendas y bajeles. Como la plomada nivela el mástil de un navío en manos del hábil constructor que conoce bien su arte por habérselo enseñado Minerva; de la misma manera andaba igual el combate y la pelea, y unos pugnaban en torno de unas naves y otros alrededor de otras.

415 Héctor fué á encontrar al glorioso Ayax; y luchando los dos por un navío, ni Héctor conseguía arredrar á Ayax y pegar fuego á los bajeles, ni Ayax lograba rechazar á Héctor desde que un dios lo acercara al campamento. Entonces el esclarecido Ayax dió una lanzada en el pecho á Calétor, hijo de Clitio, que iba á echar fuego en un barco: el teucro cayó con estrépito, y la tea desprendióse de su mano. Y Héctor, como viera que su primo caía en el polvo delante de la negra nave, exhortó á troyanos y licios, diciendo á grandes voces:

425 «¡Troyanos, licios, dárdanos que cuerpo á cuerpo peleáis! No dejéis de combatir en esta angostura; defended el cuerpo del hijo de Clitio, que cayó en la pelea junto á las naves, para que los aqueos no lo despojen de las armas.»

429 Dichas estas palabras, arrojó á Ayax la luciente pica y erró el tiro; pero, en cambio, hirió á Licofrón de Citera, hijo de Mástor y escudero de Ayax, en cuyo palacio vivía desde que en aquella ciudad matara á un hombre: el agudo bronce penetró en la cabeza por encima de una oreja; y el guerrero, que se hallaba junto á Ayax, cayó de espaldas desde la nave al polvo de la tierra, y sus miembros quedaron sin vigor. Estremecióse Ayax, y dijo á su hermano:

437 «¡Querido Teucro! Nos han muerto al Mastórida, el compañero fiel á quien honrábamos en el palacio como á nuestros padres, desde que vino de Citera. El magnánimo Héctor le quitó la vida. Pero ¿dónde tienes las mortíferas flechas y el arco que te dió Febo Apolo?»

442 Así se expresó. Oyóle Teucro y acudió corriendo, con el flexible arco y el carcaj lleno de flechas; y una vez á su lado, comenzó á disparar saetas contra los teucros. É hirió á Clito, preclaro hijo de Pisenor y compañero del ilustre Polidamante Pantoida, que con las riendas en la mano dirigía los corceles adonde más falanges en montón confuso se agitaban, para congraciarse con Héctor y los teucros; pero pronto ocurrióle una desgracia, de que nadie, por más que lo deseara, pudo librarle: la acerba flecha se le clavó en el cuello, por detrás; el guerrero cayó del carro, y los corceles retrocedieron arrastrando con estrépito el carro vacío. Al notarlo Polidamante, su dueño, se adelantó y los detuvo; entrególos á Astínoo, hijo de Protiaón, con el encargo de que los tuviera cerca, y se mezcló de nuevo con los combatientes delanteros.

458 Teucro sacó otra flecha para tirarla á Héctor, armado de bronce; y si hubiese conseguido herirle y quitarle la vida mientras peleaba valerosamente, con ello diera fin al combate que junto á las naves aqueas se sostenía. Mas no dejó de advertirlo en su mente el próvido Júpiter, y salvó la vida de Héctor, á la vez que privaba de gloria á Teucro, rompiéndole á éste la cuerda del magnífico arco cuando lo tendía: la flecha, que el bronce hacía ponderosa, torció su camino, y el arco cayó de las manos del guerrero. Estremecióse Teucro, y dijo á su hermano:

467 «¡Oh dioses! Alguna deidad que quiere frustrar nuestros medios de combate, me quitó el arco de la mano y rompió la cuerda recién torcida que até esta mañana para que pudiera despedir, sin romperse, multitud de flechas.»

471 Respondióle el gran Ayax Telamonio: «¡Oh amigo! Deja quieto el arco con las abundantes flechas, ya que un dios lo inutilizó por odio á los dánaos; toma una larga pica y un escudo que cubra tus hombros, pelea contra los teucros y anima á la tropa. Que aun siendo vencedores, no tomen sin trabajo las naves, de muchos bancos. Sólo en combatir pensemos.»

478 Así dijo. Teucro dejó el arco en la tienda, colgó de sus hombros un escudo formado por cuatro pieles, cubrió la robusta cabeza con un labrado casco, cuyo penacho de crines de caballo ondeaba terriblemente en la cimera, asió una fuerte lanza de aguzada broncínea punta, salió y volvió corriendo al lado de Ayax.

484 Héctor, al ver que las saetas de Teucro quedaban inútiles, exhortó á los troyanos y á los licios, gritando recio:

486 «¡Troyanos, licios, dárdanos, que cuerpo á cuerpo combatís! Sed hombres, amigos, y mostrad vuestro impetuoso valor junto á las cóncavas naves; pues acabo de ver con mis ojos que Júpiter ha dejado inútiles las flechas de un eximio guerrero. El influjo de Jove lo reconocen fácilmente, así los que del dios reciben excelsa gloria, como aquéllos á quienes abate y no quiere socorrer: ahora amilana á los argivos y nos favorece á nosotros. Combatid en escuadrón cerrado, junto á los bajeles; y quien sea herido mortalmente, de cerca ó de lejos, cumpliéndose su destino, muera; que será honroso para él morir combatiendo por la patria, y su esposa é hijos se verán salvos, y su casa y hacienda no sufrirán menoscabo, si los aqueos regresan en las naves á su patria tierra.»

500 Con estas palabras les excitó á todos el valor y la fuerza. Ayax exhortó también á sus compañeros:

502 «¡Qué vergüenza, argivos! Ya llegó el momento de morir ó de salvarse rechazando de las naves á los teucros. ¿Esperáis acaso volver á pie á la patria tierra, si Héctor, de tremolante casco, toma los bajeles? ¿No oís cómo anima á todos los suyos y desea quemar los navíos? No les manda que vayan á un baile, sino que peleen. No hay mejor pensamiento ó consejo para nosotros que éste: combatir cuerpo á cuerpo y valerosamente con el enemigo. Es preferible morir de una vez ó asegurar la vida, á dejarse matar paulatina é infructuosamente en la terrible contienda, junto á los barcos, por guerreros que nos son inferiores.»

514 Con estas palabras les excitó á todos el valor y la fuerza. Entonces Héctor mató á Esquedio, hijo de Perimedes y caudillo de los focenses; Ayax quitó la vida á Laodamante, hijo ilustre de Antenor, que mandaba los peones; y Polidamante acabó con Oto de Cilene, compañero de Meges Filida y jefe de los magnánimos epeos. Meges, al verlo,

arremetió con la lanza á Polidamante; pero éste hurtó el cuerpo—Apolo no quiso que el hijo de Panto sucumbiera entre los combatientes delanteros,—y aquél hirió en medio del pecho á Cresmo, que cayó con estrépito, y el aquivo le despojó de la armadura que cubría sus hombros. En tanto, Dólope Lampétida, hábil en manejar la lanza (habíalo engendrado Lampo Laomedontíada, que fué el más valiente de los hombres y estuvo dotado de impetuoso valor), arrancó contra Meges y acometiéndole de cerca, dióle un bote en el centro del escudo; pero el Filida se salvó, gracias á una fuerte loriga que protegía su cuerpo, la cual había sido regalada en otro tiempo á Fileo en Éfira, á orillas del río Seleente, por su huésped el rey Eufetes, para que en la guerra le defendiera de los enemigos, y entonces libró de la muerte á su hijo Meges. Éste, á su vez, dió una lanzada á Dólope en la parte inferior de la cimera del broncíneo casco, rompióla é hizo caer en el polvo el penacho recién teñido de vistosa púrpura. Y mientras Dólope seguía combatiendo con la esperanza de vencer, el belígero Menelao fué á ayudar á Meges; y poniéndose á su lado sin ser visto, envasó la lanza en la espalda de aquél: la punta impetuosa salió por el pecho, y el guerrero cayó de bruces. Ambos caudillos corrieron á quitarle la broncínea armadura de los hombros; y Héctor exhortaba á todos sus deudos é increpaba especialmente al esforzado Melanipo Hicetaónida; el cual, antes de presentarse los enemigos, apacentaba bueyes, de tornátiles pies, en Percote, y, cuando llegaron los dánaos en las encorvadas naves, fuése á Ilión, sobresalió entre los troyanos y habitó el palacio de Príamo, que le honraba como á sus hijos. Á Melanipo, pues, le reprendía Héctor, diciendo:

553 «¿Seremos tan indolentes, Melanipo? ¿No te conmueve el corazón la muerte del primo? ¿No ves cómo tratan de llevarse las armas de Dólope? Sígueme; que ya es necesario combatir de cerca con los argivos, hasta que los destruyamos ó arruinen ellos la excelsa Ilión desde su cumbre y maten á los ciudadanos.»

559 Habiendo hablado así, echó á andar, y siguióle el varón, que parecía un dios. Á su vez, el gran Ayax Telamonio exhortó á los argivos:

561 «¡Oh amigos! ¡Sed hombres, mostrad que tenéis un corazón pundonoroso, y avergonzaos de parecer cobardes en el duro combate! De los que sienten este temor, son más los que se salvan que los que mueren; los que huyen, ni gloria alcanzan ni entre sí se ayudan.»

565 Así dijo; y ellos, que ya antes deseaban derrotar al enemigo, pusieron en su corazón aquellas palabras y cercaron las naves con un muro de bronce. Júpiter incitaba á los teucros contra los aqueos. Y Menelao, valiente en la pelea, exhortó á Antíloco:

569 «¡Antíloco! Ningún aqueo de los presentes es más joven que tú, ni más ligero de pies, ni tan fuerte en el combate. Si arremetieses á los teucros é hirieras á alguno...»

572 Así dijo, y alejóse de nuevo. Antíloco, animado, saltó más allá de los combatientes delanteros; y revolviendo el rostro á todas partes, arrojó la luciente lanza. Al verle, huyeron los teucros. No fué vano el tiro, pues hirió en el pecho, cerca de la tetilla, á Melanipo, animoso hijo de Hicetaón, que acababa de entrar en combate: el teucro cayó con estrépito, y la obscuridad cubrió sus ojos. Como el perro se abalanza al cervato herido por una flecha que al saltar de la madriguera le tira un cazador, dejándole sin vigor los miembros; así el belicoso Antíloco se arrojó á ti, oh Melanipo, para quitarte la armadura. Mas no pasó inadvertido para el divino Héctor; el cual, corriendo á través del campo de batalla, fué al encuentro de Antíloco; y éste, aunque era luchador brioso, huyó sin esperarle, parecido á la fiera que causa algún daño, como matar á un perro ó á un pastor junto á sus bueyes, y huye antes que se reunan muchos hombres; así huyó el Nestórida; y sobre él, los teucros y Héctor, promoviendo inmenso alboroto, hacían llover acerbos tiros. Y Antíloco, tan pronto como llegó á juntarse con sus compañeros, se detuvo y volvió la cara al enemigo.

592 Los teucros, semejantes á carniceros leones, asaltaban las naves y cumplían los designios de Júpiter, el cual les infundía continuamente gran valor y les excitaba á combatir, y al propio tiempo abatía el ánimo de los argivos, privándoles de la gloria del triunfo, porque deseaba en su corazón dar gloria á Héctor Priámida, á fin de que éste arrojase el abrasador y voraz fuego en las corvas naves, y se realizara de todo en todo la funesta súplica de Tetis. El próvido Júpiter sólo aguardaba ver con sus ojos el resplandor de una nave incendiada, pues desde aquel instante haría que los teucros fuesen perseguidos desde las naves y daría la victoria á los dánaos. Pensando en tales cosas, el dios incitaba á Héctor Priámida, ya de por sí muy enardecido, á encaminarse hacia las cóncavas naves. Como se enfurece Marte blandiendo la lanza, ó se embravece el pernicioso fuego en la espesura de poblada selva, así se enfurecía Héctor: su boca estaba cubierta de espuma, los ojos le centelleaban debajo de las torvas cejas y el casco se agitaba terriblemente en sus sienes mientras peleaba. Y desde el éter, Júpiter protegía únicamente á Héctor, entre tantos hombres, y le daba honor y gloria; porque el héroe debía vivir poco, y ya Palas Minerva apresuraba la llegada del día fatal en que había de sucumbir á manos del Pelida. Héctor deseaba romper las filas de los combatientes, y probaba por donde veía mayor turba y mejores armas; mas, aunque ponía gran empeño, no pudo conseguirlo, porque los dánaos, dispuestos en columna cerrada, hicieron frente al enemigo. Cual un peñasco escarpado y grande, que en la ribera del espumoso mar resiste el ímpetu de los sonoros vientos y de las ingentes olas que allí se rompen; así los dánaos aguardaban á pie firme á los teucros y no huían. Y Héctor, resplandeciente como el fuego, saltó al centro de la turba como la ola impetuosa levantada por el viento cae desde lo alto sobre la ligera nave, llenándola de espuma, mientras el soplo terrible del huracán brama en las velas y los marineros tiemblan amedrentados porque se hallan muy cerca de la muerte; de tal modo vacilaba el ánimo en el pecho de los aqueos. Como dañino león acomete un rebaño de muchas vacas que pacen á orillas de extenso lago y son guardadas por un pastor que, no sabiendo luchar con las fieras para evitar la muerte de alguna vaca de retorcidos cuernos, va siempre con las primeras ó con las últimas reses; y el león salta al centro, devora una vaca y las demás huyen espantadas: así los aqueos todos fueron puestos en fuga por Héctor y el padre Júpiter, pero Héctor mató á uno solo, á Perifetes de Micenas, hijo de aquel Copreo que llevaba los mensajes del rey Euristeo al fornido Hércules. De este padre obscuro nació tal hijo, que superándole en toda clase de virtudes, en la carrera y en el combate, figuró por su talento entre los primeros ciudadanos de Micenas y entonces dió á Héctor gloria excelsa. Pues al volverse, tropezó con el borde del escudo que le cubría de pies á cabeza y que llevaba para defenderse de los tiros; y enredándose con él, cayó de espaldas, y el casco resonó de un modo horrible en torno de las sienes. Héctor lo advirtió en seguida, acudió corriendo, metió la pica en el pecho de Perifetes y le mató cerca de sus mismos compañeros que,

aunque afligidos, no pudieron socorrerle, pues temían mucho al divino Héctor.

653 Por fin llegaron á las naves. Defendíanse los argivos detrás de las que se habían sacado primero á la playa, y los teucros fueron á perseguirlos. Aquéllos, al verse obligados á retroceder, se colocaron apiñados cerca de las tiendas, sin dispersarse por el ejército porque la vergüenza y el temor se lo impedían, y mutua é incesantemente se exhortaban. Y especialmente Néstor, protector de los aqueos, dirigíase á todos los guerreros, y en nombre de sus padres así les suplicaba:

661 «¡Oh amigos! Sed hombres y mostrad que tenéis un corazón pundonoroso ante los demás varones. Acordaos de los hijos, de las esposas, de los bienes, y de los padres, vivan aún ó hayan fallecido. En nombre de estos ausentes os suplico que resistáis firmemente y no os entreguéis á la fuga.»

667 Con estas palabras les excitó á todos el valor y la fuerza. Entonces Minerva les quitó de los ojos la densa nube que los cubría, y apareció la luz por ambos lados, en los navíos y en la lid sostenida por los dos ejércitos con igual tesón. Vieron á Héctor, valiente en la pelea, y á sus propios compañeros, así á cuantos estaban detrás de los bajeles y no combatían, como á los que junto á las veleras naves daban batalla al enemigo.

674 No le era grato al corazón del magnánimo Ayax permanecer donde los demás aqueos se habían retirado; y el héroe, andando á paso largo, iba de nave en nave con una gran percha de combate naval que medía veintidós codos y estaba reforzada con clavos. Como un diestro cabalgador escoge cuatro caballos entre muchos, los guía desde la llanura á la gran ciudad por la carretera, muchos hombres y mujeres le admiran, y él salta continuamente y con seguridad del uno al otro, mientras los corceles vuelan; así Ayax, andando á paso tirado, recorría las cubiertas de muchas naves y su voz llegaba al éter. Sin cesar daba horribles gritos, para exhortar á los dánaos á defender naves y tiendas. Tampoco Héctor permanecía en la turba de los teucros, armados de fuertes corazas: como el águila negra se echa sobre una bandada de alígeras aves—gansos, grullas ó cisnes cuellilargos—que están comiendo á orillas de un río; así Héctor corría en derechura á una nave de negra proa, empujado por la mano poderosa de Júpiter, y el dios incitaba también á la tropa para que le acompañara.

696 De nuevo se trabó un reñido combate al pie de los bajeles. Hubieras dicho que sin estar cansados ni fatigados, comenzaban entonces á pelear. ¡Con tal denuedo batallaban! He aquí cuáles eran sus respectivos pensamientos: los aqueos no creían escapar de aquel desastre, sino perecer; los teucros esperaban en su corazón incendiar las naves y matar á los héroes aquivos. Y con estas ideas, asaltábanse unos á otros.

704 Héctor llegó á tocar la popa de una hermosa nave de ligero andar; aquella en que Protesilao llegó á Troya y que luego no había de llevarle otra vez á la patria tierra. Por esta nave se mataban los aquivos y los teucros: sin aguardar desde lejos los tiros de flechas y dardos, combatían de cerca y con igual ánimo, valiéndose de agudas hachas, segures, grandes espadas y lanzas de doble filo. Muchas hermosas dagas, de obscuro recazo, provistas de mango, cayeron al suelo, ya de las manos, ya de los hombros de los combatientes; y la negra tierra manaba sangre. Héctor, desde que cogió la popa, no la soltaba; y teniendo entre sus manos la parte superior de la misma, animaba á los teucros:

718 «¡Traed fuego, y dispuestos en escuadrón cerrado, trabad la batalla! Júpiter nos concede un día que lo compensa todo, pues vamos á tomar las naves que vinieron contra la voluntad de los dioses y nos han ocasionado muchas calamidades por la cobardía de los viejos, que no me dejaban pelear cerca de aquéllas y detenían al ejército. Mas si entonces el longividente Júpiter ofuscaba nuestra razón, ahora él mismo nos impele y anima.»

726 Así dijo; y ellos acometieron con mayor ímpetu á los argivos. Ayax ya no resistió, porque estaba abrumado por los tiros: temiendo morir, dejó la cubierta, retrocedió hasta un banco de remeros que tenía siete pies, púsose á vigilar, y con la pica apartaba del navío á cuantos llevaban el voraz fuego, en tanto que exhortaba á los dánaos con espantosos gritos:

733 «¡Amigos, héroes dánaos, ministros de Marte! Sed hombres y mostrad vuestro impetuoso valor. ¿Creéis, por ventura, que hay á nuestra espalda otros defensores ó un muro más sólido que libre á los hombres de la muerte? Cerca de aquí no existe ciudad alguna defendida con torres, que nos proporcione refugio y cuyo pueblo nos dé auxilio para alcanzar una ulterior victoria; sino que nos hallamos en la llanura de los troyanos, de fuertes corazas, á orillas del mar y lejos de la patria. La salvación, por consiguiente, está en los puños; no en ser flojos en la pelea.»

742 Dijo, y acometió furioso con la aguda lanza. Y cuantos teucros, movidos por las excitaciones de Héctor, quisieron llevar ardiente fuego á las cóncavas naves, á todos los mató Ayax con su larga pica. Doce fueron los que hirió de cerca, delante de los bajeles.

CANTO XVI
PATROCLEA

1 Así peleaban por la nave de muchos bancos. Patroclo se presentó á Aquiles, pastor de hombres, derramando ardientes lágrimas como fuente profunda que vierte sus aguas sombrías por escarpada roca. Tan pronto como le vió el divino Aquiles, el de los pies ligeros, compadecióse de él y le dijo estas aladas palabras:

7 «¿Por qué lloras, Patroclo, como una niña que va con su madre y deseando que la tome en brazos, la tira del vestido, la detiene á pesar de que está de prisa y la mira con ojos llorosos para que la levante del suelo? Como ella, oh Patroclo, derramas tiernas lágrimas. ¿Vienes á participarnos algo á los mirmidones ó á mí mismo? ¿Supiste tú solo alguna noticia de Ptía? Dicen que Menetio, hijo de Áctor, existe aún; vive también Peleo entre los mirmidones; y es la muerte de aquél ó de éste lo que más nos podría afligir. ¿Ó lloras quizás porque los argivos perecen, cerca de las cóncavas naves, por la injusticia que cometieron? Habla, no me ocultes lo que piensas, para que ambos lo sepamos.»

20 Dando profundos suspiros, respondiste así, caballero Patroclo: «¡Oh Aquiles, hijo de Peleo, el más valiente de los aquivos! No te enfades, porque es muy grande el pesar que los abruma. Los más fuertes, heridos unos de cerca y otros de lejos, yacen en los bajeles—con arma arrojadiza fué herido el poderoso Diomedes Tidida; con la pica, Ulises, famoso por su lanza, y Agamenón; á Eurípilo flecháronle en el muslo,—y los médicos, que conocen muchas drogas, ocúpanse en curarles las lesiones. Tú, Aquiles, eres implacable. ¡Jamás se apodere de mí un rencor como el que guardas!

¡Oh tú, que tan mal empleas el valor! ¿Á quién podrás ser útil más tarde, si ahora no salvas á los argivos de una muerte indigna? ¡Despiadado! No fué tu padre el jinete Peleo, ni Tetis tu madre; el glauco mar ó las escarpadas rocas debieron de engendrarte, porque tu espíritu es cruel. Si te abstienes de combatir por algún vaticinio que tu madre, enterada por Jove, te haya revelado, envíame á mí con los demás mirmidones, por si llego á ser la aurora de la salvación de los dánaos; y permite que cubra mis hombros con tu armadura para que los teucros me confundan contigo y cesen de pelear, los belicosos dánaos que tan abatidos están se reanimen y la batalla tenga su tregua, aunque sea por breve tiempo. Nosotros, que no nos hallamos extenuados de fatiga, rechazaríamos fácilmente de las naves y de las tiendas hacia la ciudad á esos hombres que de pelear están cansados.»

46 Así le suplicó el gran insensato; y con ello llamaba á la Parca y á la terrible muerte. Aquiles, el de los pies ligeros, le contestó muy indignado:

49 «¡Ay de mí, Patroclo, de jovial linaje, qué dijiste! No me abstengo por ningún vaticinio que sepa y tampoco la veneranda madre me dijo nada de parte de Júpiter; sino que se me oprime el corazón y el alma cuando un hombre, porque tiene más poder, quiere privar á su igual de lo que le corresponde y le quita la recompensa. Tal es el gran pesar que tengo, á causa de las contrariedades que mi ánimo ha sufrido. La moza que los aqueos me adjudicaron como recompensa y que había conquistado con mi lanza, al tomar una bien murada ciudad, el rey Agamenón me la quitó como si yo fuera un miserable advenedizo. Mas dejemos lo pasado; no es posible guardar siempre la ira en el corazón, aunque me había propuesto no deponer la cólera hasta que la gritería y el combate llegaran á mis bajeles. Cubre tus hombros con mi magnífica armadura, ponte al frente de los mirmidones y llévalos á la pelea; pues negra nube de teucros cerca ya las naves con gran ímpetu, y los argivos, acorralados en la orilla del mar, sólo disponen de un corto espacio. Sobre ellos cargan confiadamente todos los de Troya, porque no ven mi reluciente casco. Pronto huirían llenando de muertos los fosos, si el rey Agamenón fuera justo conmigo; mientras que ahora combaten alrededor de nuestro ejército. Ya la mano de Diomedes Tidida no blande furiosamente la lanza para librar á los dánaos de la muerte, ni he oído un solo grito que viniera de la odiosa cabeza del Atrida: sólo resuena la voz de Héctor, matador de hombres, animando á los teucros, que con vocerío ocupan toda la llanura y vencen en la batalla á los aqueos. Pero tú, Patroclo, échate impetuosamente sobre ellos y aparta de las naves esa peste; no sea que, pegando ardiente fuego á los bajeles, nos priven de la deseada vuelta. Haz cuanto te voy á decir, para que me proporciones mucha honra y gloria ante todos los dánaos, y éstos me devuelvan la hermosa joven y me hagan además espléndidos regalos. Tan luego como los alejes de los barcos, vuelve atrás; y aunque el tonante esposo de Juno te dé gloria, no quieras lidiar sin mí contra los belicosos teucros, pues contribuirías á mi deshonra. Y tampoco, estimulado por el combate y la pelea, te encamines, matando enemigos, á Ilión; no sea que alguno de los sempiternos dioses baje del Olimpo, pues á los troyanos los protege mucho el flechador Apolo. Retrocede tan pronto como hayas librado del peligro á los barcos, y deja que peleen en la llanura. Ojalá, ¡padre Júpiter, Minerva, Apolo!, ninguno de los teucros ni de los argivos escape de la muerte, y librándonos de ella nosotros dos, derribemos las sacras almenas de Troya.»

101 Así éstos hablaban. Ayax ya no resistía: vencíanle el poder de Júpiter y los animosos teucros que le arrojaban dardos; su refulgente casco resonaba de un modo horrible en torno de las sienes, golpeado continuamente en las hermosas abolladuras; y el héroe tenía cansado el hombro izquierdo de sostener con firmeza el versátil escudo; pero no lograban hacerle mover de su sitio por más tiros que le enderezaban. Ayax estaba anhelante, copioso sudor corría de todos sus miembros y apenas podía respirar: por todas partes á una desgracia sucedía otra.

112 Decidme, Musas que poseéis olímpicos palacios, cómo por vez primera cayó el fuego en las naves aqueas.

114 Héctor, que se hallaba cerca de Ayax, le dió con la gran espada un golpe en la pica de fresno y se la quebró por la juntura del asta con el hierro. Quiso Ayax blandir la truncada pica, y la broncínea punta cayó á lo lejos con gran ruido. Entonces reconoció el eximio Ayax la intervención de los dioses, estremecióse porque Júpiter altitonante les frustraba todos los medios de combate y quería dar la victoria á los teucros, y se puso fuera del alcance de los tiros. Los teucros arrojaron voraz fuego á la velera nave, y pronto se extendió por la misma una llama inextinguible. Así que el fuego rodeó la popa, Aquiles, golpeándose el muslo, dijo á Patroclo:

126 «¡Sus, Patroclo, de jovial linaje, hábil jinete! Ya veo en las naves la impetuosa llama del fuego destructor: no sea que se apoderen de ellas y ni medios para huir tengamos. Apresúrate á vestir las armas, y yo en tanto reuniré la gente.»

130 Dijo, y Patroclo vistió la armadura de luciente bronce: púsose en las piernas elegantes grebas, ajustadas con broches de plata; protegió su pecho con la coraza labrada, refulgente, del Eácida, de pies ligeros; colgó del hombro una espada, guarnecida de argénteos clavos; embrazó el grande y fuerte escudo; cubrió la cabeza con un hermoso casco, cuyo terrible penacho, de crines de caballo, ondeaba en la cimera, y asió dos lanzas fuertes que su mano pudiera blandir. Solamente dejó la lanza ponderosa, grande y fornida del eximio Eácida, porque Aquiles era el único aqueo capaz de manejarla: había sido cortada de un fresno de la cumbre del Pelión y regalada por Quirón al padre de Aquiles, para que con ella matara héroes. Luego, Patroclo mandó á Automedonte—el amigo á quien más honraba después de Aquiles, destructor de hombres, y el más fiel en resistir á su lado la acometida del enemigo en las batallas—que enganchara los caballos. Automedonte unció bajo el yugo á Janto y Balio, corceles ligeros que volaban como el viento y tenían por madre á la harpía Podarga, la cual paciendo en una pradera junto al Océano, los concibió del Céfiro. Y con ellos puso al excelente Pédaso, que Aquiles se llevara de la ciudad de Eetión cuando la tomó; corcel que, no obstante su condición de mortal, seguía á los caballos inmortales.

155 Aquiles, recorriendo las tiendas, hacía tomar las armas á todos los mirmidones. Como carniceros lobos dotados de una fuerza inmensa despedazan en el monte un grande cornígero ciervo que han matado y sus mandíbulas aparecen rojas de sangre; luego van en tropel á lamer con las tenues lenguas el agua de un profundo manantial, eructando por la sangre que han bebido, y su vientre se dilata, pero el ánimo permanece intrépido en el pecho; de igual manera, los jefes y príncipes de los mirmidones se reunían presurosos alrededor del valiente servidor del Eácida, de pies ligeros. Y en medio de todos, el belicoso Aquiles animaba, así á los que combatían en carros, como á los peones armados de escudos.

168 Cincuenta fueron las veleras naves en que Aquiles, caro á Júpiter, condujo á Ilión sus tropas; en cada una

embarcáronse cincuenta hombres; y el héroe nombró cinco jefes para que los rigieran, reservándose el mando supremo. Del primer cuerpo era caudillo Menestio, el de labrada coraza, hijo del río Esperquio, que las celestiales lluvias alimentan: habíale dado á luz la bella Polidora, hija de Peleo, que siendo mujer se acostó con la deidad del Esperquio; aunque se creyera que lo había tenido de Boro, hijo de Perieres, el cual se desposó públicamente con la misma y le constituyó una gran dote.—Mandaba la segunda sección el belicoso Eudoro, nacido de una soltera, de la hermosa Polimela, hija de Filante; de la tal enamoróse el poderoso Argicida al verla entre las que danzaban al son del canto en un coro de Diana, la diosa que lleva arco de oro y ama el bullicio de la caza: el benéfico Mercurio subió en seguida al aposento de la moza, uniéronse clandestinamente y ella le dió un hijo ilustre, Eudoro, ligero en el correr y belicoso. Cuando Ilitia, que preside los partos, sacó á luz al infante y éste vió los rayos del Sol, el fuerte Equecles Actórida tomó á Filomela por esposa, constituyéndole una gran dote, y el anciano Filante crió y educó al niño con tanto amor como si fuese hijo suyo.—Estaba al frente de la tercera división Pisandro Memálida, que, después del compañero de Aquiles, era entre todos los mirmidones quien descollaba más en combatir con la lanza.—El cuarto escuadrón obedecía las órdenes de Fénix, aguijador de caballos; y el quinto tenía por jefe al eximio Alcimedonte, hijo de Laerces. Cuando Aquiles los hubo puesto á todos en orden de batalla con sus respectivos capitanes, les dijo con voz pujante:

200 «¡Mirmidones! Ninguno de vosotros olvide las amenazas que en las veleras naves dirigíais á los teucros mientras duró mi cólera, ni las acusaciones con que todos me acriminabais: *¡Inflexible hijo de Peleo! Sin duda tu madre te nutrió con hiel. ¡Despiadado, pues retienes á tus compañeros en los navíos contra su voluntad! Embarquémonos en los bajeles que atraviesan el ponto y volvamos á la patria, ya que la cólera funesta anidó en tu corazón.* Así acostumbrabais hablarme cuando os reuníais. Pues á la vista tenéis la gran empresa del combate que tanto habéis anhelado. Y ahora cada uno pelee con valeroso corazón contra los teucros.»

210 Con estas palabras les excitó á todos el valor y la fuerza; y ellos, al oirlas, cerraron más las filas. Como el obrero junta grandes piedras al construir la pared de una elevada casa, para que resista el ímpetu de los vientos; así, tan unidos, estaban los cascos y los abollonados escudos: la rodela se apoyaba en la rodela, el yelmo en el yelmo, cada hombre en su vecino, y los penachos de crines de caballo y los lucientes conos de los cascos se juntaban cuando alguien inclinaba la cabeza. ¡Tan apretadas eran las filas! Delante de todos se pusieron dos hombres armados, Patroclo y Automedonte; los cuales tenían igual ánimo y deseaban combatir al frente de los mirmidones. Aquiles entró en su tienda y alzó la tapa de un arca hermosa y labrada que Tetis, la de argentados pies, colocara en la nave del héroe después de llenarla de túnicas y mantos, que le abrigasen contra el viento, y de afelpados cobertores. Allí tenía una copa de primorosa labor que no usaba nadie para beber vino ni para ofrecer libaciones á otro dios que al padre Júpiter. Sacóla del arca, y purificándola primero con azufre, la limpió con agua cristalina; acto continuo lavóse las manos, llenó la copa y puesto en medio, con los ojos levantados al cielo, libó el negro vino y oró á Júpiter, que se complace en lanzar rayos, sin que al dios le pasara inadvertido:

233 «¡Júpiter soberano, Dodoneo, Pelásgico, que vives lejos y reinas en Dodona, de frío invierno, donde moran los selos, tus intérpretes, que no se lavan los pies y duermen en el suelo! Escuchaste mis palabras cuando te invoqué, y para honrarme oprimiste duramente al pueblo aqueo. Pues ahora, cúmpleme este voto: Yo me quedo en el recinto de las naves y mando al combate á mi compañero con muchos mirmidones: haz que le siga la victoria, longividente Júpiter, é infúndele valor en el corazón para que Héctor vea si mi escudero sabe pelear solo, ó si sus manos invictas únicamente se mueven con furia cuando va conmigo á la marcial contienda. Y cuando haya apartado de los bajeles la gritería y la pelea, vuelva incólume con todas las armas y con los compañeros que de cerca combaten.»

249 Tal fué su plegaria. El próvido Júpiter le oyó; y de las dos cosas, le otorgó una: concedióle que apartase de las naves el combate y la pelea, y nególe que volviera ileso de la batalla. Hecha la libación y la rogativa al padre Júpiter, entró Aquiles en la tienda, dejó la copa en el arca, y salió otra vez porque deseaba en su corazón presenciar la terrible pugna de teucros y aquivos.

257 Los mirmidones seguían con armas y en buen orden al magnánimo Patroclo, hasta que alcanzaron á los teucros y les arremetieron con grandes bríos, esparciéndose como las avispas que moran en el camino, cuando los muchachos, siguiendo su costumbre de molestarlas, las irritan y consiguen con su imprudencia que dañen á buen número de personas, pues, si algún caminante pasa por allí y sin querer las mueve, vuelan y defienden con ánimo valeroso á sus hijuelos; con un corazón y ánimo semejantes, se esparcieron los mirmidones desde las naves, y levantóse una gritería inmensa. Y Patroclo exhortaba á sus compañeros, diciendo con voz recia:

269 «¡Mirmidones, compañeros del Pelida Aquiles! Sed hombres, amigos, y mostrad vuestro impetuoso valor para que honremos al Pelida, que es el más valiente de cuantos argivos hay en las naves, como lo son también sus guerreros, que de cerca combaten; y comprenda el poderoso Agamenón Atrida la falta que cometió no honrando al mejor de los aqueos.»

275 Con estas palabras les excitó á todos el valor y la fuerza. Los mirmidones cayeron apiñados sobre los teucros y en las naves resonaban de un modo horrible los gritos de los aqueos. Cuando los teucros vieron al esforzado hijo de Menetio y á su escudero, ambos con lucientes armaduras, á todos se les conturbó el ánimo y sus falanges se agitaron. Figurábanse que el Pelida, ligero de pies, había renunciado á su cólera y volvía á ser amigo de Agamenón. Y cada uno miraba adónde podría huir para librarse de una muerte terrible.

284 Patroclo fué el primero que tiró la reluciente lanza allí donde más hombres se agitaban en confuso montón, junto á la nave del magnánimo Protesilao; é hirió á Pirecmes, que había conducido desde Amidón, sita en la ribera del Axio de ancha corriente, á los peonios, que combatían en carros: la lanza se clavó en el hombro derecho; el guerrero, dando un gemido, cayó de espaldas en el polvo, y los demás peonios huyeron, porque Patroclo les infundió pavor al matar á su jefe, que tanto sobresalía en el combate. De este modo Patroclo los echó de los bajeles y apagó el ardiente fuego. El navío quedó allí medio quemado, los teucros huyeron con gran alboroto, los dánaos se dispersaron por las cóncavas naves, y se produjo un gran tumulto. Como Júpiter fulminador quita una densa nube de la elevada cumbre de una montaña y se descubren los promontorios, cimas y valles, porque en el cielo se ha abierto la vasta región etérea;

así los dánaos respiraron un poco después de librar á las naves del fuego destructor; pero no por eso hubo tregua en el combate. Porque los teucros no huían á carrera abierta, perseguidos por los belicosos aqueos; sino que aún resistían, y sólo cediendo á la necesidad se retiraban de las naves.

306 Entonces, ya extendida la batalla, cada jefe mató á un hombre. El esforzado hijo de Menetio, el primero, hirió con la aguda lanza á Areilico, que había vuelto la espalda para huir: el bronce atravesó el muslo y rompió el hueso, y el teucro dió de ojos en el suelo. El belígero Menelao hirió á Toante en el pecho, donde éste quedaba sin defensa al lado del escudo, y dejó sin vigor sus miembros. El Filida, observando que Anficlo iba á acometerle, se le adelantó y logró envasarle la pica en la parte superior de la pierna, donde más grueso es el músculo: la punta desgarró los nervios, y la obscuridad cubrió los ojos del guerrero. De los Nestóridas, Antíloco traspasó con la broncínea lanza á Atimnio, clavándosela en el ijar, y el teucro cayó de pechos en el suelo; el hermano de éste, Maris, irritado por tal muerte, se le puso delante y arremetió con la lanza á Antíloco; entonces el otro Nestórida, Trasimedes, igual á un dios, se le anticipó y le hirió en la espalda: la punta desgarró el tendón de la parte superior del brazo y rompió el hueso; el guerrero cayó con estrépito, y la obscuridad cubrió sus ojos. De tal suerte, estos dos esforzados compañeros de Sarpedón, hábiles tiradores, é hijos de Amisodaro el que crió la indomable Quimera, causa de males para muchos hombres, fueron vencidos por los dos hermanos y descendieron al Érebo.—Ayax de Oileo acometió y cogió vivo á Cleobulo, atropellado por la turba; y le quitó la vida, hiriéndole en el cuello con la espada provista de empuñadura: la hoja entera se calentó con la sangre, y la purpúrea muerte y el hado cruel velaron los ojos del guerrero.—Penéleo y Liconte fueron á encontrarse, y habiendo arrojado sus lanzas en vano, pues ambos erraron el tiro, se acometieron con las espadas: Liconte dió á su enemigo un tajo en la cimera del casco, que adornaban crines de caballo; pero la espada se le rompió junto á la empuñadura; Penéleo hundió la suya en el cuello de Liconte, debajo de la oreja, y se lo cortó por completo: la cabeza cayó á un lado, sostenida tan sólo por la piel, y los miembros perdieron su vigor.—Meriones dió alcance con sus ligeros pies á Acamante, cuando subía al carro, y le hirió en el hombro derecho: el teucro cayó al suelo, y las tinieblas cubrieron sus ojos.—Á Erimante metióle Idomeneo el cruel bronce por la boca: la lanza atravesó la cabeza por debajo del cerebro, rompió los blancos huesos y conmovió los dientes; los ojos llenáronse con la sangre que fluía de las narices y de la boca abierta, y la muerte, cual si fuese obscura nube, envolvió al guerrero.

351 Cada uno de estos caudillos dánaos mató, pues, á un hombre. Como los voraces lobos acometen á corderos ó cabritos, arrebatándolos de un hato que se dispersa en el monte por la impericia del pastor; pues así que aquéllos los ven se los llevan y despedazan por tener los últimos un corazón tímido; así los dánaos cargaban sobre los teucros, y éstos, pensando en la fuga horrísona, olvidábanse de mostrar su impetuoso valor.

358 El gran Ayax deseaba constantemente arrojar su lanza á Héctor, armado de bronce; pero el héroe, que era muy experto en la guerra, cubriendo sus anchos hombros con un escudo de pieles de toro, estaba atento al silbo de las flechas y al ruido de los dardos. Bien conocía que la victoria se inclinaba del lado de los enemigos, pero resistía aún y procuraba salvar á sus compañeros queridos.

364 Como se va extendiendo una nube desde el Olimpo al cielo, después de un día sereno, cuando Júpiter prepara una tempestad; así los teucros huyeron de las naves, dando gritos, y ya no fué con orden como repasaron el foso. Á Héctor le sacaron de allí, con sus armas, los corceles de ligeros pies; y el héroe desamparó la turba de los teucros, á quienes detenía, mal de su grado, el profundo foso. Muchos veloces corceles, rompiendo los carros de los caudillos por el extremo del timón, los dejaron en el mismo.—Patroclo iba adelante, exhortando vehementemente á los dánaos y pensando en causar daño á los teucros; los cuales, una vez puestos en desorden, llenaban todos los caminos huyendo con gran clamoreo; la polvareda llegaba á lo alto debajo de las nubes, y los solípedos caballos volvían á la ciudad desde las naves y las tiendas. Patroclo, donde veía á los enemigos más desordenados, allí se encaminaba vociferando; los guerreros caían de bruces debajo de los ejes de sus carros, y éstos volcaban con gran estruendo. Al llegar al foso, los caballos inmortales que los dioses dieran á Héctor como espléndido presente, lo salvaron de un salto, deseosos de seguir adelante; y cuando á Patroclo el ánimo le llevó hacia Héctor para herirle, ya los veloces corceles se le habían llevado. Como en el otoño descarga una tempestad sobre la negra tierra, cuando Júpiter hace caer violenta lluvia, irritado contra los hombres que en el foro dan sentencias inicuas y echan á la justicia, no temiendo la venganza de los dioses; y los ríos salen de madre y los torrentes cortan muchas colinas, braman al correr desde lo alto de las montañas al mar purpúreo y destruyen las labores del campo; de semejante modo corrían las yeguas troyanas, dando lastimeros relinchos.

394 Patroclo, cuando hubo separado de los demás enemigos á los que formaban las últimas falanges, les obligó á volver hacia los bajeles, en vez de permitirles que subiesen á Troya; y acometiéndoles entre las naves, el río y el alto muro, los mataba para vengar á muchos de los suyos. Entonces envasóle á Prónoo la lanza en el pecho, donde éste quedaba sin defensa al lado del escudo, y le dejó sin vigor los miembros: el teucro cayó con estrépito. Luego acometió á Téstor, hijo de Énope, que se hallaba encogido en el lustroso asiento y en su turbación había dejado que las riendas se le fuesen de la mano: clavóle desde cerca la lanza en la mejilla derecha, se la hizo pasar á través de los dientes y lo levantó por cima del barandal. Como el pescador sentado en la roca saca del mar un pez enorme, valiéndose de la cuerda y del anzuelo; así Patroclo, alzando la reluciente lanza, sacó del carro á Téstor con la boca abierta y le arrojó de cara al suelo; el teucro, al caer, perdió la vida.—Después hirió de una pedrada en medio de la cabeza á Erilao, que á acometerle venía, y se la partió en dos dentro del fuerte casco: el teucro dió de manos en el suelo, y le envolvió la destructora muerte.—Y sucesivamente fué derribando en la fértil tierra á Erimante, Anfótero, Epaltes, Tlepólemo Damastórida, Equio, Pires, Ifeo, Evipo y Polimelo Argéada.

419 Sarpedón, al ver que sus compañeros, de lorigas sin cintura, sucumbían á manos de Patroclo Menetíada, increpó á los deiformes licios:

422 «¡Qué vergüenza, oh licios! ¿Adónde huís? Sed esforzados. Yo saldré al encuentro de ese hombre, para saber quién es el que así vence y tantos males causa á los teucros, pues ya á muchos valientes les ha quebrado las rodillas.»

426 Dijo; y saltó del carro al suelo sin dejar las armas. Á su vez Patroclo, al verlo, se apeó del suyo. Como dos buitres de corvas uñas y combado pico riñen, dando chillidos, sobre elevada roca; así aquéllos se acometieron vociferando.

Viólos el hijo del artero Saturno; y compadecido, dijo á Juno, su hermana y esposa:

433 «¡Ay de mí! El hado dispone que Sarpedón, á quien amo sobre todos los hombres, sea muerto por Patroclo Menetíada. Entre dos propósitos vacila en mi pecho el corazón: ¿lo arrebataré vivo de la luctuosa batalla, para dejarlo en el opulento pueblo de la Licia, ó dejaré que sucumba á manos del Menetíada?»

439 Respondióle Juno veneranda, la de los ojos grandes: «¡Terribilísimo Saturnio, qué palabras proferiste! ¿Una vez más quieres librar de la muerte horrísona á ese hombre mortal, á quien tiempo ha que el hado condenó á morir? Hazlo, pero no todos los dioses te lo aprobaremos. Otra cosa voy á decirte, que fijarás en la memoria: Piensa que si á Sarpedón le mandas vivo á su palacio, algún otro dios querrá sacar á su hijo del duro combate, pues muchos hijos de los inmortales pelean en torno de la gran ciudad de Príamo, y harás que sus padres se enciendan en terrible ira. Pero si Sarpedón te es caro y tu corazón le compadece, deja que muera á manos de Patroclo en reñido combate; y cuando el alma y la vida le abandonen, ordena á la Muerte y al dulce Sueño que lo lleven á la vasta Licia, para que sus hermanos y amigos le hagan exequias y le erijan un túmulo y un cipo, que tales son los honores debidos á los muertos.»

458 Así dijo. El padre de los hombres y de los dioses no desobedeció, é hizo caer sobre la tierra sanguinolentas gotas para honrar al hijo amado, á quien Patroclo había de matar en la fértil Troya, lejos de su patria.

462 Cuando ambos héroes se hallaron frente á frente, Patroclo arrojó la lanza, y acertando á dar en el empeine del ilustre Trasidemo, escudero valeroso del rey Sarpedón, dejóle sin vigor los miembros. Sarpedón acometió á su vez; y despidiendo la reluciente lanza, erró el tiro; pero hirió en el hombro derecho al corcel Pédaso, que relinchó mientras perdía el vital aliento. El caballo cayó al polvo, y el espíritu abandonó su cuerpo. Forcejaron los otros dos bridones por separarse, crujió el yugo y enredáronse las riendas á causa de que el caballo lateral yacía en el polvo. Pero Automedonte, famoso por su lanza, halló el remedio: desenvainando la espada de larga punta que llevaba junto al fornido muslo, cortó apresuradamente los tirantes del caballo lateral, y los otros dos se enderezaron y obedecieron á las riendas. Y los héroes volvieron á acometerse con roedor encono.

477 Entonces Sarpedón arrojó otra reluciente lanza y erró el tiro, pues aquélla pasó por cima del hombro izquierdo de Patroclo sin herirle. Patroclo despidió la suya y no en balde; ya que acertó á Sarpedón y le hirió en el tejido que al denso corazón envuelve. Cayó el héroe como la encina, el álamo ó el elevado pino que en el monte cortan con afiladas hachas los artífices para hacer un mástil de navío; así yacía aquél, tendido delante de los corceles y del carro, rechinándole los dientes y cogiendo con las manos el polvo ensangrentado. Como el rojizo y animoso toro, á quien devora un león que se ha presentado en la vacada, brama al morir entre las mandíbulas de la fiera; así el caudillo de los licios escudados, herido de muerte por Patroclo, se enfurecía; y llamando al compañero, le hablaba de este modo:

492 «¡Caro Glauco, guerrero afamado! Ahora debes portarte como fuerte y audaz luchador; ahora te ha de causar placer la batalla funesta, si eres valiente. Ve por todas partes, exhorta á los capitanes licios á que combatan en torno de Sarpedón y defiéndeme tú mismo con la pica. Seré para ti motivo constante de vergüenza y oprobio si, sucumbiendo en el recinto de las naves, los aqueos me despojan de la armadura. ¡Pelea, pues, denodadamente y anima á todo el ejército!»

502 Así dijo; y el velo de la muerte se extendió por sus ojos y su rostro. Patroclo, sujetándole el pecho con el pie, le arrancó el asta; con ella siguió el corazón, y salieron á la vez la punta de la lanza y el alma del guerrero. Y los mirmidones detuvieron los corceles de Sarpedón, los cuales anhelaban y querían huir desde que quedó vacío el carro de sus dueños.

509 Glauco sintió hondo pesar al oir la voz de Sarpedón; se le turbó el ánimo porque no podía socorrerle; y apretándose con la mano el brazo herido por una flecha que Teucro le tirara, cuando él asaltaba el muro y el aqueo defendía á los suyos, oró de esta suerte al flechador Apolo:

514 «Óyeme, oh soberano, ya te halles en la opulenta Licia, ya te encuentres en Troya; pues desde cualquier lugar puedes atender al que está afligido, como lo estoy ahora. Tengo esta grave herida, padezco agudos dolores en el brazo y la sangre no se seca; el hombro se entorpece, y me es imposible manejar firmemente la lanza y pelear con los enemigos. Ha muerto un hombre fortísimo, Sarpedón, hijo de Júpiter que ya ni á su prole defiende. Cúrame, oh soberano, la grave herida, adormece mis dolores y dame fortaleza para que mi voz anime á los licios á batallar y yo mismo luche en defensa del cadáver.»

527 Tal fué su plegaria. Oyóle Febo Apolo y en seguida calmó los dolores, secó la negra sangre de la grave herida é infundió valor en el ánimo del teucro. Glauco, al notarlo, se holgó de que el gran dios hubiese escuchado su ruego. En seguida fué por todas partes y exhortó á los capitanes licios para que combatieran en torno de Sarpedón. Después, encaminóse á paso largo hacia los troyanos; buscó á Polidamante Pantoida, al divino Agenor, á Eneas y á Héctor armado de bronce; y deteniéndose cerca de los mismos, dijo estas aladas palabras:

538 «¡Héctor! Te olvidas completamente de los aliados que por ti pierden la vida lejos de los amigos y de la patria, y ni socorrerles quieres. Yace en tierra Sarpedón, el rey de los licios escudados, que con su justicia y su valor gobernaba la Licia. El férreo Marte lo ha matado con la lanza de Patroclo. Oh amigos, venid é indignaos en vuestro corazón: no sea que los mirmidones le quiten la armadura é insulten el cadáver, irritados por la muerte de los dánaos á quienes hicieron perecer nuestras picas junto á las veleras naves.»

548 Así se expresó. Los troyanos sintieron grande é inconsolable pena, porque Sarpedón, aunque forastero, era un baluarte para la ciudad; había llevado á la misma muchos hombres y en la pelea los superaba á todos. Con grandes bríos dirigiéronse aquéllos contra los dánaos, y á su frente marchaba Héctor, irritado por la muerte de Sarpedón. Y Patroclo Menetíada, de corazón valiente, animó á los aqueos; y dijo á los Ayaces, que ya de combatir estaban deseosos:

556 «¡Ayaces! Poned empeño en rechazar al enemigo y mostraos tan valientes como habéis sido hasta aquí ó más aún. Yace en tierra Sarpedón, el que primero asaltó nuestra muralla. ¡Ah, si apoderándonos del cadáver pudiésemos ultrajarle, quitarle la armadura de los hombros y matar con el cruel bronce á alguno de los compañeros que lo defienden!...»

562 En tales términos les habló, aunque ellos ya deseaban derrotar al enemigo. Y troyanos y licios por una parte y mirmidones y aqueos por otra, cerraron las falanges, vinieron á las manos y empezaron á pelear con horrenda gritería

en torno del cadáver. Crujían las armaduras de los guerreros, y Júpiter cubrió con una dañosa obscuridad la reñida contienda, para que produjese mayor estrago el combate que por el cuerpo de su hijo se empeñaba.

569 En un principio, los teucros rechazaron á los aqueos, de ojos vivos, porque fué herido un varón que no era ciertamente el más cobarde de los mirmidones: el divino Epigeo, hijo de Agacles magnánimo; el cual reinó en otro tiempo en la populosa Budío; luego, por haber dado muerte á su valiente primo, se presentó como suplicante á Peleo y á Tetis, la de argentados pies, y ellos le enviaron con Aquiles á Ilión, abundante en hermosos corceles, para que combatiera contra los troyanos. Epigeo echaba mano al cadáver cuando el esclarecido Héctor le dió una pedrada en la cabeza y se la partió en dos dentro del fuerte casco: el guerrero cayó boca abajo sobre el cuerpo de Sarpedón, y la destructora muerte lo envolvió. Apesadumbróse Patroclo por la pérdida del compañero y atravesó al instante las primeras filas, como el veloz gavilán persigue á unos grajos ó estorninos; de la misma manera acometiste, oh hábil jinete Patroclo, á los licios y troyanos, airado en tu corazón por la muerte del amigo. Y cogiendo una piedra, hirió en el cuello á Estenelao, hijo querido de Itémenes, y le rompió los tendones. Retrocedieron los combatientes delanteros y el esclarecido Héctor. Cuanto espacio recorre el dardo que lanza un hombre, ya en el juego para ejercitarse, ya en la guerra contra los enemigos que la vida quitan; otro tanto se retiraron los teucros, cediendo al empuje de los aqueos. Glauco, capitán de los escudados licios, fué el primero que volvió la cara y mató al magnánimo Baticles, hijo amado de Calcón, que tenía su casa en la Hélade y se señalaba entre los mirmidones por sus bienes y riquezas: escapábase Glauco, y Baticles iba á darle alcance, cuando aquél se volvió repentinamente y le hundió la pica en medio del pecho. Baticles cayó con estrépito, los aqueos sintieron hondo pesar por la muerte del valiente guerrero, y los teucros, muy alegres, rodearon en tropel el cadáver; pero los aqueos no dejaron de mostrar su impetuoso valor y arremetieron denodadamente al enemigo. Entonces Meriones mató á un combatiente teucro, á Laógono, esforzado hijo de Onétor y sacerdote de Júpiter Ideo, á quien el pueblo veneraba como á un dios: hirióle debajo de la quijada y de la oreja, la vida huyó de los miembros del guerrero, y la obscuridad horrible le envolvió. Eneas arrojó la broncínea lanza, con el propósito de herir á Meriones, que se adelantaba protegido por el escudo. Pero Meriones la vió venir y evitó el golpe inclinándose hacia adelante: la ingente lanza se clavó en el suelo detrás de él y el regatón temblaba; pero pronto la impetuosa arma perdió su fuerza. Penetró, pues, la vibrante punta en la tierra, y la lanza fué echada en vano por el robusto brazo. Eneas, con el corazón irritado, dijo:

617 «¡Meriones! Aunque eres un ágil saltador, mi lanza te habría apartado para siempre del combate si te hubiese herido.»

619 Respondióle Meriones, célebre por su lanza: «¡Eneas! Difícil te será, aunque seas valiente, aniquilar la fuerza de cuantos salgan á pelear contigo. También tú eres mortal. Si lograra herirte en medio del cuerpo con el agudo bronce, en seguida, á pesar de tu vigor y de la confianza que tienes en tu brazo, me darías gloria y á Plutón, el de los famosos corceles, el alma.»

626 Así dijo; y el valeroso hijo de Menetio le reprendió, diciendo: «¡Meriones! ¿Por qué, siendo valiente, te entretienes en hablar así? ¡Oh amigo! Con palabras injuriosas no lograremos que los teucros dejen el cadáver; preciso será que alguno de ellos baje antes al seno de la tierra. Las batallas se ganan con los puños, y las palabras sirven en las juntas. Conviene, pues, no hablar, sino combatir.»

632 Dijo, echó á andar y siguióle Meriones, varón igual á un dios. Bien así como el estruendo que se produce en la espesura de un monte y se deja oir á lo lejos, cuando los hombres hacen leña; tal era el estrépito que se elevaba de la tierra espaciosa al ser golpeados el bronce, el cuero y los escudos de pieles de buey por las espadas y las lanzas de doble filo. Y ya ni un hombre perspicaz hubiera conocido al divino Sarpedón, pues los dardos, la sangre y el polvo lo cubrían desde los pies á la cabeza. Agitábanse todos alrededor del cadáver como en la primavera zumban las moscas en el establo por cima de las escudillas, cuando los tarros rebosan de leche: de igual manera bullían aquéllos en torno del muerto. Júpiter no apartaba los refulgentes ojos de la dura contienda; y contemplando á los guerreros, revolvía en su ánimo muchas cosas acerca de la muerte de Patroclo: vacilaba entre si el esclarecido Héctor debería matar con el bronce á Patroclo sobre Sarpedón, igual á un dios, y quitarle la armadura de los hombros, ó convendría extender la terrible pelea. Y considerando como lo más conveniente que el bravo escudero de Aquiles Pelida hiciera arredrar á los teucros y á Héctor, armado de bronce, hacia la ciudad y quitara la vida á muchos guerreros, comenzó por infundir timidez en Héctor, el cual subió al carro, se puso en fuga y exhortó á los demás teucros á que huyeran, porque había conocido hacia qué lado se inclinaba la balanza sagrada de Júpiter. Tampoco los fuertes licios osaron resistir, y huyeron todos al ver á su rey herido en el corazón y echado en un montón de cadáveres; pues cayeron muchos hombres á su alrededor cuando el Saturnio avivó el duro combate. Los aqueos quitáronle á Sarpedón la reluciente armadura de bronce y el esforzado hijo de Menetio la entregó á sus compañeros para que la llevaran á las cóncavas naves. Y entonces Júpiter, que amontona las nubes, dijo á Apolo:

667 «¡Ea, querido Febo! Ve y después de sacar á Sarpedón de entre los dardos, límpiale la negra sangre; condúcele á un sitio lejano y lávale en la corriente de un río; úngele con ambrosía, ponle vestiduras divinas y entrégalo á los veloces conductores y hermanos gemelos: el Sueño y la Muerte. Y éstos, transportándolo con presteza, lo dejarán en el rico pueblo de la vasta Licia. Allí sus hermanos y amigos le harán exequias y le erigirán un túmulo y un cipo, que tales son los honores debidos á los muertos.»

676 Así dijo, y Apolo no desobedeció á su padre. Descendió de los montes ideos á la terrible batalla, y en seguida, levantó al divino Sarpedón de entre los dardos, y conduciéndole á un sitio lejano, lo lavó en la corriente de un río; ungiólo con ambrosía, púsole vestiduras divinas y entrególo á los veloces conductores y hermanos gemelos: el Sueño y la Muerte. Y éstos, transportándolo con presteza, lo dejaron en el rico pueblo de la vasta Licia.

684 Patroclo animaba á los corceles y á Automedonte y perseguía á los troyanos y licios, y con ello se atrajo un gran infortunio. ¡Insensato! Si se hubiese atenido á la orden del Pelida, se hubiera visto libre de la funesta Parca, de la negra muerte. Pero siempre el pensamiento de Júpiter es más eficaz que el de los hombres (aquel dios pone en fuga al varón esforzado y le quita fácilmente la victoria, aunque él mismo le haya incitado á combatir), y entonces alentó el ánimo en el pecho de Patroclo.

692 ¿Cuál fué el primero y cuál el último que mataste, oh Patroclo, cuando los dioses te llamaron á la muerte?

694 Fueron primeramente Adrasto, Autónoo, Equeclo, Périmo Mégada, Epístor y Melanipo; y después, Élaso, Mulio y Pilartes. Mató á éstos, y los demás se dieron á la fuga.

698 Entonces los aqueos habrían tomado á Troya, la de altas puertas, por las manos de Patroclo, que manejaba con gran furia la lanza, si Febo Apolo no se hubiese colocado en la bien construída torre para dañar á aquél y ayudar á los teucros. Tres veces encaminóse Patroclo á un ángulo de la elevada muralla; tres veces rechazóle Apolo, agitando con sus manos inmortales el refulgente escudo. Y cuando, semejante á un dios, atacaba por cuarta vez, increpóle la deidad con aterradoras voces:

707 «¡Retírate, Patroclo de jovial linaje! El hado no ha dispuesto que la ciudad de los altivos troyanos sea destruída por tu lanza, ni por Aquiles, que tanto te aventaja.»

710 Así dijo, y Patroclo retrocedió un gran trecho, para no atraerse la cólera del flechador Apolo.

712 Héctor se hallaba con el carro y los corceles en las puertas Esceas, y estaba indeciso entre guiarlos de nuevo hacia la turba y volver á combatir, ó mandar á voces que las tropas se refugiasen en el muro. Mientras reflexionaba sobre esto, presentósele Febo Apolo, que tomó la figura del valiente joven Asio, el cual era tío materno de Héctor, domador de caballos, hermano carnal de Hécuba é hijo de Dimante, y habitaba en la Frigia, junto á la corriente del Sangario. Así transfigurado, exclamó Apolo, hijo de Júpiter:

721 «¡Héctor! ¿Por qué te abstienes de combatir? No debes hacerlo. Ojalá te superara tanto en bravura, cuanto te soy inferior: entonces te sería funesto el retirarte de la batalla. Mas, ea, guía los corceles de duros cascos hacia Patroclo, por si puedes matarlo y Apolo te da gloria.»

726 El dios, cuando esto hubo dicho, volvió á la batalla. El esclarecido Héctor mandó á Cebrión que picara á los corceles y los dirigiese á la pelea; y Apolo, entrándose por la turba, suscitó entre los dánaos funesto tumulto y dió gloria á Héctor y á los teucros. Héctor dejó entonces á los demás dánaos, sin que intentara matarlos, y enderezó á Patroclo los caballos de duros cascos. Patroclo, á su vez, saltó del carro á tierra con la lanza en la izquierda; cogió con la diestra una piedra blanca y erizada de puntas que le llenaba la mano; y estribando en el suelo, la arrojó, hiriendo en seguida á un combatiente, pues el tiro no resultó vano: dió la pedrada en la frente de Cebrión, auriga de Héctor, que era hijo bastardo del ilustre Príamo y entonces gobernaba las riendas de los caballos. La piedra se llevó ambas cejas; el hueso tampoco resistió; los ojos cayeron en el polvo á los pies de Cebrión; y éste, cual si fuera un buzo, cayó del asiento bien construído, porque la vida huyó de sus miembros. Y burlándote de él, oh caballero Patroclo, exclamaste:

745 «¡Oh dioses! ¡Muy ágil es el teucro! ¡Cuán fácilmente salta á lo buzo! Si se hallara en el ponto, en peces abundante, ese hombre saltaría de la nave aunque el mar estuviera tempestuoso y podría saciar á muchas personas con las ostras que pescara. ¡Con tanta facilidad ha dado la voltereta del carro á la llanura! Es indudable que también los troyanos tienen buzos.»

751 Dijo, y corrió hacia el héroe con la impetuosidad de un león que devasta los establos hasta que es herido en el pecho y su mismo valor le mata; de la misma manera, oh Patroclo, te arrojaste enardecido sobre Cebrión. Héctor, por su parte, saltó del carro al suelo sin dejar las armas. Y entrambos luchaban en torno de Cebrión, como dos hambrientos leones que en el monte pelean furiosos por el cadáver de una cierva; así los dos aguerridos campeones, Patroclo Menetíada y el esclarecido Héctor, deseaban herirse el uno al otro con el cruel bronce. Héctor había cogido al muerto por la cabeza y no lo soltaba; Patroclo lo asía de un pie, y los demás teucros y dánaos sostenían encarnizado combate.

765 Como el Euro y el Noto contienden en la espesura de un monte, agitando la poblada selva, y las largas ramas de los fresnos, encinas y cortezudos cornejos chocan entre sí con inmenso estrépito, y se oyen los crujidos de las que se rompen; de semejante modo teucros y aqueos se mataban, sin acordarse de la perniciosa fuga. Alrededor de Cebrión se clavaron en tierra muchas agudas lanzas y aladas flechas que saltaban de los arcos; buen número de grandes piedras herían los escudos de los combatientes; y el héroe yacía en el suelo, sobre un gran espacio, envuelto en un torbellino de polvo y olvidado del arte de guiar los carros.

777 Hasta que el sol hubo recorrido la mitad del cielo, los tiros alcanzaban por igual á unos y á otros, y los hombres caían. Cuando aquél se encaminó al ocaso, los aqueos eran vencedores, contra lo dispuesto por el destino; y habiendo arrastrado el cadáver del héroe Cebrión fuera del alcance de los dardos y del tumulto de los teucros, le quitaron la armadura de los hombros.

783 Patroclo acometió furioso á los teucros: tres veces los atacó, cual otro Marte, dando horribles voces; tres veces mató nueve hombres. Y cuando, semejante á un dios, arremetiste, oh Patroclo, por cuarta vez, vióse claramente que ya llegabas al término de tu vida, pues el terrible Febo salió á tu encuentro en el duro combate. Mas Patroclo no vió al dios; el cual, cubierto por densa nube, atravesó la turba, se le puso detrás, y alargando la mano, le dió un golpe en la espalda y en los anchos hombros. Al punto los ojos del héroe sufrieron vértigos. Febo Apolo le quitó de la cabeza el casco con agujeros á guisa de ojos, que rodó con estrépito hasta los pies de los caballos; y el penacho se manchó de sangre y polvo. Jamás aquel casco, adornado con crines de caballo, se había manchado cayendo en el polvo, pues protegía la cabeza y hermosa frente del divino Aquiles. Entonces Júpiter permitió también que lo llevara Héctor, porque ya la muerte se iba acercando á este caudillo. Á Patroclo se le rompió en la mano la pica larga, ponderosa, grande, fornida, armada de bronce; el ancho escudo y su correa cayeron al suelo, y Apolo desató la coraza que aquél llevaba. El estupor se apoderó del espíritu del héroe, y sus hermosos miembros perdieron la fuerza. Patroclo se detuvo atónito, y entonces clavóle aguda lanza en la espalda, entre los hombros, el dárdano Euforbo Pantoida; el cual aventajaba á todos los de su edad en el manejo de la pica, en el arte de guiar un carro y en la veloz carrera, y la primera vez que se presentó con su carro para aprender á combatir, derribó á veinte guerreros de sus carros respectivos. Éste fué, oh caballero Patroclo, el primero que contra ti despidió su lanza, pero aún no te hizo sucumbir. Euforbo arrancó la lanza de fresno; y retrocediendo, se mezcló con la turba, sin esperar á Patroclo, aunque le viera desarmado; mientras éste, vencido por el golpe del dios y la lanzada, retrocedía al grupo de sus compañeros para evitar la muerte.

818 Cuando Héctor advirtió que el magnánimo Patroclo se alejaba y que lo habían herido con el agudo bronce, fué en su seguimiento, por entre las filas, y le envasó la lanza en la parte inferior del vientre, que el hierro pasó de parte

á parte; y el héroe cayó con estrépito, causando gran aflicción al ejército aqueo. Como el león acosa en la lucha al indómito jabalí cuando ambos pelean arrogantes en la cima de un monte por un escaso manantial donde quieren beber, y el león vence con su fuerza al jabalí, que respira anhelante; así Héctor Priámida privó de la vida, hiriéndole con la lanza, al esforzado hijo de Menetio, que á tantos había dado muerte. Y blasonando del triunfo, profirió estas aladas palabras:

830 «¡Patroclo! Sin duda esperabas destruir nuestra ciudad, hacer cautivas á las mujeres troyanas y llevártelas en los bajeles á tu patria. ¡Insensato! Los veloces caballos de Héctor vuelan al combate para defenderlas; y yo, que en manejar la pica sobresalgo entre los belicosos teucros, aparto de los míos el día de la servidumbre; mientras que á ti te comerán los buitres. ¡Ah, infeliz! Ni Aquiles, con ser valiente, te ha socorrido. Cuando saliste de las naves, donde él se ha quedado, debió de hacerte muchas recomendaciones, y hablarte de este modo: *No vuelvas á las cóncavas naves, caballero Patroclo, antes de haber roto la coraza que envuelve el pecho de Héctor, teñida en sangre.* Así te dijo, sin duda; y tú, oh necio, te dejaste persuadir.»

843 Con lánguida voz le respondiste, caballero Patroclo: «¡Héctor! Jáctate ahora con altaneras palabras, ya que te han dado la victoria Jove Saturnio y Apolo; los cuales me vencieron fácilmente, quitándome la armadura de los hombros. Si veinte guerreros como tú me hubiesen hecho frente, todos habrían muerto vencidos por mi lanza. Matóme el hado funesto, valiéndose de Latona y de Euforbo entre los hombres; y tú llegas el tercero, para despojarme de las armas. Otra cosa voy á decirte, que fijarás en la memoria. Tampoco tú has de vivir largo tiempo, pues la muerte y el hado cruel se te acercan, y sucumbirás á manos del eximio Aquiles, descendiente de Éaco.»

855 Apenas acabó de hablar, la muerte le cubrió con su manto: el alma voló de los miembros y descendió al Orco, llorando su suerte porque dejaba un cuerpo vigoroso y joven. Y el esclarecido Héctor le dijo, aunque ya muerto le viera:

859 «¡Patroclo! ¿Por qué me profetizas una muerte terrible? ¿Quién sabe si Aquiles, hijo de Tetis, la de hermosa cabellera, no perderá antes la vida, herido por mi lanza?»

862 Dichas estas palabras, puso un pie sobre el cadáver, arrancó la broncínea lanza, y lo tumbó de espaldas. Inmediatamente dirigióse, lanza en mano, hacia Automedonte, el deiforme servidor del Eácida, de pies ligeros; pero los veloces caballos inmortales que á Peleo dieran los dioses como espléndido presente, lo sacaban ya de la batalla.

CANTO XVII
PRINCIPALÍA DE MENELAO

1 No dejó de advertir el Atrida Menelao, caro á Marte, que Patroclo había sucumbido en la lid á manos de los teucros; y, armado de luciente bronce, se abrió camino por los combatientes delanteros y empezó á moverse en torno del cadáver para defenderlo. De la suerte que la vaca primeriza da vueltas alrededor de su becerrillo, mugiendo tiernamente, como no acostumbrada á parir; de la misma manera bullía el rubio Menelao cerca de Patroclo. Y colocándose delante del muerto, enhiesta la lanza y embrazado el escudo, aprestábase á matar á quien se le opusiera. Tampoco Euforbo, el hábil lancero hijo de Panto, se descuidó al ver en el suelo al eximio Patroclo; sino que se detuvo á su vera y dijo á Menelao, caro á Marte:

12 «¡Menelao Atrida, alumno de Júpiter, príncipe de hombres! Retírate, suelta el cadáver y desampara estos sangrientos despojos; pues, en la reñida pelea, ninguno de los troyanos ni de los auxiliares ilustres envasó su lanza á Patroclo antes que yo lo hiciera. Déjame alcanzar inmensa gloria entre los teucros. No sea que, hiriéndote, te quite la dulce vida.»

18 Respondióle muy indignado el rubio Menelao: «¡Padre Júpiter! No es bueno que nadie se vanagloríe con tanta soberbia. Ni la pantera, ni el león, ni el dañino jabalí que tienen gran ánimo en el pecho y están orgullosos de su fuerza, se presentan tan osados como los hábiles lanceros hijos de Panto. Pero el fuerte Hiperenor, domador de caballos, no siguió gozando de su juventud cuando me aguardó, después de injuriarme diciendo que yo era el más cobarde de los guerreros dánaos; y no creo que haya podido volver con sus pies á la patria, para regocijar á su esposa y á sus venerandos padres. Del mismo modo te quitaré la vida á ti, si osas afrontarme, y te aconsejo que vuelvas á tu ejército y no te pongas delante; pues el necio sólo conoce el mal cuando ha llegado.»

33 Así habló, sin persuadir á Euforbo, que contestó diciendo: «Menelao, alumno de Júpiter, ahora pagarás la muerte de mi hermano, de que tanto te jactas. Dejaste viuda á su mujer en el reciente tálamo; causaste á nuestros padres llanto y dolor profundo. Yo conseguiría que aquellos infelices cesaran de llorar, si llevándome tu cabeza y tus armas, las pusiera en las manos de Panto y de la divina Frontis. Pero no se diferirá mucho tiempo el combate, ni quedará sin decidir quién haya de ser el vencedor y quién el vencido.»

43 Dicho esto, dió un bote en el escudo liso del Atrida; pero no pudo romper el bronce, porque la punta se torció al chocar con el fuerte escudo. Menelao Atrida acometió, á su vez, con la pica, orando al padre Júpiter; y al ir Euforbo á retroceder, se la clavó en la parte inferior de la garganta, empujó el asta con la robusta mano y la punta atravesó el delicado cuello. Euforbo cayó con estrépito, resonaron sus armas y se mancharon de sangre sus cabellos, semejantes á los de las Gracias, y los rizos, que llevaba sujetos con anillos de oro y plata. Cual frondoso olivo que plantado por el labrador en un lugar solitario donde abunda el agua, crece hermoso, es mecido por vientos de toda clase y se cubre de blancas flores; y viniendo de repente el huracán, lo arranca de la tierra y lo tiende en el suelo; así Menelao Atrida dió muerte á Euforbo, hijo de Panto y hábil lancero, y en seguida comenzó á quitarle la armadura.

61 Como un montaraz león, confiado en su fuerza, coge del rebaño que está paciendo la mejor vaca, le rompe la cerviz con los fuertes dientes, y despedazándola, traga la sangre y las entrañas; y así los perros como los pastores gritan mucho á su alrededor, pero de lejos, sin atreverse á ir contra la fiera porque el pálido temor los domina; de la misma manera ninguno tuvo ánimo para salir al encuentro del glorioso Menelao. Y el Atrida se habría llevado fácilmente las magníficas armas de Euforbo, si no lo hubiese impedido Febo Apolo; el cual, tomando la figura de Mentes, caudillo de los cícones, suscitó contra aquél á Héctor, igual al veloz Marte, con estas aladas palabras:

75 «¡Héctor! Tú corres ahora tras lo que no se puede alcanzar: los corceles del aguerrido Eácida. Difícil es que nadie los sujete y sea por ellos llevado, fuera de Aquiles, que tiene una madre inmortal. Y en tanto, el belígero Menelao Atrida, que defiende el cadáver de Patroclo, ha muerto á uno de los más esforzados teucros, á Euforbo, hijo de Panto, acabando con el impetuoso valor de este caudillo.»

82 El dios, habiendo hablado así, volvió á la batalla. Héctor sintió profundo dolor en las negras entrañas, ojeó las hileras y vió en seguida al Atrida que despojaba de la armadura á Euforbo, y á éste tendido en el suelo y vertiendo sangre por la herida. Acto continuo, armado como se hallaba de luciente bronce y dando agudos gritos, abrióse paso por los combatientes delanteros cual si fuese una llama inextinguible encendida por Vulcano. El hijo de Atreo gimió al oir las voces, y á su magnánimo espíritu así dijo:

91 «¡Ay de mí! Si abandono estas magníficas armas y á Patroclo, que por vengarme yace aquí tendido, temo que se irritará cualquier dánao que lo presencie. Y si por vergüenza peleo con Héctor y los teucros, como ellos son muchos y yo estoy solo, quizás me cerquen; pues Héctor, de tremolante casco, trae aquí á todos los troyanos. Mas ¿por qué el corazón me hace pensar en tales cosas? Cuando, oponiéndose á la divinidad, el hombre lucha con un guerrero protegido por algún dios, pronto le sobreviene grave daño. Así, pues, los dánaos no se irritarán conmigo porque me vean ceder á Héctor, que combate amparado por las deidades. Pero si á mis oídos llegara la voz de Ayax, valiente en la pelea, volvería aquí con él y sólo pensaríamos en lidiar, aunque fuese contra un dios, para ver si lográbamos arrastrar el cadáver y entregarlo al Pelida Aquiles. Sería esto lo mejor para hacer llevaderos los presentes males.»

106 Mientras tales pensamientos revolvía en su mente y en su corazón, llegaron las huestes de los teucros, capitaneadas por Héctor. Menelao dejó el cadáver y retrocedió, volviéndose de cuando en cuando. Como el melenudo león á quien alejan del establo los canes y los hombres con gritos y venablos, siente que el corazón audaz se le encoge y abandona de mala gana el redil; de la misma suerte apartábase de Patroclo el rubio Menelao; quien, al juntarse con sus amigos, se detuvo, volvió la cara á los teucros y buscó con los ojos al gran Ayax, hijo de Telamón. Pronto le distinguió á la izquierda de la batalla, donde animaba á sus compañeros y les incitaba á pelear, pues Febo Apolo les había infundido un gran terror. Corrió á encontrarle; y poniéndose á su lado, le dijo estas palabras:

120 «¡Ayax! Ven, amigo; apresurémonos á combatir por Patroclo muerto, y quizás podamos llevar á Aquiles el cadáver desnudo, pues las armas las tiene Héctor, de tremolante casco.»

123 Así dijo; y conmovió el corazón del aguerrido Ayax, que atravesó al momento las primeras filas junto con el rubio Menelao. Héctor había despojado á Patroclo de las magníficas armas y se lo llevaba arrastrando, para separarle con el agudo bronce la cabeza de los hombros y entregar el cadáver á los perros de Troya. Pero acercósele Ayax con su escudo como una torre; y Héctor, retrocediendo, llegó al grupo de sus amigos, saltó al carro y entregó las magníficas armas á los troyanos para que las llevaran á la ciudad, donde habían de proporcionarle inmensa gloria. Ayax cubrió con su gran escudo al hijo de Menetio y se mantuvo firme. Como el león anda en torno de sus cachorros cuando llevándolos por el bosque le salen al encuentro los cazadores, y haciendo gala de su fuerza, baja los párpados y cierra los ojos; de aquel modo corría Ayax alrededor del héroe Patroclo. En la parte opuesta hallábase Menelao, caro á Marte, en cuyo pecho el dolor iba creciendo.

140 Glauco, hijo de Hipóloco, caudillo de los licios, dirigió entonces la torva faz á Héctor, y le increpó con estas palabras:

142 «¡Héctor, el de más hermosa figura, muy falto estás del valor que la guerra exige! Inmerecida es tu buena fama, cuando solamente sabes huir. Piensa cómo en adelante defenderás la ciudad y la ciudadela, solo y sin más auxilio que los hombres nacidos en Ilión. Ninguno de los licios ha de pelear ya con los dánaos en favor de la ciudad, puesto que para nada se agradece el batallar siempre y sin descanso contra el enemigo. ¿Cómo, oh cruel, salvarás en la turba á un obscuro combatiente, si dejas que Sarpedón, huésped y amigo tuyo, llegue á ser presa y botín de los argivos? Mientras estuvo vivo, prestó grandes servicios á la ciudad y á ti mismo; y ahora no te atreves á apartar de su cadáver á los perros. Por esto, si los licios me obedecieren, volveríamos á nuestra patria, y la ruina más espantosa amenazaría á Troya. Mas, si ahora tuvieran los troyanos el valor audaz é intrépido que suelen mostrar los que por la patria sostienen contiendas y luchas con los enemigos, pronto arrastraríamos el cadáver de Patroclo hasta Ilión. Y en seguida que el cuerpo de éste fuera retirado del campo y conducido á la gran ciudad de Príamo, los argivos nos entregarían, para rescatarlo, las hermosas armas de Sarpedón, y también podríamos llevar á Troya el cadáver del héroe; pues Patroclo fué escudero del argivo más valiente que hay en las naves, como asimismo lo son sus tropas, que combaten cuerpo á cuerpo. Pero tú no osaste esperar al magnánimo Ayax, ni resistir su mirada en la lucha, ni pugnar con él, porque te aventaja en fortaleza.»

169 Mirándole con torva faz, respondió Héctor, de tremolante casco: «¡Glauco! ¿Por qué, siendo cual eres, hablas con tanta soberbia? ¡Oh dioses! Te tenía por el hombre de más seso de cuantos viven en la fértil Licia, y ahora he de reprenderte por lo que pensaste y dijiste al asegurar que no puedo sostener la acometida del ingente Ayax. Nunca me espantó la batalla, ni el ruido de los caballos; pero siempre el pensamiento de Júpiter, que lleva la égida, es más eficaz que el de los hombres, y el dios pone en fuga al varón esforzado y le quita fácilmente la victoria, aunque él mismo le haya incitado á combatir. Mas, ea, ven acá, amigo, ponte á mi lado, contempla mis hechos, y verás si seré cobarde en la batalla, aunque dure todo el día, ó si haré que alguno de los dánaos, no embargante su ardimiento y valor, cese de defender el cadáver de Patroclo.»

183 Cuando así hubo hablado, exhortó á los teucros, dando grandes voces: «¡Troyanos, licios, dárdanos que cuerpo á cuerpo peleáis! Sed hombres, amigos, y mostrad vuestro impetuoso valor, mientras visto las armas hermosas del eximio Aquiles, de que despojé al fuerte Patroclo después de matarle.»

188 Dichas estas palabras, Héctor, de tremolante casco, salió de la funesta lid, y corriendo con ligera planta, alcanzó pronto y no muy lejos á sus amigos que llevaban hacia la ciudad las magníficas armas del hijo de Peleo. Allí, fuera del luctuoso combate, se detuvo y cambió de armadura: entregó la propia á los belicosos troyanos, para que la dejaran en la sacra Ilión, y vistió las armas divinas de Aquiles, que los dioses dieran á Peleo, y éste, ya anciano, cedió á su hijo, quien no había de usarlas tanto tiempo que, llevándolas, llegara á la vejez.

198 Cuando Júpiter, que amontona las nubes, vió que Héctor vestía las armas del divino Pelida, moviendo la cabeza,

habló consigo mismo y dijo:

201 «¡Ah mísero! No piensas en la muerte, que ya se halla cerca de ti, y vistes las armas divinas de un hombre valentísimo á quien todos temen. Has muerto á su amigo, tan bueno como fuerte, y le has quitado ignominiosamente la armadura de la cabeza y de los hombros. Mas todavía dejaré que alcances una gran victoria como compensación de que Andrómaca no recibirá de tus manos, volviendo tú del combate, las magníficas armas del hijo de Peleo.»

209 Dijo el Saturnio, y bajó las negras cejas en señal de asentimiento. La armadura de Aquiles le vino bien á Héctor; apoderóse de éste un terrible furor bélico, y sus miembros se vigorizaron y fortalecieron; y el héroe, dando recias voces, enderezó sus pasos á los aliados ilustres y se les presentó con las resplandecientes armas del magnánimo Pelida. Acercóse á cada uno de sus capitanes para animarlos—á Mestles, Glauco, Medonte, Tersíloco, Asteropeo, Disenor, Hipótoo, Forcis, Cromio y el augur Énomo—y los instigó con estas aladas palabras:

220 «¡Oíd, tribus innúmeras de aliados que habitáis alrededor de Troya! No ha sido por el deseo ni por la necesidad de reunir una muchedumbre por lo que os he traído de vuestras ciudades; sino para que defendáis animosamente de los belicosos aqueos á las esposas y á los tiernos infantes de los troyanos. Con esta idea abrumo á mi pueblo y le exijo dones y víveres para excitar vuestro valor. Ahora cada uno haga frente y embista al enemigo, ya muera, ya se salve; que tales son los lances de la guerra. Al que arrastre el cadáver de Patroclo hasta las filas de los troyanos, domadores de caballos, y haga ceder á Ayax, le daré la mitad de los despojos, reservándome la otra mitad, y su gloria será tan grande como la mía.»

233 Así habló. Todos arremetieron con las picas levantadas y cargaron sobre los dánaos, pues tenían grandes esperanzas de arrancar el cuerpo de Patroclo de las manos de Ayax Telamonio. ¡Insensatos! Sobre el mismo cadáver, Ayax hizo perecer á muchos de ellos. Y este héroe dijo entonces á Menelao, valiente en la pelea:

238 «¡Oh amigo, oh Menelao, alumno de Júpiter! Ya no espero que salgamos con vida de esta batalla. Ni temo tanto por el cadáver de Patroclo, que pronto saciará en Troya á los perros y aves de rapiña, cuanto por tu cabeza y por la mía; pues el nublado de la guerra, Héctor, todo lo cubre, y á nosotros nos espera una muerte cruel. Ea, llama á los más valientes dánaos, por si alguno te oye.»

246 Así se expresó. Menelao, valiente en la pelea, no fué desobediente; y alzando recio la voz, dijo á los dánaos:

248 «¡Oh amigos, capitanes y príncipes de los argivos; los que bebéis en la tienda de los Atridas Agamenón y Menelao el vino que el pueblo paga, mandáis las tropas y os viene de Júpiter el honor y la gloria! Me es difícil ver á cada uno de los caudillos. ¡Tan grande es el combate que aquí se ha empeñado! Pero acercaos vosotros, indignándoos en vuestro corazón de que Patroclo llegue á ser juguete de los perros troyanos.»

256 Tales fueron sus palabras. Oyóle en seguida el veloz Ayax de Oileo, y acudió antes que nadie, corriendo á través del campo. Siguiéronle Idomeneo y su escudero Meriones, igual al homicida Marte. ¿Y quién podría retener en la memoria y decir los nombres de cuantos aqueos fueron llegando para reanimar la pelea?

262 Los teucros acometieron apiñados, con Héctor á su frente. Como en la desembocadura de un río que las celestiales lluvias alimentan, las ingentes olas chocan bramando contra la corriente del mismo, refluyen al mar y las altas orillas resuenan en torno; con una gritería tan grande marchaban los teucros. Mientras tanto, los aqueos permanecían firmes alrededor del cadáver del hijo de Menetio, conservando el mismo ánimo y defendiéndose con los escudos de bronce; y Júpiter rodeó de espesa niebla sus relucientes cascos, porque nunca había aborrecido al hijo de Menetio mientras vivió y fué servidor de Aquiles, y entonces veía con desagrado que el cadáver pudiera llegar á ser juguete de los perros troyanos. Por esto el dios incitaba á los compañeros á que lo defendieran.

274 En un principio, los teucros rechazaron á los aqueos, de ojos vivos, y éstos, desamparando al muerto, huyeron espantados. Y si bien los altivos teucros no consiguieron matar con sus lanzas á ningún aquivo, como deseaban, empezaron á arrastrar el cadáver. Poco tiempo debían los aqueos permanecer alejados de éste, pues los hizo volver Ayax; el cual, así por su figura, como por sus obras, era el mejor de los dánaos, después del eximio Pelida. Atravesó el héroe las primeras filas, y parecido por su braveza al jabalí que en el monte dispersa fácilmente, dando vueltas por los matorrales, á los perros y á los florecientes mancebos; de la misma manera el esclarecido Ayax, hijo del ilustre Telamón, acometió y dispersó las falanges de troyanos que se agitaban en torno de Patroclo con el decidido propósito de llevarlo á la ciudad y alcanzar gloria.

288 Hipótoo, hijo preclaro del pelasgo Leto, había atado una correa á un tobillo de Patroclo, alrededor de los tendones; y arrastraba el cadáver por el pie, á través del reñido combate, para congraciarse con Héctor y los teucros. Pronto le ocurrió una desgracia, de que nadie, por más que lo deseara, pudo librarle. Pues el hijo de Telamón, acometiéndole por entre la turba, le hirió de cerca á través del casco de broncíneas carrilleras: el casco, guarnecido de un penacho de crines de caballo, se quebró al recibir el golpe de la gran lanza manejada por la robusta mano; el cerebro fluyó sanguinolento por la herida, á lo largo del asta; el guerrero perdió las fuerzas, dejó escapar de sus manos al suelo el pie del longánimo Patroclo, y cayó de pechos, junto al cadáver, lejos de la fértil Larisa; y así no pudo pagar á sus progenitores la crianza, ni fué larga su vida, porque sucumbió vencido por la lanza del magnánimo Ayax.—Héctor arrojó, á su vez, la reluciente lanza; pero Ayax, al notarlo, hurtó el cuerpo, y la broncínea arma alcanzó á Esquedio, hijo del magnánimo Ifites y el más valiente de los focenses, que tenía su casa en la célebre Pánope y reinaba sobre muchos hombres: clavóse la punta debajo de la clavícula y, atravesándola, salió por el hombro. El guerrero cayó con estrépito, y sus armas resonaron.—Ayax hirió en medio del vientre al aguerrido Forcis, hijo de Fénope, que defendía el cadáver de Hipótoo; y el bronce rompió la cavidad de la coraza y desgarró las entrañas: el teucro, caído en el polvo, cogió el suelo con las manos. Arredráronse los combatientes delanteros y el esclarecido Héctor; y los argivos dieron grandes voces, retiraron los cadáveres de Forcis y de Hipótoo, y quitaron de sus hombros las respectivas armaduras.

319 Entonces los teucros hubieran vuelto á entrar en Ilión, acosados por los belicosos aqueos y vencidos por su cobardía; y los aqueos hubiesen alcanzado gloria, contra la voluntad de Júpiter, por su fortaleza y su valor. Pero Apolo instigó á Eneas, tomando la figura del heraldo Perifante Epítida, que había envejecido ejerciendo de pregonero en la casa del padre del héroe y sabía dar saludables consejos. Así transfigurado, habló Apolo, hijo de Júpiter, diciendo:

327 «¡Eneas! ¿De qué modo podríais salvar la excelsa Ilión, hasta si un dios se opusiera? Como he visto hacerlo á

otros varones que confiaban en su fuerza y vigor, en su bravura y en la muchedumbre de tropas formadas por un pueblo intrépido. Mas al presente, Júpiter desea que la victoria quede por vosotros y no por los dánaos; y vosotros huís temblando y renunciáis á combatir.»

333 De tal suerte habló. Eneas, como viera delante de sí al flechador Apolo, reconocióle, y á grandes voces dijo á Héctor:

335 «¡Héctor y demás caudillos de los troyanos y sus aliados! Es una vergüenza que entremos en Ilión, acosados por los belicosos aqueos y vencidos por nuestra cobardía. Una deidad ha venido á decirme que Júpiter, el árbitro supremo, será aún nuestro auxiliar en la batalla. Marchemos, pues, en derechura á los dánaos, para que no se lleven tranquilamente á las naves el cadáver de Patroclo.»

342 Así habló; y saltando mucho más allá de los combatientes delanteros, se detuvo. Los teucros volvieron la cara y afrontaron á los aquivos. Entonces Eneas dió una lanzada á Leócrito, hijo de Arisbante y compañero valiente de Licomedes. Al verle derribado en tierra, compadecióse Licomedes, caro á Marte; y parándose muy cerca del enemigo, arrojó la reluciente lanza, hirió debajo del diafragma á Apisaón Hipásida, pastor de hombres, y le dejó sin vigor las rodillas: este guerrero procedía de la fértil Peonia, y era, después de Asteropeo, el que más descollaba en el combate. Vióle caer el belígero Asteropeo, y apiadándose, corrió hacia él, dispuesto á pelear con los dánaos. Mas no le fué posible; pues cuantos rodeaban por todas partes á Patroclo, se cubrían con los escudos y calaban las lanzas. Ayax recorría las filas y daba muchas órdenes: mandaba que ninguno retrocediese, abandonando el cadáver; ni combatiendo se adelantara á los demás aqueos; sino que todos circundaran al muerto y pelearan de cerca. Así se lo encargaba el ingente Ayax. La tierra estaba regada de purpúrea sangre y morían, unos en pos de otros, muchos troyanos, poderosos auxiliares, y dánaos; pues estos últimos no peleaban sin derramar sangre, aunque perecían en mucho menor número porque cuidaban siempre de defenderse recíprocamente en medio de la turba, para evitar la cruel muerte.

366 Así combatían, con el ardor del fuego. No hubieras dicho que aún subsistiesen el sol y luna; pues hallábanse cubiertos por la niebla todos los guerreros ilustres que pugnaban alrededor del cadáver de Patroclo. Los restantes teucros y aqueos, de hermosas grebas, libres de la obscuridad, lidiaban bajo el cielo sereno: los vivos rayos del sol herían el campo, sin que apareciera ninguna nube sobre la tierra ni en las montañas, y ellos batallaban y descansaban alternativamente, hallándose á gran distancia unos de otros y procurando librarse de los tiros que les dirigían los contrarios. Y en tanto, los del centro padecían muchos males á causa de la niebla y del combate, y los más valientes estaban dañados por el cruel bronce. Dos varones insignes, Trasimedes y Antíloco, ignoraban aún que el eximio Patroclo hubiese muerto y creían que luchaba con los teucros en la primera fila. Ambos, aunque se daban cuenta de que sus compañeros eran muertos ó derrotados, peleaban separadamente de los demás; que así se lo ordenara Néstor, cuando desde las negras naves los envió á la batalla.

384 Todo el día sostuvieron la gran contienda y el cruel combate. Cansados y sudosos tenían los pies, las piernas y las rodillas, y manchados de polvo los ojos y las manos, cuantos peleaban en torno del valiente servidor del Eácida, de pies ligeros. Como un hombre da á los obreros, para que la estiren, una piel grande de toro cubierta de grasa; y ellos, cogiéndola, se distribuyen á su alrededor, y tirando todos sale la humedad, penetra la grasa y la piel queda perfectamente extendida por todos lados; de la misma manera, tiraban aquéllos del cadáver acá y allá, en un reducido espacio, y tenían grandes esperanzas de arrastrarlo los teucros hacia Ilión, y los aqueos á las cóncavas naves. Un tumulto feral se producía alrededor del muerto; y ni Marte, que enardece á los guerreros, ni Minerva por airada que estuviera, habrían hallado nada que reprocharle, si lo hubiesen presenciado.

400 Tan funesto combate de hombres y caballos suscitó Júpiter aquel día sobre el cadáver de Patroclo. El divino Aquiles ignoraba aún la muerte del héroe, porque la pelea se había empeñado lejos de las veleras naves, al pie del muro de Troya. No se figuraba que hubiese muerto, sino que después de acercarse á las puertas volvería vivo; porque tampoco esperaba que llegara á tomar la ciudad, ni solo, ni con él mismo. Así se lo había oído muchas veces á su madre cuando, hablándole separadamente de los demás, le revelaba el pensamiento del gran Júpiter. Pero entonces la diosa no le anunció la gran desgracia que acababa de ocurrir: la muerte del compañero á quien más amaba.

412 Los combatientes, blandiendo afiladas lanzas, se acometían continuamente alrededor del cadáver; y unos á otros se mataban. Y hubo quien entre los aqueos, de broncíneas lorigas, habló de esta manera:

415 «¡Oh amigos! No sería para nosotros una acción gloriosa, la de volver á las cóncavas naves. Antes la negra tierra se nos trague á todos; que preferible fuera, si hemos de permitir á los troyanos, domadores de caballos, que arrastren el cadáver á la ciudad y alcancen gloria.»

420 Y á su vez alguno de los magnánimos teucros así decía: «¡Oh amigos! Aunque el destino haya dispuesto que sucumbamos todos junto á ese hombre, nadie abandone la batalla.»

423 Con tales palabras excitaban el valor de sus compañeros. Seguía el combate, y el férreo estrépito llegaba al cielo de bronce, á través del infecundo éter.

426 Los corceles de Aquiles lloraban, fuera del campo de la batalla, desde que supieron que su auriga había sido postrado en el polvo por Héctor, matador de hombres. Por más que Automedonte, hijo valiente de Diores, los aguijaba con el flexible látigo y les dirigía palabras, ya suaves, ya amenazadoras; ni querían volver atrás, á las naves y al vasto Helesponto, ni encaminarse hacia los aqueos que estaban peleando. Como la columna se mantiene firme sobre el túmulo de un varón difunto ó de una matrona, tan inmóviles permanecían aquéllos con el magnífico carro. Inclinaban la cabeza al suelo, de sus párpados se desprendían ardientes lágrimas con que lloraban la pérdida del auriga, y las lozanas crines estaban manchadas y caídas á ambos lados del yugo. Al verlos llorar, el Saturnio se compadeció de ellos, movió la cabeza; y hablando consigo mismo, dijo:

443 «¡Ah infelices! ¿Por qué os entregamos al rey Peleo, á un mortal, estando vosotros exentos de la vejez y de la muerte? ¿Acaso para que tuvieseis penas entre los míseros mortales? Porque no hay un ser más desgraciado que el hombre, entre cuantos respiran y se mueven sobre la tierra. Héctor Priámida no será llevado por vosotros en el hermoso carro; no lo permitiré. ¿Por ventura no es bastante que se haya apoderado de las armas y se gloríe de esta manera? Daré fuerza á vuestras rodillas y á vuestro espíritu, para que llevéis salvo á Automedonte desde la batalla á las

cóncavas naves; y concederé gloria á los teucros, los cuales seguirán matando hasta que lleguen á las naves de muchos bancos, se ponga el sol y la sagrada obscuridad sobrevenga.»

456 Tal dijo, é infundió gran vigor á los caballos: sacudieron éstos el polvo de las crines y arrastraron velozmente el ligero carro hacia los teucros y los aqueos. Automedonte, aunque afligido por la suerte de su compañero, quería combatir desde el carro, y con los corceles se echaba sobre los enemigos como el buitre sobre los ánsares; y con la misma facilidad huía del tumulto de los teucros, que arremetía á la gran turba de ellos para seguirles el alcance. Pero no mataba hombres cuando se lanzaba á perseguir, porque, estando solo en la silla, no le era posible acometer con la lanza y sujetar al mismo tiempo los veloces caballos. Vióle al fin su compañero Alcimedonte, hijo de Laerces Hemónida; y poniéndose detrás del carro, dijo á Automedonte:

469 «¡Automedonte! ¿Qué dios te ha sugerido tan inútil propósito dentro del pecho y te ha privado de tu buen juicio? ¿Por qué, estando solo, combates con los teucros en la primera fila? Tu compañero recibió la muerte, y Héctor se vanagloria de cubrir sus hombros con las armas del Eácida.»

474 Respondióle Automedonte, hijo de Diores: «¡Alcimedonte! ¿Cuál otro aqueo podría sujetar ó aguijar estos caballos inmortales mejor que tú, si no fuera Patroclo, consejero igual á los dioses, mientras estuvo vivo? Pero ya la muerte y el destino le alcanzaron. Recoge el látigo y las lustrosas riendas, y yo bajaré del carro para combatir.»

481 Así habló. Alcimedonte, subiendo en seguida al veloz carro, tomó el látigo y las riendas, y Automedonte saltó á tierra. Advirtiólo el esclarecido Héctor; y al momento dijo á Eneas, que á su vera estaba:

485 «¡Eneas, consejero de los teucros, de broncíneas lorigas! Advierto que los corceles del Eácida, ligero de pies, aparecen nuevamente en la lid guiados por aurigas débiles. Y creo que me apoderaría de los mismos, si tú quisieras ayudarme; pues arremetiendo nosotros á los aurigas, éstos no se atreverán á resistir ni á pelear frente á frente.»

491 Dijo; y el valeroso hijo de Anquises no dejó de obedecerle. Ambos pasaron adelante, protegiendo sus hombros con sólidos escudos de pieles secas de buey, cubiertas con gruesa capa de bronce. Siguiéronles Cromio y el deiforme Areto, que tenían grandes esperanzas de matar á los aurigas y llevarse los corceles de erguido cuello. ¡Insensatos! No sin derramar sangre habían de escapar de Automedonte. Éste, orando al padre Júpiter, llenó de fuerza y vigor las negras entrañas; y en seguida dijo á Alcimedonte, su fiel compañero:

501 «¡Alcimedonte! No tengas los caballos lejos de mí; sino tan cerca, que sienta su resuello sobre mi espalda. Creo que Héctor Priámida no calmará su ardor hasta que suba al carro de Aquiles y gobierne los corceles de hermosas crines, después de darnos muerte á nosotros y desbaratar las filas de los guerreros argivos; ó él mismo sucumba, peleando con los combatientes delanteros.»

506 Cuando esto hubo dicho, llamó á los dos Ayaces y á Menelao: «¡Ayaces, caudillos de los argivos! ¡Menelao! Dejad á los más fuertes el cuidado de rodear al muerto y defenderle, rechazando las haces enemigas; y venid á librarnos del día cruel á nosotros que aún vivimos, pues se dirigen á esta parte, corriendo á través del luctuoso combate, Héctor y Eneas, que son los más valientes de los teucros. En la mano de los dioses está lo que haya de ocurrir. Yo arrojaré mi lanza, y Júpiter se cuidará del resto.»

516 Dijo; y blandiendo la ingente lanza, acertó á dar en el escudo liso de Areto, que no logró detener á aquélla: atravesólo la punta de bronce, y rasgando el cinturón se clavó en el empeine del guerrero. Como un joven hiere con afilada segur á un buey montaraz por detrás de las astas, le corta el nervio y el animal da un salto y cae; de esta manera el teucro saltó y cayó boca arriba, y la lanza aguda, vibrando aún en sus entrañas, dejóle sin vigor los miembros.—Héctor arrojó la reluciente lanza contra Automedonte; pero éste, como la viera venir, evitó el golpe inclinándose hacia adelante: la fornida lanza se clavó en el suelo detrás de él, y el regatón temblaba; pero pronto la impetuosa arma perdió su fuerza. Y se atacaran de cerca con las espadas, si no les hubiesen obligado á separarse los dos Ayaces; los cuales, enardecidos, abriéronse paso por la turba y acudieron á las voces de su amigo. Temiéronlos Héctor, Eneas y el deiforme Cromio, y, retrocediendo, dejaron á Areto, que yacía en el suelo con el corazón traspasado. Automedonte, igual al veloz Marte, despojóle de las armas; y gloriándose, pronunció estas palabras:

538 «El pesar de mi corazón por la muerte del hijo de Menetio, se ha aliviado un poco; aunque le es inferior el varón á quien he dado muerte.»

540 Esto dicho, tomó y puso en el carro los sangrientos despojos; y en seguida subió al mismo, con los pies y las manos ensangrentados como el león que ha devorado un toro.

543 De nuevo se trabó una pelea encarnizada, funesta, luctuosa, en torno de Patroclo. Excitó la lid Minerva, que vino del cielo, enviada á socorrer á los dánaos por el longividente Jove, cuya mente había cambiado. De la suerte que Júpiter tiende en el cielo el purpúreo arco iris, como señal de una guerra ó de un invierno tan frío que obliga á suspender las labores del campo y entristece á los rebaños; de este modo la diosa, envuelta en purpúrea nube, penetró por las tropas aqueas y animó á cada guerrero. Primero enderezó sus pasos hacia el fuerte Menelao, hijo de Atreo, que se hallaba cerca; y tomando la figura y voz infatigable de Fénix, le exhortó diciendo:

556 «Sería para ti, oh Menelao, motivo de vergüenza y de oprobio que los veloces perros despedazaran bajo el muro de Troya el cadáver de quien fué compañero fiel del ilustre Aquiles. ¡Combate denodadamente y anima á todo el ejército!»

560 Respondióle Menelao, valiente en la pelea: «¡Padre Fénix, anciano respetable! Ojalá Minerva me infundiese vigor y me librase del ímpetu de los tiros. Yo quisiera ponerme al lado de Patroclo y defenderle, porque su muerte conmovió mucho mi corazón; pero Héctor tiene la terrible fuerza de una llama, y no cesa de matar con el bronce, protegido por Júpiter, que le da gloria.»

567 Así se expresó. Minerva, la diosa de los brillantes ojos, holgándose de que aquél la invocara la primera entre todas las deidades, le vigorizó los hombros y las rodillas, é infundió en su pecho la audacia de la mosca, la cual, aunque sea ahuyentada repetidas veces, vuelve á picar porque la sangre humana le es agradable; de una audacia semejante llenó la diosa las negras entrañas del héroe. Encaminóse Menelao hacia el cadáver de Patroclo y despidió la reluciente lanza. Hallábase entre los teucros Podes, hijo de Eetión, rico y valiente, á quien Héctor honraba mucho en la ciudad porque era su compañero querido en los festines; á éste, que ya emprendía la fuga, Menelao atravesólo con la broncínea

lanza que se clavó en el ceñidor, y el teucro cayó con estrépito. Al punto, Menelao Atrida arrastró el cadáver desde los teucros adonde se hallaban sus amigos.

582 Apolo incitó á Héctor, poniéndose á su lado después de tomar la figura de Fénope Asíada; éste tenía la casa en Abido, y era para el héroe el más querido de sus huéspedes. Así transfigurado, dijo el flechador Apolo:

586 «¡Héctor! ¿Cuál otro aqueo te temerá, cuando huyes temeroso ante Menelao, que siempre fué guerrero débil y ahora él solo ha levantado y se lleva fuera del alcance de los teucros el cadáver de tu fiel amigo á quien mató, del que peleaba con denuedo entre los combatientes delanteros, de Podes, hijo de Eetión?»

591 Tales fueron sus palabras, y negra nube de pesar envolvió á Héctor, que en seguida atravesó las primeras filas, cubierto de reluciente bronce. Entonces el Saturnio tomó la esplendorosa égida floqueada, cubrió de nubes el Ida, relampagueó y tronó fuertemente, agitó la égida, y dió la victoria á los teucros, poniendo en fuga á los aqueos.

597 El primero que huyó fué Penéleo, el beocio, por haber recibido, vuelto siempre de cara á los teucros, una herida leve en el hombro: Polidamante, acercándose á él, le arrojó la lanza, que desgarró la piel y llegó hasta el hueso.—Héctor, á su vez, hirió en la muñeca y dejó fuera de combate á Leito, hijo del magnánimo Alectrión; el cual huyó espantado y mirando en torno suyo, porque ya no esperaba que con la lanza en la mano pudiese combatir con los teucros.—Contra Héctor, que perseguía á Leito, arrojó Idomeneo su lanza y le dió un bote en el peto de la coraza, junto á la tetilla; pero rompióse aquélla en la unión del asta con el hierro; y los teucros gritaron. Héctor despidió su lanza contra Idomeneo Deucálida, que iba en un carro; y por poco no acertó á herirle; pero el bronce se clavó en Cérano, escudero y auriga de Meriones, á quien acompañaba desde que partieron de la bien construída Licto. Idomeneo salió aquel día de las corvas naves al campo, como infante; y hubiera proporcionado á los teucros un gran triunfo, si no hubiese llegado Cérano guiando los veloces corceles: éste fué su salvador, porque le libró del día cruel al perder la vida á manos de Héctor, matador de hombres. Á Cérano, pues, hirióle Héctor debajo de la quijada y de la oreja: la punta de la lanza hizo saltar los dientes y atravesó la lengua. El guerrero cayó del carro, y dejó que las riendas vinieran al suelo. Meriones, inclinándose, recogiólas, y dijo á Idomeneo:

622 «Aguija con el látigo los caballos hasta que llegues á las veleras naves; pues ya tú mismo conoces que no serán los aqueos quienes alcancen la victoria.»

624 Así habló; é Idomeneo fustigó los corceles de hermosas crines, guiándolos hacia las cóncavas naves, porque el temor había entrado en su corazón.

626 No les pasó inadvertido al magnánimo Ayax y á Menelao que Júpiter otorgaba á los teucros la inconstante victoria. Y el gran Ayax Telamonio fué el primero en decir:

629 «¡Oh dioses! Ya hasta el más simple conocería que el padre Jove favorece á los teucros. Los tiros de todos ellos, sea cobarde ó valiente el que dispara, no yerran el blanco, porque Júpiter los encamina; mientras que los nuestros caen al suelo sin dañar á nadie. Ea, pensemos cómo nos será más fácil sacar el cadáver y volvernos, para regocijar á nuestros amigos; los cuales deben de afligirse mirando hacia acá, y sin duda piensan que ya no podemos resistir la fuerza y las invictas manos de Héctor, matador de hombres, y pronto tendremos que refugiarnos en las negras naves. Ojalá algún amigo avisara al Pelida, pues no creo que sepa la infausta nueva de que ha muerto su compañero amado. Pero no puedo distinguir entre los aquivos á nadie capaz de hacerlo, cubiertos como están por densa niebla hombres y caballos. ¡Padre Júpiter! ¡Libra de la espesa niebla á los aqueos, serena el cielo, concede que nuestros ojos vean, y destrúyenos en la luz, ya que así te place!»

648 Tal dijo; y el padre, compadecido de verle derramar lágrimas, disipó en el acto la obscuridad y apartó la niebla. Brilló el sol y toda la batalla quedó alumbrada. Y entonces dijo Ayax á Menelao, valiente en la pelea:

651 «Mira ahora, Menelao, alumno de Jove, si ves á Antíloco, hijo del magnánimo Néstor, vivo aún; y envíale para que vaya corriendo á decir al aguerrido Aquiles que ha muerto su compañero más amado.»

655 Tales fueron sus palabras; y Menelao, valiente en la pelea, obedeció y se fué. Como se aleja del establo un león, después de irritar á los canes y á los hombres que, vigilando toda la noche, no le han dejado comer los pingües bueyes—el animal, ávido de carne, acometía, pero nada consiguió porque audaces manos le arrojaron muchos venablos y teas encendidas que le hicieron temer, aunque estaba enfierecido;—y al despuntar la aurora, se va con el corazón afligido: de tan mala gana, Menelao, valiente en la pelea, se apartaba de Patroclo; porque sentía gran temor de que los aqueos, vencidos por el fuerte miedo, lo dejaran y fuera presa de los enemigos. Y se lo recomendó mucho á Meriones y á los Ayaces diciéndoles:

669 «¡Ayaces, caudillos de los argivos! ¡Meriones! Acordaos ahora de la mansedumbre del mísero Patroclo, el cual supo ser amable con todos mientras gozó de vida. Pero ya la muerte y el destino le alcanzaron.»

673 Dicho esto, el rubio Menelao partió volviendo los ojos por todas partes como el águila (el ave, según dicen, de vista más perspicaz entre cuantas vuelan por el cielo), á la cual, aun estando en las alturas, no le pasa inadvertida una liebre de pies ligeros echada debajo de un arbusto frondoso, y se abalanza á ella y en un instante la coge y le quita la vida; del mismo modo, oh Menelao, alumno de Jove, tus brillantes ojos dirigíanse á todos lados, por la turba numerosa de los compañeros, para ver si podrías hallar vivo al hijo de Néstor. Pronto le distinguió á la izquierda del combate, donde animaba á sus compañeros y les incitaba á pelear. Y deteniéndose á su lado, hablóle así el rubio Menelao:

685 «¡Ea, ven aquí, Antíloco, alumno de Jove, y sabrás una infausta nueva que ojalá no debiera darte! Creo que tú mismo conocerás, con sólo tender la vista, que un dios nos manda la derrota á los dánaos y que la victoria se decide por los teucros. Ha muerto el más valiente aqueo, Patroclo, y los dánaos le echan muy de menos. Corre hacia las naves aqueas y anúncialo á Aquiles; por si, dándose prisa en venir, puede llevar á su bajel el cadáver desnudo, pues las armas las tiene Héctor, el de tremolante casco.»

694 Así dijo. Estremecióse Antíloco al oirle, estuvo un buen rato sin poder hablar, llenáronse de lágrimas sus ojos y la voz sonora se le cortó. Mas no por esto descuidó de cumplir la orden de Menelao: entregó las armas á Laódoco, el eximio compañero que á su lado regía los solípedos caballos, echó á correr, y salió del combate, llorando, para dar al Pelida Aquiles la triste noticia.

702 No quisiste, oh Menelao, alumno de Jove, quedarte allí para socorrer á los fatigados compañeros de Antíloco;

aunque los pilios echaban muy de menos á su jefe. Menelao les envió el divino Trasimedes; y volviendo á la carrera hacia el cadáver de Patroclo, se detuvo junto á los Ayaces, y les dijo:

708 «Ya he enviado á aquel á las veleras naves, para que se presente á Aquiles, el de los pies ligeros; pero no creo que Aquiles venga en seguida, por más airado que esté con el divino Héctor, porque sin armas no podrá combatir con los troyanos. Pensemos nosotros mismos cómo nos será más fácil sacar el cadáver y librarnos, en la lucha con los teucros, de la muerte y el destino.»

715 Respondióle el gran Ayax Telamonio: «Oportuno es cuanto dijiste, ínclito Menelao. Tú y Meriones introducíos prontamente, levantad el cadáver y sacadlo de la lid. Y nosotros dos, que tenemos igual ánimo, llevamos el mismo nombre y siempre hemos sostenido juntos el vivo combate, os seguiremos peleando á vuestra espalda con los teucros y el divino Héctor.»

722 Así dijo. Aquéllos cogieron al muerto y alzáronlo muy alto; y gritó el ejército teucro al ver que los aqueos levantaban el cadáver. Arremetieron los teucros como los perros que, adelantándose á los jóvenes cazadores, persiguen al jabalí herido: así como éstos corren detrás del jabalí y anhelan despedazarle, pero cuando el animal, fiado en su fuerza, se vuelve, retroceden y espantados se dispersan; del mismo modo, los teucros seguían en tropel y herían á los aqueos con las espadas y lanzas de doble filo, pero cuando los Ayaces volvieron la cara y se detuvieron, á todos se les mudó el color del semblante y ninguno osó adelantarse para disputarles el cadáver.

735 De tal manera ambos caudillos llevaban presurosos el cadáver desde la liza hacia las cóncavas naves. Tras ellos suscitóse feral combate: como el fuego que prende en una ciudad, se levanta de pronto y resplandece, y las casas se arruinan entre grandes llamas que el viento, enfurecido, mueve; de igual suerte, un horrísono tumulto de caballos y guerreros acompañaba á los que se iban retirando. Así como unos mulos vigorosos sacan del monte y arrastran por áspero camino una viga ó un gran tronco destinado á mástil de navío, y apresuran el paso, pero su ánimo está abatido por el cansancio y el sudor: de la misma manera, ambos caudillos trasportaban animosamente el cadáver. Detrás de ellos, los Ayaces contenían á los teucros como el valladar selvoso extendido por gran parte de la llanura refrena las corrientes perjudiciales de los ríos de curso arrebatado, les hace torcer el camino y les señala el cauce por donde todos han de correr, y jamás los ríos pueden romperlo con la fuerza de sus aguas; de semejante modo, los Ayaces apartaban á los teucros que seguían peleando, especialmente Eneas, hijo de Anquises, y el preclaro Héctor. Como vuela una bandada de estorninos ó grajos, dando horribles chillidos, cuando ven al gavilán que trae la muerte á los pajarillos; así entonces los aqueos, perseguidos por Eneas y Héctor, corrían chillando horriblemente y se olvidaban de combatir. Muchas armas hermosas de los dánaos fugitivos cayeron en el foso ó en sus orillas, y la batalla continuaba sin intermisión alguna.

CANTO XVIII
FABRICACIÓN DE LAS ARMAS

1 Mientras los teucros y los aqueos combatían con el ardor de abrasadora llama, Antíloco, mensajero de veloces pies, fué en busca de Aquiles. Hallóle junto á las naves, de altas popas, y ya el héroe presentía lo ocurrido; pues, gimiendo, á su magnánimo espíritu así le hablaba:

6 «¡Ay de mí! ¿Por qué los aqueos, de larga cabellera, vuelven á ser derrotados, y corren aturdidos por la llanura con dirección á las naves? Temo que los dioses me hayan causado la desgracia cruel para mi corazón, que me anunció mi madre diciendo que el más valiente de los mirmidones dejaría de ver la luz del sol, á manos de los teucros, antes de que yo falleciera. Sin duda ha muerto el esforzado hijo de Menetio. ¡Infeliz! Yo le mandé que tan pronto como apartase el fuego enemigo, regresara á los bajeles y no quisiera pelear valerosamente con Héctor.»

15 Mientras tales pensamientos revolvía en su mente y en su corazón, llegó el hijo del ilustre Néstor; y derramando ardientes lágrimas, dióle la triste noticia:

18 «¡Ay de mí, hijo del aguerrido Peleo! Sabrás una infausta nueva, una cosa que no hubiera de haber ocurrido. Patroclo yace en el suelo, y teucros y aqueos combaten en torno del cadáver desnudo, pues Héctor, el de tremolante casco, tiene la armadura.»

22 Así dijo; y negra nube de pesar envolvió á Aquiles. El héroe cogió ceniza con ambas manos y derramándola sobre su cabeza, afeó el gracioso rostro y manchó la divina túnica; después se tendió en el polvo, ocupando un gran espacio, y con las manos se arrancaba los cabellos. Las esclavas que Aquiles y Patroclo cautivaran salieron afligidas; y dando agudos gritos, rodearon á Aquiles; todas se golpeaban el pecho y sentían desfallecer sus miembros. Antíloco también se lamentaba, vertía lágrimas y tenía de las manos á Aquiles, cuyo gran corazón deshacíase en suspiros, por el temor de que se cortase la garganta con el hierro. Dió Aquiles un horrendo gemido; oyóle su veneranda madre, que se hallaba en el fondo del mar, junto al padre anciano, y prorrumpió en sollozos; y cuantas diosas nereidas había en aquellas profundidades, todas se congregaron á su alrededor. Allí estaban Glauce, Talía, Cimodoce, Nesea, Espío, Toe, Halia, la de los grandes ojos, Cimotoe, Actea, Limnorea, Melita, Yera, Anfitoe, Agave, Doto, Proto, Ferusa, Dinámene, Dexámene, Anfínome, Calianira, Doris, Pánope, la célebre Galatea, Nemertes, Apseudes, Calianasa, Climene, Yanira, Yanasa, Mera, Oritía, Amatía, la de hermosas trenzas, y las restantes nereidas que habitan en lo hondo del mar. La blanquecina gruta se llenó de ninfas, y todas se golpeaban el pecho. Y Tetis, dando principio á los lamentos, exclamó:

52 «Oíd, hermanas nereidas, para que sepáis cuántas penas sufre mi corazón. ¡Ay de mí, desgraciada! ¡Ay de mí, madre infeliz de un valiente! Parí un hijo ilustre, fuerte é insigne entre los héroes, que creció semejante á un árbol; le crié como á una planta en terreno fértil y lo mandé á Ilión en las corvas naves para que combatiera con los teucros; y ya no le recibiré otra vez, porque no volverá á mi casa, á la mansión de Peleo. Mientras vive y ve la luz del Sol está angustiado, y no puedo, aunque á él me acerque, llevarle socorro. Iré á verle y me dirá qué pesar le aflige ahora que no interviene en las batallas.»

65 Dijo, y salió de la gruta; las nereidas la acompañaron llorosas, y las olas del mar se rompían en torno de ellas. Cuando llegaron á la fértil Troya, subieron todas á la playa donde las muchas naves de los mirmidones habían sido

colocadas á ambos lados de la del veloz Aquiles. La veneranda madre se acercó al héroe, que suspiraba profundamente; y rompiendo el aire con agudos clamores abrazóle la cabeza, y en tono lastimero pronunció estas aladas palabras:

73 «¡Hijo! ¿Por qué lloras? ¿Qué pesar te ha llegado al alma? Habla; no me lo ocultes. Júpiter ha cumplido lo que tú, levantando las manos, le pediste: que los aqueos fueran acorralados junto á los navíos y padecieran vergonzosos desastres.»

78 Exhalando profundos suspiros, contestó Aquiles, el de los pies ligeros: «¡Madre mía! El Olímpico, efectivamente, lo ha cumplido; pero ¿qué placer puede producirme, habiendo muerto Patroclo, el fiel amigo á quien apreciaba sobre todos los compañeros y tanto como á mi propia cabeza? Lo he perdido, y Héctor, después de matarlo, le despojó de las armas prodigiosas, admirables, magníficas que los dioses regalaron á Peleo, como espléndido presente, el día en que te colocaron en el tálamo de un hombre mortal. Ojalá hubieras seguido habitando en el mar con las inmortales ninfas, y Peleo hubiese tomado esposa mortal. Mas no sucedió así, para que sea inmenso el dolor de tu alma cuando muera tu hijo, á quien ya no recibirás en tu casa, de vuelta de Troya; pues mi ánimo no me incita á vivir, ni á permanecer entre los hombres, si Héctor no pierde la vida, atravesado por mi lanza, y recibe de este modo la condigna pena por la muerte de Patroclo Menetíada.»

94 Respondióle Tetis, derramando lágrimas: «Breve será tu existencia, á juzgar por lo que dices; pues la muerte te aguarda así que Héctor perezca.»

97 Contestó muy afligido Aquiles, el de los pies ligeros: «Muera yo en el acto, ya que no pude socorrer al amigo cuando le mataron: ha perecido lejos de su país y sin tenerme al lado para que le librara de la desgracia. Ahora, puesto que no he de volver á la patria, ni he salvado á Patroclo ni á los muchos amigos que murieron á manos del divino Héctor, permanezco en las naves cual inútil peso de la tierra; siendo tal en la batalla como ninguno de los aqueos, de broncíneas lorigas, pues en la junta otros me superan. Ojalá pereciera la discordia para los dioses y para los hombres, y con ella la ira, que encruelece hasta al hombre sensato cuando más dulce que la miel se introduce en el pecho y va creciendo como el humo. Así me irritó el rey de hombres Agamenón. Pero dejemos lo pasado, aunque afligidos, pues es preciso refrenar el furor del pecho. Iré á buscar al matador del amigo querido, á Héctor; y sufriré la muerte cuando lo dispongan Júpiter y los demás dioses inmortales. Pues ni el fornido Hércules pudo librarse de ella, con ser carísimo al soberano Jove Saturnio, sino que el hado y la cólera funesta de Juno le hicieron sucumbir. Así yo, si he de tener igual suerte, yaceré en la tumba cuando muera; mas ahora ganaré gloriosa fama y haré que algunas de las matronas troyanas ó dardanias, de profundo seno, den fuertes suspiros y con ambas manos se enjuguen las lágrimas de sus tiernas mejillas. Conozcan que hace días que me abstengo de combatir. Y tú, aunque me ames, no me prohibas que pelee, pues no lograrás persuadirme.»

127 Respondióle Tetis, la de los argentados pies: «Sí, hijo, es justo, y no puede reprobarse que libres á los afligidos compañeros de una muerte terrible; pero tu magnífica armadura de luciente bronce la tienen los teucros, y Héctor, el de tremolante casco, se vanagloria de cubrir con ella sus hombros. Con todo eso, me figuro que no durará mucho su jactancia, pues ya la muerte se le avecina. Tú no entres en combate hasta que con tus ojos me veas volver; y mañana, al romper el alba, vendré á traerte una hermosa armadura fabricada por Vulcano.»

138 Cuando así hubo hablado, dejó á su hijo; y volviéndose á las nereidas, sus hermanas, les dijo:

140 «Bajad vosotras al anchuroso seno del mar, id al alcázar del anciano padre y contádselo todo; y yo subiré al elevado Olimpo para que Vulcano, el ilustre artífice, dé á mi hijo una magnífica y reluciente armadura.»

145 Así habló. Las nereidas se sumergieron prestamente en las olas del mar, y Tetis, la diosa de los argentados pies, enderezó sus pasos al Olimpo para proporcionar á su hijo las magníficas armas.

148 Mientras la diosa se encaminaba al Olimpo, los aqueos, de hermosas grebas, huyendo con gritería inmensa ante Héctor, matador de hombres, llegaron á las naves y al Helesponto; y ya no podían sacar fuera de los tiros el cadáver de Patroclo, escudero de Aquiles, porque de nuevo los alcanzaron los teucros con sus carros y Héctor, hijo de Príamo, que por su vigor parecía una llama. Tres veces el esclarecido Héctor asió á Patroclo por los pies é intentó arrastrarlo, exhortando con horrendos gritos á los teucros; tres veces los Ayaces, revestidos de impetuoso valor, le rechazaron. Héctor, confiando en su fuerza, unas veces se arrojaba á la pelea, otras se detenía y daba grandes voces; pero nunca se retiraba por completo. Como los pastores pasan la noche en el campo y no consiguen apartar de la presa á un fogoso león muy hambriento; de semejante modo, los belicosos Ayaces no lograban ahuyentar del cadáver á Héctor Priámida. Y éste lo arrastrara, consiguiendo inmensa gloria, si no se hubiese presentado al Pelida, para aconsejarle que tomase las armas, la veloz Iris, de pies ligeros como el viento; á la cual enviaba Juno, sin que lo supieran Júpiter ni los demás dioses. Colocóse la diosa cerca de Aquiles y pronunció estas aladas palabras:

170 «¡Sus, Pelida, el más portentoso de los hombres! Ve á defender á Patroclo, por cuyo cuerpo se ha trabado un vivo combate cerca de las naves. Mátanse allí, los aqueos defendiendo el cadáver, y los teucros, acometiendo con el fin de arrastrarlo á la ventosa Ilión. Y el que más empeño tiene en llevárselo es el esclarecido Héctor, porque su ánimo le incita á cortarle la cabeza del tierno cuello para clavarla en una estaca. Levántate, no yazgas más; avergüéncese tu corazón de que Patroclo llegue á ser juguete de los perros troyanos; pues será para ti motivo de afrenta que el cadáver reciba algún ultraje.»

181 Respondióle el divino Aquiles, el de los pies ligeros: «¡Diosa Iris! ¿Cuál de las deidades te envía como mensajera?»

183 Díjole la veloz Iris, de pies ligeros como el viento: «Me manda Juno, la ilustre esposa de Júpiter, sin que lo sepan el excelso Saturnio ni los demás dioses inmortales que habitan el nevado Olimpo.»

187 Replicóle Aquiles, el de los pies ligeros: «¿Cómo puedo ir á la batalla? Los teucros tienen mis armas, y mi madre no me permite entrar en combate hasta que con estos ojos la vea volver, pues aseguró que me traería una hermosa armadura fabricada por Vulcano. Y en tanto, no sé de cuál guerrero podría vestir las armas, á no ser que tomase el escudo de Ayax Telamonio; pero creo que éste se encuentra entre los combatientes delanteros y pelea con la lanza por el cadáver de Patroclo.»

196 Contestóle la veloz Iris, de pies ligeros como el viento: «Bien sabemos nosotros que aquéllos tienen tu magnífica armadura; pero muéstrate á los teucros en la orilla del foso para que, temiéndote, cesen de pelear; los belicosos aqueos,

que tan abatidos están, se reanimen, y la batalla tenga su tregua, aunque sea por breve tiempo.»

202 En diciendo esto, fuése Iris, ligera de pies. Aquiles, caro á Júpiter, se levantó, y Minerva cubrióle los fornidos hombros con la égida floqueada y circundóle la cabeza con áurea nube, en la cual ardía resplandeciente llama. Como se ve desde lejos el humo que saliendo de una isla donde se halla una ciudad sitiada por los enemigos, llega al éter, cuando sus habitantes, después de combatir todo el día en horrenda batalla, al ponerse el sol encienden muchos fuegos, cuyo resplandor sube á lo alto, para que los vecinos los vean, se embarquen y les libren del apuro; de igual modo el resplandor de la cabeza de Aquiles llegaba al éter. Y acercándose á la orilla del foso, fuera de la muralla, se detuvo, sin mezclarse con los aqueos, porque respetaba el prudente mandato de su madre. Allí dió recias voces y á alguna distancia Palas Minerva vociferó también y suscitó un inmenso tumulto entre los teucros. Como se oye la voz sonora de la trompeta cuando vienen á cercar la ciudad enemigos que la vida quitan; tan sonora fué entonces la voz del Eácida. Cuando se dejó oir la voz de bronce del héroe, á todos se les conturbó el corazón, y los caballos, de hermosas crines, volvíanse hacia atrás con los carros porque en su ánimo presentían desgracias. Los aurigas se quedaron atónitos al ver el terrible é incesante fuego que en la cabeza del magnánimo Pelida hacía arder Minerva, la diosa de los brillantes ojos. Tres veces el divino Aquiles gritó á orillas del foso, y tres veces se turbaron los troyanos y sus ínclitos auxiliares; y doce de los más valientes guerreros murieron atropellados por sus carros y heridos por sus propias lanzas. Y los aqueos, muy alegres, sacaron á Patroclo fuera del alcance de los tiros y colocáronlo en un lecho. Los amigos le rodearon llorosos, y con ellos iba Aquiles, el de los pies ligeros, derramando ardientes lágrimas, desde que vió al fiel compañero desgarrado por el agudo bronce y tendido en el féretro. Habíale mandado á la batalla con su carro y sus corceles, y ya no podía recibirle, porque de ella no tornaba vivo.

239 Juno veneranda, la de los grandes ojos, obligó al Sol infatigable á hundirse, mal de su grado, en la corriente del Océano. Y una vez puesto, los divinos aqueos suspendieron la enconada pelea y el general combate.

243 Los teucros, por su parte, retirándose de la dura contienda, desuncieron de los carros los veloces corceles y celebraron junta antes de preparar la cena. En ella estuvieron de pie y nadie osó sentarse; pues á todos les hacía temblar el que Aquiles se presentara después de haber permanecido tanto tiempo apartado del funesto combate. Fué el primero en arengarles Polidamante Pantoida, el único que conocía lo futuro y lo pasado: era amigo de Héctor, y ambos nacieron en la misma noche; pero Polidamante superaba á Héctor en la elocuencia, y éste descollaba mucho más en el manejo de la lanza. Y dirigiéndoles, benévolo, la palabra, así les dijo:

254 «Pensadlo bien, amigos, pues yo os exhorto á volver á la ciudad en vez de aguardar á la divinal Aurora en la llanura, junto á las naves, y tan lejos del muro como al presente nos hallamos. Mientras ese hombre estuvo irritado con el divino Agamenón, fué más fácil combatir contra los aqueos; y también yo gustaba de pernoctar junto á las veleras naves, esperando que acabaríamos por tomarlas. Ahora temo mucho al Pelida, de pies ligeros, que con su ánimo arrogante no se contentará con quedarse en la llanura, donde teucros y aqueos sostienen el furor de Marte, sino que batallará para apoderarse de la ciudad y de las mujeres. Volvamos á la población; seguid mi consejo, antes de que ocurra lo que voy á decir. La noche inmortal ha detenido al Pelida, de pies ligeros; pero si mañana nos acomete armado y nos encuentra aquí, conoceréis quién es, y llegará gozoso á la sagrada Ilión el que logre escapar, pues á muchos se los comerán los perros y los buitres. ¡Ojalá que tal noticia nunca llegue á mis oídos! Si, aunque estéis afligidos, seguís mi consejo, tendremos el ejército reunido en el ágora durante la noche, pues la ciudad queda defendida por las torres y las altas puertas con sus tablas grandes, labradas, sólidamente unidas. Por la mañana, al apuntar la aurora, subiremos armados á las torres; y si aquél viniere de las naves á combatir con nosotros al pie del muro, peor para él; pues habrá de volverse después de cansar á los caballos, de erguido cuello, con carreras de todas clases, llevándolos errantes en torno de la ciudad. Pero no tendrá ánimo para entrar en ella, y nunca podrá destruirla; antes se lo comerán los veloces perros.»

284 Mirándole con torva faz, exclamó Héctor, el de tremolante casco: «¡Polidamante! No me place lo que propones de volver á la ciudad y encerrarnos en ella. ¿Aún no os cansáis de vivir dentro de los muros? Antes todos los hombres dotados de palabra llamaban á la ciudad de Príamo rica en oro y en bronce, pero ya las hermosas joyas desaparecieron de las casas: muchas riquezas han sido llevadas á la Frigia y á la Meonia para ser vendidas, desde que Júpiter se irritó contra nosotros. Y ahora que el hijo del artero Saturno me ha concedido alcanzar gloria junto á las naves y acorralar contra el mar á los aqueos, no des, ¡oh necio!, tales consejos al pueblo. Ningún troyano te obedecerá, porque no lo permitiré. Ea, obremos todos como voy á decir. Cenad en el campamento, sin romper las filas; acordaos de la guardia y vigilad todos. Y el troyano que sienta gran temor por sus bienes, júntelos y entréguelos al pueblo para que en común se consuman; pues es mejor que los disfrute éste que no los aquivos. Mañana, al apuntar la aurora, vestiremos la armadura y suscitaremos un reñido combate junto á las cóncavas naves. Y si verdaderamente el divino Aquiles se propone salir del campamento, le pesará tanto más, cuanto más se arriesgue. Porque me propongo no huir de él, sino afrontarle en la batalla horrísona; y alcanzará una gran victoria, ó seré yo quien la consiga. Que Marte es á todos común y suele causar la muerte del que matar deseaba.»

310 Así se expresó Héctor, y los teucros le aclamaron, ¡oh necios! porque Palas Minerva les quitó el juicio. ¡Aplaudían todos á Héctor por sus funestos propósitos y ni uno siquiera á Polidamante, que les daba un buen consejo! Tomaron, pues, la cena en el campamento; y los aquivos pasaron la noche dando gemidos y llorando á Patroclo. El Pelida, poniendo sus manos homicidas sobre el pecho del amigo, dió comienzo á las sentidas lamentaciones, mezcladas con frecuentes sollozos. Como el melenudo león á quien un cazador ha quitado los cachorros en la poblada selva, cuando vuelve á su madriguera se aflige y, poseído de vehemente cólera, recorre los valles en busca de aquel hombre; de igual modo, y despidiendo profundos suspiros, dijo Aquiles entre los mirmidones:

324 «¡Oh dioses! Vanas fueron las palabras que pronuncié en el palacio para tranquilizar al héroe Menetio, diciendo que á su ilustre hijo le llevaría otra vez á Opunte tan pronto como, tomada Ilión, recibiera su parte de botín. Júpiter no les cumple á los hombres todos sus deseos; y el hado ha dispuesto que nuestra sangre enrojezca una misma tierra, aquí en Troya; porque ya no me recibirán en su palacio ni el anciano caballero Peleo, ni Tetis, mi madre; sino que esta tierra me contendrá en su seno. Ya que he de morir, oh Patroclo, después que tú, no te haré las honras fúnebres hasta

que traiga las armas y la cabeza de Héctor, tu magnánimo matador. Degollaré ante la pira, para vengar tu muerte, doce hijos de ilustres troyanos. Y en tanto permanezcas tendido junto á las corvas naves, te rodearán, llorando noche y día, las troyanas y dardanias de profundo seno que conquistamos con nuestro valor y la ingente lanza, al entrar á saco opulentas ciudades de hombres de voz articulada.»

343 Cuando esto hubo dicho, el divino Aquiles mandó á sus compañeros que pusieran al fuego un gran trípode para que cuanto antes le lavaran á Patroclo las manchas de sangre. Y ellos colocaron sobre el ardiente fuego una caldera propia para baños, sostenida por un trípode; llenáronla de agua, y metiendo leña debajo la encendieron: el fuego rodeó la caldera y calentó el agua. Cuando ésta hirvió en la caldera de bronce reluciente, lavaron el cadáver, ungiéronlo con pingüe aceite y taparon las heridas con un ungüento que tenía nueve años; después, colocándolo en el lecho, lo envolvieron desde la cabeza hasta los pies en fina tela de lino y lo cubrieron con un velo blanco. Los mirmidones pasaron la noche alrededor de Aquiles, el de los pies ligeros, dando gemidos y llorando á Patroclo. Y Júpiter habló de este modo á Juno, su hermana y esposa:

357 «Lograste al fin, Juno veneranda, la de los grandes ojos, que Aquiles, ligero de pies, volviera á la batalla. Sin duda nacieron de ti los aqueos de larga cabellera.»

360 Respondió Juno veneranda, la de los grandes ojos: «¡Terribilísimo Saturnio! ¡Qué palabras proferiste! Si un hombre, no obstante su condición de mortal y no saber tanto, puede realizar su propósito contra otro hombre, ¿cómo yo, que me considero la primera de las diosas por mi abolengo y por llevar el nombre de esposa tuya, de ti que reinas sobre los inmortales todos, no había de causar males á los teucros estando irritada contra ellos?»

368 Así éstos conversaban. Tetis, la de los argentados pies, llegó al palacio imperecedero de Vulcano, que brillaba como una estrella, lucía entre los de las deidades, era de bronce y habíalo edificado el Cojo en persona. Halló al dios bañado en sudor y moviéndose en torno de los fuelles, pues fabricaba veinte trípodes que debían permanecer arrimados á la pared del bien construído palacio y tenían ruedas de oro en los pies para que de propio impulso pudieran entrar donde los dioses se congregaban y volver á la casa. ¡Cosa admirable! Estaban casi terminados, faltándoles tan sólo las labradas asas, y el dios preparaba los clavos para pegárselas. Mientras hacía tales obras con sabia inteligencia, llegó Tetis, la diosa de los argentados pies. La bella Caris, que llevaba luciente diadema y era esposa del ilustre Cojo, vióla venir, salió á recibirla, y, asiéndola por la mano, le dijo:

385 «¿Por qué, oh Tetis la de largo peplo, venerable y cara, vienes á nuestro palacio? Antes no solías frecuentarlo. Pero, sígueme, y te ofreceré los dones de la hospitalidad.»

388 Dichas estas palabras, la divina entre las diosas introdujo á Tetis y la hizo sentar en un hermoso trono labrado, tachonado con clavos de plata y provisto de un escabel para los pies. Y llamando á Vulcano, ilustre artífice, le dijo: «¡Vulcano! Ven acá, pues Tetis te necesita.»

393 Respondió el ilustre cojo de ambos pies: «Respetable y veneranda es la diosa que ha venido á este palacio. Fué mi salvadora cuando me tocó padecer, pues vime arrojado del cielo y caí á lo lejos por la voluntad de mi insolente madre, que me quería ocultar á causa de la cojera. Entonces mi corazón hubiera tenido que soportar terribles penas, si no me hubiesen acogido en el seno del mar Tetis y Eurínome, hija del refluente Océano. Nueve años viví con ellas fabricando muchas piezas de bronce—broches, redondos brazaletes, sortijas y collares—en una cueva profunda rodeada por la inmensa, murmurante y espumosa corriente del Océano. De todos los dioses y los mortales hombres, sólo lo sabían Tetis y Eurínome, las mismas que antes me salvaran. Hoy que Tetis, la de hermosas trenzas, viene á mi casa, tengo que pagarle el beneficio de haberme conservado la vida. Sírvele hermosos presentes de hospitalidad, ínterin yo recojo los fuelles y demás herramientas.»

410 Dijo; y levantóse de cabe al yunque el gigantesco é infatigable numen que al andar cojeaba arrastrando sus gráciles piernas. Apartó de la llama los fuelles y puso en un arcón de plata las herramientas con que trabajaba; enjugóse con una esponja el sudor del rostro, de las manos, del vigoroso cuello y del velludo pecho; vistió la túnica; tomó el fornido cetro, y salió cojeando, apoyado en dos estatuas de oro que eran semejantes á vivientes jóvenes, pues tenían inteligencia, voz y fuerza, y hallábanse ejercitadas en las obras propias de los inmortales dioses. Ambas sostenían cuidadosamente á su señor, y éste, andando, se sentó en un trono reluciente cerca de Tetis, asió la mano de la deidad, y le dijo:

424 «¿Por qué, oh Tetis, la de largo peplo, venerable y cara, vienes á nuestro palacio? Antes no solías frecuentarlo. Di qué deseas; mi corazón me impulsa á realizarlo, si puedo y es hacedero.»

428 Respondióle Tetis, derramando lágrimas: «¡Oh Vulcano! ¿Hay alguna entre las diosas del Olimpo que haya sufrido en su ánimo tantos y tan graves pesares como á mí me ha enviado el Saturnio Jove? De las ninfas del mar, únicamente á mí me sujetó á un hombre, á Peleo Eácida, y tuve que tolerar, contra toda mi voluntad, el tálamo de un mortal que yace en el palacio, rendido á la triste vejez. Ahora me envía otros males: concedióme que pariera y alimentara á un hijo insigne entre los héroes, que creció semejante á un árbol, le crié como á una planta en terreno fértil y lo mandé á Ilión en las corvas naves, para que combatiera con los teucros; y ya no le recibiré otra vez, porque no volverá á mi casa, á la mansión de Peleo. Mientras vive y ve la luz del sol está angustiado, y no puedo, aunque á él me acerque, llevarle socorro. Los aqueos le habían asignado, como recompensa, una moza, y el rey Agamenón se la quitó de las manos. Apesadumbrado por tal motivo, consumía su corazón; pero los teucros acorralaron á los aqueos junto á los bajeles y no les dejaban salir del campamento, y los próceres argivos intercedieron con Aquiles y le ofrecieron espléndidos regalos. Entonces, aunque se negó á librarles de la ruina, hizo que vistiera sus armas Patroclo y envióle á la batalla con muchos hombres. Combatieron todo el día en las puertas Esceas; y los aqueos hubieran tomado la ciudad, á no haber sido por Apolo, el cual mató entre los combatientes delanteros al esforzado hijo de Menetio, que tanto estrago causara, y dió gloria á Héctor. Y yo vengo á abrazar tus rodillas por si quieres dar á mi hijo, cuya vida ha de ser breve, escudo, casco, hermosas grebas ajustadas con broches, y coraza; pues las armas que tenía las perdió su fiel amigo al morir á manos de los teucros, y Aquiles yace en tierra con el corazón afligido.»

462 Contestóle el ilustre cojo de ambos pies: «Cobra ánimo y no te preocupes por las armas. Ojalá pudiera ocultarlo á la muerte horrísona cuando la terrible Parca se le presente, como tendrá una hermosa armadura que admirarán

cuantos la vean.»

468 Así habló; y dejando á la diosa, encaminóse á los fuelles, los volvió hacia la llama y les mandó que trabajasen. Éstos soplaban en veinte hornos, despidiendo un aire que avivaba el fuego y era de varias clases: unas veces fuerte, como lo necesita el que trabaja de prisa, y otras al contrario, según Vulcano lo deseaba y la obra lo requería. El dios puso al fuego duro bronce, estaño, oro precioso y plata; colocó en el tajo el gran yunque, y cogió con una mano el pesado martillo y con la otra las tenazas.

478 Hizo lo primero de todo un escudo grande y fuerte, de variada labor, con triple cenefa brillante y reluciente, provisto de una abrazadera de plata. Cinco capas tenía el escudo, y en la superior grabó el dios muchas artísticas figuras, con sabia inteligencia.

483 Allí puso la tierra, el cielo, el mar, el sol infatigable y la luna llena; allí, las estrellas que el cielo coronan, las Pléyades, las Híades, el robusto Orión y la Osa, llamada por sobrenombre el Carro, la cual gira siempre en el mismo sitio, mira á Orión y es la única que deja de bañarse en el Océano.

490 Allí representó también dos ciudades de hombres dotados de palabra. En la una se celebraban bodas y festines: las novias salían de sus habitaciones y eran acompañadas por la ciudad á la luz de antorchas encendidas, oíanse repetidos cantos de himeneo, jóvenes danzantes formaban ruedos, dentro de los cuales sonaban flautas y cítaras, y las matronas admiraban el espectáculo desde los vestíbulos de las casas.—Los hombres estaban reunidos en el foro, pues se había suscitado una contienda entre dos varones acerca de la multa que debía pagarse por un homicidio: el uno, declarando ante el pueblo, afirmaba que ya la tenía satisfecha; el otro negaba haberla recibido, y ambos deseaban terminar el pleito presentando testigos. El pueblo se hallaba dividido en dos bandos que aplaudían sucesivamente á cada litigante; los heraldos aquietaban á la muchedumbre, y los ancianos, sentados sobre pulimentadas piedras en sagrado círculo, tenían en las manos los cetros de los heraldos, de voz potente, y levantándose uno tras otro publicaban el juicio que habían formado. En el centro estaban los dos talentos de oro que debían darse al que mejor demostrara la justicia de su causa.

509 La otra ciudad aparecía cercada por dos ejércitos cuyos individuos, revestidos de lucientes armaduras, no estaban acordes: los del primero deseaban arruinar la plaza, y los otros querían dividir en dos partes cuantas riquezas encerraba la hermosa población. Pero los ciudadanos aún no se rendían, y preparaban secretamente una emboscada. Mujeres, niños y ancianos, subidos en la muralla, la defendían. Los sitiados marchaban, llevando al frente á Marte y á Palas Minerva, ambos de oro y con áureas vestiduras, hermosos, grandes, armados y distinguidos, como dioses; pues los hombres eran de estatura menor. Luego, en el lugar escogido para la emboscada, que era á orillas de un río y cerca de un abrevadero que utilizaba todo el ganado, sentábanse, cubiertos de reluciente bronce, y ponían dos centinelas avanzados para que les avisaran la llegada de las ovejas y de los bueyes de retorcidos cuernos. Pronto se presentaban los rebaños con dos pastores que se recreaban tocando la zampoña, sin presentir la asechanza. Cuando los emboscados los veían venir, corrían á su encuentro, se apoderaban de los rebaños de bueyes y de los magníficos hatos de blancas ovejas y mataban á los guardianes. Los sitiadores, que se hallaban reunidos en junta, oían el vocerío que se alzaba en torno de los bueyes, y montando ágiles corceles, acudían presurosos. Pronto se trababa á orillas del río una batalla en la cual heríanse unos á otros con broncíneas lanzas. Allí se agitaban la Discordia, el Tumulto y la funesta Parca, que á un tiempo cogía á un guerrero con vida aún, pero recientemente herido, dejaba ileso á otro y arrastraba, asiéndolo de los pies, por el campo de la batalla á un tercero que la muerte recibiera; y el ropaje que cubría su espalda estaba teñido de sangre humana. Movíanse todos como hombres vivos, peleaban y retiraban los muertos.

541 Representó también una blanda tierra noval, un campo fértil y vasto que se labraba por tercera vez: acá y allá muchos labradores guiaban las yuntas, y al llegar al confín del campo, un hombre les salía al encuentro y les daba una copa de dulce vino; y ellos volvían atrás, abriendo nuevos surcos, y deseaban llegar al otro extremo del noval profundo. Y la tierra que dejaban á su espalda negreaba y parecía labrada, siendo toda de oro; lo cual constituía una singular maravilla.

550 Grabó asimismo un campo de crecidas mieses que los jóvenes segaban con hoces afiladas: muchos manojos caían al suelo á lo largo del surco, y con ellos formaban gavillas los atadores. Tres eran éstos, y unos rapaces cogían los manojos y se los llevaban á brazados. En medio, de pie en un surco, estaba el rey sin desplegar los labios, con el corazón alegre y el cetro en la mano. Debajo de una encina, los heraldos preparaban para el banquete un corpulento buey que habían matado. Y las mujeres aparejaban la comida de los trabajadores, haciendo abundantes puches de blanca harina.

561 También entalló una hermosa viña de oro cuyas cepas, cargadas de negros racimos, estaban sostenidas por rodrigones de plata. Rodeábanla un foso de negruzco acero y un seto de estaño, y conducía á ella un solo camino por donde pasaban los acarreadores ocupados en la vendimia. Doncellas y mancebos, pensando en cosas tiernas, llevaban el dulce fruto en cestos de mimbre; un muchacho tañía suavemente la harmoniosa cítara y entonaba con tenue voz un hermoso lino, y todos le acompañaban cantando, profiriendo voces de júbilo y golpeando con los pies el suelo.

573 Representó luego un rebaño de vacas de erguida cornamenta: los animales eran de oro y estaño, y salían del establo, mugiendo, para pastar á orillas de un sonoro río, junto á un flexible cañaveral. Cuatro pastores de oro guiaban á las vacas y nueve canes de pies ligeros los seguían. Entre las primeras vacas, dos terribles leones habían sujetado y conducían á un toro que daba fuertes mugidos. Perseguíanlos mancebos y perros. Pero los leones lograban desgarrar la piel del animal y tragaban los intestinos y la negra sangre; mientras los pastores intentaban, aunque inútilmente, estorbarlo, y azuzaban á los ágiles canes: éstos se apartaban de los leones sin morderlos, ladraban desde cerca y rehuían el encuentro de las fieras.

587 Hizo también el ilustre cojo de ambos pies un gran prado en hermoso valle, donde pacían las cándidas ovejas, con establos, chozas techadas y apriscos.

590 El ilustre cojo de ambos pies puso luego una danza como la que Dédalo concertó en la vasta Cnoso en obsequio de Ariadna, la de lindas trenzas. Mancebos y doncellas hermosas, cogidos de las manos, se divertían bailando: éstas llevaban vestidos de sutil lino y bonitas guirnaldas, y aquéllos, túnicas bien tejidas y algo lustrosas, como frotadas

con aceite, y sables de oro suspendidos de argénteos tahalíes. Unas veces, moviendo los diestros pies, daban vueltas á la redonda con la misma facilidad con que el alfarero aplica su mano al torno y lo prueba para ver si corre, y en otras ocasiones se colocaban por hileras y bailaban separadamente. Gentío inmenso rodeaba el baile y se holgaba en contemplarlo. Un divino aedo cantaba, acompañándose con la cítara; y en cuanto se oía el preludio, dos saltadores hacían cabriolas en medio de la muchedumbre.

606 En la orla del sólido escudo representó la poderosa corriente del río Océano.

609 Después que construyó el grande y fuerte escudo, hizo para Aquiles una coraza más reluciente que el resplandor del fuego; un sólido casco, hermoso, labrado, de áurea cimera, que á sus sienes se adaptara, y unas grebas de dúctil estaño.

614 Cuando el ilustre cojo de ambos pies hubo fabricado las armas, entrególas á la madre de Aquiles. Y Tetis saltó, como un gavilán, desde el nevado Olimpo, llevando la reluciente armadura que Vulcano había construído.

CANTO XIX
AQUILES RENUNCIA Á LA CÓLERA

1 La Aurora, de azafranado velo, se levantaba de la corriente del Océano para llevar la luz á los dioses y á los hombres, cuando Tetis llegó á las naves con la armadura que Vulcano le entregara. Halló al hijo querido reclinado sobre el cadáver de Patroclo, llorando ruidosamente y en torno suyo á muchos amigos que derramaban lágrimas. La divina entre las diosas se puso en medio, asió la mano de Aquiles, y hablóle de este modo:

8 «¡Hijo mío! Aunque estamos afligidos, dejemos que ese yazga, ya que sucumbió por la voluntad de los dioses; y tú recibe la armadura fabricada por Vulcano, tan excelente y bella como jamás varón alguno la haya llevado para proteger sus hombros.»

12 La diosa, apenas acabó de hablar, colocó en el suelo delante de Aquiles las labradas armas, y éstas resonaron. Á todos los mirmidones les sobrevino temblor; y sin atreverse á mirarlas de frente, huyeron espantados. Mas Aquiles, así que las vió, sintió que se le recrudecía la cólera; los ojos le centellearon terriblemente, como una llama, debajo de los párpados; y el héroe se gozaba teniendo en las manos el espléndido presente de la deidad. Y cuando hubo deleitado su ánimo con la contemplación de la labrada armadura, dirigió á su madre estas aladas palabras:

21 «¡Madre mía! El dios te ha dado unas armas como es natural que sean las obras de los inmortales y como ningún hombre mortal las hiciera. Ahora me armaré, pero temo que en el entretanto penetren las moscas por las heridas que el bronce causó al esforzado hijo de Menetio, engendren gusanos, desfiguren el cuerpo—pues le falta la vida—y corrompan todo el cadáver.»

28 Respondióle Tetis, la diosa de los argentados pies: «Hijo, no te preocupe el ánimo tal pensamiento. Yo procuraré apartar los importunos enjambres de moscas, que se ceban en la carne de los varones muertos en la guerra. Y aunque estuviera tendido un año entero, su cuerpo se conservaría igual ó más fresco que ahora. Tú convoca á junta á los héroes aqueos, renuncia á la cólera contra Agamenón, pastor de pueblos, ármate en seguida para el combate y revístete de valor.»

37 Dicho esto, infundióle fortaleza y audacia, y echó unas gotas de ambrosía y rojo néctar en la nariz de Patroclo, para que el cuerpo se hiciera incorruptible.

40 El divino Aquiles se encaminó á la orilla del mar, y dando horribles voces, convocó á los héroes aqueos. Y cuantos solían quedarse en el recinto de las naves, y hasta los pilotos que las gobernaban y como despenseros distribuían los víveres, fueron entonces á la junta; porque Aquiles se presentaba, después de haberse abstenido de combatir durante mucho tiempo. El intrépido Tidida y el divino Ulises, ministros de Marte, acudieron cojeando, apoyándose en el arrimo de la lanza—aún no tenían curadas las graves heridas,—y se sentaron delante de todos. Agamenón, rey de hombres, llegó el último y también estaba herido, pues Coón Antenórida habíale clavado su broncínea pica. Cuando todos los aqueos se hubieron congregado, levantándose entre ellos, dijo Aquiles, el de los pies ligeros:

56 «¡Atrida! Mejor hubiera sido para entrambos continuar unidos que sostener, con el corazón angustiado, roedora disputa por una muchacha. Así la hubiese muerto Diana en las naves con una de sus flechas, el mismo día que la cautivé al tomar á Lirneso; y no habrían mordido el anchuroso suelo tantos aquivos como sucumbieron á manos del enemigo mientras duró mi cólera. Para Héctor y los troyanos fué el beneficio, y me figuro que los aqueos se acordarán largo tiempo de nuestra altercación. Mas dejemos lo pasado, aunque nos hallemos afligidos, puesto que es preciso refrenar el furor del pecho. Desde ahora depongo la cólera, que no sería razonable estar siempre irritado. Mas, ea, incita á los aqueos, de larga cabellera, á que peleen; y veré, saliendo al encuentro de los troyanos, si querrán pasar la noche junto á los bajeles. Creo que con gusto se entregará al descanso el que logre escapar del feral combate, puesto en fuga por mi lanza.»

74 Así habló; y los aqueos, de hermosas grebas, holgáronse de que el magnánimo Pelida renunciara á la cólera. Y el rey de hombres Agamenón les dijo desde su asiento, sin levantarse en medio del concurso:

78 «¡Oh amigos, héroes dánaos, ministros de Marte! Bueno será que escuchéis sin interrumpirme, pues lo contrario molesta aun al que está ejercitado en el hablar. ¿Cómo se podría oir ó decir algo en medio del tumulto producido por muchos hombres? Hasta un orador elocuente se turbaría. Yo me dirigiré al Pelida; pero vosotros, los demás argivos, prestadme atención y cada uno comprenda bien mis palabras. Muchas veces los aqueos me han increpado por lo ocurrido, y yo no soy el culpable, sino Júpiter, el Hado y la Furia que vaga en las tinieblas; los cuales hicieron padecer á mi alma, durante la junta, cruel ofuscación el día en que le arrebaté á Aquiles la recompensa. Mas, ¿qué podía hacer? La divinidad es quien lo dispone todo. Hija veneranda de Júpiter es la perniciosa Ate, á todos tan funesta: sus pies son delicados y no los acerca al suelo, sino que anda sobre las cabezas de los hombres, á quienes causa daño, y se apodera de uno, por lo menos, de los que contienden. En otro tiempo fué aciaga para el mismo Júpiter, que es tenido por el más poderoso de los hombres y de los dioses; pues Juno, no obstante ser hembra, le engañó cuando Alcmena había de parir al fornido Hércules en Tebas, ceñida de hermosas murallas. El dios, gloriándose, dijo así ante todas las deidades:

101 «Oídme todos, dioses y diosas, para que os manifieste lo que en el pecho mi corazón me dicta. Hoy Ilitia, la que preside los partos, sacará á luz un varón que, perteneciendo á la familia de los hombres engendrados de mi sangre, reinará sobre todos sus vecinos.»

106 »Respondióle con astucia la venerable Juno: «Mientes, y no cumplirás lo que dices. Y si no, ea, Júpiter Olímpico, jura solemnemente que reinará sobre todos sus vecinos el niño que, perteneciendo á la familia de los hombres engendrados de tu sangre, caiga hoy á los pies de una mujer.»

112 »Tal dijo; Júpiter, no sospechando el dolo, prestó el gran juramento que tan funesto le había de ser. Juno dejó en raudo vuelo la cima del Olimpo, y pronto llegó á Argos de Acaya, donde vivía la esposa ilustre de Esténelo Perseida. Y como ésta se hallara encinta de siete meses cumplidos, la diosa sacó á luz el niño, aunque era prematuro, y retardó el parto de Alcmena, deteniendo á las Ilitias. Y en seguida participóselo á Jove Saturnio, diciendo:

121 »¡Padre Júpiter, fulminador! Una noticia tengo que darte. Ya nació el noble varón que reinará sobre los argivos: Euristeo, hijo de Esténelo Perseida, descendiente tuyo. No es indigno de reinar sobre aquéllos.»

125 »Tales fueron sus palabras, y un agudo dolor penetró el alma del dios que, irritado en su corazón, cogió á Ate por los nítidos cabellos y prestó solemne juramento de que Ate, tan funesta á todos, jamás volvería al Olimpo y al cielo estrellado. Y volteándola con la mano, la arrojó del cielo. En seguida llegó Ate á los campos cultivados por los hombres. Y Júpiter gemía por causa de ella, siempre que contemplaba á su hijo realizando los penosos trabajos que Euristeo le impusiera.

134 »Por esto, cuando el gran Héctor, de tremolante casco, mataba á los argivos junto á las popas de las naves, yo no podía olvidarme de Ate, cuyo funesto influjo había experimentado. Pero ya que falté y Júpiter me hizo perder el juicio, quiero aplacarte y hacerte muchos regalos, y tú marcha al combate y anima á los demás guerreros. Voy á darte cuanto ayer te ofreció en tu tienda el divino Ulises. Y si quieres, aguarda, aunque estés impaciente por combatir, y mis servidores traerán de la nave los presentes para que veas si son capaces de apaciguar tu ánimo los que te brindo.»

145 Respondióle Aquiles, el de los pies ligeros: «¡Atrida gloriosísimo, rey de hombres Agamenón! Luego podrás regalarme estas cosas, como es justo, ó retenerlas. Ahora pensemos solamente en la batalla. Preciso es que no perdamos el tiempo hablando, ni difiramos la acción—la gran empresa está aún por acabar,—para que vean nuevamente á Aquiles entre los combatientes delanteros, aniquilando con su broncínea lanza las falanges teucras. Y vosotros pensad también en combatir con los enemigos.»

154 Contestó el ingenioso Ulises: «Aunque seas valiente, deiforme Aquiles, no exhortes á los aqueos á que peleen en ayunas con los teucros, cerca de Ilión; que no durará poco tiempo la batalla cuando las falanges vengan á las manos y la divinidad excite el valor de ambos ejércitos. Ordénales, por el contrario, que en las veleras naves se sacien de manjares y vino, pues esto da fuerza y valor. Estando en ayunas no puede el varón combatir todo el día, hasta la puesta del sol, con el enemigo: aunque su corazón lo desee, los miembros se le entorpecen, le rinden el hambre y la sed, y las rodillas se le doblan al andar. Pero el que pelea todo el día con los enemigos, saciado de vino y de manjares, tiene en el pecho un corazón audaz y sus miembros no se cansan antes que todos se hayan retirado de la lid. Ea, despide las tropas y manda que preparen el desayuno; el rey de hombres Agamenón traiga los regalos en medio de la junta para que los vean todos los aqueos con sus propios ojos y te regocijes en el corazón; jure el Atrida, de pie entre los argivos, que nunca subió al lecho de Briseida ni yació con la misma, como es costumbre, oh rey, entre hombres y mujeres; y tú, Aquiles, procura tener en el pecho un ánimo benigno. Que luego se te ofrezca en el campamento un espléndido banquete de reconciliación, para que nada falte de lo que se te debe. Y el Atrida sea en adelante más justo con todos; pues no se puede reprender que se apacigüe á un rey, á quien primero se injuriara.»

184 Dijo entonces el rey de hombres Agamenón: «Con agrado escuché tus palabras, Laertíada, pues en todo lo que narraste y expusiste has sido oportuno. Quiero hacer el juramento: mi ánimo me lo aconseja, y no será para un perjurio mi invocación á la divinidad. Aquiles aguarde, aunque esté impaciente por combatir, y los demás continuad reunidos aquí hasta que traigan de mi tienda los presentes y consagremos con un sacrificio nuestra fiel amistad. Á ti mismo te lo encargo y ordeno: escoge entre los jóvenes aqueos los más principales; y encaminándoos á mi nave, traed cuanto ayer ofrecimos á Aquiles, sin dejar las mujeres. Y Taltibio, atravesando el anchuroso campamento aquivo, vaya á buscar y prepare un jabalí para inmolarlo á Júpiter y al Sol.»

198 Replicó Aquiles, el de los pies ligeros: «¡Atrida gloriosísimo, rey de hombres Agamenón! Todo esto debierais hacerlo cuando se suspenda el combate y no sea tan grande el ardor que inflama mi pecho. ¡Yacen insepultos los que hizo sucumbir Héctor Priámida cuando Júpiter le dió gloria, y vosotros nos aconsejáis que comamos! Yo mandaría á los aqueos que combatieran en ayunas, sin tomar nada; y que á la puesta del sol, después de vengar la afrenta, celebraran un gran banquete. Hasta entonces no han de entrar en mi garganta ni manjares ni bebidas; porque mi compañero yace en la tienda, atravesado por el agudo bronce, con los pies hacia el vestíbulo y rodeado de amigos que le lloran. Por esto, ni regalos ni banquetes interesan á mi espíritu, sino tan sólo la matanza, la sangre y el triste gemir de los guerreros.»

215 Respondióle el ingenioso Ulises: «¡Oh Aquiles, hijo de Peleo, el más valiente de todos los aquivos! Eres más fuerte que yo y me superas no poco en el manejo de la lanza; pero te aventajo mucho en el pensar, porque nací antes y mi experiencia es mayor. Acceda, pues, tu corazón á lo que voy á decir. Pronto se cansan los hombres de pelear, si, haciendo caer el bronce muchas espigas al suelo, la mies es escasa porque Júpiter, el árbitro de la guerra humana, inclina al otro lado la balanza. No es justo que los aqueos lloren al muerto con el vientre, pues siendo tantos los que sucumben unos en pos de otros todos los días, ¿cuándo podríamos respirar sin pena? Se debe enterrar con ánimo firme al que muere y llorarle un día, y luego cuantos hayan escapado del combate funesto piensen en comer y beber para vestir otra vez el indomable bronce y pelear continuamente y con más tesón aún contra los enemigos. Ningún guerrero deje de salir aguardando otra exhortación, que para su daño la esperará quien se quede junto á las naves argivas. Vayamos todos juntos y excitemos al cruel Marte contra los teucros, domadores de caballos.»

238 Dijo; mandó que le siguiesen los hijos dc Néstor, Meges Filida, Toante, Meriones, Licomedes Creontíada y Melanipo, y encaminóse con ellos á la tienda de Agamenón Atrida. Y apenas hecha la proposición, ya estaba cumplida. Lleváronse de la tienda los siete trípodes que el Atrida había ofrecido, veinte calderas relucientes y doce caballos; é

hicieron salir siete mujeres, diestras en primorosas labores, y á Briseida, la de hermosas mejillas, que fué la octava. Al volver, Ulises iba delante con los diez talentos de oro que él mismo había pesado, y le seguían los jóvenes aqueos con los presentes. Pusiéronlo todo en medio de la junta, y alzóse Agamenón, teniendo á su lado á Taltibio, cuya voz parecía la de una deidad, sujetando con la mano á un jabalí. El Atrida sacó el cuchillo que llevaba colgado junto á la gran vaina de la espada, cortó por primicias algunas cerdas del jabalí y oró, levantando las manos á Júpiter; y todos los argivos, sentados en silencio y en buen orden, escuchaban las palabras del rey. Éste, alzando los ojos al anchuroso cielo, hizo esta plegaria:

258 «Sean testigos Júpiter, el más excelso y poderoso de los dioses, y luego la Tierra, el Sol y las Furias que debajo de la tierra castigan á los muertos que fueron perjuros, de que jamás he puesto la mano sobre la moza Briseida para yacer con ella ni para otra cosa alguna; sino que en mi tienda ha permanecido intacta. Y si en algo perjurare, envíenme los dioses los muchísimos males con que castigan al que, jurando, contra ellos peca.»

266 Dijo; y con el cruel bronce degolló el jabalí que Taltibio arrojó, haciéndole dar vueltas, al gran abismo del espumoso mar para pasto de los peces. Y Aquiles, levantándose entre los belicosos argivos, habló en estos términos:

270 «¡Padre Júpiter! Grandes son los infortunios que mandas á los hombres. Jamás el Atrida me hubiera suscitado el enojo en el pecho, ni hubiese tenido poder para arrebatarme la moza contra mi voluntad; pero sin duda quería Júpiter que muriesen muchos aqueos. Ahora id á comer para que luego trabemos el combate.»

276 Así se expresó; y al momento disolvió la junta. Cada uno volvió á su respectiva nave. Los magnánimos mirmidones se hicieron cargo de los presentes, y llevándolos hacia el bajel del divino Aquiles, dejáronlos en la tienda, dieron sillas á las mujeres, y servidores ilustres guiaron á los caballos al sitio en que los demás estaban.

282 Briseida, que á la dorada Venus se asemejaba, cuando vió á Patroclo atravesado por el agudo bronce, se echó sobre el mismo y prorrumpió en fuertes sollozos, mientras con las manos se golpeaba el pecho, el delicado cuello y el lindo rostro. Y llorando aquella mujer semejante á una diosa, así decía:

287 «¡Oh Patroclo, amigo carísimo al corazón de esta desventurada! Vivo te dejé al partir de la tienda, y te encuentro difunto al volver, oh príncipe de hombres. ¡Cómo me persigue una desgracia tras otra! Vi al hombre á quien me entregaron mi padre y mi venerable madre, atravesado por el agudo bronce al pie de los muros de la ciudad; y los tres hermanos queridos que mi padre me diera, murieron también. Pero tú, cuando el ligero Aquiles mató á mi esposo y tomó la ciudad del divino Mines, no me dejabas llorar, diciendo que lograrías que yo fuera la mujer legítima del divino Aquiles, que éste me llevaría en su nave á Ptía y que allí, entre los mirmidones, celebraríamos el banquete nupcial. Y ahora que has muerto, no me cansaré de llorar por ti, que siempre has sido afable.»

301 Así dijo llorando, y las mujeres sollozaron, aparentemente por Patroclo, y en realidad por sus propios males. Los caudillos aqueos se reunieron en torno de Aquiles y le suplicaron que comiera; pero él se negó, dando suspiros:

305 «Yo os ruego, si es que alguno de mis compañeros quiere obedecerme aún, que no me invitéis á saciar el deseo de comer ó de beber; porque un grave dolor se apodera de mí. Aguardaré hasta la puesta del sol y soportaré la fatiga.»

309 Cuando esto hubo dicho, despidió á los reyes, y sólo se quedaron los dos Atridas, el divino Ulises, Néstor, Idomeneo y el anciano Fénix para distraer á Aquiles, que estaba profundamente afligido. Pero nada podía alegrar el corazón del héroe, mientras no entrara en sangriento combate. Y acordándose de Patroclo, daba hondos y frecuentes suspiros, y así decía:

315 «En otro tiempo, tú, infeliz, el más amado de los compañeros, me servías en esta tienda, diligente y solícito, el agradable desayuno cuando los aqueos se daban prisa por trabar el luctuoso combate con los teucros, domadores de caballos. Y ahora yaces, atravesado por el bronce, y yo estoy ayuno de comida y de bebida, á pesar de no faltarme, por la soledad que de ti siento. Nada peor me puede ocurrir; ni que supiera que ha muerto mi padre, el cual quizás llora allá en Ptía por no tener á su lado un hijo como yo, mientras peleo con los teucros en país extranjero á causa de la odiosa Helena; ni que falleciera mi hijo amado que se cría en Esciros, si el deiforme Neoptólemo vive todavía. Antes el corazón abrigaba en mi pecho la esperanza de que solo yo perecería en Troya, y de que tú, volviendo á Ptía, irías en una veloz nave negra á Esciros, recogerías á mi hijo y le mostrarías todos mis bienes: las posesiones, los esclavos y el palacio de elevado techo. Porque me figuro que Peleo ya no existe; y si le queda un poco de vida, estará afligido, se verá abrumado por la odiosa vejez y temerá siempre recibir la triste noticia de mi muerte.»

338 Así dijo, llorando, y los caudillos gimieron, porque cada uno se acordaba de aquellos á quienes había dejado en su respectivo palacio. El Saturnio, al verlos sollozar, se compadeció de ellos, y al instante dirigió á Minerva estas aladas palabras:

342 «¡Hija mía! Desamparas de todo en todo á ese eximio varón. ¿Acaso tu espíritu ya no se cuida de Aquiles? Hállase junto á las naves de altas popas, llorando á su compañero amado; los demás se fueron á comer, y él sigue en ayunas y sin probar bocado. Ea, ve y derrama en su pecho un poco de néctar y ambrosía para que el hambre no le atormente.»

349 Con tales palabras instigóle á hacer lo que ella misma deseaba. Minerva emprendió el vuelo, cual si fuese un halcón de anchas alas y aguda voz, desde el cielo á través del éter. Ya los aquivos se armaban en el ejército, cuando la diosa derramó en el pecho de Aquiles un poco de néctar y de ambrosía deliciosa, para que el hambre molesta no hiciera flaquear las rodillas del héroe, regresando en seguida al sólido palacio del prepotente padre. Los guerreros afluyeron á un lugar algo distante de las veleras naves. Cuan numerosos caen los copos de nieve que envía Júpiter y vuelan helados al impulso del Bóreas, nacido en el éter; en tan gran número veíanse salir del recinto de las naves los refulgentes cascos, los abollonados escudos, las fuertes corazas y las lanzas de fresno. El brillo llegaba hasta el cielo; toda la tierra se mostraba risueña por los rayos que el bronce despedía, y un gran ruido se levantaba de los pies de los guerreros. Armábase entre éstos el divino Aquiles: rechinándole los dientes, con los ojos centelleantes como encendida llama y el corazón traspasado por insoportable dolor, lleno de ira contra los teucros, vestía el héroe la armadura regalo del dios Vulcano, que la había fabricado. Púsose en las piernas elegantes grebas ajustadas con broches de plata; protegió su pecho con la coraza; colgó del hombro una espada de bronce guarnecida con argénteos clavos, y embrazó el grande y fuerte escudo cuyo resplandor semejaba desde lejos al de la luna. Como aparece el

fuego encendido en sitio solitario de la cumbre de un monte á los navegantes que vagan por el mar, abundante en peces, porque las tempestades los alejaron de sus amigos; de la misma manera, el resplandor del hermoso y labrado escudo de Aquiles llegaba al éter. Cubrió después la cabeza con el fornido yelmo que brillaba como un astro; y á su alrededor ondearon las áureas y espesas crines que Vulcano había colocado en la cimera. El divino Aquiles probó si la armadura se le ajustaba, y si, llevándola puesta, movía con facilidad los miembros; y las armas vinieron á ser como alas que levantaban al pastor de hombres. Sacó del estuche la lanza paterna, ponderosa, grande y robusta, que entre todos los aqueos, solamente él podía manejar: había sido cortada de un fresno de la cumbre del Pelión y regalada por Quirón al padre de Aquiles para que con ella matara héroes. En tanto, Automedonte y Álcimo se ocupaban en uncir los caballos: sujetáronlos con hermosas correas, les pusieron el freno en la boca y tendieron las riendas hacia atrás, atándolas á la fuerte silla. Sin dilación cogió Automedonte el magnífico látigo y saltó al carro. Aquiles, cuya armadura relucía como el fúlgido Sol, subió también y exhortó con horribles voces á los caballos de su padre:

400 «¡Janto y Balio, ilustres hijos de Podarga! Cuidad de traer salvo al campamento de los dánaos al que hoy os guía; y no le dejéis muerto en la liza como á Patroclo.»

404 Y Janto, el corcel de ligeros pies, bajó la cabeza—sus crines cayendo en torno de la extremidad del yugo llegaban al suelo,—y habiéndole dotado de voz Juno, la diosa de los níveos brazos, respondió de esta manera:

408 «Hoy te salvaremos aún, impetuoso Aquiles; pero está cercano el día de tu muerte, y los culpables no seremos nosotros, sino un dios poderoso y el hado cruel. No fué por nuestra lentitud ni por nuestra pereza por lo que los teucros quitaron la armadura de los hombros de Patroclo; sino que el dios fortísimo, á quien parió Latona, la de hermosa cabellera, matóle entre los combatientes delanteros y dió gloria á Héctor. Nosotros correríamos tan veloces como el soplo del Céfiro, que es tenido por el más rápido. Pero también tú estás destinado á sucumbir á manos de un dios y de un mortal.»

418 Dichas estas palabras, las Furias le cortaron la voz. Y muy indignado, Aquiles, el de los pies ligeros, así le habló:

420 «¡Janto! ¿Por qué me vaticinas la muerte? Ninguna necesidad tienes de hacerlo. Ya sé que mi destino es perecer aquí, lejos de mi padre y de mi madre; mas con todo eso, no he de descansar hasta que harte de combate á los teucros.»

424 Dijo; y dando voces, dirigió los solípedos caballos por las primeras filas.

CANTO XX
COMBATE DE LOS DIOSES

1 Mientras los aqueos se armaban junto á los corvos bajeles, alrededor de ti, oh hijo de Peleo, incansable en la batalla, los teucros se apercibían también para el combate en una eminencia de la llanura.

4 Júpiter ordenó á Temis que, partiendo de las cumbres del Olimpo, en valles abundante, convocase la junta de los dioses; y ella fué de un lado para otro y á todos les mandó que acudieran al palacio de Jove. De los ríos sólo faltó el Océano; y de cuantas ninfas habitan los amenos bosques, las fuentes de los ríos y los herbosos prados, ninguna dejó de presentarse. Tan luego como llegaban al palacio de Júpiter, acomodábanse en asientos de piedra pulimentada que para Jove había construído Vulcano con sabia inteligencia. Allí, pues, se reunieron. Neptuno tampoco desobedeció á la diosa; y dirigiéndose desde el mar á la junta, se sentó en medio y exploró la voluntad de Júpiter:

16 «¿Por qué, oh tú que lanzas encendidos rayos, convocas de nuevo la junta de los dioses? ¿Acaso tienes algún propósito acerca de los teucros y de los aqueos? El combate y la pelea volverán á encenderse muy pronto entre ambos pueblos.»

19 Respondióle Júpiter, que amontona las nubes: «Comprendiste, Neptuno, que bates la tierra, el designio que encierra mi pecho y por el cual os he reunido. Me curo de ellos, aunque van á perecer. Yo me quedaré sentado en la cumbre del Olimpo y recrearé mi espíritu contemplando la batalla; y los demás idos hacia los teucros y los aqueos y cada uno auxilie á los que quiera. Pues si Aquiles, el de los pies ligeros, combatiese solo con los teucros, éstos no resistirían ni un instante la acometida del hijo de Peleo. Ya antes huían espantados al verle; y temo que ahora, que tan enfurecido tiene el ánimo por la muerte de su compañero, destruya el muro de Troya contra la decisión del hado.»

31 El Saturnio habló en estos términos y promovió una gran batalla. Los dioses fueron al combate divididos en dos bandos: encamináronse á las naves Juno, Palas Minerva, Neptuno, que ciñe la tierra, el benéfico Mercurio, de prudente espíritu, y con ellos Vulcano que, orgulloso de su fuerza, cojeaba arrastrando sus gráciles piernas; y enderezaron sus pasos á los teucros, Marte, de tremolante casco, el intonso Febo, Diana que se complace en tirar flechas, Latona, el Janto y la risueña Venus.

41 En cuanto los dioses se mantuvieron alejados de los hombres, mostráronse los aqueos muy ufanos porque Aquiles volvía á la batalla después del largo tiempo en que se había abstenido de tener parte en la triste guerra; y los teucros se espantaron y un fuerte temblor les ocupó los miembros, tan pronto como vieron al Pelida, ligero de pies, que con su reluciente armadura semejaba al dios Marte, funesto á los mortales. Mas así que las olímpicas deidades penetraron por entre la muchedumbre de los guerreros, levantóse la terrible Discordia, que enardece á los varones; Minerva daba fuertes gritos, unas veces á orillas del foso cavado al pie del muro, y otras en los altos y sonoros promontorios; y Marte, que parecía un negro torbellino, vociferaba también y animaba vivamente á los teucros, ya desde el punto más alto de la ciudad, ya corriendo por la llamada *Colina hermosa*, á orillas del Símois.

54 De este modo los felices dioses, instigando á unos y á otros, les hicieron venir á las manos y promovieron una reñida contienda. El padre de los hombres y de los dioses tronó horriblemente en las alturas; Neptuno, por debajo, sacudió la inmensa tierra y las excelsas cumbres de los montes; y retemblaron, así las laderas y las cimas del Ida, abundante en manantiales, como la ciudad troyana y las naves aqueas. Asustóse Plutón, rey de los infiernos, y saltó del trono gritando; no fuera que Neptuno abriese la tierra y se hicieran visibles las mansiones horrendas y tenebrosas que las mismas deidades aborrecen. ¡Tanto estrépito se produjo cuando los dioses entraron en combate! Al soberano Neptuno le hizo frente Febo Apolo con sus aladas flechas; á Marte, Minerva, la diosa de los brillantes ojos; á Juno, Diana que lleva arco de oro, ama el bullicio de la caza, se complace en tirar saetas y es hermana del Flechador; á

Latona, el poderoso y benéfico Mercurio; y á Vulcano, el gran río de profundos vórtices llamado por los dioses Janto y por los hombres Escamandro.

75 Así los dioses salieron al encuentro los unos de los otros. Aquiles deseaba romper por el gentío en derechura á Héctor Priámida, pues el ánimo le impulsaba á saciar con la sangre del héroe á Marte, infatigable luchador. Mas Apolo, que enardece á los guerreros, movió á Eneas á oponerse al Pelida, infundiéndole gran valor y hablándole así después de tomar la voz y la figura de Licaón, hijo de Príamo:

83 «¡Eneas, consejero de los teucros! ¿Qué son de aquellas amenazas hechas por ti en los banquetes de los caudillos troyanos, de que saldrías á combatir con el Pelida Aquiles?»

86 Respondióle Eneas: «¡Priámida! ¿Por qué me ordenas que luche, sin desearlo mi voluntad, con el animoso Pelida? No fuera la primera ocasión que me viese frente á Aquiles, el de los pies ligeros: en otro tiempo, cuando vino adonde pacían nuestras vacas y tomó á Lirneso y á Pédaso, persiguióme por el Ida con su lanza; y Júpiter me salvó, dándome fuerzas y agilitando mis rodillas. Sin su ayuda hubiese sucumbido á manos de Aquiles y de Minerva, que le precedía, le daba la victoria y le animaba á matar léleges y troyanos con la broncínea lanza. Por eso ningún hombre puede combatir con Aquiles, porque á su lado asiste siempre alguna deidad que le libra de la muerte. En cambio, su lanza vuela recta y no se detiene hasta que ha atravesado el cuerpo de un enemigo. Si un dios igualara las condiciones del combate, Aquiles no me vencería fácilmente; aunque se gloriase de ser todo de bronce.»

103 Replicóle el soberano Apolo, hijo de Júpiter: «¡Héroe! Ruega tú también á los sempiternos dioses, pues dicen que naciste de Venus, hija de Júpiter, y aquél es hijo de una divinidad inferior. La primera desciende de Jove, ésta tuvo por padre al anciano del mar. Levanta el indomable bronce y no te arredres por oir palabras duras ó amenazas.»

110 Apenas acabó de hablar, infundió grandes bríos al pastor de hombres; y éste, que llevaba una reluciente armadura de bronce, se abrió paso por los combatientes delanteros. Juno, la de los níveos brazos, no dejó de advertir que el hijo de Anquises atravesaba la muchedumbre para salir al encuentro del Pelida; y llamando á otros dioses, les dijo:

115 «Considerad en vuestra mente, Neptuno y Minerva, cómo esto acabará; pues Eneas, armado de reluciente bronce, se encamina en derechura al Pelida por excitación de Febo Apolo. Ea, hagámosle retroceder, ó alguno de nosotros se ponga junto á Aquiles, le infunda gran valor y no deje que su ánimo desfallezca; para que conozca que le acorren los inmortales más poderosos, y que son débiles los dioses que en el combate y la pelea protegen á los teucros. Todos hemos bajado del Olimpo á intervenir en esta batalla, para que Aquiles no padezca hoy ningún daño de parte de los teucros; y luego sufrirá lo que la Parca dispuso, hilando el lino, cuando su madre lo dió á luz. Si Aquiles no se entera por la voz de los dioses, sentirá temor cuando en el combate le salga al encuentro alguna deidad; pues los dioses, en dejándose ver, son terribles.»

132 Respondióle Neptuno, que sacude la tierra: «¡Juno! No te irrites más de lo razonable, que no es decoroso. Ni yo quisiera que nosotros, que somos los más fuertes, promoviéramos la contienda entre los dioses. Vayamos á sentarnos en aquella altura, y de la batalla cuidarán los hombres. Y si Marte ó Febo Apolo dieren principio á la pelea ó detuvieren á Aquiles y no le dejaren combatir, iremos en seguida á luchar con ellos, y me figuro que pronto tendrán que retirarse y volver al Olimpo, á la junta de los demás dioses, vencidos por la fuerza de nuestros brazos.»

144 Dichas estas palabras, el dios de los cerúleos cabellos llevólos al alto terraplén que los troyanos y Palas Minerva habían levantado en otro tiempo para que el divino Hércules se librara de la ballena cuando, perseguido por ésta, pasó de la playa á la llanura. Allí Neptuno y los otros dioses se sentaron, extendiendo en derredor de sus hombros una impenetrable nube; y al otro lado, en la cima de la Colina hermosa, en torno de ti, flechador Febo, y de Marte, que destruye las ciudades, acomodáronse las deidades protectoras de los teucros. Así unos y otros, sentados en dos grupos, deliberaban y no se decidían á empezar el funesto combate. Y Júpiter desde lo alto les incitaba á comenzarlo.

156 Todo el campo, lleno de hombres y caballos, resplandecía con el lucir del bronce; y la tierra retumbaba debajo de los pies de los guerreros que á lidiar salían. Dos varones, señalados entre los más valientes, deseosos de combatir, se adelantaron á los suyos para afrontarse entre ambos ejércitos: Eneas, hijo de Anquises, y el divino Aquiles. Presentóse primero Eneas, amenazador, tremolando el reforzido casco: protegía el pecho con el fuerte escudo y vibraba broncínea lanza. Y el Pelida desde el otro lado fué á oponérsele. Como cuando se reunen los hombres de todo un pueblo para matar á un voraz león, éste al principio sigue su camino despreciándolos; mas, así que uno de los belicosos jóvenes le hiere con un venablo, se vuelve hacia él con la boca abierta, muestra los dientes cubiertos de espuma, siente gemir en su pecho el corazón valeroso, se azota con la cola muslos y caderas para animarse á pelear, y con los ojos centelleantes arremete fiero hasta que mata á alguien ó él mismo perece en la primera fila; así le instigaban á Aquiles su valor y ánimo esforzado á salir al encuentro del magnánimo Eneas. Y tan pronto como se hallaron frente á frente, el divino Aquiles, el de los pies ligeros, habló diciendo:

178 «¡Eneas! ¿Por qué te adelantas tanto á la turba y me aguardas? ¿Acaso el ánimo te incita á combatir conmigo por la esperanza de reinar sobre los troyanos, domadores de caballos, con la dignidad de Príamo? Si me matases, no pondría Príamo en tu mano tal recompensa; porque tiene hijos, conserva entero el juicio y no es insensato. ¿Ó quizás te han prometido los troyanos acotarte un hermoso campo de frutales y sembradío que á los demás aventaje, para que puedas cultivarlo, si me quitas la vida? Me figuro que te será difícil conseguirlo. Ya otra vez te puse en fuga con mi lanza. ¿No recuerdas que te eché de los montes ideos, donde estabas solo pastoreando los bueyes, y te perseguí corriendo con ligera planta? Entonces huías sin volver la cabeza. Luego te refugiaste en Lirneso y yo tomé la ciudad con la ayuda de Minerva y del padre Jove, y me llevé las mujeres haciéndolas esclavas; mas á ti te salvaron Júpiter y los demás dioses. No creo que ahora te guarden, como espera tu corazón; y te aconsejo que vuelvas á tu ejército y no te quedes frente á mí, antes que padezcas algún daño; que el necio sólo conoce el mal cuando ha llegado.»

199 Eneas respondióle diciendo: «¡Pelida! No creas que con esas palabras me asustarás como á un niño, pues también sé proferir injurias y baldones. Conocemos el linaje de cada uno de nosotros y cuáles fueron nuestros respectivos padres, por haberlo oído contar á los mortales hombres; que ni tú viste á los míos, ni yo á los tuyos. Dicen que eres prole del eximio Peleo y tienes por madre á Tetis, ninfa marina de hermosas trenzas; mas yo me glorío de ser hijo

del magnánimo Anquises y mi madre es Venus: aquéllos ó éstos tendrán que llorar hoy la muerte de su hijo, pues no pienso que nos separemos, sin combatir, después de dirigirnos pueriles insultos. Si deseas saberlo, te diré cuál es mi linaje, de muchos conocido. Primero Júpiter, que amontona las nubes, engendró á Dárdano, y éste fundó la Dardania al pie del Ida, en manantiales abundoso; pues aún la sacra Ilión, ciudad de hombres de voz articulada, no había sido edificada en la llanura. Dárdano tuvo por hijo al rey Erictonio, que fué el más opulento de los mortales hombres: poseía tres mil yeguas que, ufanas de sus tiernos potros, pacían junto á un pantano.—El Bóreas enamoróse de algunas de las que vió pacer, y transfigurado en caballo de negras crines, hubo de ellas doce potros que en la fértil tierra saltaban por encima de las mieses sin romper las espigas y en el ancho dorso del espumoso mar corrían sobre las mismas olas.—Erictonio fué padre de Tros, que reinó sobre los troyanos; y éste dió el ser á tres hijos irreprensibles: Ilo, Asáraco y el deiforme Ganimedes, el más hermoso de los hombres, á quien arrebataron los dioses á causa de su belleza para que escanciara el néctar á Júpiter y viviera con los inmortales. Ilo engendró al eximio Laomedonte, que tuvo por hijos á Titón, Príamo, Lampo, Clitio é Hicetaón, vástago de Marte. Asáraco engendró á Capis, cuyo hijo fué Anquises. Anquises me engendró á mí y Príamo al divino Héctor. Tal alcurnia y tal sangre me glorío de tener. Pero Júpiter aumenta ó disminuye el valor de los guerreros como le place, porque es el más poderoso. Ea, no nos digamos más palabras como si fuésemos niños, parados así en medio del campo de batalla. Fácil nos sería inferirnos tantas injurias, que una nave de cien bancos de remeros no podría llevarlas. Es voluble la lengua de los hombres, y de ella salen razones de todas clases; hállanse muchas palabras acá y allá, y cual hablares, tal oirás la respuesta. Mas ¿qué necesidad tenemos de altercar, disputando é injuriándonos, como mujeres irritadas, las cuales, movidas por el roedor encono, salen á la calle y se zahieren diciendo muchas cosas, verdaderas unas y falsas otras, que la cólera les dicta? No lograrás con tus palabras que yo, estando deseoso de combatir, pierda el valor antes de que con el bronce y frente á frente peleemos. Ea, acometámonos en seguida con las broncíneas lanzas.»

259 Dijo; y arrojando la fornida lanza, clavóla en el terrible y horrendo escudo de Aquiles, que resonó en torno de la misma. El Pelida, temeroso, apartó el escudo con la robusta mano, creyendo que la luenga lanza del magnánimo Eneas lo atravesaría fácilmente. ¡Insensato! No pensó en su mente ni en su espíritu que los presentes de los dioses no pueden ser destruídos con facilidad por los mortales hombres, ni ceder á sus fuerzas. Y así la ponderosa lanza de Eneas no perforó entonces la rodela por haberlo impedido la lámina de oro que el dios puso en medio, sino que atravesó dos capas y dejó tres intactas, porque eran cinco las que el dios cojo había reunido: las dos de bronce, dos interiores de estaño, y una de oro, que fué donde se detuvo la lanza de fresno.

273 Aquiles despidió luego la ingente lanza, y acertó á dar en el borde del liso escudo de Eneas, sitio en que el bronce era más delgado y el boyuno cuero más tenue: el fresno del Pelión atravesólo, y todo el escudo resonó. Eneas, amedrentado, se encogió y levantó el escudo; la lanza, deseosa de proseguir su curso, pasóle por cima del hombro, después de romper los dos círculos de la rodela, y se clavó en el suelo; y el héroe, evitado ya el golpe, quedóse inmóvil y con los ojos muy espantados de ver que aquélla había caído tan cerca. Aquiles desnudó la aguda espada; y profiriendo grandes y horribles voces, arremetió contra Eneas; y éste, á su vez cogió una gran piedra que dos de los hombres actuales no podrían llevar y que él manejaba fácilmente. Y Eneas tirara la piedra á Aquiles y le acertara en el casco ó en el escudo que habría apartado del héroe la triste muerte, y Aquiles privara de la vida á Eneas, hiriéndole de cerca con la espada, si al punto no lo hubiese advertido Neptuno, que sacude la tierra, el cual dijo entre los dioses inmortales:

293 «¡Oh dioses! Me causa pesar el magnánimo Eneas que pronto, sucumbiendo á manos del Pelida, descenderá al Orco por haber obedecido las palabras del flechador Apolo. ¡Insensato! El dios no le librará de la triste muerte. Mas ¿por qué ha de padecer, sin ser culpable, las penas que otros merecen, habiendo ofrecido siempre gratos presentes á los dioses que habitan el anchuroso cielo? Ea, librémosle de la muerte, no sea que Júpiter se enoje si Aquiles lo mata, pues el destino quiere que se salve á fin de que no perezca ni se extinga el linaje de Dárdano, que fué amado por el Saturnio con preferencia á los demás hijos que tuvo de mujeres mortales. Ya Jove aborrece á los descendientes de Príamo; pero el fuerte Eneas reinará sobre los troyanos, y luego los hijos de sus hijos que sucesivamente nazcan.»

309 Respondióle Juno veneranda, la de los grandes ojos: «¡Neptuno! Resuelve tú mismo si has de salvar á Eneas ó permitir que, no obstante su valor, sea muerto por el Pelida Aquiles. Pues así Palas Minerva como yo hemos jurado repetidas veces ante los inmortales todos, que jamás libraríamos á los teucros del día funesto, aunque Troya entera fuese pasto de las voraces llamas por haberla incendiado los belicosos aqueos.»

318 Cuando Neptuno, que sacude la tierra, oyó estas palabras, fuése; y andando por la liza, entre el estruendo de las lanzas, llegó adonde estaban Eneas y el ilustre Aquiles. Al momento cubrió de niebla los ojos del Pelida Aquiles, arrancó del escudo del magnánimo Eneas la lanza de fresno con punta de bronce que depositó á los pies de aquél, y arrebató al teucro alzándolo de la tierra. Eneas, sostenido por la mano del dios, pasó por cima de muchas filas de héroes y caballos hasta llegar al otro extremo del impetuoso combate, donde los caucones se armaban para pelear. Y entonces Neptuno, que sacude la tierra, se le presentó, y le dijo estas aladas palabras:

332 «¡Eneas! ¿Cuál de los dioses te ha ordenado que cometieras la locura de luchar cuerpo á cuerpo con el animoso Pelida, que es más fuerte que tú y más caro á los inmortales? Retírate cuantas veces le encuentres, no sea que te haga descender á la morada de Plutón antes de lo dispuesto por el hado. Mas cuando Aquiles haya muerto, por haberse cumplido su destino, pelea confiadamente entre los combatientes delanteros, que no te matará ningún otro aquivo.»

340 Tales fueron sus palabras. Dejó á Eneas allí, después que le hubo amonestado, y apartó la obscura niebla de los ojos de Aquiles. Éste volvió á ver con claridad, y, gimiendo, á su magnánimo espíritu le decía:

344 «¡Oh dioses! Grande es el prodigio que á mi vista se ofrece: esta lanza yace en el suelo y no veo al varón contra quien la arrojé, con intención de matarle. Ciertamente, á Eneas le aman los inmortales dioses; ¡y yo creía que se jactaba de ello vanamente! Váyase, pues; que no tendrá ánimo para medir de nuevo sus fuerzas conmigo, quien ahora huyó gustoso de la muerte. Exhortaré á los belicosos dánaos y probaré el valor de los demás enemigos, saliéndoles al encuentro.»

353 Dijo; y saltando por entre las filas, animaba á los guerreros: «¡No permanezcáis alejados de los teucros, divinos aqueos! Ea, cada hombre embista á otro y sienta anhelo por pelear. Difícil es que yo solo, aunque sea valiente, persiga

á tantos guerreros y con todos lidie; y ni á Marte, que es un dios inmortal, ni á Minerva, les sería posible recorrer un campo de batalla tan vasto y combatir en todas partes. En lo que puedo hacer con mis manos, mis pies ó mi fuerza, no me muestro remiso. Entraré por todos lados en las hileras de las falanges enemigas, y me figuro que no se alegrarán los teucros que á mi lanza se acerquen.»

364 Con estas palabras los animaba. También el esclarecido Héctor exhortaba á los teucros, dando gritos, y aseguraba que saldría al encuentro de Aquiles:

366 «¡Animosos teucros! ¡No temáis al Pelida! Yo de palabra combatiría hasta con los inmortales; pero es difícil hacerlo con la lanza, siendo, como son, mucho más fuertes. Aquiles no llevará al cabo todo cuanto dice, sino que en parte lo cumplirá y en parte lo dejará á medio hacer. Iré á encontrarle, aunque por sus manos sea semejante á la llama; sí, aunque por sus manos se parezca á la llama, y por su fortaleza al reluciente hierro.»

373 Con tales voces los excitaba. Los teucros calaron las lanzas; trabóse el combate y se produjo gritería, y entonces Febo Apolo se acercó á Héctor y le dijo:

376 «¡Héctor! No te adelantes para luchar con Aquiles; espera su acometida mezclado con la muchedumbre, confundido con la turba. No sea que consiga herirte desde lejos con arma arrojadiza, ó de cerca con la espada.»

379 Así habló. Héctor se fué, amedrentado, por entre la multitud de guerreros apenas acabó de oir las palabras del dios. Aquiles, con el corazón revestido de valor y dando horribles gritos, arremetió á los teucros, y empezó por matar al valeroso Ifitión Otrintida, caudillo de muchos hombres, á quien una ninfa náyade había tenido de Otrinteo, asolador de ciudades, en el opulento pueblo de Hida, al pie del nevado Tmolo: el divino Aquiles acertó á darle con la lanza en medio de la cabeza, cuando arremetía contra él, y se la dividió en dos partes. El teucro cayó con estrépito, y el divino Aquiles se glorió diciendo:

389 «¡Yaces en el suelo, Otrintida, el más portentoso de todos los hombres! En este lugar te sorprendió la muerte; á ti, que habías nacido á orillas del lago Gigeo, donde tienes la heredad paterna, junto al Hilo, abundante en peces, y el Hermo voraginoso.»

393 Tan jactanciosamente habló. Las tinieblas cubrieron los ojos de Ifitión, y los carros de los aqueos lo despedazaron con las llantas de sus ruedas en el primer reencuentro. Aquiles hirió, después, en la sien, atravesándole el casco de broncíneas carrilleras, á Demoleonte, valiente adalid en el combate; y el casco no detuvo la lanza, pues la punta entró y rompió el hueso, conmovióse interiormente el cerebro, y el teucro sucumbió cuando peleaba con ardor. Luego, como Hipodamante saltara del carro y se diese á la fuga, le envasó la pica en la espalda: aquél exhalaba el aliento y bramaba como el toro que los jóvenes arrastran á los altares del soberano Heliconio y el dios que sacude la tierra se goza al verlo; así bramaba Hipodamante cuando el alma valerosa dejó sus miembros. Seguidamente acometió con la lanza al deiforme Polidoro Priámida á quien su padre no permitía que fuera á las batallas porque era el menor y el predilecto de sus hijos. Nadie vencía á Polidoro en la carrera; y entonces, por pueril petulancia, haciendo gala de la ligereza de sus pies, agitábase el troyano entre los combatientes delanteros, hasta que perdió la vida: al verle pasar, el divino Aquiles, ligero de pies, hundióle la lanza en medio de la espalda, donde los anillos de oro sujetaban el cinturón y era doble la coraza, y la punta salió al otro lado cerca del ombligo; el joven cayó de rodillas dando lastimeros gritos; obscura nube le envolvió; é inclinándose, procuraba sujetar con sus manos los intestinos, que le salían por la herida.

419 Tan pronto como Héctor vió á su hermano Polidoro cogiéndose las entrañas y encorvado hacia el suelo, se le puso una nube ante los ojos y ya no pudo combatir á distancia; sino que, blandiendo la aguda lanza é impetuoso como una llama, se dirigió al encuentro de Aquiles. Y éste, al advertirlo, saltó hacia él, y dijo muy ufano estas palabras:

425 «Cerca está el hombre que ha inferido á mi corazón la más grave herida, el que mató á mi compañero amado. Ya no huiremos asustados, el uno del otro, por los senderos del combate.»

428 Dijo; y mirando con torva faz al divino Héctor, le gritó: «¡Acércate para que pronto llegues de tu perdición al término!»

430 Sin turbarse, le respondió Héctor, el de tremolante casco: «¡Pelida! No esperes amedrentarme con palabras como á un niño; también yo sé proferir injurias y baldones. Reconozco que eres valiente y que estoy por muy debajo de ti. Pero en la mano de los dioses está si yo, siendo inferior, te quitaré la vida con mi lanza; pues también tiene afilada punta.»

438 En diciendo esto, blandió y arrojó la ingente lanza; pero Minerva con un tenue soplo apartóla del glorioso Aquiles, y el arma volvió hacia el divino Héctor y cayó á sus pies. Aquiles acometió, dando horribles gritos, á Héctor, con intención de matarle; pero Apolo arrebató al troyano, haciéndolo con gran facilidad por ser dios, y lo cubrió con densa niebla. Tres veces el divino Aquiles, ligero de pies, atacó con la broncínea lanza; tres veces dió el golpe en el aire. Y cuando, semejante á un dios, arremetía por cuarta vez, increpó el héroe á Héctor con voz terrible, dirigiéndole estas aladas palabras:

449 «¡Otra vez te has librado de la muerte, perro! Muy cerca tuviste la perdición, pero te salvó Febo Apolo, á quien debes de rogar cuando sales al campo antes de oir el estruendo de los dardos. Yo acabaré contigo si más tarde te encuentro y un dios me ayuda. Y ahora perseguiré á los demás que se me pongan al alcance.»

455 Así dijo; y con la lanza hirió en medio del cuello á Dríope, que cayó á sus pies. Dejóle, y al momento detuvo á Demuco Filetórida, á quien pinchó con la lanza en una rodilla, y luego quitóle la vida con la gran espada. Después acometió á Laógono y á Dárdano, hijos de Biante: habiéndolos derribado del carro en que iban, á aquél le hizo perecer arrojándole la lanza, y á éste hiriéndole de cerca con la espada. También mató á Tros Alastórida, que vino á abrazarle las rodillas por si compadeciéndose de él, que era de la misma edad del héroe, en vez de matarle le hacía prisionero y le dejaba vivo. ¡Insensato! No comprendió que no podría persuadirle, pues Aquiles no era hombre de condición benigna y mansa, sino muy violento. Ya aquél le tocaba las rodillas con intención de suplicarle, cuando le hundió la espada en el hígado: derramóse éste, llenando de negra sangre el pecho, y las tinieblas cubrieron los ojos del teucro, que quedó exánime. Inmediatamente, Aquiles se acercó á Mulio; y metiéndole la lanza en una oreja, la broncínea punta salió por la otra. Más tarde, hirió en medio de la cabeza á Equeclo, hijo de Agenor, con la espada provista de empuñadura: la hoja entera se calentó con la sangre, y la purpúrea muerte y el hado cruel velaron los ojos del guerrero.

Posteriormente, atravesó con la broncínea lanza el brazo de Deucalión, en el sitio donde se juntan los tendones del codo; y el teucro esperóle, con la mano entorpecida y viendo que la muerte se le acercaba: Aquiles le cercenó de un tajo la cabeza, que con el casco arrojó á lo lejos, la médula salió de las vértebras y el guerrero quedó tendido en el suelo. Dirigióse acto seguido contra Rigmo, ilustre hijo de Píroo, que había llegado de la fértil Tracia, y le hirió en medio del cuerpo: clavóle la broncínea lanza en el pulmón, y le derribó del carro. Y como viera que su escudero Areítoo torcía la rienda á los caballos, envasóle la aguda lanza en la espalda, y también le hizo caer á tierra, mientras los corceles huían espantados.

490 De la suerte que al estallar abrasador incendio en los hondos valles de árida montaña, arde la poblada selva, y el viento mueve las llamas que giran en todas direcciones; de la misma manera, Aquiles se revolvía furioso con la lanza, persiguiendo, cual una deidad, á los que estaban destinados á morir; y la negra tierra manaba sangre. Como, uncidos al yugo dos bueyes de ancha frente para que trillen la blanca cebada en una era bien dispuesta, se desmenuzan presto las espigas bajo los pies de los mugientes bueyes; así los solípedos corceles, guiados por Aquiles, hollaban á un mismo tiempo cadáveres y escudos; el eje del carro tenía la parte inferior cubierta de sangre y los barandales estaban salpicados de sanguinolentas gotas que los cascos de los corceles y las llantas de las ruedas despedían. Y el Pelida deseaba alcanzar gloria y tenía las manos manchadas de sangre y polvo.

CANTO XXI
BATALLA JUNTO AL RÍO

1 Así que los teucros llegaron al vado del voraginoso Janto, río de hermosa corriente á quien el inmortal Júpiter engendrara, Aquiles los dividió en dos grupos. Á los del primero, echólos el héroe por la llanura hacia la ciudad, por donde los aqueos huían espantados el día anterior, cuando el esclarecido Héctor se mostraba furioso; por allí derramáronse entonces los teucros en su fuga, y Juno, para detenerlos, los envolvió en una densa niebla. Los otros rodaron al caudaloso río de argentados vórtices, y cayeron en él con gran estrépito: resonaba la corriente, retumbaban ambas orillas y los teucros nadaban acá y allá, gritando, mientras eran arrastrados en torno de los remolinos. Como las langostas, acosadas por la violencia de un fuego que estalla de repente, vuelan hacia el río y se echan medrosas en el agua; de la misma manera, la corriente sonora del Janto de profundos vórtices, se llenó, por la persecución de Aquiles, de hombres y caballos que en el mismo caían confundidos.

17 Aquiles, vástago de Jove, dejó su lanza arrimada á un tamariz de la orilla; saltó al río, cual si fuese una deidad, con sólo la espada y meditando en su corazón acciones crueles; y comenzó á herir á diestro y á siniestro: al punto levantóse un horrible clamoreo de los que recibían los golpes, y el agua bermejeó con la sangre. Como los peces huyen del ingente delfín, y, temerosos, llenan los senos del hondo puerto, porque aquél devora á cuantos coge; de la misma manera, los teucros iban por la impetuosa corriente del río y se refugiaban, temblando, debajo de las rocas. Cuando Aquiles tuvo las manos cansadas de matar, cogió vivos, dentro del río, á doce mancebos para inmolarlos más tarde en expiación de la muerte de Patroclo Menetíada. Sacólos atónitos como cervatos, les ató las manos por detrás con las correas bien cortadas que llevaban en las flexibles túnicas y encargó á los amigos que los condujeran á las cóncavas naves. Y el héroe acometió de nuevo á los teucros, para hacer en ellos gran destrozo.

34 Allí se encontró Aquiles con Licaón, hijo de Príamo Dardánida; el cual, huyendo, iba á salir del río. Ya anteriormente habíale hecho prisionero encaminándose de noche á un campo de Príamo: Licaón cortaba con el agudo bronce los ramos nuevos de un cabrahigo para hacer los barandales de un carro, cuando Aquiles, presentándose cual imprevista calamidad, se lo llevó mal de su grado. Trasportóle luego en una nave á la bien construída Lemnos, y allí lo puso en venta: el hijo de Jasón pagó el precio. Después Eetión de Imbros, que era huésped del troyano, dió por él un cuantioso rescate y envióle á la divina Arisbe. Escapóse Licaón, y volviendo á la casa paterna, estuvo celebrando con sus amigos durante once días su regreso de Lemnos; mas, al duodécimo, un dios le hizo caer nuevamente en manos de Aquiles, que debía mandarle al Orco, sin que Licaón lo deseara. Como el divino Aquiles, el de los pies ligeros, le viera inerme—sin casco, escudo ni lanza, porque todo lo había tirado al suelo—y que salía del río con el cuerpo abatido por el sudor y las rodillas vencidas por el cansancio; sorprendióse, y á su magnánimo espíritu así le habló:

54 «¡Oh dioses! Grande es el prodigio que á mi vista se ofrece. Ya es posible que los teucros á quienes maté resuciten de las sombrías tinieblas; cuando éste, librándose del día cruel, ha vuelto de la divina Lemnos donde fué vendido, y las olas del espumoso mar que á tantos detienen no han impedido su regreso. Mas, ea, haré que pruebe la punta de mi lanza para ver y averiguar si volverá nuevamente ó se quedará en el seno de la fértil tierra que hasta á los fuertes retiene.»

64 Pensando en tales cosas, Aquiles continuaba inmóvil. Licaón, asustado, se le acercó á tocarle las rodillas; pues en su ánimo sentía vivo deseo de librarse de la triste muerte y de su negro destino. El divino Aquiles levantó en seguida la enorme lanza con intención de herirle, pero Licaón se encogió y corriendo le abrazó las rodillas; y aquélla, pasándole por cima del dorso, se clavó en el suelo, codiciosa de cebarse en el cuerpo de un hombre. En tanto Licaón suplicaba á Aquiles; y abrazando con una mano sus rodillas y sujetando con la otra la aguda lanza, estas aladas palabras le decía:

74 «Te lo ruego abrazado á tus rodillas, Aquiles: respétame y apiádate de mí. Has de tenerme, oh alumno de Júpiter, por un suplicante digno de consideración; pues comí en tu tienda el fruto de Ceres el día en que me hiciste prisionero en el campo bien cultivado, y llevándome lejos de mi padre y de mis amigos, me vendiste en Lemnos: cien bueyes te valió mi persona. Ahora te daría el triple para rescatarme. Doce días ha que, habiendo padecido mucho, volví á Ilión; y otra vez el hado funesto me pone en tus manos. Debo de ser odioso al padre Júpiter, cuando nuevamente me entrega á ti. Para darme una vida corta, me parió Laótoe, hija del anciano Altes que reina sobre los belicosos léleges y posee la excelsa Pédaso junto al Sátniois. Á la hija de aquél la tuvo Príamo por esposa con otras muchas; de la misma nacimos dos varones y á entrambos nos habrás dado muerte. Ya hiciste sucumbir entre los infantes delanteros á Polidoro, hiriéndole con la aguda pica; y ahora la desgracia llegó para mí, pues no espero escapar de tus manos después que un dios me ha echado en ellas. Otra cosa te diré que fijarás en la memoria: No me mates; pues no nací del mismo vientre

que Héctor, el que dió muerte á tu dulce y valiente amigo.»

97 Con tales palabras el preclaro hijo de Príamo suplicaba á Aquiles; pero fué amarga la respuesta que escuchó:

99 «¡Insensato! No me hables del rescate, ni lo menciones siquiera. Antes que á Patroclo le llegara el día fatal, me era grato abstenerme de matar á los teucros y fueron muchos los que cogí vivos y vendí luego; mas ahora ninguno escapará de la muerte, si un dios lo pone en mis manos delante de Ilión y especialmente si es hijo de Príamo. Por tanto, amigo, muere tú también. ¿Por qué te lamentas de este modo? Murió Patroclo, que tanto te aventajaba. ¿No ves cuán gallardo y alto de cuerpo soy yo, á quien engendró un padre ilustre y dió á luz una diosa? Pues también me aguardan la muerte y el hado cruel. Vendrá una mañana, una tarde ó un mediodía en que alguien me quitará la vida en el combate, hiriéndome con la lanza ó con una flecha despedida por el arco.»

114 Así dijo. Desfallecieron las rodillas y el corazón del teucro que, soltando la lanza, se sentó y tendió ambos brazos. Aquiles puso mano á la tajante espada é hirió á Licaón en la clavícula, junto al cuello: metióle dentro toda la hoja de dos filos, el troyano dió de ojos por el suelo y su sangre fluía y mojaba la tierra. El héroe cogió el cadáver por el pie, arrojólo al río para que la corriente se lo llevara, y profirió con jactancia estas aladas palabras:

122 «Yaz ahí entre los peces que tranquilos te lamerán la sangre de la herida. No te colocará tu madre en un lecho para llorarte; sino que serás llevado por el voraginoso Escamandro al vasto seno del mar. Y algún pez, saliendo de las olas á la negruzca y encrespada superficie, comerá la blanca grasa de Licaón. Así perezcáis los demás teucros hasta que lleguemos á la sacra ciudad de Ilión, vosotros huyendo y yo detrás haciendo gran riza. No os salvará ni siquiera el río de hermosa corriente y argénteos remolinos, á quien desde antiguo sacrificáis muchos toros y en cuyos vórtices echáis solípedos caballos. Así y todo, pereceréis miserablemente unos en pos de otros, hasta que hayáis expiado la muerte de Patroclo y el estrago y la matanza que hicisteis en los aqueos junto á las naves, mientras estuve alejado de la lucha.»

136 Habló de esta manera. El río, con el corazón irritado, revolvía en su mente cómo haría cesar á Aquiles de combatir y libraría de la muerte á los troyanos. En tanto, el hijo de Peleo dirigió su ingente lanza á Asteropeo, hijo de Pelegón, con ánimo de matarle. Á Pelegón le habían engendrado el Axio, de ancha corriente, y Peribea, la hija mayor de Acesameno; que con ésta se unió aquel río de profundos remolinos. Encaminóse, pues, Aquiles hacia Asteropeo, el cual salió á su encuentro llevando dos lanzas; y el Janto, irritado por la muerte de los jóvenes á quienes Aquiles había hecho perecer sin compasión en la misma corriente, infundió valor en el pecho del troyano. Cuando ambos guerreros se hallaron frente á frente, el divino Aquiles, el de los pies ligeros, fué el primero en hablar, y dijo:

150 «¿Quién eres tú y de dónde, que osas salirme al encuentro? Infelices de aquéllos cuyos hijos se oponen á mi furor.»

152 Respondióle el preclaro hijo de Pelegón: «¡Magnánimo Pelida! ¿Por qué sobre el abolengo me interrogas? Soy de la fértil Peonia, que está lejos; vine mandando á los peonios, que combaten con largas picas, y hace once días que llegué á Ilión. Mi linaje trae su origen del anchuroso Axio, que esparce su hermosísimo raudal sobre la tierra: Axio engendró á Pelegón, famoso por su lanza, y de éste dicen que he nacido. Pero peleemos ya, esclarecido Aquiles.»

161 De tal modo habló, en son de amenaza. El divino Aquiles levantó el fresno del Pelión, y el héroe Asteropeo, que era ambidextro, tiróle á un tiempo las dos lanzas: la una dió en el escudo, pero no lo atravesó porque la lámina de oro que el dios puso en el mismo la detuvo; la otra rasguñó el brazo derecho del héroe, junto al codo, del cual brotó negra sangre; mas el arma pasó por encima y se clavó en el suelo, codiciosa de la carne. Aquiles arrojó entonces la lanza, de recto vuelo, á Asteropeo con intención de matarle, y erró el tiro: aquélla cayó en la elevada orilla y se hundió hasta la mitad del palo. El Pelida, desnudando la aguda espada que llevaba junto al muslo, arremetió enardecido á Asteropeo, quien con la mano robusta intentaba arrancar del escarpado borde la lanza de Aquiles: tres veces la meneó para arrancarla, y otras tantas tuvo que desistir de su propósito. Y cuando, á la cuarta vez, quiso doblar y romper la lanza de fresno del Eácida, acercósele Aquiles y con la espada le quitó la vida: hirióle en el vientre, junto al ombligo; derramáronse los intestinos, y las tinieblas cubrieron los ojos del teucro, que cayó anhelante. Aquiles se abalanzó á su pecho, le quitó la armadura; y blasonando del triunfo, dijo estas palabras:

184 «Yaz ahí. Difícil era que tú, aunque engendrado por un río, pudieses disputar la victoria á los hijos del prepotente Saturnio. Dijiste que tu linaje procede de un anchuroso río; mas yo me jacto de pertenecer al del gran Júpiter. Engendróme un varón que reina sobre muchos mirmidones, Peleo, hijo de Éaco; y este último era hijo de Jove. Y como Júpiter es más poderoso que los ríos, que corren al mar, así también los descendientes de Júpiter son más fuertes que los de los ríos. Á tu lado tienes uno grande, si es que puede auxiliarte. Mas no es posible combatir con Júpiter Saturnio. Á éste no le igualan ni el fuerte Aqueloo, ni el grande y poderoso Océano de profunda corriente, del que nacen todos los ríos, mares, fuentes y pozos; pues también el Océano teme el rayo del gran Jove y el espantoso trueno, que hace retumbar el cielo.»

200 Dijo; arrancó del escarpado borde la broncínea lanza y abandonó á Asteropeo allí, tendido en la arena, tan pronto como le hubo quitado la vida: el agua turbia bañaba el cadáver, y anguilas y peces acudieron á comer la grasa que cubría los riñones. Aquiles se fué para los peonios que peleaban en carros; los cuales huían por las márgenes del voraginoso río, desde que vieron que el más fuerte caía en el duro combate, vencido por las manos y la espada del Pelida. Éste mató entonces á Tersíloco, Midón, Astípilo, Mneso, Trasio, Enio y Ofelestes. Y á más peonios diera muerte el veloz Aquiles, si el río de profundos remolinos, irritado y transfigurado en hombre, no le hubiese dicho desde uno de los vórtices:

214 «¡Oh Aquiles! Superas á los demás hombres, lo mismo en el valor que en la comisión de acciones nefandas; porque los propios dioses te prestan constantemente su auxilio. Si el hijo de Saturno te ha concedido que destruyas á todos los teucros, apártalos de mí y ejecuta en el llano tus proezas. Mi hermosa corriente está llena de cadáveres que obstruyen el cauce y no me dejan verter el agua en la mar divina; y tú sigues matando de un modo atroz. Pero, ea, cesa ya; pues me tienes asombrado, oh príncipe de hombres.»

222 Respondióle Aquiles, el de los pies ligeros: «Se hará, oh Escamandro, alumno de Júpiter, como tú lo ordenas; pero no me abstendré de matar á los altivos teucros hasta que los encierre en la ciudad y peleando con Héctor, él me mate á mí ó yo acabe con él.»

227 Esto dicho, arremetió á los teucros, cual si fuese un dios. Y entonces el río de profundos remolinos dirigióse á Apolo:

229 «¡Oh dioses! Tú, el del arco de plata, hijo de Júpiter, no cumples las órdenes del Saturnio, el cual te encargó muy mucho que socorrieras á los teucros y les prestaras tu auxilio hasta que, llegada la tarde, se pusiera el sol y quedara á obscuras el fértil campo.»

233 Dijo. Aquiles, famoso por su lanza, saltó desde la escarpada orilla al centro del río. Pero éste le atacó enfurecido: hinchó sus aguas, revolvió la corriente, y arrastrando muchos cadáveres de hombres muertos por Aquiles, que había en el cauce, arrojólos á la orilla mugiendo como un toro; y en tanto salvaba á los vivos dentro de la corriente, ocultándolos en los profundos y anchos remolinos. Las turbias olas rodeaban á Aquiles, la corriente caía sobre su escudo y le empujaba, y el héroe ya no se podía tener en pie. Asióse entonces con ambas manos á un olmo corpulento y frondoso; pero éste, arrancado de raíz, rompió el borde escarpado, oprimió la corriente con sus muchas ramas, cayó entero al río y se convirtió en un puente. Aquiles, amedrentado, dió un salto, salió del abismo y voló con pie ligero por la llanura. Mas no por esto el gran dios desistió de perseguirle, sino que lanzó tras él olas de sombría cima con el propósito de hacer cesar al divino Aquiles de combatir y librar de la muerte á los troyanos. El Pelida salvó cerca de un tiro de lanza, dando un brinco con la impetuosidad de la rapaz águila negra, que es la más forzuda y veloz de las aves; parecido á ella, el héroe corría y el bronce resonaba horriblemente sobre su pecho. Aquiles procuraba huir, desviándose á un lado; pero la corriente se iba tras él y le perseguía con gran ruido. Como el fontanero conduce el agua desde el profundo manantial por entre las plantas de un huerto y con un azadón en la mano quita de la reguera los estorbos; y la corriente sigue su curso, y mueve las piedrecitas, pero al llegar á un declive murmura, acelera la marcha y pasa delante del que la guía; de igual modo, la corriente del río alcanzaba continuamente á Aquiles, porque los dioses son más poderosos que los hombres. Cuantas veces el divino Aquiles, el de los pies ligeros, intentaba esperarla, para ver si le perseguían todos los inmortales que tienen su morada en el espacioso cielo; otras tantas, las grandes olas del río le azotaban los hombros. El héroe, afligido en su corazón, saltaba; pero el río, siguiéndole con la rápida y tortuosa corriente, le cansaba las rodillas y le robaba el suelo allí donde ponía los pies. Y el Pelida, levantando los ojos al vasto cielo, gimió y dijo:

273 «¡Padre Júpiter! ¿Cómo no viene ningún dios á salvarme á mí, miserando, de la persecución del río; y luego sufriré cuanto sea preciso? Ninguna de las deidades del cielo tiene tanta culpa como mi madre, que me halagó con falsas predicciones: dijo que me matarían al pie del muro de los troyanos, armados de coraza, las veloces flechas de Apolo. ¡Ojalá me hubiese muerto Héctor, que es aquí el más bravo! Entonces un valiente hubiera muerto y despojado á otro valiente. Mas ahora quiere el destino que yo perezca de miserable muerte, cercado por un gran río; como el niño porquerizo á quien arrastran las aguas invernales del torrente que intentaba atravesar.»

284 Así se expresó. En seguida Neptuno y Minerva, con figura humana, cogiéronle en medio y le asieron de las manos mientras le animaban con palabras. Neptuno, que sacude la tierra, fué el primero en hablar y dijo:

288 «¡Pelida! No tiembles, ni te asustes. ¡De tal manera vamos á ayudarte, con la venia de Júpiter, yo y Palas Minerva! Porque no dispone el hado que seas muerto por el río, y éste dejará pronto de perseguirte, como verás tú mismo. Te daremos un prudente consejo, por si quieres obedecer: No descanse tu brazo en la batalla funesta hasta haber encerrado dentro de los ínclitos muros de Ilión á cuantos teucros logren escapar. Y cuando hayas privado de la vida á Héctor, vuelve á las naves; que nosotros te concedemos que alcances gloria.»

298 Dichas estas palabras, ambas deidades fueron á reunirse con los demás inmortales. Aquiles, impelido por el mandato de los dioses, enderezó sus pasos á la llanura inundada por el agua del río, en la cual flotaban cadáveres y hermosas armas de jóvenes muertos en la pelea. El héroe caminaba derechamente, saltando por el agua, sin que el anchuroso río lograse detenerlo; pues Minerva le había dado muchos bríos. Pero el Escamandro no cedía en su furor; sino que, irritándose aún más contra el Pelida, hinchaba y levantaba á lo alto sus olas y á gritos llamaba al Símois:

308 «¡Hermano querido! Juntémonos para contener la fuerza de ese hombre, que pronto tomará la gran ciudad del rey Príamo, pues los teucros no le resistirán en la batalla. Ven al momento en mi auxilio: aumenta tu caudal con el agua de las fuentes, concita á todos los arroyos, levanta grandes olas y arrastra con estrépito troncos y piedras, para que anonademos á ese feroz guerrero que ahora triunfa y piensa en hazañas propias de los dioses. Creo que no le valdrán ni su fuerza, ni su hermosura, ni sus magníficas armas, que han de quedar en el fondo de este lago cubiertas de cieno. Á él le envolveré en abundante arena, derramando en torno suyo mucho cascajo; y ni siquiera sus huesos podrán ser recogidos por los aquivos: tanto limo amontonaré encima. Y tendrá su túmulo allí mismo, y no necesitará que los aqueos se lo erijan cuando le hagan las exequias.»

324 Dijo; y, revuelto, arremetió contra Aquiles, alzándose furioso y mugiendo con la espuma, la sangre y los cadáveres. Las purpúreas ondas del río, que las celestiales lluvias alimentan, se mantenían levantadas y arrastraban al Pelida. Pero Juno, temiendo que el gran río derribara á Aquiles, gritó, y dijo en seguida á Vulcano, su hijo amado:

331 «¡Sus, Vulcano, hijo querido!; pues creemos que el Janto voraginoso es tu igual en el combate. Socorre pronto á Aquiles, haciendo aparecer inmensa llama. Voy á suscitar con el Céfiro y el veloz Noto una gran borrasca, para que viniendo del mar extienda el destructor incendio y se quemen las cabezas y las armas de los teucros. Tú abrasa los árboles de las orillas del Janto, haz que arda el mismo río y no te dejes persuadir ni con palabras dulces ni con amenazas. No cese tu furia hasta que yo te lo diga gritando; y entonces apaga el fuego infatigable.»

342 Tal fué su orden. Vulcano, arrojando una abrasadora llama, incendió primeramente la llanura y quemó muchos cadáveres de guerreros á quienes había muerto Aquiles; secóse el campo, y el agua cristalina dejó de correr. Como el Bóreas seca en el otoño un campo recién inundado y se alegra el que lo cultiva; de la misma suerte, el fuego secó la llanura entera y quemó los cadáveres. Luego Vulcano dirigió al río la resplandeciente llama y ardieron, así los olmos, los sauces y los tamariscos, como el loto, el junco y la juncia que en abundancia habían crecido junto á la corriente hermosa. Anguilas y peces padecían y saltaban acá y allá, en los remolinos ó en la corriente, oprimidos por el soplo del ingenioso Vulcano. Y el río, quemándose también, así hablaba:

357 «¡Vulcano! Ninguno de los dioses te iguala y no quiero luchar contigo ni con tu llama ardiente. Cesa de

perseguirme y en seguida el divino Aquiles arroje de la ciudad á los troyanos. ¿Qué interés tengo en la contienda ni en auxiliar á nadie?»

361 Así habló, abrasado por el fuego; y la hermosa corriente hervía. Como en una caldera puesta sobre un gran fuego, la grasa de un puerco cebado se funde, hierve y rebosa por todas partes, mientras la leña seca arde debajo; así la hermosa corriente se quemaba con el fuego y el agua hervía, y no pudiendo ir hacia adelante, paraba su curso oprimida por el vapor que con su arte produjera el ingenioso Vulcano. Y el río, dirigiendo muchas súplicas á Juno, estas aladas palabras le decía:

369 «¡Juno! ¿Por qué tu hijo maltrata mi corriente, atacándome á mí solo entre los dioses? No debo de ser para ti tan culpable como todos los demás que favorecen á los teucros. Yo desistiré de ayudarlos, si tú lo mandas; pero que éste cese también. Y juraré no librar á los troyanos del día fatal, aunque Troya entera llegue á ser pasto de las voraces llamas por haberla incendiado los belicosos aqueos.»

377 Cuando Juno, la diosa de los níveos brazos, oyó estas palabras, dijo en seguida á Vulcano, su hijo amado:

379 «¡Vulcano, hijo ilustre! Cesa ya, pues no conviene que á causa de los mortales, á un dios inmortal atormentemos.»

381 Tal dijo. Vulcano apagó la abrasadora llama, y las olas retrocedieron á la hermosa corriente. Y tan pronto como el Janto fué vencido, él y Vulcano cesaron de luchar; porque Juno, aunque irritada, los contuvo.

385 Pero una reñida y espantosa pelea se suscitó entonces entre los demás dioses: divididos en dos bandos, vinieron á las manos con fuerte estrépito; bramó la vasta tierra, y el gran cielo resonó como una trompeta. Oyólo Júpiter, sentado en el Olimpo, y con el corazón alegre reía al ver que los dioses iban á embestirse. Y ya no estuvieron separados largo tiempo; pues el primero Marte, que horada los escudos, acometiendo á Minerva con la broncínea lanza, estas injuriosas palabras le decía:

394 «¿Por qué de nuevo, oh desvergonzada, promueves la contienda entre los dioses con insaciable audacia? ¿Qué poderoso afecto te mueve? ¿Acaso no te acuerdas de cuando incitabas á Diomedes Tidida á que me hiriese, y cogiendo tú misma la reluciente pica la enderezaste contra mí y me desgarraste el hermoso cutis? Pues me figuro que ahora pagarás cuanto me hiciste.»

400 Apenas acabó de hablar, dió un bote en el escudo floqueado, horrendo, que ni el rayo de Júpiter rompería; allí acertó á dar Marte, manchado de homicidios, con la ingente lanza. Pero la diosa, volviéndose, aferró con su robusta mano una gran piedra negra y erizada de puntas que estaba en la llanura y había sido puesta por los antiguos como linde de un campo; é hiriendo con ella al furibundo Marte, dejóle sin vigor los miembros. Vino á tierra el dios y ocupó siete yugadas, el polvo manchó su cabellera y las armas resonaron. Rióse Palas Minerva; y gloriándose de la victoria, profirió estas aladas palabras:

410 «¡Necio! Aún no has comprendido que me jacto de ser mucho más fuerte y osas oponer tu furor al mío. Así padecerás, cumpliéndose las imprecaciones de tu airada madre que maquina males contra ti porque abandonaste á los aqueos y favoreces á los orgullosos teucros.»

415 Cuando esto hubo dicho, volvió á otra parte los ojos refulgentes. Venus, hija de Júpiter, asió por la mano á Marte y le acompañaba; mientras el dios daba muchos suspiros y apenas podía recobrar el aliento. Pero la vió Juno, la diosa de los níveos brazos, y al punto dijo á Minerva estas aladas palabras:

420 «¡Oh dioses! ¡Hija de Júpiter que lleva la égida! ¡Indómita deidad! Aquella desvergonzada vuelve á sacar del dañoso combate, por entre el tumulto, á Marte, funesto á los mortales. ¡Anda tras ella!»

423 De tal modo habló. Alegrósele el alma á Minerva, que corrió hacia Venus, y alzando la robusta mano descargóle un golpe sobre el pecho. Desfallecieron las rodillas y el corazón de la diosa, y ella y Marte quedaron tendidos en la fértil tierra. Y Minerva, vanagloriándose, pronunció estas aladas palabras:

428 «¡Ojalá fuesen tales cuantos auxilian á los teucros en las batallas contra los argivos, armados de coraza; así, tan audaces y atrevidos como Venus que vino á socorrer á Marte desafiando mi furor; y tiempo ha que habríamos puesto fin á la guerra, con la toma de la bien construída ciudad de Ilión!»

434 Así se expresó. Sonrióse Juno, la diosa de los níveos brazos. Y el soberano Neptuno, que sacude la tierra, dijo entonces á Apolo:

436 «¡Febo! ¿Por qué nosotros no luchamos también? No conviene abstenerse, una vez que los demás han dado principio á la pelea. Vergonzoso fuera que volviésemos al Olimpo, á la morada de Júpiter erigida sobre bronce, sin haber combatido. Empieza tú, pues eres el menor en edad y no parecería decoroso que comenzara yo que nací primero y tengo más experiencia. ¡Oh necio, y cuán irreflexivo es tu corazón! Ya no te acuerdas de los muchos males que en torno de Ilión padecimos los dos, solos entre los dioses, cuando enviados por Júpiter trabajamos un año entero para el soberbio Laomedonte; el cual, con la promesa de darnos el salario convenido, nos mandaba como señor. Yo cerqué la ciudad de los troyanos con un muro ancho y hermosísimo, para hacerla inexpugnable; y tú, Febo, pastoreabas los bueyes de tornátiles pies y curvas astas en los bosques y selvas del Ida, en valles abundoso. Mas cuando las alegres Horas trajeron el término del ajuste, el soberbio Laomedonte se negó á pagarnos el salario y nos despidió con amenazas. Á ti te amenazó con venderte, atado de pies y manos, en lejanas islas; aseguraba además que con el bronce nos cortaría á entrambos las orejas; y nosotros nos fuimos pesarosos y con el ánimo irritado porque no nos dió la paga que había prometido. ¡Y todavía se lo agradeces, favoreciendo á su pueblo, en vez de procurar con nosotros que todos los troyanos perezcan de mala muerte con sus hijos y sus castas esposas!»

461 Contestó el soberano flechador Apolo: «¡Batidor de la tierra! No me tendrías por sensato si combatiera contigo por los míseros mortales que, semejantes á las hojas, ya se hallan florecientes y vigorosos comiendo los frutos de la tierra, ya se quedan exánimes y mueren. Abstengámonos, pues, de combatir y peleen ellos entre sí.»

468 Así dijo, y le volvió la espalda; pues por respeto no quería llegar á las manos con el tío paterno. Y su hermana, la campestre Diana, que de las fieras es señora, lo increpó duramente con injuriosas voces:

472 «¿Huyes ya, Flechador, y das la victoria á Neptuno, concediéndole inmerecida gloria? ¡Necio! ¿Por qué llevas ese arco inútil? No oiga yo que te jactes en el palacio de mi padre, como hasta aquí lo hiciste ante los inmortales dioses, de luchar cuerpo á cuerpo con Neptuno.»

478 Tales fueron sus palabras, y el flechador Apolo nada respondió. Pero la venerable esposa de Júpiter, irritada, increpó á Diana, que se complace en tirar flechas, con injuriosas voces:

481 «¿Cómo es que pretendes, perra atrevida, oponerte á mí? Difícil te será resistir mi fortaleza, aunque lleves arco y Júpiter te haya hecho leona entre las mujeres y te permita matar á la que te plazca. Mejor es cazar en el monte fieras agrestes ó ciervos, que luchar denodadamente con quienes son más poderosos. Y si quieres probar el combate, empieza, para que sepas bien cuanto más fuerte soy que tú; ya que contra mí quieres emplear tus fuerzas.»

489 Dijo; asióla con la mano izquierda por ambas muñecas, quitóle de los hombros, con la derecha, el arco y el carcaj, y riendo se puso á golpear con éstos las orejas de Diana, que volvía la cabeza, ora á un lado, ora á otro, mientras las veloces flechas se esparcían por el suelo. Diana huyó llorando, como la paloma que perseguida por el gavilán vuela á refugiarse en el hueco de excavada roca, porque no había dispuesto el hado que aquél la cogiese. De igual manera huyó la diosa, vertiendo lágrimas y dejando allí arco y aljaba. Y el mensajero Argicida, dijo á Latona:

498 «¡Latona! Yo no pelearé contigo, porque es arriesgado luchar con las esposas de Júpiter, que amontona las nubes. Jáctate muy satisfecha, ante los inmortales dioses, de que me venciste con tu poderosa fuerza.»

502 Tal dijo. Latona recogió el corvo arco y las saetas que habían caído acá y allá, en medio de un torbellino de polvo; y se fué en pos de la hija. Llegó ésta al Olimpo, á la morada de Jove erigida sobre bronce; sentóse llorando en las rodillas de su padre, y el divino velo temblaba alrededor de su cuerpo. El padre Saturnio cogióla en el regazo; y sonriendo dulcemente, le preguntó:

509 «¿Cuál de los celestes dioses, hija querida, de tal modo te ha maltratado, como si en su presencia hubieses cometido alguna falta?»

511 Respondióle Diana, que se recrea con el bullicio de la caza y lleva en las sienes hermosa diadema: «Tu esposa Juno, la de los níveos brazos, me ha maltratado, padre; por ella la discordia y la contienda han surgido entre los inmortales.»

514 Así éstos conversaban. En tanto, Febo Apolo entró en la sagrada Ilión, temiendo por el muro de la bien edificada ciudad: no fuera que en aquella ocasión lo destruyesen los dánaos, contra lo ordenado por el destino. Los demás dioses sempiternos volvieron al Olimpo, irritados unos y envanecidos otros por el triunfo; y se sentaron á la vera de Júpiter, el de las sombrías nubes. Aquiles, persiguiendo á los teucros, mataba hombres y caballos. De la suerte que cuando una ciudad es presa de las llamas y llega el humo al anchuroso cielo, porque los dioses se irritaron contra ella, todos los habitantes trabajan y muchos padecen grandes males; de igual modo, Aquiles causaba á los teucros fatigas y daños.

526 El anciano Príamo estaba en la sagrada torre; y como viera al ingente Aquiles, y á los teucros puestos en confusión, huyendo espantados y sin fuerzas para resistirle, empezó á gemir y bajó de aquélla para dar órdenes á los ínclitos varones que custodiaban las puertas de la muralla:

531 «Abrid las puertas y sujetadlas con la mano, hasta que lleguen á la ciudad los guerreros que huyen espantados. Aquiles es quien los estrecha y pone en desorden, y temo que han de ocurrir desgracias. Mas, tan pronto como aquéllos respiren, refugiados dentro del muro, entornad las hojas fuertemente unidas; pues estoy con miedo de que ese hombre funesto entre por el muro.»

537 Tal fué su mandato. Abrieron las puertas, quitando los cerrojos, y á esto se debió la salvación de las tropas. Apolo saltó fuera del muro para librar de la ruina á los teucros. Éstos, acosados por la sed y llenos de polvo, huían por el campo en derechura á la ciudad y su alta muralla. Y Aquiles los perseguía impetuosamente con la lanza, teniendo el corazón poseído de violenta rabia y deseando alcanzar gloria.

544 Entonces los aqueos hubieran tomado á Troya, la de altas puertas, si Febo Apolo no hubiese incitado al divino Agenor, hijo ilustre y valiente de Antenor, á esperar á Aquiles. El dios infundióle audacia en el corazón, y para apartar de él á las crueles Parcas, se quedó á su vera, recostado en una encina y cubierto de espesa niebla. Cuando Agenor vió llegar á Aquiles, asolador de ciudades, se detuvo, y en su agitado corazón vacilaba sobre el partido que debería tomar. Y gimiendo, á su magnánimo espíritu le decía:

553 «¡Ay de mí! Si huyo del valiente Aquiles por donde los demás corren espantados y en desorden, me cogerá también y me matará sin que me pueda defender. Si dejando que éstos sean derrotados por el Pelida, me fuese por la llanura troyana, lejos del muro, hasta llegar á los bosques del Ida y me escondiera en los matorrales, podría volver á Ilión por la tarde, después de tomar un baño en el río para refrescarme y quitarme el sudor. Mas ¿por qué en tales cosas me hace pensar el corazón? No sea que aquél advierta que me alejo de la ciudad por la llanura, y persiguiéndome con ligera planta me dé alcance; y ya no podré evitar la muerte y el destino, porque Aquiles es el más fuerte de los hombres. Y si delante de la ciudad le salgo al encuentro... Vulnerable es su cuerpo por el agudo bronce, hay en él una sola alma y dicen los hombres que el héroe es mortal; pero Júpiter Saturnio le da gloria.»

571 Esto, pues, se decía; y encogiéndose, aguardó á Aquiles, porque su corazón esforzado estaba impaciente por luchar y combatir. Como la pantera, cuando oye el ladrido de los perros, sale de la poblada selva y va al encuentro del cazador, sin que arrebaten su ánimo ni el miedo ni el espanto; y si aquel se le adelanta y la hiere, no deja de pugnar, aunque esté atravesada por la jabalina, hasta venir con él á las manos ó sucumbir; de la misma suerte, el divino Agenor, hijo del preclaro Antenor, no quería huir antes de entrar en combate con Aquiles. Y cubriéndose con el liso escudo, le apuntaba la lanza, mientras decía con fuertes voces:

583 «Grandes esperanzas concibe tu ánimo, esclarecido Aquiles, de tomar en el día de hoy la ciudad de los altivos troyanos. ¡Insensato! Buen número de males habrán de padecerse todavía por causa de ella. Estamos dentro muchos y fuertes varones que, peleando por nuestros padres, esposas é hijos, salvaremos á Troya; y tú recibirás aquí mismo la muerte, á pesar de ser un terrible y audaz guerrero.»

590 Dijo. Con la robusta mano arrojó el agudo dardo, y no erró el tiro; pues acertó á dar en la pierna del héroe, debajo de la rodilla. La greba de estaño recién construída resonó horriblemente, y el bronce fué rechazado sin que lograra penetrar, porque lo impidió la armadura, regalo del dios. El Pelida arremetió á su vez con Agenor, igual á una deidad; pero Apolo no le dejó alcanzar gloria, pues arrebatando al teucro, le cubrió de espesa niebla y le mandó á la ciudad para que saliera tranquilo de la batalla.

599 Luego el Flechador apartó á Aquiles del ejército, valiéndose de un engaño. Tomó la figura de Agenor, y se puso delante del héroe, que se lanzó á perseguirle. Mientras Aquiles iba tras de Apolo, por un campo paniego, hacia el río Escamandro, de profundos vórtices, y corría muy cerca de él, pues el dios le engañaba con esta astucia á fin de que tuviera siempre la esperanza de darle alcance en la carrera, los demás teucros, huyendo en tropel, llegaron alegres á la ciudad, que se llenó con los que allí se refugiaron. Ni siquiera se atrevieron á esperarse los unos á los otros, fuera de la ciudad y del muro, para saber quiénes habían escapado y quiénes habían muerto en la batalla, sino que se entraron presurosos por la ciudad, cuantos, merced á sus pies y á sus rodillas, lograron salvarse.

CANTO XXII
MUERTE DE HÉCTOR

1 Los teucros, refugiados en la ciudad como cervatos, se recostaban en los hermosos baluartes, refrigeraban el sudor y bebían para apagar la sed; y en tanto, los aqueos se iban acercando á la muralla, protegiendo sus hombros con los escudos. El hado funesto sólo detuvo á Héctor para que se quedara fuera de Ilión, en las puertas Esceas. Y Febo Apolo dijo al Pelida:

8 «¿Por qué, oh hijo de Peleo, persigues en veloz carrera, siendo tú mortal, á un dios inmortal? Aún no conociste que soy una deidad, y no cesa tu deseo de alcanzarme. Ya no te cuidas de pelear con los teucros, á quienes pusiste en fuga; y éstos han entrado en la población, mientras te extraviabas viniendo aquí. Pero no me matarás, porque el hado no me condenó á morir.»

14 Muy indignado le respondió Aquiles, el de los pies ligeros: «¡Oh Flechador, el más funesto de todos los dioses! Me engañaste, trayéndome acá desde la muralla, cuando todavía hubieran mordido muchos la tierra antes de llegar á Ilión. Me has privado de alcanzar una gloria no pequeña, y has salvado con facilidad á los teucros, porque no temías que luego me vengara. Y ciertamente me vengaría de ti, si mis fuerzas lo permitieran.»

21 Dijo, y muy alentado, se encaminó apresuradamente á la ciudad, como el corcel vencedor en la carrera de carros trota veloz por el campo; tan ligeramente movía Aquiles pies y rodillas.

25 El anciano Príamo fué el primero que con sus propios ojos le vió venir por la llanura, tan resplandeciente como el astro que en el otoño se distingue por sus vivos rayos entre muchas estrellas durante la noche obscura y recibe el nombre de perro de Orión, el cual con ser brillantísimo constituye una señal funesta, porque trae excesivo calor á los míseros mortales; de igual manera centelleaba el bronce sobre el pecho del héroe, mientras éste corría. Gimió el viejo, golpeóse la cabeza con las manos levantadas y profirió grandes voces y lamentos, dirigiendo súplicas á su hijo. Héctor continuaba inmóvil ante las puertas y sentía vehemente deseo de combatir con Aquiles. Y el anciano, tendiéndole los brazos, le decía en tono lastimero:

38 «¡Héctor, hijo querido! No aguardes, solo y lejos de los amigos, á ese hombre, para que no mueras presto á manos del Pelida, que es mucho más vigoroso. ¡Cruel! Así fuera tan caro á los dioses, como á mí: pronto se lo comerían, tendido en el suelo, los perros y los buitres, y mi corazón se libraría del terrible pesar. Me ha privado de muchos y valientes hijos, matando á unos y vendiendo á otros en remotas islas. Y ahora que los teucros se han encerrado en la ciudad, no acierto á ver á mis dos hijos Licaón y Polidoro, que parió Laótoe, ilustre entre las mujeres. Si están vivos en el ejército, los rescataremos con oro y bronce, que todavía lo hay en el palacio; pues á Laótoe la dotó espléndidamente su anciano padre, el ínclito Altes. Pero si han muerto y se hallan en la morada de Plutón, el mayor dolor será para su madre y para mí que los engendramos; porque el del pueblo durará menos, si no mueres tú, vencido por Aquiles. Ven adentro del muro, hijo querido, para que salves á los troyanos y á las troyanas; y no quieras proporcionar inmensa gloria al Pelida y perder tú mismo la existencia. Compadécete también de mí, de este infeliz y desgraciado que aún conserva la razón; pues el padre Saturnio me hará perecer en la senectud y con aciaga suerte, después de presenciar muchas desventuras: muertos mis hijos, esclavizadas mis hijas, destruídos los tálamos, arrojados los niños por el suelo en el terrible combate y las nueras arrastradas por las funestas manos de los aqueos. Y cuando, por fin, alguien me deje sin vida los miembros, hiriéndome con el agudo bronce ó con arma arrojadiza, los voraces perros que con comida de mi mesa crié en el palacio para que lo guardasen, despedazarán mi cuerpo en la puerta exterior, beberán mi sangre, y saciado el apetito, se tenderán en el pórtico. Yacer en el suelo, habiendo sido atravesado en la lid por el agudo bronce, es decoroso para un joven, y cuanto de él pueda verse, todo es bello, á pesar de la muerte; pero que los perros destrocen la cabeza y la barba encanecidas y las vergüenzas de un anciano muerto en la guerra, es lo más triste de cuanto les puede ocurrir á los míseros mortales.»

77 Así se expresó el anciano, y con las manos se arrancaba de la cabeza muchas canas, pero no logró persuadir á Héctor. La madre de éste, que en otro sitio se lamentaba llorosa, desnudó el seno, mostróle el pecho, y derramando lágrimas, dijo estas aladas palabras:

82 «¡Héctor! ¡Hijo mío! Respeta este seno y apiádate de mí. Si en otro tiempo te daba el pecho para acallar tu lloro, acuérdate de tu niñez, hijo amado; y penetrando en la muralla, rechaza desde la misma á ese enemigo y no salgas á su encuentro. ¡Cruel! Si te mata, no podré llorarte en tu lecho, querido pimpollo á quien parí, y tampoco podrá hacerlo tu rica esposa; porque los veloces perros te devorarán muy lejos de nosotras, junto á las naves argivas.»

90 De esta manera Príamo y Hécuba hablaban á su hijo, llorando y dirigiéndole muchas súplicas, sin que lograsen persuadirle, pues Héctor seguía aguardando á Aquiles, que ya se acercaba. Como silvestre dragón que, habiendo comido hierbas venenosas, espera ante su guarida á un hombre y con feroz cólera echa terribles miradas y se enrosca en la entrada de la cueva; así Héctor, con inextinguible valor, permanecía quieto, desde que arrimó el terso escudo á la torre prominente. Y gimiendo, á su magnánimo espíritu le decía:

99 «¡Ay de mí! Si traspongo las puertas y el muro, el primero en dirigirme reproches será Polidamante, el cual me aconsejaba que trajera el ejército á la ciudad la noche en que Aquiles decidió volver á la pelea. Pero yo no me dejé persuadir—mucho mejor hubiera sido aceptar su consejo,—y ahora que he causado la ruina del ejército con mi imprudencia, temo á los troyanos y á las troyanas, de rozagantes peplos, y que alguien menos valiente que yo exclame:

Héctor, fiado en su pujanza, perdió las tropas. Así hablarán; y preferible fuera volver á la población después de matar á Aquiles, ó morir gloriosamente ante la misma. ¿Y si ahora, dejando en el suelo el abollonado escudo y el fuerte casco y apoyando la pica contra el muro, saliera al encuentro de Aquiles, le dijera que permitía á los Atridas llevarse á Helena y las riquezas que Alejandro trajo á Ilión en las cóncavas naves, que esto fué lo que originó la guerra, y le ofreciera repartir á los aqueos la mitad de lo que la ciudad contiene; y más tarde tomara juramento á los troyanos de que, sin ocultar nada, formarían dos lotes con cuantos bienes existen dentro de esta hermosa ciudad?... Mas ¿por qué en tales cosas me hace pensar el corazón? No, no iré á suplicarle; que, sin tenerme compasión ni respeto, me mataría inerme, como á una mujer, tan pronto como dejara las armas. Imposible es conversar con él desde lo alto de una encina ó de una roca, como un mancebo y una doncella: sí, como un mancebo y una doncella suelen conversar. Mejor será empezar el combate, para que veamos pronto á quién el Olímpico concede la victoria.»

131 Tales pensamientos revolvía en su mente, sin moverse de aquel sitio, cuando se le acercó Aquiles, cual si fuese Marte, el impetuoso luchador, con el terrible fresno del Pelión sobre el hombro derecho y el cuerpo protegido por el bronce que brillaba como el resplandor del encendido fuego ó del sol naciente. Héctor, al verle, se echó á temblar y ya no pudo permanecer allí; sino que dejó las puertas y huyó espantado. Y el Pelida, confiando en sus pies ligeros, corrió en seguimiento del mismo. Como en el monte el gavilán, que es el ave más ligera, se lanza con fácil vuelo tras la tímida paloma; ésta huye con tortuosos giros y aquél la sigue de cerca, dando agudos graznidos y acometiéndola repetidas veces, porque su ánimo le incita á cogerla; así Aquiles volaba enardecido y Héctor movía las ligeras rodillas huyendo azorado en torno de la muralla de Troya. Corrían siempre por la carretera, fuera del muro, dejando á sus espaldas la atalaya y el lugar ventoso donde estaba el cabrahigo; y llegaron á los dos cristalinos manantiales, que son las fuentes del Janto voraginoso. El primero tiene el agua caliente y lo cubre el humo como si hubiera allí un fuego abrasador; el agua que del segundo brota es en el verano como el granizo, la fría nieve ó el hielo. Cerca de ambos hay unos lavaderos de piedra, grandes y hermosos, donde las esposas y las bellas hijas de los troyanos solían lavar sus magníficos vestidos en tiempo de paz, antes que llegaran los aqueos. Por allí pasaron, el uno huyendo y el otro persiguiéndole: delante, un valiente huía, pero otro más fuerte le perseguía con ligereza; porque la contienda no era sobre una víctima ó una piel de buey, premios que suelen darse á los vencedores en la carrera, sino sobre la vida de Héctor, domador de caballos. Como los solípedos corceles que toman parte en los juegos en honor de un difunto, corren velozmente en torno de la meta donde se ha colocado como premio importante un trípode ó una mujer; de semejante modo, aquéllos dieron tres veces la vuelta á la ciudad de Príamo, corriendo con ligera planta. Todas las deidades los contemplaban. Y Júpiter, padre de los hombres y de los dioses, comenzó á decir:

168 «¡Oh dioses! Con mis ojos veo á un caro varón perseguido en torno del muro. Mi corazón se compadece de Héctor que tantos muslos de buey ha quemado en mi obsequio en las cumbres del Ida, en valles abundoso, y en la ciudadela de Troya; y ahora el divino Aquiles le persigue con sus ligeros pies en derredor de la ciudad de Príamo. Ea, deliberad, oh dioses, y decidid si le salvaremos de la muerte ó dejaremos que, á pesar de ser esforzado, sucumba á manos del Pelida Aquiles.»

177 Respondióle Minerva, la diosa de los brillantes ojos: «¡Oh padre, que lanzas el ardiente rayo y amontonas las nubes! ¿Qué dijiste? ¿De nuevo quieres librar de la muerte horrísona á ese hombre mortal, á quien tiempo ha que el hado condenó á morir? Hazlo, pero no todos los dioses te lo aprobaremos.»

182 Contestó Júpiter, que amontona las nubes: «Tranquilízate, Tritogenia, hija querida. No hablo con ánimo benigno, pero contigo quiero ser complaciente. Obra conforme á tus deseos y no desistas.»

186 Con tales voces instigóle á hacer lo que ella misma deseaba, y Minerva bajó en raudo vuelo de las cumbres del Olimpo.

188 En tanto, el veloz Aquiles perseguía y estrechaba sin cesar á Héctor. Como el perro va en el monte por valles y cuestas tras el cervatillo que levantó de la cama, y si éste se esconde, azorado, debajo de los arbustos, corre aquél rastreando hasta que nuevamente lo descubre; de la misma manera, el Pelida, de pies ligeros, no perdía de vista á Héctor. Cuantas veces el troyano intentaba encaminarse á las puertas Dardanias, al pie de las torres bien construídas, por si desde arriba le socorrían disparando flechas; otras tantas, Aquiles, adelantándosele, le apartaba hacia la llanura, y aquél volaba sin descanso cerca de la ciudad. Como en sueños ni el que persigue puede alcanzar al perseguido, ni éste huir de aquél; de igual manera, ni Aquiles con sus pies podía dar alcance á Héctor, ni Héctor escapar de Aquiles. ¿Y cómo Héctor se hubiera librado entonces de la muerte que le estaba destinada, si Apolo, acercándosele por la postrera y última vez, no le hubiese dado fuerzas y agilitado sus rodillas?

205 El divino Aquiles hacía con la cabeza señales negativas á los guerreros, no permitiéndoles disparar amargas flechas contra Héctor: no fuera que alguien alcanzara la gloria de herir al caudillo y él llegase el segundo. Mas cuando en la cuarta vuelta llegaron á los manantiales, el padre Jove tomó la balanza de oro, puso en la misma dos suertes—la de Aquiles y la de Héctor, domador de caballos—para saber á quién estaba reservada la dolorosa muerte; cogió por el medio la balanza, la desplegó, y tuvo más peso el día fatal de Héctor, que descendió hasta el Orco. Al instante Febo Apolo desamparó al troyano. Minerva, la diosa de los brillantes ojos, se acercó al Pelida, y le dijo estas aladas palabras:

216 «Espero, oh esclarecido Aquiles, caro á Júpiter, que nosotros dos proporcionaremos á los aqueos inmensa gloria, pues al volver á las naves habremos muerto á Héctor, aunque sea infatigable en la batalla. Ya no se nos puede escapar, por más cosas que haga el flechador Apolo, postrándose á los pies del padre Jove, que lleva la égida. Párate y respira; é iré á persuadir á Héctor para que luche contigo frente á frente.»

224 Así habló Minerva. Aquiles obedeció, con el corazón alegre, y se detuvo en seguida, apoyándose en el arrimo de la pica de asta de fresno y broncínea punta. La diosa dejóle y fué á encontrar al divino Héctor. Y tomando la figura y la voz infatigable de Deífobo, llegóse al héroe y pronunció estas aladas palabras:

229 «¡Mi buen hermano! Mucho te estrecha el veloz Aquiles, persiguiéndote con ligero pie alrededor de la ciudad de Príamo. Ea, detengámonos y rechacemos su ataque.»

232 Respondióle el gran Héctor, de tremolante casco: «¡Deífobo! Siempre has sido para mí el hermano predilecto entre cuantos somos hijos de Hécuba y de Príamo; pero desde ahora me propongo tenerte en mayor aprecio, porque

al verme con tus ojos osaste salir del muro y los demás han permanecido dentro.»

238 Contestó Minerva, la diosa de los brillantes ojos: «¡Mi buen hermano! El padre, la venerable madre y los amigos abrazábanme las rodillas y me suplicaban que me quedara con ellos—¡de tal modo tiemblan todos!;—pero mi ánimo se sentía atormentado por grave pesar. Ahora peleemos con brío y sin dar reposo á la pica, para que veamos si Aquiles nos mata y se lleva nuestros sangrientos despojos á las cóncavas naves, ó sucumbe vencido por tu lanza.»

246 Así diciendo, Minerva, para engañarle, empezó á caminar. Cuando ambos guerreros se hallaron frente á frente, dijo el primero el gran Héctor, de tremolante casco:

250 «No huiré más de ti, oh hijo de Peleo, como hasta ahora. Tres veces dí la vuelta, huyendo, en torno de la gran ciudad de Príamo, sin atreverme nunca á esperar tu acometida. Mas ya mi ánimo me impele á afrontarte, ora te mate, ora me mates tú. Ea, pongamos á los dioses por testigos, que serán los mejores y los que más cuidarán de que se cumplan nuestros pactos: Yo no te insultaré cruelmente, si Jove me concede la victoria y logro quitarte la vida; pues tan luego como te haya despojado de las magníficas armas, oh Aquiles, entregaré el cadáver á los aqueos. Obra tú conmigo de la misma manera.»

260 Mirándole con torva faz, respondió Aquiles, el de los pies ligeros: «¡Héctor, á quien no puedo olvidar! No me hables de convenios. Como no es posible que haya fieles alianzas entre los leones y los hombres, ni que estén de acuerdo los lobos y los corderos, sino que piensan continuamente en causarse daño unos á otros; tampoco puede haber entre nosotros ni amistad ni pactos, hasta que caiga uno de los dos y sacie de sangre á Marte, infatigable combatiente. Revístete de toda clase de valor, porque ahora te es muy preciso obrar como belicoso y esforzado campeón. Ya no te puedes escapar. Palas Minerva te hará sucumbir pronto, herido por mi lanza, y pagarás todos juntos los dolores de mis amigos, á quienes mataste cuando manejabas furiosamente la pica.»

273 En diciendo esto, blandió y arrojó la fornida lanza. El esclarecido Héctor, al verla venir, se inclinó para evitar el golpe: clavóse aquélla en el suelo, y Palas Minerva la arrancó y devolvió á Aquiles, sin que Héctor, pastor de hombres, lo advirtiese. Y Héctor dijo al eximio Pelida:

279 «¡Erraste el golpe, deiforme Aquiles! Nada te había revelado Júpiter acerca de mi destino, como afirmabas; has sido un hábil forjador de engañosas palabras, para que, temiéndote, me olvidara de mi valor y de mi fuerza. Pero no me clavarás la pica en la espalda, huyendo de ti: atraviésame el pecho cuando animoso y frente á frente te acometa, si un dios te lo permite. Y ahora guárdate de mi broncínea lanza. ¡Ojalá que todo su hierro se escondiera en tu cuerpo! La guerra sería más liviana para los teucros, si tú murieses; porque eres su mayor azote.»

289 Así habló; y blandiendo la ingente lanza, despidióla sin errar el tiro; pues dió un bote en el escudo del Pelida. Pero la lanza fué rechazada por la rodela, y Héctor se irritó al ver que aquélla había sido arrojada inútilmente por su brazo; paróse, bajando la cabeza, pues no tenía otra lanza de fresno; y con recia voz llamó á Deífobo, el de luciente escudo, y le pidió una larga pica. Deífobo ya no estaba á su vera. Entonces Héctor comprendiólo todo, y exclamó:

297 «¡Oh! Ya los dioses me llaman á la muerte. Creía que el héroe Deífobo se hallaba conmigo, pero está dentro del muro, y fué Minerva quien me engañó. Cercana tengo la perniciosa muerte que ni tardará, ni puedo evitarla. Así les habrá placido que sea, desde hace tiempo, á Júpiter y á su hijo, el Flechador; los cuales, benévolos para conmigo, me salvaban de los peligros. Cumplióse mi destino. Pero no quisiera morir cobardemente y sin gloria; sino realizando algo grande que llegara á conocimiento de los venideros.»

306 Esto dicho, desenvainó la aguda espada, grande y fuerte, que llevaba en el costado. Y encogiéndose, se arrojó como el águila de alto vuelo se lanza á la llanura, atravesando las pardas nubes, para arrebatar la tierna corderilla ó la tímida liebre; de igual manera arremetió Héctor, blandiendo la aguda espada. Aquiles embistióle, á su vez, con el corazón rebosante de feroz cólera: defendía su pecho con el magnífico escudo labrado, y movía el luciente casco de cuatro abolladuras, haciendo ondear las bellas y abundantes crines de oro que Vulcano colocara en la cimera. Como el Véspero, que es el lucero más hermoso de cuantos hay en el cielo, se presenta rodeado de estrellas en la obscuridad de la noche; de tal modo brillaba la pica de larga punta que en su diestra blandía Aquiles, mientras pensaba en causar daño al divino Héctor y miraba cuál parte del hermoso cuerpo del héroe ofrecería menos resistencia. Éste lo tenía protegido por la excelente armadura que quitó á Patroclo después de matarle, y sólo quedaba descubierto el lugar en que las clavículas separan el cuello de los hombros, la garganta, que es el sitio por donde más pronto sale el alma: por allí el divino Aquiles envasóle la pica á Héctor que ya le atacaba, y la punta, atravesando el delicado cuello, asomó por la nuca. Pero no le cortó el garguero con la pica de fresno que el bronce hacía ponderosa, para que pudiera hablar algo y responderle. Héctor cayó en el polvo, y el divino Aquiles se jactó del triunfo, diciendo:

331 «¡Héctor! Cuando despojabas el cadáver de Patroclo, sin duda te creíste salvado y no me temiste á mí porque me hallaba ausente. ¡Necio! Quedaba yo como vengador, mucho más fuerte que él, en las cóncavas naves, y te he quebrado las rodillas. Á ti los perros y las aves te despedazarán ignominiosamente, y á Patroclo los aqueos le harán honras fúnebres.»

336 Con lánguida voz respondióle Héctor, el de tremolante casco: «Te lo ruego por tu alma, por tus rodillas y por tus padres: ¡No permitas que los perros me despedacen y devoren junto á las naves aqueas! Acepta el bronce y el oro que en abundancia te darán mi padre y mi veneranda madre, y entrega á los míos el cadáver para que lo lleven á mi casa, y los troyanos y sus esposas lo pongan en la pira.»

344 Mirándole con torva faz, le contestó Aquiles, el de los pies ligeros: «No me supliques, ¡perro!, por mis rodillas ni por mis padres. Ojalá el furor y el coraje me incitaran á cortar tus carnes y á comérmelas crudas. ¡Tales agravios me has inferido! Nadie podrá apartar de tu cabeza á los perros, aunque me den diez ó veinte veces el debido rescate y me prometan más, aunque Príamo Dardánida ordene redimirte á peso de oro; ni aun así, la veneranda madre que te dió á luz te pondrá en un lecho para llorarte, sino que los perros y las aves de rapiña destrozarán tu cuerpo.»

355 Contestó, ya moribundo, Héctor, el de tremolante casco: «Bien te conozco, y no era posible que te persuadiese, porque tienes en el pecho un corazón de hierro. Guárdate de que atraiga sobre ti la cólera de los dioses, el día en que Paris y Febo Apolo te harán perecer, no obstante tu valor, en las puertas Esceas.»

361 Apenas acabó de hablar, la muerte le cubrió con su manto: el alma voló de los miembros y descendió al Orco, llorando su suerte, porque dejaba un cuerpo vigoroso y joven. Y el divino Aquiles le dijo, aunque muerto le viera:

365 «¡Muere! Y yo perderé la vida cuando Júpiter y los demás dioses inmortales dispongan que se cumpla mi destino.»

367 Dijo; arrancó del cadáver la broncínea lanza y, dejándola á un lado, quitóle de los hombros las ensangrentadas armas. Acudieron presurosos los demás aqueos, admiraron todos el continente y la arrogante figura de Héctor y ninguno dejó de herirle. Y hubo quien, contemplándole, habló así á su vecino:

373 «¡Oh dioses! Héctor es ahora mucho más blando en dejarse palpar que cuando incendió las naves con el ardiente fuego.»

375 Así algunos hablaban, y acercándose le herían. El divino Aquiles, ligero de pies, tan pronto como hubo despojado el cadáver, se puso en medio de los aqueos y pronunció estas aladas palabras:

378 «¡Oh amigos, capitanes y príncipes de los argivos! Ya que los dioses nos concedieron vencer á ese guerrero que causó mucho más daño que todos los otros juntos, ea, sin dejar las armas cerquemos la ciudad para conocer cuál es el propósito de los troyanos: si abandonarán la ciudadela por haber sucumbido Héctor, ó se atreverán á quedarse todavía á pesar de que éste ya no existe. Mas ¿por qué en tales cosas me hace pensar el corazón? En las naves yace Patroclo muerto, insepulto y no llorado; y no le olvidaré, en tanto me halle entre los vivos y mis rodillas se muevan; y si en el Orco se olvida á los muertos, aun allí me acordaré del compañero amado. Ahora, ea, volvamos, cantando el peán, á las cóncavas naves, y llevémonos este cadáver. Hemos ganado una gran victoria: matamos al divino Héctor, á quien dentro de la ciudad los troyanos dirigían votos cual si fuese un dios.»

395 Dijo; y para tratar ignominiosamente al divino Héctor, le horadó los tendones de detrás de ambos pies desde el tobillo hasta el talón; introdujo correas de piel de buey, y le ató al carro, de modo que la cabeza fuese arrastrando; luego, recogiendo la magnífica armadura, subió y picó á los caballos para que arrancaran, y éstos volaron gozosos. Gran polvareda levantaba el cadáver mientras era arrastrado: la negra cabellera se esparcía por el suelo, y la cabeza, antes tan graciosa, se hundía en el polvo; porque Júpiter la entregó entonces á los enemigos, para que allí, en su misma patria, la ultrajaran.

405 Así la cabeza de Héctor se manchaba de polvo. La madre, al verlo, se arrancaba los cabellos; y arrojando de sí el blanco velo, prorrumpió en tristísimos sollozos. El padre suspiraba lastimeramente, y alrededor de él y por la ciudad el pueblo gemía y se lamentaba. No parecía sino que la excelsa Ilión fuese desde su cumbre devorada por el fuego. Los guerreros apenas podían contener al anciano, que, excitado por el pesar, quería salir por las puertas Dardanias; y revolcándose en el lodo, les suplicaba á todos llamándoles por sus respectivos nombres:

416 «Dejadme, amigos, por más intranquilos que estéis; permitid que, saliendo solo de la ciudad, vaya á las naves aqueas y ruegue á ese hombre pernicioso y violento: acaso respete mi edad y se apiade de mi vejez. Tiene un padre como yo, Peleo, el cual le engendró y crió para que fuese una plaga de los troyanos; pero es á mí á quien ha causado más pesares. ¡Á cuántos hijos míos mató, que se hallaban en la flor de la juventud! Pero no me lamento tanto por ellos, aunque su suerte me haya afligido, como por uno cuya pérdida me causa el vivo dolor que me precipitará al Orco: por Héctor, que hubiera debido morir en mis brazos, y entonces nos hubiésemos saciado de llorarle y plañirle la infortunada madre que le dió á luz y yo mismo.»

429 Así habló, llorando, y los ciudadanos suspiraron. Y Hécuba comenzó entre las troyanas el funeral lamento:

431 «¡Oh hijo! ¡Ay de mí, desgraciada! ¿Por qué viviré después de padecer terribles penas y de haber muerto tú? Día y noche eras en la ciudad motivo de orgullo para mí y el baluarte de los troyanos y troyanas, que te saludaban como á un dios. Vivo, constituías una excelsa gloria para ellos; pero ya la muerte y el hado te alcanzaron.»

437 Así dijo, llorando. La esposa de Héctor nada sabía, pues ningún mensajero le llevó la noticia de que su marido se quedara fuera del muro; y en lo más hondo del alto palacio tejía una tela doble y purpúrea, que adornaba con labores de variado color. Había mandado á las esclavas de hermosas trenzas que pusieran al fuego un trípode grande, para que Héctor se bañase en agua tibia al volver de la batalla. ¡Insensata! Ignoraba que Minerva, la de los brillantes ojos, le había hecho sucumbir lejos del baño á manos de Aquiles. Pero oyó gemidos y lamentaciones que venían de la torre, estremeciéronse sus miembros, y la lanzadera le cayó al suelo. Y al instante dijo á las esclavas de hermosas trenzas:

450 «Venid, seguidme dos; voy á ver qué ocurre. Oí la voz de mi venerable suegra; el corazón me salta en el pecho hacia la boca y mis rodillas se entumecen: algún infortunio amenaza á los hijos de Príamo. ¡Ojalá que tal noticia nunca llegue á mis oídos! Pero mucho temo que el divino Aquiles haya separado de la ciudad á mi Héctor audaz, le persiga á él solo por la llanura y acabe con el funesto valor que siempre tuvo; porque jamás en la batalla se quedó entre la turba de los combatientes, sino que se adelantaba mucho y en bravura á nadie cedía.»

460 Dicho esto, salió apresuradamente del palacio como una loca, palpitándole el corazón; y dos esclavas la acompañaron. Mas, cuando llegó á la torre y á la multitud de gente que allí se encontraba, se detuvo, y desde el muro registró el campo: en seguida vió que los veloces caballos arrastraban cruelmente el cadáver de Héctor fuera de la ciudad, hacia las cóncavas naves de los aqueos; las tinieblas de la noche velaron sus ojos, cayó de espaldas y se le desmayó el alma. Arrancóse de su cabeza los vistosos lazos, la diadema, la redecilla, la trenzada cinta y el velo que la dorada Venus le había dado el día en que Héctor se la llevó del palacio de Eetión, constituyéndole una gran dote. Á su alrededor hallábanse muchas cuñadas y concuñadas suyas, las cuales la sostenían aturdida como si fuera á perecer. Cuando volvió en sí y recobró el aliento, lamentándose con desconsuelo, dijo entre las troyanas:

477 «¡Héctor! ¡Ay de mí, infeliz! Ambos nacimos con la misma suerte, tú en Troya, en el palacio de Príamo; yo en Tebas, al pie del selvoso Placo, en el alcázar de Eetión, el cual me crió cuando niña para que fuese desventurada como él. ¡Ojalá no me hubiera engendrado! Ahora tú desciendes á la mansión del Orco, en el seno de la tierra, y me dejas en el palacio viuda y sumida en triste duelo. Y el hijo, aún infante, que engendramos tú y yo, infortunados... Ni tú serás su amparo, oh Héctor, pues has fallecido; ni él el tuyo. Si escapa con vida de la luctuosa guerra de los aqueos, tendrá siempre fatigas y pesares; y los demás se apoderarán de sus campos, cambiando de sitio los mojones. El mismo día en que un niño queda huérfano, pierde todos los amigos; y en adelante va cabizbajo y con las mejillas

bañadas en lágrimas. Obligado por la necesidad, dirígese á los amigos de su padre, tirándoles ya del manto ya de la túnica; y alguno, compadecido, le alarga un vaso pequeño con el cual mojará los labios, pero no llegará á humedecer la garganta. El niño que tiene los padres vivos le echa del festín, dándole puñadas é increpándolo con injuriosas voces: ¡Vete, enhoramala!, le dice, que tu padre no come á escote con nosotros. Y volverá á su madre viuda, llorando, el huérfano Astianacte, que en otro tiempo, sentado en las rodillas de su padre, sólo comía médula y grasa pingüe de ovejas, y cuando se cansaba de jugar y se entregaba al sueño, dormía en blanda cama, en brazos de la nodriza, con el corazón lleno de gozo; mas ahora que ha muerto su padre, mucho tendrá que padecer Astianacte, á quien los troyanos llamaban así porque sólo tú, oh Héctor, defendías las puertas y los altos muros. Y á ti, cuando los perros te hayan despedazado, los movedizos gusanos te comerán desnudo, junto á las corvas naves; habiendo en el palacio vestiduras finas y hermosas, que las esclavas hicieron con sus manos. Arrojaré todas estas vestiduras al ardiente fuego; y ya que no te aprovechen, pues no yacerás en ellas, constituirán para ti un motivo de gloria á los ojos de los troyanos y de las troyanas.»

515 Tal dijo, llorando, y las mujeres gimieron.

CANTO XXIII
JUEGOS EN HONOR DE PATROCLO

1 Así gemían los teucros en la ciudad. Los aqueos, una vez llegados á las naves y al Helesponto, se fueron á sus respectivos bajeles. Pero á los mirmidones no les permitió Aquiles que se dispersaran; y puesto en medio de los belicosos compañeros, les dijo:

6 «¡Mirmidones, de rápidos corceles, mis compañeros amados! No desatemos del yugo los solípedos bridones; acerquémonos con ellos y los carros á Patroclo, y llorémosle, que éste es el honor que á los muertos se les debe. Y cuando nos hayamos saciado de triste llanto, desunciremos los caballos y aquí mismo cenaremos todos.»

12 Así habló. Ellos seguían á Aquiles y gemían con frecuencia. Y sollozando dieron tres vueltas alrededor del cadáver con los caballos de hermoso pelo: Tetis se hallaba entre los guerreros y les excitaba el deseo de llorar. Regadas de lágrimas quedaron las arenas, regadas de lágrimas se veían las armaduras de los hombres. ¡Tal era el héroe, causa de fuga para los enemigos, de quien entonces padecían soledad! Y el Pelida comenzó entre ellos el funeral lamento colocando sus manos homicidas sobre el pecho del difunto: «¡Alégrate, oh Patroclo, aunque estés en el Orco! Ya voy á cumplirte cuanto te prometiera: he traído arrastrando el cadáver de Héctor, que entregaré á los perros para que lo despedacen cruelmente; y degollaré ante tu pira á doce hijos de troyanos ilustres, por la cólera que me causó tu muerte.»

24 Dijo; y para tratar ignominiosamente al divino Héctor, lo tendió boca abajo en el polvo, cabe al lecho del hijo de Menetio. Quitáronse todos la luciente armadura de bronce, desuncieron los corceles, de sonoros relinchos, y sentáronse en gran número cerca de la nave del Eácida, el de los pies ligeros, que les dió un banquete funeral espléndido. Muchos bueyes blancos, ovejas y balantes cabras palpitaban al ser degollados con el hierro; gran copia de grasos puercos, de albos dientes, se asaban, extendidos sobre las brasas; y en torno del cadáver, la sangre corría en abundancia por todas partes.

35 Los reyes aqueos llevaron al Pelida, de pies ligeros, que tenía el corazón afligido por la muerte del compañero, á la tienda de Agamenón Atrida, después de persuadirle con mucho trabajo; ya en ella, mandaron á los heraldos, de voz sonora, que pusieran al fuego un gran trípode por si lograban que aquél se lavase las manchas de sangre y polvo. Pero Aquiles se negó obstinadamente, é hizo, además, un juramento:

43 «¡No, por Júpiter, que es el supremo y más poderoso de los dioses! No es justo que el baño moje mi cabeza hasta que ponga á Patroclo en la pira, le erija un túmulo y me corte la cabellera; porque un pesar tan grande jamás, en la vida, volveré á sentirlo mi corazón. Ahora celebremos el triste banquete; y cuando se descubra la aurora, manda, oh rey de hombres Agamenón, que traigan leña y la coloquen como conviene á un muerto que baja á la región sombría, para que pronto el fuego infatigable consuma y haga desaparecer de nuestra vista el cadáver de Patroclo, y los guerreros vuelvan á sus ocupaciones.»

54 Así se expresó; y ellos le escucharon y obedecieron. Dispuesta con prontitud la cena, banquetearon, y nadie careció de su respectiva porción. Mas después que hubieron satisfecho de comida y de bebida al apetito, se fueron á dormir á sus tiendas. Quedóse el hijo de Peleo con muchos mirmidones, dando profundos suspiros, á orillas del estruendoso mar, en un lugar limpio donde las olas bañaban la playa; pero no tardó en vencerle el sueño, que disipa los cuidados del ánimo, esparciéndose suave en torno suyo; pues el héroe había fatigado mucho sus fornidos miembros persiguiendo á Héctor alrededor de la ventosa Troya. Entonces vino á encontrarle el alma del mísero Patroclo, semejante en un todo á éste cuando vivía, tanto por su estatura y hermosos ojos, como por las vestiduras que llevaba; y poniéndose sobre la cabeza de Aquiles, le dijo estas palabras:

69 «¿Duermes, Aquiles, y me tienes olvidado? Te cuidabas de mí mientras vivía, y ahora que he muerto me abandonas. Entiérrame cuanto antes, para que pueda pasar las puertas del Orco; pues las almas, que son imágenes de los difuntos, me rechazan y no me permiten que atraviese el río y me junte con ellas; y de este modo voy errante por los alrededores del palacio, de anchas puertas, de Plutón. Dame la mano, te lo pido llorando; pues ya no volveré del Orco cuando hayáis entregado mi cadáver al fuego. Ni ya, gozando de vida, conversaremos separadamente de los amigos; pues me devoró la odiosa muerte que el hado, cuando nací, me deparara. Y tu destino es también, oh Aquiles, semejante á los dioses, morir al pie de los muros de los nobles troyanos. Otra cosa te diré y encargaré; por si quieres complacerme. No dejes mandado, oh Aquiles, que pongan tus huesos separados de los míos: ya que juntos nos hemos criado en tu palacio, desde que Menetio me llevó desde Opunte á vuestra casa por un deplorable homicidio—cuando encolerizándome en el juego de la taba maté involuntariamente al hijo de Anfidamante,—y el caballero Peleo me acogió en su morada, me crió con regalo y me nombró tu escudero; así también, una misma urna, la ánfora de oro que te dió tu veneranda madre, guarde nuestros huesos.»

93 Respondióle Aquiles, el de los pies ligeros: «¿Por qué, caro amigo, vienes á encargarme estas cosas? Te obedeceré y lo cumpliré todo como lo mandas. Pero acércate y abracémonos, aunque sea por breves instantes, para saciarnos de triste llanto.»

99 En diciendo esto, le tendió los brazos, pero no consiguió asirlo: disipóse el alma cual si fuese humo y penetró en la tierra dando chillidos. Aquiles se levantó atónito, dió una palmada y exclamó con voz lúgubre:

103 «¡Oh dioses! Cierto es que en la morada de Plutón queda el alma y la imagen de los que mueren, pero la fuerza vital desaparece por completo. Toda la noche ha estado cerca de mí el alma del mísero Patroclo, derramando lágrimas y despidiendo suspiros, para encargarme lo que debo hacer; y era muy semejante á él cuando vivía.»

108 Tal dijo, y á todos les excitó el deseo de llorar. Todavía se hallaban alrededor del cadáver, sollozando lastimeramente, cuando despuntó la Aurora de rosados dedos. Entonces el rey Agamenón mandó que de todas las tiendas saliesen hombres con mulos para ir por leña; y á su frente se puso Meriones, escudero del valeroso Idomeneo. Los mulos iban delante; tras ellos caminaban los hombres, llevando en sus manos hachas de cortar madera y sogas bien torcidas; y así subieron y bajaron cuestas, y recorrieron atajos y veredas. Mas, cuando llegaron á los bosques del Ida, abundante en manantiales, se apresuraron á cortar con el afilado bronce encinas de alta copa que caían con estrépito. Los aqueos las partieron en rajas y las cargaron sobre los mulos. En seguida éstos, batiendo con sus pies el suelo, volvieron atrás por los espesos matorrales, deseosos de regresar á la llanura. Todos los leñadores llevaban troncos, porque así lo había ordenado Meriones, escudero del valeroso Idomeneo. Y los fueron dejando sucesivamente en un sitio de la orilla del mar, que Aquiles indicó para que allí se erigiera el gran túmulo de Patroclo y de sí mismo.

127 Después que hubieron descargado la inmensa cantidad de leña, se sentaron todos juntos y aguardaron. Aquiles mandó á los belicosos mirmidones que tomaran las armas y uncieran los caballos; y ellos se levantaron, vistieron la armadura, y los caudillos y sus aurigas montaron en los carros. Iban éstos al frente, seguíales la nube de la copiosa infantería y en medio los amigos llevaban á Patroclo, cubierto de cabello que en su honor se habían cortado. El divino Aquiles sosteníale la cabeza, y estaba triste porque despedía para el Orco al eximio compañero.

138 Cuando llegaron al lugar que Aquiles les señaló, dejaron el cadáver en el suelo, y en seguida amontonaron abundante leña. Entonces, el divino Aquiles, el de los pies ligeros, tuvo otra idea: separándose de la pira, se cortó la rubia cabellera, que conservaba espléndida para ofrecerla al río Esperquio; y exclamó, apenado, fijando los ojos en el vinoso ponto:

144 «¡Oh Esperquio! En vano mi padre Peleo te hizo el voto de que yo, al volver á la tierra patria, me cortaría la cabellera en tu honor y te inmolaría una sacra hecatombe de cincuenta carneros cerca de tus fuentes, donde están el bosque y el perfumado altar á ti consagrados. Tal voto hizo el anciano, pero tú no has cumplido su deseo. Y ahora, como no he de volver á la tierra patria, daré mi cabellera al héroe Patroclo para que se la lleve consigo.»

152 En diciendo esto, puso la cabellera en las manos del amigo, y á todos les excitó el deseo de llorar. Y entregados al llanto los dejara el sol al ponerse, si Aquiles no se hubiese acercado á Agamenón para decirle:

156 «¡Oh Atrida! Puesto que los aquivos te obedecerán más que á nadie, y tiempo habrá para saciarse de llanto, aparta de la pira á los guerreros y mándales que preparen la cena; y de lo que resta nos cuidaremos nosotros, á quienes corresponde de un modo especial honrar al muerto. Quédense tan sólo los caudillos.»

161 Al oirlo, el rey de hombres Agamenón despidió la gente para que volviera á las naves bien proporcionadas; y los que cuidaban del funeral amontonaron leña, levantaron una pira de cien pies por lado, y, con el corazón afligido, pusieron en ella el cuerpo de Patroclo. Delante de la pira mataron y desollaron muchas pingües ovejas y bueyes de tornátiles pies y curvas astas; y el magnánimo Aquiles tomó la grasa de aquéllas y de éstos, cubrió con la misma el cadáver de pies á cabeza, y hacinó alrededor los cuerpos desollados. Llevó también á la pira dos ánforas, llenas respectivamente de miel y de aceite, y las abocó al lecho; y exhalando profundos suspiros, arrojó á la hoguera cuatro corceles de erguido cuello. Nueve perros tenía el rey que se alimentaban de su mesa, y degollando á dos, echólos igualmente en la pira. Siguiéronles doce hijos valientes de troyanos ilustres, á quienes mató con el bronce, pues el héroe meditaba en su corazón acciones crueles. Y entregando la pira á la violencia indomable del fuego para que la devorara, gimió y nombró al compañero amado:

179 «¡Alégrate, oh Patroclo, aunque estés en el Orco! Ya te cumplo cuanto te prometiera. El fuego devora contigo á doce hijos valientes de troyanos ilustres; y á Héctor Priámida no le entregaré á la hoguera, sino á los perros para que lo despedacen.»

184 Así dijo en son de amenaza. Pero los canes no se acercaron á Héctor. La diosa Venus, hija de Júpiter, los apartó día y noche, y ungió el cadáver con un divino aceite rosado para que Aquiles no lo lacerase al arrastrarlo. Y Febo Apolo cubrió el espacio ocupado por el muerto con una sombría nube que hizo pasar del cielo á la llanura, á fin de que el ardor del sol no secara el cuerpo, con sus nervios y miembros.

192 En tanto, la pira en que se hallaba el cadáver de Patroclo no ardía. Entonces el divino Aquiles, el de los pies ligeros, tuvo otra idea: apartóse de la pira, oró á los vientos Bóreas y Céfiro y votó ofrecerles solemnes sacrificios; y haciéndoles repetidas libaciones con una copa de oro, les rogó que acudieran para que la leña ardiese bien y los cadáveres fueran consumidos prestamente por el fuego. La veloz Iris oyó las súplicas, y fué á avisar á los vientos, que estaban reunidos celebrando un banquete en la morada del impetuoso Céfiro. Iris llegó corriendo y se detuvo en el umbral de piedra. Así que la vieron, levantáronse todos, y cada uno la llamaba á su lado. Pero ella no quiso sentarse, y pronunció estas palabras:

205 «No puedo sentarme; porque voy, por cima de la corriente del Océano, á la tierra de los etíopes, que ahora ofrecen hecatombes á los inmortales, para entrar á la parte en los sacrificios. Aquiles ruega al Bóreas y al estruendoso Céfiro, prometiéndoles solemnes sacrificios, que vayan y hagan arder la pira en que yace Patroclo, por el cual gimen los aqueos todos.»

212 Habló así y fuése. Los vientos se levantaron con inmenso ruido, esparciendo las nubes; pasaron por cima del ponto, y las olas crecían al impulso del sonoro soplo; llegaron, por fin, á la fértil Troya, cayeron en la pira y el fuego abrasador bramó grandemente. Durante toda la noche, los dos vientos, soplando con agudos silbidos, agitaron la llama

de la pira; durante toda la noche, el veloz Aquiles, sacando vino de una cratera de oro, con una copa doble, lo vertió y regó la tierra, é invocó el alma del mísero Patroclo. Como solloza un padre, quemando los huesos del hijo recién casado, cuya muerte ha sumido en el dolor á sus progenitores; de igual modo sollozaba Aquiles al quemar los huesos del amigo; y arrastrándose en torno de la hoguera, gemía sin cesar.

226 Cuando el lucero de la mañana apareció sobre la tierra, anunciando el día, y poco después la Aurora, de azafranado velo, se esparció por el mar, apagábase la hoguera y moría la llama. Los vientos regresaron á su morada por el ponto de Tracia, que gemía á causa de la hinchazón de las olas alborotadas, y el hijo de Peleo, habiéndose separado un poco de la pira, acostóse, rendido de cansancio, y el dulce sueño le venció. Pronto los caudillos se reunieron en gran número alrededor del Atrida; y el alboroto y ruido que hacían al llegar, despertaron á Aquiles. Incorporóse el héroe; y sentándose, les dijo estas palabras:

236 «¡Atrida y demás príncipes de los aqueos todos! Primeramente, apagad con negro vino cuanto de la pira alcanzó la violencia del fuego; recojamos después los huesos de Patroclo Menetíada, distinguiéndolos bien—fácil será reconocerlos, porque el cadáver estaba en medio de la pira y en los extremos se quemaron confundidos hombres y caballos,—y pongámoslos en una urna de oro, cubiertos por doble capa de grasa, donde se guarden hasta que yo descienda al Orco. Quiero que le erijáis un túmulo no muy grande, sino cual corresponde al muerto; y más adelante, aqueos, los que estéis vivos en las naves de muchos bancos cuando yo muera, hacedlo anchuroso y alto.»

249 Así dijo, y ellos obedecieron al Pelida, de pies ligeros. Primeramente, apagaron con negro vino la parte de la pira á que alcanzó la llama y la ceniza cayó en abundancia; después, recogieron, llorando, los blancos huesos del dulce amigo y los encerraron en una urna de oro, cubiertos por doble capa de grasa; dejaron la urna en la tienda, tendiendo sobre la misma un sutil velo; trazaron el ámbito del túmulo en torno de la pira; echaron los cimientos, é inmediatamente amontonaron la tierra que antes habían excavado. Y, erigido el túmulo, volvieron á su sitio. Aquiles detuvo al pueblo y le hizo sentar, formando un gran circo; y al momento sacó de las naves, para premio de los que vencieren en los juegos, calderas, trípodes, caballos, mulos, bueyes de robusta cabeza, mujeres de hermosa cintura, y luciente hierro.

262 Empezó por exponer los premios destinados á los veloces aurigas: el que primero llegara, se llevaría una mujer diestra en primorosas labores y un trípode con asas, de veintidós medidas; para el segundo ofreció una yegua de seis años, indómita, que llevaba en su vientre un feto de mulo; para el tercero, una hermosa caldera no puesta al fuego y luciente aún, cuya capacidad era de cuatro medidas; para el cuarto, dos talentos de oro; y para el quinto, un vaso con dos asas que la llama no tocara todavía. Y estando en pie, dijo á los argivos:

272 «¡Atrida y demás aqueos de hermosas grebas! Estos premios que en medio he colocado, son para los aurigas. Si los juegos se celebraran en honor de otro difunto, me llevaría á mi tienda los mejores. Ya sabéis cuánto mis caballos aventajan en ligereza á los demás, porque son inmortales: Neptuno se los regaló á Peleo, mi padre, y éste me los ha dado á mí. Pero yo permaneceré quieto, y también los solípedos corceles, porque perdieron al ilustre y benigno auriga que tantas veces derramó aceite sobre sus crines, después de lavarlos con agua pura. ¡Adelantaos los aqueos que confiéis en vuestros corceles y sólidos carros!»

287 Así habló el Pelida, y los veloces aurigas se reunieron. Levantóse mucho antes que nadie el rey de hombres Eumelo, hijo amado de Admeto, que descollaba en el arte de guiar el carro. Presentóse después el fuerte Diomedes Tidida, el cual puso el yugo á los corceles de Tros que quitara á Eneas cuando Apolo salvó á este héroe. Alzóse luego el rubio Menelao, noble hijo de Atreo, y unció al carro la corredora yegua Eta, propia de Agamenón, y su veloz caballo Podargo. Había dado la yegua á Agamenón, como presente, Equépolo, hijo de Anquises, por no seguirle á la ventosa Ilión y gozar tranquilo en la vasta Sición, donde moraba, de la abundante riqueza que Júpiter le concediera; ésta fué la yegua que Menelao unció al yugo, la cual estaba deseosa de correr.—Fué el cuarto en aparejar los corceles de hermoso pelo Antíloco, hijo ilustre del magnánimo rey Néstor Nelida: de su carro tiraban caballos de Pilos, de pies ligeros. Y su padre se le acercó y empezó á darle buenos consejos, aunque no le faltaba inteligencia:

306 «¡Antíloco! Si bien eres joven, Júpiter y Neptuno te quieren y te han enseñado todo el arte del auriga. No es preciso, por tanto, que yo te instruya. Sabes perfectamente cómo los caballos deben dar la vuelta en torno de la meta; pero tus corceles son los más lentos en correr, y temo que algún suceso desagradable ha de ocurrirte. Empero, si otros caballos son más veloces, sus conductores no te aventajan en obrar sagazmente. Ea, pues, querido, piensa en emplear toda clase de habilidades para que los premios no se te escapen. El leñador más hace con la habilidad que con la fuerza; con su habilidad el piloto gobierna en el vinoso ponto la veloz nave combatida por los vientos; y con su habilidad puede un auriga vencer á otro. El que confía en sus caballos y en su carro, les hace dar vueltas imprudentes acá y allá, y luego los corceles divagan en la carrera y no los puede sujetar; mas el que conoce los recursos del arte y guía caballos inferiores, clava los ojos continuamente en la meta, da la vuelta cerca de la misma, y no le pasa inadvertido cuándo debe aguijar á aquéllos con el látigo de piel de buey: así, los domina siempre, á la vez que observa á quien le precede. La meta de ahora es muy fácil de conocer, y voy á indicártela para que no dejes de verla. Un tronco seco de encina ó de pino, que la lluvia no ha podrido aún, sobresale un codo de la tierra; encuéntranse á uno y otro lado del mismo, cuando el camino acaba, sendas piedras blancas; y luego el terreno es llano por todas partes y propio para las carreras de carros: el tronco debe de haber pertenecido á la tumba de un hombre que ha tiempo murió, ó fué puesto como mojón por los antiguos; y ahora el divino Aquiles, el de los pies ligeros, lo ha elegido por meta. Acércate á ésta y den la vuelta casi tocándola carro y caballos; y tú inclínate en la fuerte silla hacia la izquierda y anima con imperiosas voces al corcel del otro lado, aflojándole las riendas. El caballo izquierdo se aproxime tanto á la meta, que parezca que el cubo de la bien construída rueda haya de llegar al tronco, pero guárdate de chocar con la piedra: no sea que hieras á los corceles, rompas el carro y causes el regocijo de los demás y la confusión de ti mismo. Procura, oh querido, ser cauto y prudente. Pero, si aguijando los caballos, logras dar la vuelta á la meta; ya nadie se te podrá anticipar ni alcanzarte siquiera, aunque guíe al divino Arión—el veloz caballo de Adrasto, que descendía de un dios—ó sea arrastrado por los corceles de Laomedonte, que se criaron aquí tan excelentes.»

349 Así dijo Néstor Nelida, y volvió á sentarse cuando hubo enterado á su hijo de lo más importante de cada cosa.

351 Meriones fué el quinto en aparejar los caballos de hermoso pelo. Subieron los aurigas á los carros y echaron suertes en un casco que agitaba Aquiles. Salió primero la de Antíloco Nestórida; después, la del rey Eumelo; luego, la de Menelao Atrida, famoso por su lanza; en seguida, la de Meriones, y por último, la del Tidida, que era el más hábil. Pusiéronse en fila, y Aquiles les indicó la meta á lo lejos, en el terreno llano; y encargó á Fénix, escudero de su padre, que se sentara cerca de aquélla como observador de la carrera, á fin de que, reteniendo en la memoria cuanto ocurriese, la verdad luego les contara.

362 Todos á un tiempo levantaron el látigo, dejáronlo caer sobre los caballos y los animaron con ardientes voces. Y éstos, alejándose de las naves, corrían por la llanura con suma rapidez; la polvareda que levantaban envolvíales el pecho como una nube ó un torbellino, y las crines ondeaban al soplo del viento. Los carros unas veces tocaban al fértil suelo y otras, daban saltos en el aire; los aurigas permanecían en las sillas con el corazón palpitante por el deseo de la victoria; cada cual animaba á sus corceles, y éstos volaban, levantando polvo, por la llanura.

373 Mas, cuando los veloces caballos llegaron á la segunda mitad de la carrera y ya volvían hacia el espumoso mar, entonces se mostró la pericia de cada conductor, pues todos aquéllos empezaron á galopar. Venían delante las yeguas, de pies ligeros, de Eumelo Feretíada. Seguíanlas los caballos de Diomedes, procedentes de los de Tros; y estaban tan cerca del primer carro, que parecía que iban á subir en él: con su aliento calentaban la espalda y anchos hombros de Eumelo, y volaban poniendo la cabeza sobre el mismo. Diomedes le hubiera pasado delante, ó por lo menos hubiera conseguido que la victoria quedase indecisa si Febo Apolo, que estaba irritado con el hijo de Tideo, no le hubiese hecho caer de las manos el lustroso látigo. Afligióse el héroe, y las lágrimas humedecieron sus ojos al ver que las yeguas corrían más que antes, y en cambio sus caballos aflojaban, porque ya no sentían el azote. No le pasó inadvertido á Minerva que Apolo jugara esta treta al Tidida; y corriendo hacia el pastor de hombres, devolvióle el látigo, á la vez que daba nuevos bríos á sus caballos. Y la diosa, irritada, se encaminó al momento hacia el hijo de Admeto y le rompió el yugo: cada yegua se fué por su lado, fuera de camino; el timón cayó á tierra, y el héroe vino al suelo, junto á una rueda, hirióse en los codos, boca y narices, se rompió la frente por encima de las cejas, se le arrasaron los ojos de lágrimas y la voz, vigorosa y sonora, se le cortó. El Tidida guió los solípedos caballos, desviándolos un poco, y se adelantó un gran espacio á todos los demás; porque Minerva vigorizó sus corceles y le concedió á él la gloria del triunfo. Seguíale el rubio Menelao Atrida. É inmediato á él iba Antíloco, que animaba á los caballos de su padre:

403 «Corred y alargad el paso cuanto podáis. No os mando que rivalicéis con aquéllos, con los caballos del aguerrido Tidida; á los cuales Minerva dió ligereza, concediéndole á él la gloria del triunfo. Mas alcanzad pronto á los corceles del Atrida y no os quedéis rezagados para que no os avergüence Eta con ser hembra. ¿Por qué os atrasáis, excelentes caballos? Lo que os voy á decir se cumplirá: Se acabarán para vosotros los cuidados en el palacio de Néstor, pastor de hombres, y éste os matará en seguida con el agudo bronce si por vuestra desidia nos llevamos el peor premio. Seguid y apresuraos cuanto podáis. Y yo pensaré cómo, valiéndome de la astucia, me adelanto en el lugar donde se estrecha el camino; no se me escapará la ocasión.»

417 Así dijo. Los corceles, temiendo la amenaza de su señor, corrieron más diligentemente un breve rato. Pronto el belicoso Antíloco alcanzó á descubrir el punto más estrecho del camino—había allí una hendedura de la tierra, producida por el agua estancada durante el invierno, la cual robó parte de la senda y cavó el suelo,—y por aquel sitio guiaba Menelao sus corceles, procurando evitar el choque con los demás carros. Pero Antíloco, torciendo la rienda á sus caballos, sacó el carro fuera del camino, y por un lado y de cerca seguía á Menelao. El Atrida temió un choque, y le dijo gritando:

426 «¡Antíloco! De temerario modo guías el carro. Detén los corceles; que ahora el camino es angosto, y en seguida, cuando sea más ancho, podrás ganarme la delantera. No sea que choquen los carros y seas causa de que recibamos daño.»

429 Así dijo. Pero Antíloco, como si no le oyese, hacía correr más á sus caballos picándolos con el aguijón. Cuanto espacio recorre el disco que tira un joven desde lo alto de su hombro para probar la fuerza, tanto aquéllos se adelantaron. Las yeguas del Atrida cejaron, y él mismo, voluntariamente, dejó de avivarlas; no fuera que los solípedos caballos, tropezando los unos con los otros, volcaran los fuertes carros, y ellos cayeran en el polvo por el anhelo de alcanzar la victoria. Y el rubio Menelao, reprendiendo á Antíloco, exclamó:

439 «¡Antíloco! Ningún mortal es más funesto que tú. Ve enhoramala; que los aqueos no estábamos en lo cierto cuando te teníamos por sensato. Pero no te llevarás el premio sin que antes jures.»

442 En diciendo esto, animó á sus caballos con estas palabras: «No aflojéis el paso, ni tengáis el corazón afligido. Á aquéllos se les cansarán los pies y las rodillas antes que á vosotros, pues ya ambos pasaron de la edad juvenil.»

446 Así dijo. Los corceles, temiendo la amenaza de su señor, corrieron más diligentemente, y pronto se hallaron cerca de los otros.

448 Los argivos, sentados en el circo, no quitaban los ojos de los caballos; y éstos volaban, levantando polvo por la llanura. Idomeneo, caudillo de los cretenses, fué quien antes distinguió los primeros corceles que llegaban; pues era el que estaba en el sitio más alto por haberse sentado en un altozano, fuera del circo. Oyendo desde lejos la voz del auriga que animaba á los corceles, la reconoció; y al momento vió que corría, adelantándose á los demás, un caballo magnífico, todo bermejo, con una mancha en la frente, blanca y redonda como la luna. Y poniéndose en pie, dijo estas palabras á los argivos:

457 «¡Oh amigos, capitanes y príncipes de los argivos! ¿Veo los caballos yo solo ó también vosotros? Paréceme que no son los mismos de antes los que vienen delanteros, ni el mismo el auriga: deben de haberse lastimado en la llanura las yeguas que poco ha eran vencedoras. Las vi cuando doblaban la meta; pero ahora no puedo distinguirlas, aunque registro con mis ojos todo el campo troyano. Quizás las riendas se le fueron al auriga, y, siéndole imposible gobernar las yeguas al llegar á la meta, no dió felizmente la vuelta: me figuro que habrá caído, el carro estará roto y las yeguas, dejándose llevar por su ánimo enardecido, se habrán echado fuera del camino. Pero levantaos y mirad, pues yo no lo distingo bien: paréceme que el que viene delante es un varón etolo, el fuerte Diomedes, hijo de Tideo, domador de caballos, que reina sobre los argivos.»

473 Y el veloz Ayax de Oileo increpóle con injuriosas voces: «¡Idomeneo! ¿Por qué charlas antes de lo debido? Las voladoras yeguas vienen corriendo á lo lejos por la llanura espaciosa. Tú no eres el más joven de los argivos, ni tu vista es la mejor; pero siempre hablas mucho y sin substancia. Preciso es que no seas tan gárrulo, estando presentes otros que te son superiores. Esas yeguas que aparecen las primeras, son las de antes, las de Eumelo, y él mismo viene en el carro y tiene las riendas.»

482 El caudillo de los cretenses le respondió enojado: «Ayax, valiente en la injuria, detractor; pues en todo lo restante estás por debajo de los argivos á causa de tu espíritu perverso. Apostemos un trípode ó una caldera y nombremos árbitro á Agamenón Atrida, para que manifieste cuáles son las yeguas que vienen delante y tú lo aprendas perdiendo la apuesta.»

488 Así habló. En seguida el veloz Ayax de Oileo se alzó colérico para contestarle con palabras duras. Y la altercación se hubiera prolongado más, si el propio Aquiles, levantándose, no les hubiese dicho:

492 «¡Ayax é Idomeneo! No alterquéis con palabras duras y pesadas, porque no es decoroso; y vosotros mismos os irritaríais contra el que así lo hiciera. Sentaos en el circo y fijad la vista en los caballos, que pronto vendrán aquí por el anhelo de alcanzar la victoria, y sabréis cuáles corceles argivos son los delanteros y cuáles los rezagados.»

499 Así dijo; el Tidida, que ya se había acercado un buen trecho, aguijaba á los corceles, y constantemente les azotaba la espalda con el látigo, y ellos, levantando en alto los pies, recorrían velozmente el camino y rociaban de tierra al auriga. El carro, guarnecido de oro y estaño, corría arrastrado por los veloces caballos y las llantas casi no dejaban huella en el tenue polvo. ¡Con tal ligereza volaban los corceles! Cuando Diomedes llegó al circo, detuvo el luciente carro; copioso sudor corría de la cerviz y del pecho de los bridones hasta el suelo, y el héroe, saltando á tierra, dejó el látigo colgado del yugo. Entonces no anduvo remiso el esforzado Esténelo, sino que al instante tomó el premio y lo entregó á los magnánimos compañeros; y mientras éstos conducían la cautiva á la tienda y se llevaban el trípode con asas, desunció del carro á los corceles.

514 Después de Diomedes llegó Antíloco, descendiente de Neleo, el cual se había anticipado á Menelao por haber usado de fraude y no por la mayor ligereza de su carro; pero así y todo, Menelao guiaba muy cerca de él los veloces caballos. Cuanto el corcel dista de las ruedas del carro en que lleva á su señor por la llanura (las últimas cerdas de la cola tocan la llanta y un corto espacio los separa mientras aquél corre por el campo inmenso): tan rezagado estaba Menelao del eximio Antíloco; pues si bien al principio se quedó á la distancia de un tiro de disco, pronto volvió á alcanzarle porque el fuerte vigor de la yegua de Agamenón, de Eta, de hermoso pelo, iba aumentando. Y si la carrera hubiese sido más larga, el Atrida se le habría adelantado, sin dejar dudosa la victoria.—Meriones, el buen escudero de Idomeneo, seguía al ínclito Menelao, como á un tiro de lanza; pues sus corceles, de hermoso pelo, eran más tardos y él muy poco diestro en guiar el carro en un certamen.—Presentóse, por último, el hijo de Admeto tirando de su hermoso carro y conduciendo por delante los caballos. Al verle, el divino Aquiles, el de los pies ligeros, se compadeció de él, y dirigió á los argivos estas aladas palabras:

536 «Viene el último con los solípedos caballos el varón que más descuella en guiarlos. Ea, démosle, como es justo, el segundo premio, y llévese el primero el hijo de Tideo.»

539 Así habló y todos aplaudieron lo que proponía. Y le hubiese entregado la yegua—pues los aqueos lo aprobaban,— si Antíloco, hijo del magnánimo Néstor, no se hubiera levantado para decir con razón al Pelida Aquiles:

544 «¡Oh Aquiles! Mucho me enfadaré contigo si llevas al cabo lo que dices. Vas á quitarme el premio, atendiendo á que recibieron daño su carro y los veloces corceles y él es esforzado; pero tenía que rogar á los inmortales y no habría llegado el último de todos. Si le compadeces y es grato á tu corazón, como hay en tu tienda abundante oro y posees bronce, rebaños, esclavas y solípedos caballos, entrégale, tomándolo de estas cosas, un premio aún mejor que éste, para que los aqueos te alaben. Pero la yegua no la daré, y pruebe de quitármela quien desee llegar á las manos conmigo.»

555 Así habló. Sonrióse el divino Aquiles, el de los pies ligeros, holgándose de que Antíloco se expresara en tales términos, porque era amigo suyo; y en respuesta, díjole estas aladas palabras:

558 «¡Antíloco! Me ordenas que dé á Eumelo otro premio, sacándolo de mi tienda, y así lo haré. Voy á entregarle la coraza de bronce que quité á Asteropeo, la cual tiene en sus orillas una franja de luciente estaño, y constituirá para él un valioso presente.»

563 Dijo, y mandó á Automedonte, el compañero querido, que la sacara de la tienda; fué éste y llevósela; y Aquiles la puso en las manos de Eumelo, que la recibió alegremente.

566 Pero levantóse Menelao, afligido en su corazón y muy irritado contra Antíloco. El heraldo le dió el cetro, y ordenó á los argivos que callaran. Y el varón igual á un dios, habló diciendo:

570 «¡Antíloco! Tú, que antes eras sensato, ¿qué has hecho? Desluciste mi habilidad y atropellaste mis corceles, haciendo pasar delante á los tuyos, que son mucho peores. ¡Ea, capitanes y príncipes de los argivos! Juzgadnos imparcialmente á entrambos: no sea que alguno de los aqueos, de broncíneas lorigas, exclame: *Menelao, violentando con mentiras á Antíloco, ha conseguido llevarse la yegua, á pesar de la inferioridad de sus corceles, por ser más valiente y poderoso*. Y si queréis, yo mismo lo decidiré; y creo que ningún dánao me podrá reprender, porque el fallo será justo. Ea, Antíloco, alumno de Júpiter, ven aquí y, puesto, como es costumbre, delante de los caballos y el carro, teniendo en la mano el flexible látigo con que los guiabas y tocando los corceles, jura por Neptuno, el que ciñe la tierra, que si detuviste mi carro fué involuntariamente y sin dolo.»

586 Respondióle el prudente Antíloco: «Perdóname, oh rey Menelao, pues soy más joven y tú eres mayor y más valiente. No te son desconocidas las faltas que comete un mozo, porque su pensamiento es rápido y su juicio escaso. Apacígüese, pues, tu corazón: yo mismo te cedo la yegua que he recibido; y si de cuanto tengo me pidieras algo de más valor que este premio, preferiría dártelo en seguida, á perder para siempre tu afecto y ser culpable ante los dioses.»

596 Así habló el hijo del magnánimo Néstor, y conduciendo la yegua adonde estaba el Atrida, se la puso en la mano. Á éste se le alegró el alma: como el rocío cae en torno de las espigas cuando las mieses crecen y los campos se erizan; del mismo modo, oh Menelao, tu espíritu se bañó en gozo. Y respondiéndole, pronunció estas aladas palabras:

602 «¡Antíloco! Aunque estaba irritado, seré yo quien ceda; porque hasta aquí no has sido imprudente ni ligero y ahora la juventud venció á la razón. Abstente en lo sucesivo de suplantar á los que te son superiores. Ningún otro aqueo me ablandaría tan pronto; pero has padecido y trabajado mucho por mi causa, y tu padre y tu hermano también; accederé, pues, á tus súplicas y te daré la yegua, que es mía, para que éstos sepan que mi corazón no fué nunca ni soberbio ni cruel.»

612 Dijo; entregó á Noemón, compañero de Antíloco, la yegua para que se la llevara, y tomó la reluciente caldera. Meriones, que había llegado el cuarto, recogió los dos talentos de oro. Quedaba el quinto premio, el vaso con dos asas; y Aquiles levantólo, atravesó el circo, y lo ofreció á Néstor con estas palabras:

618 «Toma, anciano; sea tuyo este presente como recuerdo de los funerales de Patroclo, á quien no volverás á ver entre los argivos. Te doy el premio porque no podrás ser parte ni en el pugilato, ni en la lucha, ni en el certamen de los dardos, ni en la carrera; que ya te abruma la vejez penosa.»

624 Así diciendo, se lo puso en las manos. Néstor recibiólo con alegría, y respondió con estas aladas palabras:

626 «Sí, hijo, oportuno es cuanto acabas de decir. Ya mis miembros no tienen el vigor de antes; ni mis pies, ni mis brazos que no se mueven ágiles á partir de los hombros. Ojalá fuese tan joven y mis fuerzas tan robustas como cuando los epeos enterraron en Buprasio al poderoso Amarinceo, y los hijos de éste sacaron premios para los juegos que debían celebrarse en honor del rey. Allí ninguno de los epeos, ni de los pilios, ni de los magnánimos etolos, pudo igualarse conmigo. Vencí en el pugilato á Clitomedes, hijo de Énope, y en la lucha á Anceo Pleuronio, que osó afrontarme; en la carrera pasé delante de Ificlo, que era robusto; y en arrojar la lanza superé á Fileo y á Polidoro. Sólo los hijos de Áctor me dejaron atrás con su carro porque eran dos; y me disputaron la victoria á causa de haberse reservado los mejores premios para este juego. Eran aquéllos hermanos gemelos, y el uno gobernaba con firmeza los caballos, sí, gobernaba con firmeza los caballos, mientras el otro con el látigo los aguijaba. Así era yo en aquel tiempo. Ahora los más jóvenes entren en las luchas; que ya debo ceder á la triste senectud, aunque entonces sobresaliera entre los héroes. Ve y continúa celebrando los juegos fúnebres de tu amigo. Acepto gustoso el presente, y se me alegra el corazón al ver que te acuerdas siempre del buen Néstor y no dejas de advertir con qué honores he de ser honrado entre los aqueos. Las deidades te concedan por ello abundantes gracias.»

651 Así habló; y el Pelida, oído todo el elogio que de él hiciera el hijo de Neleo, fuése por entre la muchedumbre de los aqueos. En seguida sacó los premios del duro pugilato: condujo al circo y ató en medio de él una mula de seis años, cerril, difícil de domar, que había de ser sufridora del trabajo; y puso para el vencido una copa doble. Y estando en pie, dijo á los argivos:

658 «¡Atrida y demás aqueos de hermosas grebas! Invitemos á los dos varones que sean más diestros, á que levanten los brazos y combatan á puñadas por estos premios. Aquél á quien Apolo conceda la victoria, reconociéndolo así todos los aqueos, conduzca á su tienda la mula sufridora del trabajo; el vencido se llevará la copa doble.»

664 Así habló. Levantóse al instante un varón fuerte, alto y experto en el pugilato: Epeo, hijo de Panopeo. Y poniendo la mano sobre la mula paciente en el trabajo, dijo:

667 «Acérquese el que haya de llevarse la copa doble; pues no creo que ningún aqueo consiga la mula, si ha de vencerme en el pugilato. Me glorío de mantenerlo mejor que nadie. ¿No basta acaso que sea inferior á otros en la batalla? No es posible que un hombre sea diestro en todo. Lo que voy á decir se cumplirá: al campeón que se me oponga, le rasgaré la piel y le aplastaré los huesos; los que de él hayan de cuidar quédense aquí reunidos, para llevárselo cuando sucumba á mis manos.»

676 Así se expresó. Todos enmudecieron y quedaron silenciosos. Y tan sólo se levantó para luchar con él, Euríalo, varón igual á un dios, hijo del rey Mecisteo Talayónida; el cual fué á Tebas cuando murió Edipo y en los juegos fúnebres venció á todos los cadmeos. El Tidida, famoso por su lanza, animaba á Euríalo con razones, pues tenía un gran deseo de que alcanzara la victoria, y le ayudaba á disponerse para la lucha: atóle el cinturón y le dió unas bien cortadas correas de piel de buey salvaje. Ceñidos ambos contendientes, comparecieron en medio del circo, levantaron las robustas manos, acometiéronse y los fornidos brazos se entrelazaron. Crujían de un modo horrible las mandíbulas y el sudor brotaba de todos los miembros. El divino Epeo, arremetiendo, dió un golpe en la mejilla de su rival que le espiaba; y Euríalo no siguió en pie largo tiempo, porque sus hermosos miembros desfallecieron. Como, encrespándose la mar al soplo del Bóreas, salta un pez en la orilla poblada de algas y las negras olas lo cubren en seguida; así Euríalo, al recibir el golpe, dió un salto hacia atrás. Pero el magnánimo Epeo, cogiéndole por las manos, lo levantó; rodeáronle los compañeros y se lo llevaron del circo—arrastraba los pies, escupía negra sangre y la cabeza se le inclinaba á un lado;—sentáronle entre ellos, desvanecido, y fueron á recoger la copa doble.

700 El Pelida sacó después otros premios para el tercer juego, la penosa lucha, y se los mostró á los dánaos: para el vencedor un gran trípode, apto para ponerlo al fuego, que los aqueos apreciaban en doce bueyes; para el vencido, una mujer diestra en muchas labores y valorada en cuatro bueyes. Y estando en pie, dijo á los argivos:

707 «Levantaos, los que hayáis de entrar en esta lucha.»

708 Así habló. Alzóse en seguida el gran Ayax Telamonio y luego el ingenioso Ulises, fecundo en ardides. Puesto el ceñidor, fueron á encontrarse en medio del circo y se cogieron con los robustos brazos como se enlazan las vigas que un ilustre artífice une, al construir alto palacio, para que resistan el embate de los vientos. Sus espaldas crujían, estrechadas fuertemente por los vigorosos brazos; copioso sudor les brotaba de todo el cuerpo; muchos cruentos cardenales iban apareciendo en los costados y en las espaldas; y ambos contendientes anhelaban siempre alcanzar la victoria y con ella el bien construído trípode. Pero ni Ulises lograba hacer caer y derribar por el suelo á Ayax, ni éste á aquél porque la gran fuerza de Ulises se lo impedía. Y cuando los aqueos de hermosas grebas ya empezaban á cansarse de la lucha, dijo el gran Ayax Telamonio:

723 «¡Laertíada, descendiente de Júpiter, Ulises fecundo en recursos! Levántame, ó te levantaré yo; y Jove se cuidará del resto.»

725 Dichas estas palabras, le hizo perder tierra; mas Ulises no se olvidó de sus ardides, pues dándole por detrás un golpe en la corva, dejóle sin vigor los miembros, le hizo venir al suelo, de espaldas, y cayó sobre su pecho: la

muchedumbre quedó admirada y atónita al contemplarlo. Luego, el divino y paciente Ulises alzó un poco á Ayax, pero no consiguió sostenerlo en vilo; porque se le doblaron las rodillas y ambos cayeron al suelo, el uno cerca del otro, y se mancharon de polvo. Levantáronse, y hubieran luchado por tercera vez, si Aquiles, poniéndose en pie, no los hubiese detenido:

735 «No luchéis ya, ni os hagáis más daño. La victoria quedó por ambos. Recibid igual premio y retiraos para que entren en los juegos otros aquivos.»

738 Así habló. Ellos le escucharon y obedecieron; pues en seguida, después de haberse limpiado el polvo, vistieron la túnica.

740 El Pelida sacó otros premios para la velocidad en la carrera. Expuso primero una cratera de plata labrada, que tenía seis medidas de capacidad y superaba en hermosura á todas las de la tierra. Los sidonios, eximios artífices, la fabricaron primorosa; los fenicios, después de llevarla por el sombrío ponto de puerto en puerto, se la regalaron á Toante; más tarde, Euneo Jasónida la dió al héroe Patroclo para rescatar á Licaón, hijo de Príamo; y entonces, Aquiles la ofreció como premio, en honor del difunto amigo, al que fuese más veloz en correr con los pies ligeros. Para el que llegase el segundo señaló un buey corpulento y pingüe y para el último, medio talento de oro. Y estando en pie, dijo á los argivos:

753 «Levantaos, los que hayáis de entrar en esta lucha.»

754 Así habló. Levantóse al instante el veloz Ayax de Oileo, después el ingenioso Ulises, y por fin Antíloco, hijo de Néstor, que en la carrera vencía á todos los jóvenes. Pusiéronse en fila y Aquiles les indicó la meta. Empezaron á correr desde el sitio señalado, y el hijo de Oileo se adelantó á los demás, aunque el divino Ulises le seguía de cerca. Cuanto dista del pecho el huso que una mujer de hermosa cintura revuelve en su mano, mientras devana el hilo de la trama, y tiene constantemente junto al seno; tan inmediato á Ayax corría Ulises: pisaba las huellas de aquél antes de que el polvo cayera en torno de las mismas y le echaba el aliento á la cabeza, corriendo siempre con suma rapidez. Todos los aqueos aplaudían los esfuerzos que realizaba Ulises por el deseo de alcanzar la victoria, y le animaban con sus voces. Mas cuando les faltaba poco para terminar la carrera, Ulises oró en su corazón á Minerva, la de los brillantes ojos:

770 «Óyeme, diosa, y ven á socorrerme propicia, dando á mis pies más ligereza.»

771 Tal fué su plegaria. Palas Minerva le oyó, y agilitóle los miembros todos y especialmente los pies y las manos. Ya iban á coger el premio, cuando Ayax, corriendo, dió un resbalón—pues Minerva quiso perjudicarle—en el lugar que habían llenado de estiércol los bueyes mugidores sacrificados por Aquiles, el de los pies ligeros, en honor de Patroclo; y el héroe llenóse de boñiga la boca y las narices. El divino y paciente Ulises, le pasó delante y se llevó la cratera; y el preclaro Ayax se detuvo, tomó el buey silvestre, y, asiéndolo por el asta, mientras escupía la bosta, habló así á los argivos:

782 «¡Oh dioses! Una diosa me dañó los pies; aquella que desde antiguo acorre y favorece á Ulises cual una madre.»

784 Así dijo, y todos rieron con gusto. Antíloco recibió, sonriente, el último premio; y dirigió estas palabras á los argivos:

787 «Os diré, argivos, aunque todos lo sabéis, que los dioses honran á los hombres de más edad, hasta en los juegos. Ayax es un poco mayor que yo; Ulises pertenece á la generación precedente, á los hombres antiguos, es tenido por un anciano vigoroso, y contender con él en la carrera es muy difícil para cualquier aqueo que no sea Aquiles.»

793 Así dijo, ensalzando al Pelida, de pies ligeros. Aquiles respondióle con estas palabras:

795 «¡Antíloco! No en balde me habrás elogiado, pues añado á tu premio medio talento de oro.»

797 Dijo, se lo puso en la mano, y Antíloco lo recibió con alegría. Acto continuo, el Pelida sacó y colocó en el circo una larga pica, un escudo y un casco, que eran las armas que Patroclo quitara á Sarpedón. Y puesto en pie, dijo á los argivos:

802 «Invitemos á los dos varones que sean más esforzados, á que, vistiendo las armas y asiendo el tajante bronce, pongan á prueba su valor ante el concurso. Al primero que logre tocar el cuerpo hermoso de su adversario, le rasguñe el vientre á través de la armadura y le haga brotar la negra sangre, daréle esta magnífica espada tracia, tachonada con clavos de plata, que quité á Asteropeo. Ambos campeones se llevarán las restantes armas y serán obsequiados con un espléndido banquete.»

811 Así habló. Levantóse en seguida el gran Ayax Telamonio y luego el fuerte Diomedes Tidida. Tan pronto como se hubieron armado, separadamente de la muchedumbre, fueron á encontrarse en medio del circo, deseosos de combatir y mirándose con torva faz; y todos los aqueos se quedaron atónitos. Cuando se hallaron frente á frente, tres veces se acometieron y tres veces procuraron herirse de cerca. Ayax dió un bote en el escudo liso del adversario, pero no pudo llegar á su cuerpo porque la coraza lo impidió. El Tidida intentaba alcanzar con el hierro de la luciente lanza el cuello de aquél, por cima del gran escudo. Y los aqueos, temiendo por Ayax, mandaron que cesara la lucha y ambos contendientes se llevaran igual premio; pero el héroe dió al Tidida la gran espada, ofreciéndosela con la vaina y el bien cortado ceñidor.

826 Luego el Pelida sacó la bola de hierro sin bruñir que en otro tiempo lanzaba el forzudo Eetión: el divino Aquiles, el de los pies ligeros, mató á este príncipe y se llevó en las naves la bola con otras riquezas. Y puesto en pie, dijo á los argivos:

831 «¡Levantaos los que hayáis de entrar en esta lucha! La presente bola proporcionará al que venciere cuanto hierro necesite durante cinco años, aunque sean muy extensos sus fértiles campos; y sus pastores y labradores no tendrán que ir por hierro á la ciudad.»

836 Así habló. Levantóse en seguida el intrépido Polipetes; después, el vigoroso Leonteo, igual á un dios; más tarde, Ayax Telamonio, y por fin, el divino Epeo. Pusiéronse en fila, y el divino Epeo cogió la bola y la arrojó, después de voltearla; y todos los aquivos se rieron. La tiró el segundo, Leonteo, vástago de Marte. Ayax Telamonio la despidió también, con su robusta mano, y logró pasar las señales de los anteriores tiros. Tomóla entonces el intrépido Polipetes y cuanta es la distancia á que llega el cayado cuando lo lanza el pastor y voltea por cima de la vacada, tanto pasó la bola

el espacio del circo; aplaudieron los aqueos, y los amigos de Polipetes, levantándose, llevaron á las cóncavas naves el premio que su rey había ganado.

850 Luego sacó Aquiles azulado hierro para los arqueros, colocando en el circo diez hachas grandes y otras diez pequeñas. Clavó en la arena, á lo lejos, un mástil de navío después de atar en su punta, por el pie y con delgado cordel, una tímida paloma; é invitóles á tirarle saetas, diciendo: El que hiera á la tímida paloma, llévese á su casa las hachas grandes; el que acierte á dar en la cuerda sin tocar al ave, como más inferior, tomará las hachas pequeñas.»

859 Así dijo. Levantóse en seguida el robusto Teucro y luego Meriones, esforzado escudero de Idomeneo. Echaron dos suertes en un casco de bronce, y, agitándolas, salió primero la de Teucro. Éste arrojó al momento y con vigor una flecha, sin ofrecer á Apolo una hecatombe perfecta de corderos primogénitos; y si bien no tocó al ave—negóselo Apolo,—la amarga saeta rompió el cordel muy cerca de la pata por la cual se había atado á la paloma: ésta voló al cielo, el cordel quedó colgando y los aqueos aplaudieron. Meriones arrebató apresuradamente el arco de las manos de Teucro, acercó á la cuerda la flecha que de antemano tenía preparada, votó á Apolo sacrificarle una hecatombe de corderos primogénitos; y viendo á la tímida paloma que daba vueltas allá en lo alto del aire, cerca de las nubes, disparó y le atravesó una de las alas. La flecha vino al suelo, á los pies de Meriones; y el ave, posándose en el mástil del navío de negra proa, inclinó el cuello y abatió las tupidas alas, la vida huyó veloz de sus miembros y aquélla cayó del mástil á lo lejos. La gente lo contemplaba con admiración y asombro. Meriones tomó, por tanto, las diez hachas grandes, y Teucro se llevó á las cóncavas naves las pequeñas.

884 Luego el Pelida sacó y colocó en el circo una larga pica y una caldera no puesta aún al fuego, que era del valor de un buey y estaba decorada con flores. Dos hombres diestros en arrojar la lanza se levantaron: el poderoso Agamenón Atrida, y Meriones, escudero esforzado de Idomeneo. Y el divino Aquiles, el de los pies ligeros, les dijo:

890 «¡Atrida! Pues sabemos cuánto aventajas á todos y que así en la fuerza como en arrojar la lanza eres el más señalado, toma este premio y vuelve á las cóncavas naves. Y entregaremos la pica al héroe Meriones, si te place lo que te propongo.»

895 Así habló. Agamenón, rey de hombres, no dejó de obedecerle. Aquiles dió á Meriones la pica de bronce, y el héroe Atrida tomó el magnífico premio y se lo entregó al heraldo Taltibio.

CANTO XXIV
RESCATE DE HÉCTOR

1 Disolvióse la junta, y los guerreros se dispersaron por las naves, tomaron la cena y se regalaron con el dulce sueño. Aquiles lloraba, acordándose del compañero querido, sin que el sueño, que todo lo rinde, pudiera vencerle: daba vueltas acá y allá y con amargura traía á la memoria el vigor y gran ánimo de Patroclo, lo que de mancomún con él llevara al cabo y las penalidades que ambos habían padecido, ora combatiendo con los hombres, ora surcando las temibles ondas. Al recordarlo, prorrumpía en abundantes lágrimas; ya se echaba de lado, ya de espaldas, ya de pechos; y al fin, levantándose, vagaba triste por la playa. Nunca le pasaba inadvertido el despuntar de la Aurora sobre el mar y sus riberas; entonces uncía al carro los ligeros corceles, y atando al mismo el cadáver de Héctor, lo arrastraba hasta dar tres vueltas al túmulo del difunto Menetíada; acto continuo volvía á reposar en la tienda, y dejaba el cadáver tendido de cara al polvo. Mas Apolo, apiadándose del varón aun después de muerto, le libraba de toda injuria y lo protegía con la égida de oro para que Aquiles no lacerase el cuerpo mientras lo arrastraba.

22 De tal manera Aquiles, enojado, insultaba al divino Héctor. Compadecidos de éste los bienaventurados dioses, instigaban al vigilante Argicida á que hurtase el cadáver. Á todos les placía tal propósito, menos á Juno, á Neptuno y á la virgen de los brillantes ojos, que odiaban como antes á la sagrada Ilión, á Príamo y á su pueblo por la injuria que Alejandro infiriera á las diosas cuando fueron á su cabaña y declaró vencedora á la que le había ofrecido funesta liviandad. Cuando desde el día de la muerte de Héctor llegó la duodécima aurora, Febo Apolo dijo á los inmortales:

33 «Sois, oh dioses, crueles y maléficos. ¿Acaso Héctor no quemaba en honor vuestro muslos de bueyes y de cabras escogidas? Ahora, que ha perecido, no os atrevéis á salvar el cadáver y ponerlo á la vista de su esposa, de su madre, de su hijo, de su padre Príamo y del pueblo, que al momento lo entregarían á las llamas y le harían honras fúnebres; por el contrario, oh dioses, queréis favorecer al pernicioso Aquiles, el cual concibe pensamientos no razonables, tiene en su pecho un ánimo inflexible y medita cosas feroces, como un león que dejándose llevar por su gran fuerza y espíritu soberbio, se encamina á los rebaños de los hombres para aderezarse un festín: de igual modo perdió Aquiles la piedad y ni siquiera conserva el pudor que tanto favorece ó daña á los varones. Aquél á quien se le muere un ser amado, como el hermano carnal ó el hijo, al fin cesa de llorar y lamentarse; porque las Parcas dieron al hombre un corazón paciente. Mas Aquiles, después que quitó al divino Héctor la dulce vida, ata el cadáver al carro y lo arrastra alrededor del túmulo de su compañero querido; y esto ni á aquél le aprovecha, ni es decoroso. Tema que nos irritemos contra él, aunque sea valiente, porque enfureciéndose insulta á lo que tan sólo es ya insensible tierra.»

55 Respondióle irritada Juno, la de los níveos brazos: «Sería como dices, oh tú que llevas arco de plata, si á Aquiles y á Héctor los tuvierais en igual estima. Pero Héctor fué mortal y dióle el pecho una mujer; mientras que Aquiles es hijo de una diosa á quien yo misma alimenté y crié y casé luego con Peleo, varón cordialmente amado por los inmortales. Todos los dioses presenciasteis la boda; y tú pulsaste la cítara y con los demás tuviste parte en el festín, ¡oh amigo de los malos, siempre pérfido!»

64 Replicó Júpiter, que amontona las nubes: «¡Juno! No te irrites tanto contra las deidades. No será el mismo el aprecio en que los tengamos; pero Héctor era para los dioses, y también para mí, el más querido de cuantos mortales viven en Ilión, porque nunca se olvidó de dedicarnos agradables ofrendas. Jamás mi altar careció ni de libaciones ni de víctimas, que tales son los honores que se nos deben. Desechemos la idea de robar el cuerpo del audaz Héctor; es imposible que se haga á hurto de Aquiles, porque siempre, de noche y de día, le acompaña su madre. Mas si alguno de los dioses llamase á Tetis, yo le diría á ésta lo que fuera oportuno para que Aquiles, recibiendo los dones de Príamo, restituyese el cadáver de Héctor.»

77 Así se expresó. Levantóse Iris, de pies rápidos como el huracán, para llevar el mensaje; saltó al negro ponto entre la costa de Samos y la escarpada de Imbros, y resonó el estrecho. La diosa se lanzó á lo profundo, como desciende el plomo asido al cuerno de un buey montaraz en que se pone el anzuelo y lleva la muerte á los voraces peces. En la profunda gruta halló á Tetis y á otras muchas diosas marinas que la rodeaban: la ninfa, sentada en medio de ellas, lloraba por la suerte de su hijo, que había de perecer en la fértil Troya, lejos de la patria. Y acercándosele Iris, la de los pies ligeros, así le dijo:

88 «Ven, Tetis, pues te llama Júpiter, el conocedor de los eternales decretos.»

89 Respondióle Tetis, la diosa de los argentados pies: «¿Por qué aquel gran dios me ordena que vaya? Me da vergüenza juntarme con los inmortales, pues son muchas las penas que conturban mi corazón. Esto no obstante, iré para que sus palabras no resulten vanas y sin efecto.»

93 En diciendo esto, la divina entre las diosas tomó un velo tan obscuro que no había otro que fuese más negro. Púsose en camino, precedida por la veloz Iris, de pies rápidos como el viento, y las olas del mar se abrían al paso de ambas deidades. Salieron éstas á la playa, ascendieron al cielo y hallaron al longividente Saturnio con los demás felices sempiternos dioses. Sentóse Tetis al lado de Júpiter, porque Minerva le cedió el sitio; y Juno le puso en la mano la copa de oro que la ninfa devolvió después de haber bebido. Y el padre de los hombres y de los dioses comenzó á hablar de esta manera:

104 «Vienes al Olimpo, oh diosa Tetis, afligida y con el ánimo agobiado por vehemente pesar. Lo sé. Pero, aun así y todo, voy á decirte por qué te he llamado. Hace nueve días que se suscitó entre los inmortales una contienda referente al cadáver de Héctor y á Aquiles, asolador de ciudades, é instigaban al vigilante Argicida á que hurtase el muerto; pero yo prefiero dar á Aquiles la gloria de devolverlo, y conservar así tu respeto y amistad. Ve en seguida al ejército y amonesta á tu hijo. Dile que los dioses están muy irritados contra él y yo más indignado que ninguno de los inmortales, porque enfureciéndose retiene á Héctor en las corvas naves y no permite que lo rediman; por si, temiéndome, consiente que el cadáver sea rescatado. Y enviaré la diosa Iris al magnánimo Príamo para que vaya á las naves de los aqueos y redima á su hijo, llevando á Aquiles dones que aplaquen su enojo.»

120 Así se expresó; y Tetis, la diosa de los argentados pies, no fué desobediente. Bajando en raudo vuelo de las cumbres del Olimpo, llegó á la tienda de su hijo: éste gemía sin cesar, y sus compañeros se ocupaban diligentemente en preparar la comida, habiendo inmolado una grande y lanuda oveja. La veneranda madre se sentó muy cerca del héroe, le acarició con la mano y hablóle en estos términos:

128 «¡Hijo mío! ¿Hasta cuándo dejarás que el llanto y la tristeza roan tu corazón, sin acordarte ni de la comida ni del concúbito? Bueno es que goces del amor con una mujer, pues ya no vivirás mucho tiempo: la muerte y el hado cruel se te avecinan. Y ahora préstame atención, pues vengo como mensajera de Júpiter. Dice que los dioses están muy irritados contra ti, y él más indignado que ninguno de los inmortales, porque enfureciéndote retienes á Héctor en las corvas naves y no permites que lo rediman. Ea, entrega el cadáver y acepta su rescate.»

138 Respondióle Aquiles, el de los pies ligeros: «Sea así. Quien traiga el rescate se lleve el muerto; ya que, con ánimo benévolo, el mismo Olímpico lo ha dispuesto.»

141 De este modo, dentro del recinto de las naves, pasaban de madre á hijo muchas aladas palabras. Y en tanto, el Saturnio envió á Iris á la sagrada Ilión:

144 «¡Anda, ve, rápida Iris! Deja tu asiento del Olimpo, entra en Ilión y di al magnánimo Príamo que se encamine á las naves de los aqueos y rescate al hijo, llevando á Aquiles dones que aplaquen su enojo; vaya solo y ningún troyano se le junte. Acompáñele un heraldo más viejo que él, para que guíe los mulos y el carro de hermosas ruedas y conduzca luego á la población el cadáver de aquel á quien mató el divino Aquiles. Ni la idea de la muerte ni otro temor alguno conturbe su ánimo; pues le daremos por guía al Argicida, el cual le llevará hasta muy cerca de Aquiles. Y cuando haya entrado en la tienda del héroe, éste no le matará, é impedirá que los demás lo hagan. Pues Aquiles no es insensato, ni temerario, ni perverso; y tendrá buen cuidado de respetar á un suplicante.»

159 Tal dijo. Levantóse Iris, de pies rápidos como el huracán, para llevar el mensaje; y llegando al palacio de Príamo, oyó llantos y alaridos. Los hijos, sentados en el patio alrededor del padre, bañaban sus vestidos con lágrimas; y el anciano aparecía en medio, envuelto en un manto muy ceñido, y tenía en la cabeza y en el cuello abundante estiércol que al revolcarse por el suelo había recogido con sus manos. Las hijas y nueras se lamentaban en el palacio, recordando los muchos varones esforzados que yacían en la llanura por haber dejado la vida en manos de los argivos. La mensajera de Júpiter se detuvo cerca de Príamo y hablándole quedo, mientras al anciano un temblor le ocupaba los miembros, así le dijo:

171 «Cobra ánimo, Príamo Dardánida, y no te espantes; que no vengo á presagiarte males, sino á participarte cosas buenas: soy mensajera de Júpiter, que aun estando lejos, se interesa mucho por ti y te compadece. El Olímpico te manda rescatar al divino Héctor, llevando á Aquiles dones que aplaquen su enojo; ve solo y ningún troyano se te junte. Te acompañe un heraldo más viejo que tú, para que guíe los mulos y el carro de hermosas ruedas y conduzca luego á la población el cadáver de aquel á quien mató el divino Aquiles. Ni la idea de la muerte ni otro temor alguno conturbe tu ánimo, pues tendrás por guía al Argicida, el cual te llevará hasta muy cerca de Aquiles. Y cuando hayas entrado en la tienda del héroe, éste no te matará é impedirá que los demás lo hagan. Pues Aquiles no es ni insensato, ni temerario, ni perverso; y tendrá buen cuidado de respetar á un suplicante.»

188 Cuando esto hubo dicho, fuése Iris, la de los pies ligeros. Príamo mandó á sus hijos que prepararan un carro de mulas, de hermosas ruedas, pusieran encima una arca y la sujetaran con sogas. Bajó después al perfumado tálamo, que era de cedro, tenía elevado techo y guardaba muchas preciosidades; y llamando á su esposa Hécuba, hablóle en estos términos:

194 «¡Hécuba infeliz! La mensajera del Olimpo ha venido por orden de Júpiter á encargarme que vaya á las naves de los aqueos y rescate al hijo, llevando á Aquiles dones que aplaquen su enojo. Ea, dime ¿qué piensas acerca de esto? Pues mi mente y mi corazón me instigan á ir allá, hacia las naves, al campamento vasto de los aqueos.»

200 Así dijo. La mujer prorrumpió en sollozos, y respondió diciendo: «¡Ay de mí! ¿Qué es de la prudencia que antes

te hizo célebre entre los extranjeros y entre aquéllos sobre los cuales reinas? ¿Cómo quieres ir solo á las naves de los aqueos y presentarte al hombre que te mató tantos y tan valientes hijos? De hierro tienes el corazón. Si ese guerrero cruel y pérfido llega á verte con sus propios ojos y te coge, ni se apiadará de ti, ni te respetará en lo más mínimo. Lloremos á Héctor sentados en el palacio, á distancia de su cadáver; ya que cuando le parí, el hado poderoso hiló de esta suerte el estambre de su vida: que habría de saciar con su carne á los veloces perros, lejos de sus padres y junto al hombre violento cuyo hígado ojalá pudiera yo comer hincando en él los dientes. Entonces quedarían vengados los insultos que ha hecho á mi hijo; que éste, cuando aquél le mató, no se portaba cobardemente, sino que á pie firme defendía á los troyanos y á las troyanas de profundo seno, no pensando ni en huir ni en evitar el combate.»

217 Contestó el anciano Príamo, semejante á un dios: «No te opongas á mi resolución, ni seas para mí un ave de mal agüero en el palacio. No me persuadirás. Si me diese la orden uno de los que en la tierra viven, aunque fuera adivino, arúspice ó sacerdote, la creeríamos falsa y desconfiaríamos aún más; pero ahora, como yo mismo he oído á la diosa y la he visto delante de mí, iré y no serán ineficaces sus palabras. Y si mi destino es morir en las naves de los aqueos de broncíneas túnicas, lo acepto: que me mate Aquiles tan luego como abrace á mi hijo y satisfaga el deseo de llorarle.»

228 Dijo; y levantando las hermosas tapas de las arcas, cogió doce magníficos peplos, doce mantos sencillos, doce tapetes, doce bellos palios y otras tantas túnicas. Pesó luego diez talentos de oro. Y por fin sacó dos trípodes relucientes, cuatro calderas y una magnífica copa que los tracios le dieron cuando fué, como embajador, á su país, y era un soberbio regalo; pues el anciano no quiso dejarla en el palacio á causa del vehemente deseo que tenía de rescatar á su hijo. Y volviendo al pórtico, echó afuera á los troyanos, increpándolos con injuriosas palabras:

239 «¡Idos enhoramala, hombres infames y vituperables! ¿Por ventura no hay llanto en vuestra casa, que venís á afligirme? ¿Ó creéis que son pocos los pesares que Jove Saturnio me envía, con hacerme perder un hijo valiente? También los probaréis vosotros. Muerto él, será mucho más fácil que los argivos os maten. Pero antes que con estos ojos vea la ciudad tomada y destruída, descienda yo á la mansión del Orco.»

247 Dijo; y con el cetro echó á los hombres. Éstos salieron, apremiados por el anciano. Y en seguida Príamo reprendió á sus hijos Heleno, Paris, Agatón divino, Pamón, Antífono, Polites, valiente en la pelea, Deífobo, Hipótoo y el fuerte Dío: á los nueve los increpó y dió órdenes, diciendo:

253 «¡Daos prisa, malos hijos, ruines! Ojalá que en lugar de Héctor hubieseis muerto todos en las veleras naves. ¡Ay de mí, desventurado, que engendré hijos valentísimos en la vasta Troya, y ya puedo decir que ninguno me queda! Al divino Méstor, á Troílo que combatía en carro, y á Héctor, que era un dios entre los hombres y no parecía hijo de un mortal sino de una divinidad, Marte les hizo perecer; y restan los que son indignos, embusteros, danzarines, señalados únicamente en los coros y hábiles en robar al pueblo corderos y cabritos. Pero ¿no me prepararéis al instante el carro, poniendo en él todas estas cosas, para que emprendamos el camino?»

265 Así les habló. Ellos, temiendo la reconvención del padre, sacaron un carro de mulas, de hermosas ruedas, magnífico, recién construído; pusieron encima el arca, que ataron bien; descolgaron del clavo el corvo yugo de madera de boj, provisto de anillos, y tomaron una correa de nueve codos que servía para atarlo. Colocaron después el yugo sobre la parte anterior de la lanza, metieron el anillo en su clavija, y sujetaron á aquél, atándolo con la correa, á la cual hicieron dar tres vueltas á cada lado y cuyos extremos reunieron en un nudo. Luego fueron sacando de la cámara y acomodando en el carro los innumerables dones para el rescate de Héctor; uncieron los mulos de tiro, de fuertes cascos, que en otro tiempo regalaron los misios á Príamo como espléndido presente, y acercaron al yugo dos corceles, á los cuales el anciano en persona daba de comer en pulimentado pesebre.

281 Mientras el heraldo y Príamo, prudentes ambos, uncían los caballos en el alto palacio, acercóseles Hécuba, con ánimo abatido, llevando en su diestra una copa de oro, llena de dulce vino, para que hicieran la libación antes de partir; y deteniéndose ante el carro, dijo á Príamo:

287 «Toma, haz libación al padre Júpiter y suplícale que puedas volver del campamento de los enemigos á tu casa; ya que tu ánimo te incita á ir á las naves contra mi deseo. Ruega, pues, á Júpiter Ideo, el dios de las sombrías nubes, que desde lo alto contempla la ciudad de Troya, y pídele que haga aparecer á tu derecha su veloz mensajera, el ave que le es más cara y cuya fuerza es inmensa, para que en viéndola con tus propios ojos, vayas, alentado por el agüero, á las naves de los dánaos, de rápidos corceles. Y si el longividente Júpiter no te enviara su mensajera, yo no te aconsejaría que fueras á las naves de los argivos por mucho que lo desees.»

299 Respondióle el deiforme Príamo: «¡Mujer! No dejaré de obrar como me recomiendas. Bueno es levantar las manos á Júpiter para que de nosotros se apiade.»

302 Dijo así el anciano, y mandó á la esclava despensera que le diese agua limpia á las manos. Presentóse la cautiva con una fuente y un jarro. Y Príamo, así que se hubo lavado, recibió la copa de manos de su esposa; oró, de pie, en medio del patio; libó el vino, alzando los ojos al cielo, y pronunció estas palabras:

308 «¡Padre Júpiter, que reinas desde el Ida, gloriosísimo, máximo! Concédeme que al llegar á la tienda de Aquiles le sea grato y de mí se apiade; y haz que aparezca á mi derecha tu veloz mensajera, el ave que te es más cara y cuya fuerza es inmensa, para que después de verla con mis propios ojos vaya, alentado por el agüero, á las naves de los dánaos, de rápidos corceles.»

314 Tal fué su plegaria. Oyóla el próvido Júpiter, y al momento envió la mejor de las aves agoreras, un águila rapaz de color obscuro, conocida con el nombre de *percnón*. Cuanta anchura suele tener en la casa de un rico la puerta de la cámara de alto techo, bien adaptada al marco y asegurada por un cerrojo; tanto espacio ocupaba con sus alas, desde el uno al otro extremo, el águila que apareció volando á la derecha por cima de la ciudad. Al verla, todos se alegraron y la confianza renació en sus pechos.

322 El anciano subió presuroso al carro y lo guió á la calle, pasando por el vestíbulo y el pórtico sonoro. Iban delante los mulos que arrastraban el carro de cuatro ruedas, y eran gobernados por el prudente Ideo; seguían los caballos que el viejo aguijaba con el látigo para que atravesaran prestamente la ciudad; y todos los amigos acompañaban al rey, derramando abundantes lágrimas, como si á la muerte caminara. Cuando hubieron bajado de la ciudad al campo, hijos y yernos regresaron á Ilión. Mas al atravesar Príamo y el heraldo la llanura, no dejó de advertirlo Júpiter, que vió

al anciano y se compadeció de él. Y llamando en seguida á su hijo Mercurio, háblole de esta manera:

334 «¡Mercurio! Puesto que te es grato acompañar á los hombres y oyes las súplicas del que quieres; anda, ve y conduce á Príamo á las cóncavas naves aqueas, de suerte que ningún dánao le vea hasta que haya llegado á la tienda del Pelida.»

339 Así habló. El mensajero Argicida no fué desobediente: calzóse al instante los áureos divinos talares que le llevaban sobre el mar y la tierra inmensa con la rapidez del viento, y tomó la vara con la cual adormece á cuantos quiere ó despierta á los que duermen. Llevándola en la mano, el poderoso Argicida emprendió el vuelo, llegó muy pronto á Troya y al Helesponto, y echó á andar, transfigurado en un joven príncipe á quien comienza á salir el bozo y está graciosísimo en la flor de la juventud.

349 Cuando Príamo y el heraldo llegaron más allá del gran túmulo de Ilo, detuvieron los mulos y los caballos para que bebiesen en el río. Ya se iba haciendo noche sobre la tierra. Advirtió el heraldo la presencia de Mercurio, que estaba junto á él, y hablando á Príamo, le dijo:

354 «Atiende Dardánida, pues el lance que se presenta requiere prudencia. Veo á un hombre y me figuro que en seguida nos matará. Ea, huyamos en el carro, ó supliquémosle, abrazando sus rodillas, para ver si se apiada de nosotros.»

358 Esto dijo. Turbósele al anciano la razón, sintió un gran terror, se le erizó el pelo en los flexibles miembros y quedó estupefacto. Entonces el benéfico Mercurio se llegó al viejo, tomóle por la mano y le interrogó diciendo:

362 «¿Adónde, padre mío, diriges estos caballos y mulos durante la noche divina, mientras duermen los demás mortales? ¿No temes á los aqueos, que respiran valor, los cuales te son malévolos y enemigos y se hallan cerca de nosotros? Si alguno de ellos te viera conducir tantas riquezas en esta obscura y rápida noche, ¿qué resolución tomarías? Tú no eres joven, éste que te acompaña es también anciano, y no podríais rechazar á quien os ultrajara. Pero yo no te causaré ningún daño, y además te defendería de cualquier hombre, porque te pareces á mi padre.»

372 Respondióle el anciano Príamo, semejante á un dios: «Así es, como dices, hijo querido. Pero alguna deidad extiende la mano sobre mí, cuando me hace salir al encuentro un caminante de tan favorable augurio como tú, que tienes cuerpo y aspecto dignos de admiración y espíritu prudente, y naciste de padres felices.»

377 Díjole á su vez el mensajero Argicida: «Sí, anciano, oportuno es cuanto acabas de decir. Pero, ea, habla y dime con sinceridad: ¿Mandas á gente extraña tantas y tan preciosas riquezas á fin de ponerlas en cobro; ó ya todos abandonáis, amedrentados, la sagrada Ilión, por haber muerto el varón más fuerte, tu hijo, que á ninguno de los aqueos cedía en el combate?»

386 Contestóle el anciano Príamo, semejante á un dios: «¿Quién eres, hombre excelente, y cuáles los padres de que naciste, que con tanta oportunidad has mencionado la muerte de mi hijo infeliz?»

389 Replicó el mensajero Argicida: «Me quieres probar, oh anciano, y por eso me preguntas por el divino Héctor. Muchas veces le vieron estos ojos en la batalla donde los varones se hacen ilustres, y también cuando llegó á las naves matando argivos, á quienes hería con el agudo bronce. Nosotros le admirábamos sin movernos, porque Aquiles estaba irritado contra el Atrida y no nos dejaba pelear. Pues yo soy servidor de Aquiles, con quien vine en la misma nave bien construída; desciendo de mirmidones y tengo por padre á Políctor, que es rico y anciano como tú. Soy el más joven de sus siete hijos y, como lo decidiéramos por suerte, tocóme á mí acompañar al héroe. Y ahora he venido de las naves á la llanura, porque mañana los aqueos, de ojos vivos, presentarán batalla en los contornos de la ciudad; se aburren de estar ociosos, y los reyes aquivos no pueden contener su impaciencia por entrar en combate.»

405 Respondióle el anciano Príamo, semejante á un dios: «Si eres servidor de Aquiles Pelida, ea, dime la verdad: ¿mi hijo yace aún cerca de las naves, ó Aquiles lo ha desmembrado y entregado á sus perros?»

410 Contestóle el mensajero Argicida: «¡Oh anciano! Ni los perros ni las aves lo han devorado, y todavía yace junto al bajel de Aquiles, dentro de la tienda. Doce días lleva de estar tendido, y ni el cuerpo se pudre, ni lo comen los gusanos que devoran á los hombres muertos en la guerra. Cuando apunta la divinal Aurora, Aquiles lo arrastra sin piedad alrededor del túmulo de su compañero querido; pero ni aun así lo desfigura, y tú mismo, si á él te acercaras, te admirarías de ver cuán fresco está: la sangre le ha sido lavada, no presenta mancha alguna, y cuantas heridas recibió—pues fueron muchos los que le envasaron el bronce—todas se han cerrado. De tal modo los bienaventurados dioses cuidan de tu hijo, aun después de muerto, porque era muy caro á su corazón.»

424 Así se expresó. Alegróse el anciano, y respondió diciendo: «¡Oh hijo! Bueno es ofrecer á los inmortales los debidos dones. Jamás mi hijo, si no ha sido un sueño que haya existido, olvidó en el palacio á los dioses que moran en el Olimpo, y por esto se acordaron de él en el fatal trance de la muerte. Mas, ea, recibe de mis manos esta copa, para que la guardes, y guíame con el favor de los dioses hasta que llegue á la tienda del Pelida.»

432 Díjole á su vez el mensajero Argicida: «¡Oh anciano! Quieres tentarme porque soy más joven; pero no me persuadirás con tus ruegos á que acepte el regalo sin saberlo Aquiles. Le temo y me da mucho miedo defraudarle: no fuera que después se me siguiese algún daño. Pero te acompañaría cuidadosamente en una velera nave ó á pie, aunque fuese hasta la famosa Argos; y nadie osaría atacarte, despreciando al guía.»

440 Así habló el benéfico Mercurio; y subiendo al carro, recogió al instante el látigo y las riendas é infundió gran vigor á los corceles y mulos. Cuando llegaron al foso y á las torres que protegían las naves, los centinelas comenzaban á preparar la cena, y el mensajero Argicida los adormeció á todos; en seguida abrió la puerta, descorriendo los cerrojos, é introdujo á Príamo y el carro que llevaba los espléndidos regalos. Llegaron, por fin, á la alta tienda que los mirmidones habían construído para el rey con troncos de abeto, techándola con frondosas cañas que cortaron en la pradera: rodeábala una gran cerca de muchas estacas y tenía la puerta asegurada por una barra de abeto que quitaban ó ponían tres aqueos juntos, y sólo Aquiles la descorría sin ayuda. Entonces el benéfico Mercurio abrió la puerta é introdujo al anciano y los presentes para el Pelida, el de los pies ligeros. Y apeándose del carro, dijo á Príamo:

460 «¡Oh anciano! Yo soy un dios inmortal, soy Mercurio; y mi padre me envió para que fuese tu guía. Me vuelvo antes de llegar á la presencia de Aquiles, pues sería indecoroso que un dios inmortal se tomara públicamente tanto

interés por los mortales. Entra tú, abraza las rodillas del Pelida, y suplícale por su padre, por su madre de hermosa cabellera y por su hijo, á fin de que conmuevas su corazón.»

468 Cuando esto hubo dicho, Mercurio se encaminó al vasto Olimpo. Príamo saltó del carro á tierra, dejó á Ideo para que cuidase de los caballos y mulos, y fué derecho á la tienda en que moraba Aquiles, caro á Júpiter. Hallóle solo—sus amigos estaban sentados aparte—y el héroe Automedonte y Álcimo, vástago de Marte, le servían; pues acababa de cenar; y si bien ya no comía ni bebía, aún la mesa continuaba puesta. El gran Príamo entró sin ser visto, y acercándose á Aquiles, abrazóle las rodillas y besó aquellas manos terribles, homicidas, que habían dado muerte á tantos hijos suyos. Como quedan atónitos los que, hallándose en la casa de un rico, ven llegar á un hombre que tuvo la desgracia de matar en su patria á otro varón y ha emigrado á país extraño; de igual manera asombróse Aquiles de ver á Príamo, semejante á un dios; y los demás se sorprendieron también y se miraron unos á otros. Y Príamo suplicó á Aquiles, dirigiéndole estas palabras:

486 «Acuérdate de tu padre, oh Aquiles, semejante á los dioses, que tiene la misma edad que yo y ha llegado á los funestos umbrales de la vejez. Quizás los vecinos circunstantes le oprimen y no hay quien le salve del infortunio y la ruina; pero al menos aquél, sabiendo que tú vives, se alegra en su corazón y espera de día en día que ha de ver á su hijo, llegado de Troya. Mas yo, desdichadísimo, después que engendré hijos valientes en la espaciosa Ilión, puedo decir que de ellos ninguno me queda. Cincuenta tenía cuando vinieron los aqueos: diez y nueve eran de una misma madre; á los restantes diferentes mujeres los dieron á luz en el palacio. Á los más, el furibundo Marte les quebró las rodillas; y el que era único para mí y defendía la ciudad y á sus habitantes, á éste tú lo mataste poco ha mientras combatía por la patria, á Héctor; por quien vengo ahora á las naves de los aqueos, con un cuantioso rescate, á fin de redimir su cadáver. Respeta á los dioses, Aquiles, y apiádate de mí, acordándote de tu padre; yo soy aún más digno de compasión que él, puesto que me atreví á lo que ningún otro mortal de la tierra: á llevar á mis labios la mano del hombre matador de mis hijos.»

507 Así habló. Á Aquiles le vino deseo de llorar por su padre; y cogiendo la mano de Príamo, apartóle suavemente. Los dos lloraban afligidos por los recuerdos: Príamo, acordándose de Héctor, matador de hombres, derramaba copiosas lágrimas postrado á los pies de Aquiles; éste las vertía, unas veces por su padre y otras por Patroclo; y los gemidos de ambos resonaban en la tienda. Mas así que el divino Aquiles estuvo saciado de llanto y el deseo de sollozar cesó en su corazón, alzóse de la silla, tomó por la mano al viejo para que se levantara, y mirando compasivo la cabeza y la barba encanecidas, díjole estas aladas palabras:

518 «¡Ah infeliz! Muchos son los infortunios que tu ánimo ha soportado. ¿Cómo te atreviste á venir solo á las naves de los aqueos y presentarte al hombre que te mató tantos y tan valientes hijos? De hierro tienes el corazón. Mas, ea, toma asiento en esta silla; y aunque los dos estamos afligidos, dejemos reposar en el alma las penas, pues el triste llanto para nada aprovecha. Los dioses condenaron á los míseros mortales á vivir en la tristeza, y sólo ellos están descuitados. En los umbrales del palacio de Júpiter hay dos toneles de dones que el dios reparte: en el uno están los azares y en el otro las suertes. Aquél á quien Júpiter, que se complace en lanzar rayos, se los da mezclados, unas veces topa con la desdicha y otras con la buena ventura; pero el que tan sólo recibe azares, vive con afrenta, una gran hambre le persigue sobre la divina tierra, y va de un lado para otro sin ser honrado ni por los dioses ni por los hombres. Así las deidades hicieron á Peleo grandes mercedes desde su nacimiento: aventajaba á los demás hombres en felicidad y riqueza, reinaba sobre los mirmidones, y siendo mortal, tuvo por mujer á una diosa; pero también le impusieron un mal: que no tuviese hijos que reinaran luego en el palacio. Tan sólo uno engendró, á mí, cuya vida ha de ser breve; y no le cuido en su vejez, porque permanezco en Troya, lejos de la patria, para contristarte á ti y á tus hijos. Y dicen que también tú, oh anciano, fuiste dichoso en otro tiempo; y que en el espacio que comprende Lesbos, donde reinó Mácar, y más arriba la Frigia hasta el Helesponto inmenso, descollabas entre todos por tu riqueza y por tu prole. Mas, desde que los dioses celestiales te trajeron esta plaga, sucédense alrededor de la ciudad las batallas y las matanzas de hombres. Súfrelo resignado y no dejes que se apodere de tu corazón un pesar continuo, pues nada conseguirás afligiéndote por tu hijo, ni lograrás que se levante; y quizás tengas que padecer una nueva desgracia.»

552 Respondió el anciano Príamo, semejante á un dios: «No me hagas sentar en esta silla, alumno de Júpiter, mientras Héctor yace insepulto en la tienda. Entrégamelo para que lo contemple con mis ojos, y recibe el cuantioso rescate que te traemos. Ojalá puedas disfrutar de él y volver á tu patria, ya que ahora me has dejado vivir y ver la luz del sol.»

559 Mirándole con torva faz, le dijo Aquiles, el de los pies ligeros: «¡No me irrites más, oh anciano! Dispuesto estoy á entregarte el cadáver de Héctor, pues para ello Júpiter envióme como mensajera la madre que me parió, la hija del anciano del mar. Comprendo también, y no se me oculta, que un dios te trajo á las veleras naves de los aqueos; porque ningún mortal, aunque estuviese en la flor de la juventud, se atrevería á venir al ejército, ni entraría sin ser visto por los centinelas, ni quitaría con facilidad la barra que asegura la puerta. Abstente, pues, de exacerbar los dolores de mi corazón; no sea que deje de respetarte, oh anciano, á pesar de que te hallas en mi tienda y eres un suplicante, y viole las órdenes de Júpiter.»

571 Tales fueron sus palabras. El anciano sintió temor y obedeció el mandato. El Pelida, saltando como un león, salió de la tienda; y no se fué solo, pues le siguieron el héroe Automedonte y Álcimo, que eran los compañeros á quienes más apreciaba después del difunto Patroclo. En seguida desengancharon los caballos y los mulos, introdujeron al heraldo del anciano, haciéndole sentar en una silla, y quitaron del lustroso carro los cuantiosos presentes destinados al rescate de Héctor. Tan sólo dejaron dos palios y una túnica bien tejida, para envolver el cadáver antes que Príamo se lo llevase al palacio. Aquiles llamó entonces á los esclavos y les mandó que lavaran y ungieran el cuerpo de Héctor, trasladándolo á otra parte para que Príamo no lo advirtiese; no fuera que, afligiéndose al ver á su hijo, no pudiese reprimir la cólera en su pecho é irritase el corazón de Aquiles, y éste le matara, quebrantando las órdenes de Júpiter. Lavado ya y ungido con aceite, las esclavas lo cubrieron con la túnica y el hermoso palio; después el mismo Aquiles lo levantó y colocó en un lecho, y por fin los compañeros lo subieron al lustroso carro. Y el héroe suspiró y dijo, nombrando á su amigo:

592 «No te enojes conmigo, oh Patroclo, si en el Orco te enteras de que he entregado el cadáver del divino Héctor al padre de este héroe; pues me ha traído un rescate digno, y consagraré á tus manes la parte que te es debida.»

596 Habló así el divino Aquiles y volvió á la tienda. Sentóse en la silla labrada que antes ocupara, de espaldas á la pared, frente á Príamo, y hablóle en estos términos:

599 «Tu hijo, oh anciano, rescatado está, como pedías: yace en un lecho, y cuando asome el día podrás verlo y llevártelo. Ahora pensemos en cenar; pues hasta Níobe, la de hermosas trenzas, se acordó de tomar alimento cuando en el palacio murieron sus doce vástagos: seis hijas y seis hijos florecientes. Á éstos Apolo, airado contra Níobe, los mató disparando el arco de plata; á aquéllas dióles muerte Diana, que se complace en tirar flechas, porque la madre osaba compararse con Latona, la de hermosas mejillas, y decía que ésta sólo había dado á luz dos hijos, y ella había parido muchos; y los de la diosa, no siendo más que dos, acabaron con todos los de Níobe. Nueve días permanecieron tendidos en su sangre, y no hubo quien los enterrara porque el Saturnio había convertido á los hombres en piedras; pero al llegar el décimo, los celestiales dioses los sepultaron. Y Níobe, cuando se hubo cansado de llorar, pensó en el alimento. Hállase actualmente en las rocas de los montes yermos de Sípilo, donde, según dicen, están las grutas de las ninfas que bailan junto al Aqueloo; y aunque convertida en piedra, devora aún los dolores que las deidades le causaron. Mas, ea, cuidemos también nosotros de comer, y más tarde, cuando hayas transportado el hijo á Ilión, podrás hacer llanto sobre el mismo. Y será por ti muy llorado.»

621 Dijo el veloz Aquiles, y levantándose, degolló una cándida oveja; sus compañeros la desollaron y prepararon, la descuartizaron con arte; y cogiendo con pinchos los pedazos, los asaron cuidadosamente y los retiraron del fuego. Automedonte repartió pan en hermosas canastillas y Aquiles distribuyó la carne. Ellos alargaron la diestra á los manjares que tenían delante; y cuando hubieron satisfecho el deseo de comer y de beber, Príamo Dardánida admiró la estatura y el aspecto de Aquiles, pues el héroe parecía un dios; y á su vez, Aquiles admiró á Príamo Dardánida, contemplando su noble rostro y escuchando sus palabras. Y cuando se hubieron deleitado, mirándose el uno al otro, el anciano Príamo, semejante á un dios, dijo el primero:

635 «Permite, oh alumno de Júpiter, que me acueste y disfrute del dulce sueño. Mis ojos no se han cerrado desde que mi hijo murió á tus manos; pues continuamente gimo y devoro pesares innúmeros, revolcándome por el estiércol en el recinto del patio. Ahora he probado la comida y rociado con el negro vino la garganta, lo que desde entonces no había hecho.»

643 Dijo. Aquiles mandó á sus compañeros y á las esclavas que pusieran camas debajo del pórtico, las proveyesen de hermosos cobertores de púrpura, extendiesen tapetes encima de ellos y dejasen afelpadas túnicas para abrigarse. Las esclavas salieron de la tienda llevando sendas hachas encendidas; y aderezaron diligentemente dos lechos. Y Aquiles, el de los pies ligeros, dijo en tono burlón á Príamo:

650 «Acuéstate fuera de la tienda, anciano querido; no sea que alguno de los caudillos aqueos venga, como suelen, á consultarme sobre sus proyectos; si alguno de ellos te viera durante la veloz y obscura noche, podría decirlo á Agamenón, pastor de pueblos, y quizás se diferiría la entrega del cadáver. Mas, ea, habla y dime con sinceridad cuántos días quieres para hacer honras al divino Héctor; y durante este tiempo permaneceré quieto y contendré al ejército.»

659 Respondióle el anciano Príamo, semejante á un dios: «Si quieres que yo pueda celebrar los funerales del divino Héctor, obrando como voy á decirte, oh Aquiles, me dejarías complacido. Ya sabes que vivimos encerrados en la ciudad; la leña hay que traerla de lejos, del monte; y los troyanos tienen mucho miedo. Durante nueve días le lloraremos en el palacio, en el décimo le sepultaremos y el pueblo celebrará el banquete fúnebre, en el undécimo erigiremos un túmulo sobre el cadáver y en el duodécimo volveremos á pelear, si necesario fuere.»

668 Contestóle el divino Aquiles, el de los pies ligeros: «Se hará como dispones, anciano Príamo, y suspenderé el combate durante el tiempo que me pides.»

671 Dichas estas palabras, estrechó la diestra del anciano para que no abrigara en su alma temor alguno. El heraldo y Príamo, prudentes ambos, se acostaron en el vestíbulo. Aquiles durmió en el interior de la tienda sólidamente construída, y á su lado descansó Briseida, la de hermosas mejillas.

677 Las demás deidades y los hombres que combaten en carros durmieron toda la noche, vencidos del dulce sueño; pero éste no se apoderó del benéfico Mercurio, que meditaba cómo sacaría del recinto de las naves á Príamo sin que lo advirtiesen los sagrados guardianes de las puertas. Y poniéndose encima de la cabeza del rey, así le dijo:

683 «¡Oh anciano! No te preocupa el peligro cuando así duermes en medio de los enemigos, después que Aquiles te ha respetado. Acabas de rescatar á tu hijo, dando muchos presentes; pero los otros hijos que dejaste en Troya tendrían que ofrecer tres veces más para redimirte vivo, si llegasen á descubrirte Agamenón Atrida y los aqueos todos.»

689 Así habló. El anciano sintió temor, y despertó al heraldo. Mercurio unció los caballos y los mulos, y acto continuo los guió á través del ejército sin que nadie se percatara.

692 Mas, al llegar al vado del voraginoso Janto, río de hermosa corriente que el inmortal Júpiter engendró, Mercurio se fué al vasto Olimpo. La Aurora de azafranado velo se esparcía por toda la tierra, cuando ellos, gimiendo y lamentándose, guiaban los corceles hacia la ciudad, y les seguían los mulos con el cadáver. Ningún hombre ni mujer de hermosa cintura los vió llegar antes que Casandra, semejante á la dorada Venus; pues, subiendo á Pérgamo, distinguió el carro con su padre y el heraldo, pregonero de la ciudad, y vió detrás á Héctor, tendido en un lecho que los mulos conducían. En seguida prorrumpió en sollozos, y fué clamando por toda la población.

704 «Venid á ver á Héctor, troyanos y troyanas, si otras veces os alegrasteis de que volviese vivo del combate; porque era el regocijo de la ciudad y de todo el pueblo.»

707 Tal dijo, y ningún hombre ni mujer se quedó dentro de los muros. Todos sintieron intolerable dolor y fueron á encontrar cerca de las puertas al que les traía el cadáver. La esposa querida y la veneranda madre, echándose las primeras sobre el carro de hermosas ruedas y tomando en sus manos la cabeza de Héctor, se arrancaban los cabellos; y la turba las rodeaba llorando. Y hubieran permanecido delante de las puertas todo el día, hasta la puesta del sol, derramando lágrimas por Héctor, si el anciano no les hubiese dicho desde el carro:

716 «Haceos á un lado y dejad que pase con las mulas; y una vez lo haya conducido al palacio, os saciaréis de llanto.»

718 Así habló; y ellos, apartándose, dejaron que pasara el carro. Dentro ya del magnífico palacio, pusieron el cadáver en un torneado lecho é hicieron sentar á su alrededor cantores que entonaran el treno: éstos cantaban con voz lastimera, y las mujeres respondían con gemidos. Y en medio de ellas Andrómaca, la de níveos brazos, que sostenía con las manos la cabeza de Héctor, matador de hombres, dió comienzo á las lamentaciones, exclamando:

725 «¡Esposo mío! Saliste de la vida cuando aún eras joven, y me dejas viuda en el palacio. El hijo que nosotros ¡infelices! hemos engendrado, es todavía infante y no creo que llegue á la juventud; antes será la ciudad arruinada desde su cumbre. Porque has muerto tú que eras su defensor, el que la salvaba, el que protegía á las venerables matronas y á los tiernos infantes. Pronto se las llevarán en las cóncavas naves y á mí con ellas. Y tú, hijo mío, ó me seguirás y tendrás que ocuparte en viles oficios, trabajando en provecho de un amo cruel; ó algún aqueo te cogerá de la mano y te arrojará de lo alto de una torre, ¡muerte horrenda!, irritado porque Héctor le matara el hermano, el padre ó el hijo; pues muchos aqueos mordieron la vasta tierra á manos de Héctor. No era blando tu padre en la funesta batalla, y por esto le lloran todos en la ciudad. ¡Oh Héctor! Has causado á tus padres llanto y dolor indecibles, pero á mí me aguardan las penas más graves. Ni siquiera pudiste, antes de morir, tenderme los brazos desde el lecho, ni hacerme saludables advertencias que hubiera recordado siempre, de noche y de día, con lágrimas en los ojos.»

746 Esto dijo llorando, y las mujeres gimieron. Y entre ellas, Hécuba empezó á su vez el funeral lamento:

748 «¡Héctor, el hijo más amado de mi corazón! No puede dudarse de que en vida fueras caro á los dioses, pues no se olvidaron de ti en el trance fatal de tu muerte. Aquiles, el de los pies ligeros, á los demás hijos míos que logró coger, vendiólos al otro lado del mar estéril, en Samos, Imbros ó Lemnos, de escarpada costa; á ti, después de arrancarte el alma con el bronce de larga punta, te arrastraba muchas veces en torno del sepulcro de su compañero Patroclo, á quien mataste, mas no por esto resucitó á su amigo. Y ahora yaces en el palacio, tan fresco como si acabaras de morir y semejante al que Apolo, el del argénteo arco, mata con sus suaves flechas.»

760 Así habló, derramando lágrimas, y excitó en todos vehemente llanto. Y Helena fué la tercera en dar principio al funeral lamento:

762 «¡Héctor, el cuñado más querido de mi corazón! Mi marido, el deiforme Alejandro, me trajo á Troya, ¡ojalá me hubiera muerto antes!; y en los veinte años que van transcurridos desde que vine y abandoné la patria, jamás he oído de tu boca una palabra ofensiva ó grosera; y si en el palacio me increpaba alguno de los cuñados, de las cuñadas ó de las esposas de aquéllos, ó la suegra—pues el suegro fué siempre cariñoso como un padre,—contenías su enojo, aquietándolos con tu afabilidad y tus suaves palabras. Con el corazón afligido, lloro á la vez por ti y por mí, desgraciada; que ya no habrá en la vasta Troya quien me sea benévolo ni amigo, pues todos me detestan.»

776 Así dijo llorando, y la inmensa muchedumbre prorrumpió en gemidos. Y el anciano Príamo dijo al pueblo:

778 «Ahora, troyanos, traed leña á la ciudad y no temáis ninguna emboscada por parte de los argivos; pues Aquiles, al despedirme en las negras naves, me prometió no causarnos daño hasta que llegue la duodécima aurora.»

782 De este modo les habló. Pronto la gente del pueblo, unciendo á los carros bueyes y mulos, se reunió fuera de la ciudad. Por espacio de nueve días acarrearon abundante leña; y cuando por décima vez apuntó la Aurora, que trae la luz á los mortales, sacaron, con los ojos preñados de lágrimas, el cadáver del audaz Héctor, lo pusieron en lo alto de la pira, y le prendieron fuego.

788 Mas, así que se descubrió la hija de la mañana, la Aurora de rosados dedos, congregóse el pueblo en torno de la pira del ilustre Héctor. Y cuando todos se hubieron reunido, apagaron con negro vino la parte de la pira á que la llama había alcanzado; y seguidamente los hermanos y los amigos, gimiendo y corriéndole las lágrimas por las mejillas, recogieron los blancos huesos y los colocaron en una urna de oro, envueltos en fino velo de púrpura. Depositaron la urna en el hoyo, que cubrieron con muchas y grandes piedras, amontonaron la tierra y erigieron el túmulo. Habían puesto centinelas por todos lados, para vigilar si los aqueos, de hermosas grebas, los atacaban. Levantado el túmulo, volviéronse; y reunidos después en el palacio del rey Príamo, alumno de Júpiter, celebraron el espléndido banquete fúnebre.

804 Así celebraron las honras de Héctor, domador de caballos.

FIN

Made in the USA
Coppell, TX
03 July 2021